인간의 마음 무엇이 문제인가

(Ⅰ)

칼 A. 메닝거

선영사

머 리 말

인간의 퍼스낼리티에 관한 개념을 보다 일반화하고 보다 많은 사람들과 생각을 같이하고자 그 연구는 꾸준히 계속되어 왔다.

오늘날에 있어서 정신의학이나 심리학의 연구성과는 더 이상 연구실의 성과로만 남아 있을 수는 없다. 수많은 사람들이 그것을 목말라 하고 있는 것이 현실이기 때문이다.

그것을 직시하면서 나는 미흡함을 무릅쓰고 내가 일찍이 품고 있던 퍼스낼리티의 관념에 관하여 나와 우리 연구진의 연구 결과를 보다 조직적인 방법으로 기술하여 세상에 내놓는 바이다. 여기에는 미흡함이 따르고, 오류가 있을 것이다. 그러나 이 책은 우리 연구소의 수련생들과 환자들에게 그대로 가르치고 있는 내용을 담고 있다.

많은 사람들이 자신의 정상성(normality)을 주장한다. 다시 말하면 자신이 비정상이 아니라는 것을 강변한다. 그것은 비정상성 (abnormality)이라는 것을 두려워하는 무지에서 비롯되는 것이리라.

뛰어난 사람일수록 '비정상적인 사람'이 아닐까 하는 생각을 해본다.

창조적으로 자기를 일으키기 위해서는 그 비정상적인 정열이 필요하기 때문이다.

나는 물론 인간의 모든 면모에서의 정상성과 그 회복을 위하여 치료를 해야 하는 위치에 있다.

그 길에 있어서 우리의 관심은 인간의 마음과 세계의 복잡한 변화에 이른다.

실로 인간의 마음의 세계는 오묘한 것이어서 그 오묘한 세계가 빚어내는 갖가지 상황을 통하여 우리는 정상과 비정상의 유기적 관계를 헤아리며 인간의 마음을 탐구해 가야 한다.

여기서 말하는 인간의 마음이란 고장이 나지 않는 한 한결같이 완벽하게 기능하는 기계와 같은 것도 아니고 조용한 연구소에서 발견되는 따위의 것도 아니다. 내가 다루고자 하는 것은 상황, 행동, 모양, 표준 등이 일반적인 경우와 다른 매우 복잡한 변화의 가능성이 모인 것으로서의 인간의 마음이며, 이 변화라는 것이 일반 사람들로부터 '비정상이다'라고 불리우는 차원에서 인간의 마음을 다루어 보고자 생각했다.

일찍이 인간은 영혼에 관해 관심을 가졌던 적이 있었다. 그러나 과학이 고도로 발달하면서 인간의 관심은 정신세계로부터 물질세계로, 영혼의 문제로부터 육체의 문제로 변해 갔다.

그렇게 긴 세월이 흐르다가 근래에 이르러 비로소 인간은 다시 정신세계의 중요성을, 영혼 문제의 심각성을 재인식하기에 이르렀다.

그러나 우리는 아직 외로운 싸움을 하고 있다. 우리는 더욱 많은 사람들이 우리들 자신의 정신 문제에 깊은 관심을 기울이며 우리들 자신의 문제를 함께 풀어 갈 수 있길 바라고 있다.

인간의 오묘한 정신세계를 좇는 첫걸음인 이 책을 세상에 내놓기까지 뜻을 같이하고 성원해 준 모든 이들에게 감사드린다.

특히 이름을 밝힐 수 없는 우리 환자들에게 새삼 감사드리고자 한다.

그리고 나로 하여금 이러한 책을 기획하고 집필하도록 착상을 주시고 이끌어 주셨던 하버드 대학의 은사 어니스트 사우더드 선생님께 고마움을 전하고 싶다. 선생님께서 생존하시고 내가 그의 문하생이었을 때부터 선생님께서는 이러한 책의 필요성을 누누이 강조하시고 나에게 그러한 귀한 성원을 베풀어 주셨던 것이다.

그밖에도 선배이며 동료들인 스미드 엘리젤리페 선생, 로슨 로레이 선생, 헤르만 아들러 선생, 아돌프 마이어 선생, 프랭크 우드 윌리엄스 선생 등에게도 그 정열적인 협력과 성원에 감사드린다.

토피카 정신의학연구소에서

K. A. M.

차 례

제3장 증상

제1장
입 문

입문편

정신건강에 대하여

사람이 이 세상에 대하여, 가장 효과적으로 또는 최대의 행복으로서 자기 자신을 조절하여 순응해 가는 것을 정신의 건강이라고 정의하자. 이것은 단지 능률에 한한 것이 아니다. 만족에만 그치는 것도 아니다. 또 경기의 규칙을 깨끗이 지킨다는 아량에 한한 것도 아니다. 그것은 이것들을 모두 한 덩어리로 뭉친 상태다. 마음을 편안히 간직하고, 늘 조심성을 가지고 있으며, 한편 사회생활에 있어서는 남에게 대해 인정있는 태도를 가지며, 동시에 자기의 즐거운 기질을 계속적으로 유지해 갈 수 있는 능력을 가리킨다. 이것이야말로 건강한 정신이라고 나는 생각한다.

K. A. M.

1. 악마의 진화

인간의 사회에는, 역사가 시작되고부터 어떤 방법으로든 해결하기 위해, 사람들이 온갖 노력을 거듭하여 온 대상이 하나 있다. 그것에는 여러 가지 이름이 붙여져 있다. 그것은 여기저기로 밀려다니고 있다. 또 여러 가지 다른 해석들이 내려져서, 그런 해석들이 세상을 일반적으로 지도하여 왔다.

2천 년 전에는 그것을 '악마'라고 불렀다. 사람과 물건에 '악마가 씐' 경우가 있었다. 성경에 나오는 예수 그리스도와 그밖의 사람들은 이 악마들을 쫓아 버렸다. 오스트리아나 아프리카의 토인들은 오늘날도 인간의 misbehavior(나쁜 행실, 부정행위, 정상적인 생활태도에서 벗어나는 행동)를 악마의 짓으로 믿고 있다.

그러나 이 악마라는 것은 그 후 여러 가지로 진화하여 왔다. 중세기가 되자, 어떤 자는 witches(마녀, 마귀 할머니)라 불리우고, 또 다른 자들은 '마법에 걸린 자'라고 불리웠다. 마법사들은 자기를 마왕에게 팔아먹은 자들이다. 그리고 인간의 미스비헤이비어와 불행이 악마 때문이라는 이 사랑스런 견해는 단지 아프리카의 미개한 지방에서만이 아니라, 문명국에서도 아직까지 일부 사람들 사이에 현존하고 있다. (데다켄욘, 《악마는 지금도 살아 있다》를 참조)

좀더 시대가 지나서 악마라는 것은 원죄(original sin : 아담에 의하여 저질러진 인간 최초의 죄, 즉 선악과를 따먹은 일)와 통했다. 인간의 미스비헤이비어는 결국, '인간은 죄 많은 존재다'라는 증거라고 아주 극단적으로 생각하고 있는 독실한 사람들이 오늘날에도 있다. 이런 사람들은 종교상의 '구원'에 의하여 문제를 해결하고자 한다. 악마의 존재를 믿었던 당시의 사람들은, 나쁜 짓을 한 사람을 태워 죽이거나 멀리 쫓아 버렸다. 마법사의 존재를 믿었던 당시의 사람들은, 그들을 교수형에 처하거나 물에 빠뜨려 죽였다. 오늘날의 사람들은 그런 짓은 하지 않는다. 그러나 그들을 위해 기도를 올리든지 그들을 훈계하든지 추어 올려 깨우쳐 주든지 얼르든지 위협함으로써 개심하겠다는 다짐을 받아 끝내는 신을 믿게 하려고 한다.

또 한편에는 그만큼 종교적이진 않지만, 온갖 미스비헤이비어는 헤아릴 수 없는 옹고집이거나 단지 괴팍에 지나지 않는다고 말하는 현실파적인 견해도 있다. 이 견해는 단순하며 건방지지 않으므로 대단히 많은 사람들, 특히 경찰관이라든가 군대의 하사관이라든가 여자감화원의 간수들이 이 설을 지지하고 있다. 유감스럽게도, 이 설도 감정을 앞세운 비관적인 것이어서 문제에 대해 지적인 태도로 대응하지 못했다. 마법사와 악마의 장난이라고 하는 설이 아무 소용이 없었던 것과 마찬가지로, 이것 역시 문제의 해결은 되지 않는다.

연대를 더 내려와서 도덕주의자가 나타났다. 이 사람들은 인간의 선행, 악행, 온갖 행위를 신비적이고 추상적인 요소, 즉 '책임'이라 불리우는 것에 결부시킨다. 이 엄숙한 학설에 의하면, 인간이 성인이 되거나 악인이 되는 것은 신이 있고 없고의 문제가 아니며, 또 죄라든가 마법사라든가, 더 나아가서 천상계나 지상에 존재하는 어떤 것의 탓도 아니다. 그것은 단순히 우리가 이행해야 할 '책임'이라 일컬어지는 것이라고 말한다. 누가 그것을 가지고 있으며 누가 그것을 가지고 있지 않는가를 가려내기 위하여 해마다 수백만 달러 라는 막대한 돈이 소비되고 있다. 만약, 누군가가 그것——misbe-havior——을 지니고 있다는 것을 알게 되면, 그는 감옥에 갇혀 버 린다. 반대로 그가 지니고 있지 않다는 것을 알아도, 그는 갇히는 수가 있다. 이는 분명히 법률가의 착오다. 그것은 마치 원죄가 목사 의 착오였던 것과 마찬가지이다.

다음에 심리학자의 착오가 나타났다. 그들은 몇 년 전에 여러 가 지 실험을 해서, 한 인간이 얼마만큼의 지성을 가지고 있는가를 일 반적인 방법으로 재는 방법을 발견했다. 그래서 이 방법을 널리 대 대적으로 행하게 되면서부터, 그들은 일반적으로 누구든지 가지고 있는 것으로 믿고 있는 정도보다도 적게 가지고 있는——조금 모 자라는——사람들이 많이 있음을 발견했다. 그래서 이 심리학자들 은, 사람이 어떤 말썽을 일으키는 까닭은 머리가 모자라서, 그런 부 질없는 일을 피할 능력이 없어서가 아닐까 하는 의문을 갖게 되 었다. 그리하여 인간의 모든 비애——밤에 오줌싸기부터 술의 밀 조에 이르기까지——를 이 저능(의지 박약, 신경 박약)이라는 말로 설명할 수 있게 되었다. 심리학자는 현재는 공식으로는 이미 이 착 오에 집착해 있지 않다. 그들도 다른 누구라도 알고 있듯이, 인간의 마음이라는 것은 지성만의 문제가 아님을 알았기 때문이다.

거기에 우생학자들이 등장했다. 이 사람들은 예전부터 악마는 '악질 유전'이라는 형태로 나타난다고 생각했다. 그런데 저능한 부 모를 가진 아이가 대학의 교수가 되거나, 또 우수한 부모가 매우 우 둔한 자녀를 갖는다는 사실이 이 우생학자들의 대부분을 몹시 실망 시켰다.

이들 사이에 있어서, 철학자들은 모든 것을 인간의 성질 또는 인 간의 본질이라는 말로 설명해 왔다. 그들은 이 인간의 성질이라는 것에 실로 많은 칭호들을 붙이고 있다. 한 나라의 국민은 흥하기도 하고 망하기도 한다. 사회의 제도, 경제계의 조직 등은 끊임없이 변화한다. 그렇지만 이 인간의 성질이라는 것은 예전 그대로의 악마적 요소가 여전히 남아 있는데, 그것은 이미 우리가 모든 그룹의 사람들의 그릇된 견해 속에서 지금까지 발견해 온 터이다.

존 듀이는 다음과 같이 말하고 있다.

"개에게 누명을 씌우는 일은 결국 그 개를 죽이는 일이 된다는 격언이 있는데, 인간의 특성이라는 것도 직업적인 도학자들에게는 개와 같은 취급을 당해, 그 정의도 앞의 격언과 마찬가지이다. 인간의 특성은 항상 의심과 공포의 심정이나, 보기 싫은 얼굴로 설명되어 왔다. 때로는 그 가능성 때문에 열정의 대상이 되었다. 그러나 그것은 늘 현실의 상태와 대조된 경우에 있어서만이다. 인간의 특성은 본래 타락의 한 걸음 직전을 방황하고 있는 것과 같은 대단히 신뢰성 없는 것인데, 만약 그렇지 않다고 하면 도덕과 같은 것은 실로 쓸모없고 거추장스런 것이라고 생각되어 왔을 것이다. 온화한 견해를 가진 일부의 문필가는, 지금의 욕지거리를 인간적인 것에 대한 비난으로 보고, 그것을 신성한 것에 영광을 주려고 생각하는 신학자들의 짓으로 돌리고 있다. 물론 신학자들은 이교도나 교육, 종교 분리론자들보다는 인간에 대하여 훨씬 더 우울한 견해를 가지고 있다.

그러나 이처럼 설명해 보더라도 우리는 무조건 이 설을 수긍할 수는 없다. 왜냐하면 이 신학자들도 역시 인간이며, 인간인 청중이 그들이 말하는 것에 아무런 반응도 보이지 않았다면, 그들은 아마 아무 세력도 갖지 못하였을 것이기 때문이다." (존 듀이, 《인간의 특성과 행위 : Human Nature and Conduct》에서)

우리는 인간의 특성, 더욱이 사회학적, 심리학적, 생리학적인 법칙들을 초월한 인간의 특성이 존재하지 않는다고 믿을 만한 충분한 이유를 가지고 있다. 그렇다고 해서 우리가 그것에 관해 도학자적으로 될 수 있는 것도 아니다. 이것은 실로 오랫동안의 철학적인 착오였다.*

　그리고 마지막으로 나타난 것이 정신의학자의 실로 지대한 착오
였다. 그들은 사탄 대마왕에게 다시 새로운 웃옷을 진상할 수가 있
었다. 그 마왕의 새 이름은 '정신착란'이라는 것이었다. 즉 정신의
학자는 예사스럽지 않은 짓을 하는 자는 미치광이임이 틀림없다고
말한다. 그 미친 행위는 때로는 A형이며 X형인 경우도 있다. 또
어떤 자는 온화하지만 어떤 자는 악성이다. 그렇지만 인간의 나쁜
행위는 그의 불행한 정신 속에 외계로부터 무엇인가가 들어가서 하
면 안 될 행동을 시키거나 느끼면 안 될 일을 느끼게 하는 것이라는
방법으로 설명되었다.

　개괄적으로 말하면, 이런 것이 이 모든 학설들의 일반적인 폐단
이라 할 수 있다. 그들은 항상 이런 것을 가정한다──즉 무엇인가
신비적인 것, 악성적인 것이 우주의 정기 속에 떠돌고 있거나 세포
원형질의 매개에 의하여 개인에게 전염되어 그 사람이 이상해진다
고. 그러면 그 사람은 가지각색의 누명을 쓰게 된다. 그런데 사람을
가리켜서 마법사라든지 악마라든지 정신착란 환자라고 말해 봐야,
실은 아무 소용도 없다. 아니, 그런 것을 말해 본들 왜 그 사람이
그처럼 되어 있는가, 왜 그런 행동을 하는가 또는 어떻게 하면 좋아
질까 하는 것을 정말로 알고 있다는 것을 나타내고 있지는 않다. 만
약 무엇이든 이름을 붙이고 싶으면, 그 이름은 무슨 치료에 관련된
것이어야 할 것이다.

---

*우리는 한 걸음 더 나가서, 악마에 관한 학설은 이미 정식으로 또 비공식
으로 이런저런 사람으로 말미암아 다양하게 제출된 것들을 지적할 수가
있다. 즉 칼 마르크스의 악마는 자본가였다. 히틀러의 악마는 유대인이
었다. 아메리카의 부르주아 계급의 악마는 공산주의이며, 크리스천 사이
언티스트들의 악마는 의사였다.

2. 과학과 상식

나에게 누군가 이런 말을 하는 것이 들린다.

"저 사람들은 상식으로 판단하면 좋지 않은가, 여러 가지 어려운 학설 따위야 아무러면 무슨 상관이 있는가, 그런 것은 학자들에게 맡겨 두면 좋지, 이런 종류의 문제를 다루는 데는 다만 일반적인 상식으로 하면 그만이 아닌가."

'상식'으로서 통하는 것이 있어, 그것을 적용하면 무슨 이익이 있는 것처럼 생각되지만 실상은 해 보아도 아무 효과도 없었다는 것이 예사이다. 내가 알고 있는 그런 일들의 실례를 두세 가지 보여주려 한다. 그것은 전부 가명인데, 기억할 만한 사건의 경우만 예외로 본명을 썼다. 그리고 '상식'이라는 것이 이 실례들의 경우에 무슨 쓸모가 있었는가를 잘 주의해 보기 바란다.

아나벨 마틴은 어떤 모임에 가더라도 그곳에서 항상 중심이 되는 아이였다. 누구든지 그 소녀가 매우 귀여우며 행복하고 얌전하고 좋은 아이라고 생각했다. 그 소녀는 항상 유쾌하게 웃으며 이야기했다.

그 소녀가 대학에 가서 상급생이 되었을 때, 그녀는 학교 성적에 대하여 약간 실망한 적이 있었다. 그녀의 부모는 그것은 대단치 않은 일이니, 걱정하지 않아도 좋다고 말하면서 딸을 위로했다. 그러나 이 부모의 '상식적'인 위로에도 불구하고 그 딸은 몹시 슬퍼하여 모든 일에 흥미를 잃고 몹시 울었다. 결국 그녀는 정신병원에 입원하게 되어, 거기에서 다른 방법으로 치료를 받지 않으면 안 되었다.

조지 디킨즈는 생각이 깊고 영리한 소년이었다. 그는 무슨 일이든 항상 진지하게 생각했으므로, 그의 뛰어난 판단과 상식은 언제나 그의 부모를 기쁘게 해주었다. 고등학교를 마칠 무렵이 되자, 그는 자기 집의 경제상태를 근심하게 되었다. 그는 대학진학을 간절히 바랐지만, 그것은 그의 아버지한테는 감당할 수 없는 부담이 되리라고 생각했다. 그의 부모는 그에게 무슨 걱정거리가 있는 듯한 눈치를 알아차리고 희망을 가져라, 기운을 내라 하고 그를 격려해 주었다. 또한 그의 부모도 모든 일이 순조롭게 되어 가고 있으니 조금도 근심할 것이 없다고 되풀이하여 얘기해 주었다. 어느 날 밤, 가족들이 연극인지 영화인지를 보러 나갔을 때 혼자 집을 보고 있다가 자살하고 말았다.

에드워드 히크먼은 상당히 성적이 우수한 학생이었다. 그는 웅변대회에서 2등을 했으며, 그가 다니고 있는 중학교 신문의 주필이었다. 수년 후, 그는 종종 위조수표를 만들곤 했다(이것은 '상식적'인 수단으로 처리되었다). 그리고 이따금 노상 절도를 하고, 그러던 중에 살인도 하게 된 그는 드디어 마리안 파커 살인사건을 일으켰다.

'상식'만으로는 이런 비극들을 피할 수가 없었다. 또 날마다 일어나는 사건에 대해서도——그리고 이런 사건은 전부 상식 또는 상식이라고 생각하는 수단으로 해결을 꾀한 것으로서, 그 노력 분투의 마지막 결과를 나타내고 있는 것이지만——결국 아무 소용도 없었다.

메리 마틴이라는 소녀는 몹시 수줍음을 타는 아이로서, 우체부가 오면 언제나 어머니의 치맛자락 뒤에 숨곤 했다. 그 후 그 소녀는 결혼하여 아이까지 낳았다. 그래도 그녀는 여전히 숨는다——때로는 남편 뒤에, 또 때로는 자기 딸 뒤에. 그녀는 대등한 입장에서 남을 만나는 일을 평생 이루지 못했다.

리치는 대학출신으로서, 실내장식과 도안에 뛰어난 재주를 가지고 있다. 그 덕분에 그녀에게는 각처에서 주문이 오지만, 이상한 버릇과 신경질적인 습관 때문에 친구와 동료가 없어 늘 혼자 쓸쓸히 지낸다. 그녀는 자주 마른기침을 하고, 또 무슨 물건이든 냄새를 맡곤 한다. 그녀는 손을 가만히 두지 못하고 계속 무엇인가 주무르거나 괜히 사람한테 집적대곤 한다. 그녀는 왜 자기가 인기가 없는지를 모른다. 어쩌면 좋을지는 더더욱 모른다. 물론 그녀는 충분한 상식을 갖고 있다.

알튼은 은행가로서 성공한 사람이다. 그의 투자와 금융에 관한 지식은 은행을 매우 번창하게 했으며, 상당히 많은 사람의 신임을 받고 있었다. 그런데 일단 가정에 들어오면 오만해지고 독재군주로 변하여, 그의 아내와 아이들의 시중을 못마땅하게 여기고 항상 화를 내며 남을 원망하고 언쟁을 일삼아 불행하고 비참한 형편이다. 그런 사람은 어디에 '상식'이 부족한 것일까?

만 19세가 되는 게르트루트는 어느 유명한 집안의 딸이다. 그녀의 가족들 중에는 외국 선교사로 나간 사람이 있는가 하면 또 어떤 사람은 참으로 경박한 무리들의 인기를 한몸에 모으고 있는 사람도 있어서, 그 가족들 모두를 모아 놓으면 못할 일이 없을 듯해 보였다. 그런데 게르트루트는 사람들과 어울리기를 꺼려했으며 고독하게 지냈다.
그 처녀에게 그 이유를 물으니, 자기 얼굴에 약간의 결점이 있기 때문이라고 했다. 그것은 그녀 자신이 상상하고 있는 것처럼 눈에 띄는 것은 아니었는데도 그 때문에 그녀는 밖에도 못 나가는 것이었다. 그리하여 그녀는 공상의 세계에 살게 되어, 틈만 있으면 명상에 잠기게 되었다. 그것은 "늘 혼자 고독하게 있었기 때문이다"라고 그녀 자신은 말했다. 또한 그녀는 "나에게는 친구도 없고 별로 일거리도 없으며 이렇다 할 목적도 없기 때문이다"라고도 말했다.

어렸을 때에는 퍽 활발하고 공상적인 장난에 골몰했었는데, 실제로 사회에 접촉하였을 즈음에 그녀는 언제나 자의식이 강했으며 남의 시선을 받으면 무안해서 어쩔 줄을 모르며, 남이 자기를 어떻게 생각하고 있을까 하는 생각이 머리를 떠나지 않았다.

"왜 그럴까요?"하고 그녀는 묻는다. "누구든 진실을 말해 주셨으면 좋겠어요. 왜 나에게는 사회적인 생활이 없을까요? 왜 남자한테서 초대를 받지 못할까요? 왜 친구가 안 생길까요? 물론 제탓이겠지요. 하지만 다른 사람들은 자기들끼리만 즐겁게 지내고 있어요. 하지만 내가 뭔가 하려고 해도, 아무도 내가 하고 싶은 것을 도와주지 않아요. 그리고 내가 어떤 제안이라도 하면, 그야말로 마치 나쁜 말이라도 들은 것처럼 갑자기 바쁘다든가 갈 마음이 없다든가 또는 예약한 자리라도 있으면 가겠는데 표는 이미 매진됐다는군요."

이 경우 '상식'은 어떻게 말할까?

상식으로는 이런 종류의 문제는 해결되지 않는다. 그렇다고 조금이라도 상식을 나쁘게 말하는 것은 아니다. 상식 그 자체는 우리들이 인생의 가지각색의 일을 결정하는 경우에, 과학이 어느 부분에 있어서도 무엇이든 더 나은 수단과 방법을 제공해 주지 않는 한, 우리가 아무래도 그것에 의지하지 않으면 안 된다. 다른 수단, 방법이 없다. 더구나 이 상식조차 갖지 않은 사람들도 있다. 그러나 과학이 새 건설을 이룩할 수가 있을 만큼 충분하고 구체적인 '사실'을 발견한 경우에는 이런 어림없는 방식의 상식이라는 것은 과학상의 발견에 기초를 둔, 더욱 효과적인 수단 방법에 자리를 양보해야 한다. 예전에는 상식적인 여행의 방법은 걸어가거나 말을 타고 가는 것이었다. 혹 그 이외의 방법으로 갈 수 있다고 상상하면, 그것은 몰상식하다고 말하는 시대도 물론 있었을 것이다. 그러나 현대는, 한 시에서 다른 시로 갈 때 걸어가는 사람이 있다면 우리는 그가 상식적인 행동을 하고 있다고 말하기는커녕 오히려 상식에서 벗어난 짓을 하고 있다고 말한다.

마찬가지로 어떤 괴로움을 가진 사람을 대할 때, 이제까지 상식적인 개념에 기초를 두었던 낡은 학설은 인간의 행동에 관하여 더욱더 많이 늘어가는 과학적인 지식에 기초한 신학설과 실제적인 치료법의 도움을 받아야 한다. ´오늘날 우리는 맹장염이나 류머티즘을 치료함에 있어서, 환자에게 금속제의 띠를 두르게 하거나 설사약을 처방하지는 않는다. 그 위에 생리적인 질환들이 오늘날에는 예전에 비하여 훨씬 깊이 이해되고 또한 잘 치료되고 있을 뿐만 아니라, 같은 용어를 정신적 질환에 관해서도 적용할 수 있게 되었다. 그러나 인간의 뇌에 발생한 병에 과학이 통용된 것은 극히 최근의 일이다. 이것은 인간의 행위의 연구에 과학적인 방법을 쓰게 된 것이 바로 얼마 전의 일이기 때문이다.

이렇게 말하면 의아해 하는 독자가 많을지도 모른다. 심리학이라는 것은 마음——또는 정신——에 관한 학문이 아닌가? 예전부터 있어 온 과학이 아닌가? 이 인간의 사상, 정서 및 행동에 관한 연구는 예전부터 일반적으로 알려져 있는 심리학이라는 과학의 범주에 속하는 것이 아닌가?

이 말이 갖는 넓은 뜻에서 본다면 물론 그렇다. 그러나 문제는 '심리학'이라는 말이 실로 여러 가지 뜻으로 사용되고 있다는 데에 있다. 세상에는 여러 종류의 심리학이 있다.* 그렇지만 이 말이 일반적으로 사용되고 있는 뜻, 즉 학문적인 뜻에서 심리학이라는 것은 연구실에서 행해지는 '인간의 마음'의 과학적인 연구라고, 아직도 그렇게 생각하는 사람들이 더러 있다.

그렇지만 인간의 마음은 결코 연구실에서만 논의될 성질의 것은

---

*《1925년의 심리학》과 《1930년의 심리학》을 참조. 이 책들은 심리학의 각 파의 일을 책임있는 대표자가 요령있게 요점을 해설한 것인데, 워세스터의 클라크 대학에서 출판되었다.

아니다. 왜냐하면 인간은 항상 다른 인간과 접촉하며, 또 서로 영향을 끼치면서 생활하는 것이므로 그의 정신작용의 대부분은 서로의 영향에 관련된 것이기 때문이다. 따라서 한 인간을 연구실에서 관찰하고 기록하고 검사하여 거기에서 얻은 성과는 기초연구로서는 그 가치가 인정될지 모르지만, 인간을 바로 이해하는 데 있어서는 실제적으로는 별 도움이 되지 않는다. 해부학은 내과적인 과학이 아니다. 마찬가지로 심리학은 '정신과학'이 아니다. 심리학은 단지 정신과학이라는 거대한 건물의 기초를 이루는 한 주춧돌에 불과하다.

심리학은, 우리는 어느 신경이나 뇌의 영역을 통해서 외계를 의식한다는 것, 인상(印象)이라는 것을 쌓을 수 있으며 어떤 사정 밑에 다시 생각나게 할 수 있다는 것, 이런 기억의 조직이 어떤 의미에 있어서 우리가 지성이라고 일컫는 것을 구성하고 있다는 것과 이 지성이라는 것은 비교적 간단한 일련의 질의응답에 의하여 측정할 수 있다는 것들을 가르쳐 준다.

심리학은 또한 우리는 지성 이외에 정서라는 것을 가지고 있으며, 이 지성은 정서에 의해 영향을 받는 동시에 정서 역시 지성에 의해 영향을 받는 법이다. 이 두 가지가 개인의 동작——그의 행위——에 작용하는 것이라는 점도 가르쳐 준다. 심리학은 이 작용이 행해지는 속도를 측정하고 있다. 심리학은 반응의 변화를 세분하고 있으며, 더 나아가서 여러 가지 반응 중에서 변칙적인 것까지 연구하고 있다. 이런 것들은 정신의학상 대단히 중요한 뜻을 가지고 있는 것으로, 이 책의 제3장에 다루어져 있다.

그러나 이런 것들은 모두 실용적인 견지에서 말할 수 있는 것이며, 그것은 인간의 나날의 실제 행동과는 동떨어져 있다. 심리학자도 이 점은 잘 알고 있으면서도 많은 경우 그들은 무관심하다. 이와 같은 현상은 마치 내과 전문의가 유행성 감기의 예방책 마련에 골몰하지만, 해부학자는 이에 무관심하게 있는 것과 같다.

한편, 그들 중 어떤 사람은 실재적인 필요를 느끼고, 인간의 어떤 종류의 행동에 대해 어떤 종류의 신경과 습관이 어떤 관계에 있는가, 특히 무엇을 암기한다는 것의 과정과 산업 행정에 관한 것 등에 대하여 연구를 하였다. 이것이 교육심리학, 산업심리학이라 불리우는 것의 기원이다. 후자는 프랭크 길브레드, 릴리안 길브레드, 해링톤 에머슨, 기타의 능률증진을 연구하는 전문적인 기술자들의 실로 놀라운 업적의 기초가 되었다. 어떤 사람은 인간의 행위를 과학적으로 연구하는 데 대하여 심리학계가 몹시 냉담함을 탄식하여, 인간의 마음과 인간의 생활에는 행동 이외에는 아무것도 없다는 극단적인 설을 부르짖게 되었다. 아카데믹한 심리학이 실로 활기없고 발전성이 없는 것으로 되어 버린 것은 사실이지만, 위에 말한 바와 같은 비판은 또 다른 반응을 일으켰다.

예를 들면, 정신측정학자들은 물리학계에서 행하고 있던 여러 업적의 뒤를 좇아서, 어떤 종류의 심리작용의 측정에 종사했다. 이것은 물론 감정의 문제이므로 손댈 수가 없었다. 왜냐하면 감정이라는 것은 극히 최근에 심리학 연구상의 중요한 요인이 되었기 때문이다. 또 몇몇 심리학자는 임상적인 일의 영역 —— 분명히 심리학적인 억제나 왜곡에 걸려 있는 환자의 치료—— 으로 모험적인 진출을 해 보았다. 그러나 이 방면의 일에서는 심리학자는 불리한 입장에 있었다. 전통적으로 병자를 다루는 것은 내과의의 일이었으며, 또 과학의 입장에서 보더라도 마음과 육체를 제각기 분리하기에는 불가능한 노릇이었다. 게다가 대개의 심리학자들은 병에 관련하여 육체라는 것에 관한 기술적인 지식을 지니고 있지 않았기 때문이다.

그렇기는 하지만, 이 의학과 심리학이 이처럼 한층 더 밀접한 관계를 맺는 경향이 인연이 되어, 합리적인 과학에 따른 치료를 한다는 근대적인 개념이 태어나게 되었다. 그리고 이 개념이야말로 내가 이 책 속에서 다시 자세히 설명하고자 하는 점이다.

3. 정신의학

몇 개의 마을이 드문드문 있는 어느 지방의 교외에는 기괴한 성이 여기저기 있고, 그 가까이 가기 어려운 성벽 안에는 종교로 말하면 정신병학자교라고 할 만한, 이상한 밀교적인 한 무리의 사람들이 지난 한 세기에 걸쳐서 외계를 멀리하고 마치 수도승과 같은 생활을 해 왔다. 그들은 '정신병자'의 간호인들이다——물론 그들이 내과 의며 과학자임에는 틀림없다. 그러나 이 사람들은 터무니없는 기상 천외한 흥미와 관심을 가진 의사의 모임이어서 다른 의사들에게 물어보면, 이 사람들은 그들이 돌보아 주고 있는 사람들이 환자인지 그들이 환자인지 확실하게 말할 수 없을 만큼 수상한 무리들이므로, 자기들이 무슨 변명을 하지 않으면 안 된다는 것이었다.

그러나 해가 바뀜에 따라, 또 그 동안 종종 응원하러 온 심리학자, 사회과학자 또는 화학자와 해부학자들의 도움을 받아 이 사람들은 정신병자들의 행동에 관하여 많은 경험을 쌓았다. 그 결과, 이 자들이 왜 여러 가지 이상한 짓을 하는지 원인을 알게 되었고 이 사실에서 더 발전하여 인간의 마음의 문제에 관한 과학에 획기적인 새로운 지평이 열리게 되었다.

넓은 거리를 순조롭게 잘 달리고 있는 자동차를 주의깊게 보거나 또 판매점에 장식해 놓은 자동차를 세밀히 연구하면, 자동차에 관하여 상당히 여러 가지 지식을 갖게 될지도 모른다. 그러나 그것만으로는 왜 자동차가 움직이며 어떻게 하면 움직이지 않는지, 기계공이 주차장 뒤에 있는 기름이 번지르르한 정비공장에서 일하면서 연구하여 터득한 지식만큼은 얻지 못할 것이다.

이와 마찬가지로 자기에게 치료를 받으러 온 환자를 실제로 다른 정신과의사가 묘한 자들의 묘한 행동——후에는 정상적인 인간이 하는 기묘한 행동——에 관해서도 분명하고 적극적이며 쓸모있는 의견을 말할 수 있게 되었다. 이 사람들은 인간의 행동을 규정하는

일반적 법칙을 가지고 있다——그것은 실로 호흡이나 소화작용과
같이 확실한 것이다——는 점을 발견했다. 또 그들은 이 법칙들에
관한 지식을 이용하여 어떤 종류의 '파괴된' 사람들을 정상적 상태
로 회복시키고, 또는 '파괴되는' 것을 예방하는 방법을 발견했다.

그들은 이 일을 계속해서 점점 더 좋은 결과를 얻고 있었는데, 이
사실이 세상에는 널리 알려지지 않았었다. 그러다 세계대전이 일어
나면서 그들은 자기들의 학설을 입증할 기회를 얻게 되었다.

인간의 '병든 마음(또는 정신병)'을 치료하는 동시에 정신이 파괴
되는 것을 예방하는 방법을 연구해서 세상에 소개한 것이 바로 정신
병학계. 정신이 파괴되는 것을 예방한다는 사상에서 출발하여 인
간의 마음의 성질에 관해 더 한층 쓸모있는 개념을 얻게 되었다.

실제 문제로서, 정신이 파괴되는 것을 예방하려고 하는 일은 많
은 지식인(일반인과 과학자)들 사이에 뚜렷한 목적을 가진 운동으로
전개되어 그것을 지지하는 사람이 점점 늘어갔다.* 이 운동은 먼저
건강한 정신과 그렇지 못한 정신이 실제로 존재한다는 것, 그리고

＊정신위생 운동의 지지자 및 동조자들의 저서 및 단체
 1. 클리포드 비어스, 《자기 자신을 발견한 마음》 1908년 발행. 현재 정신위
　생운동 형식의 창시자.
 2. 전미 정신위생위원회 : 1909년 결성.
 3. 버몬트 대학의 윌리엄 스위스, 《정신위생》 1843년 뉴욕에서 발행.
 4. 우티카 주립병원 초대원장 아마리아 브라이함, 《정신수양과 정신 앙분
　(昻奮)이 건강에 미치는 영향에 대한 의견》 1832년 발행.
 5. 윌리엄 M. 콘넬, 《인생을 어떻게 즐기는가—생리 및 정신의 위생》
　1860년 발행.
 6. 아메리카 정신병학 창시자의 일원인 아이작 레이, 《정신위생》 1863년
　발행.
 7. 전미 광인 보호 및 발작예방협회 : 1880년~1886년. 더 상세한 연구가 필
　요하면 알버트 더치, 《아메리카의 정신병학계 백년기》를 참고하길 바
　란다. (1944년 콜롬비아 대학 인쇄소 간)

그것을 인정하는 바탕 위에서 전개되었다.

사람이 자기의 환경과 싸우며 괴로워하는 것은 단순한 투쟁(몸부림)이다. 그것은 악마와 마법사의 소행도 아니며, 또한 죄라든가 심술궂은 탓도 아니라고 생각한다.

이 운동에서는 한 걸음 더 나아가 정신의 건강을 얻을 수는 있는데, 우리는 그것을 영원히 소유하지는 못한다. 또는 그것을 지속할 수가 없는 까닭은, 어느 정도까지는 우리가 그 일반 원칙을 모르기 때문이라고 한다. 왜냐하면 건강은 항상 인류가 가장 관심을 가지고 있는 문제임에도 불구하고, 흔히 그 말의 뜻에 의해 육체의 건강만을 문제로 삼아 왔기 때문이다. 자기의 정서를 '전지요양'시키거나 자기 마음의 치아를 칫솔로 닦거나 자기 마음을 목욕시키거나 자기 기억을 세탁하는 사람은 없다.

그들——이 운동에 종사하고 있는 사람들——은 최근에 이르기까지 과학자들로부터도 관청으로부터도 아무 원조도 받지 않았다. 미국 연방정부도 주정부도 여러 도시의 당국자도 시민의 건강한 육체를 확보하기 위해서는 많은 돈을 투자하고 있지만, 정신위생의 증진을 위해서는 극히 소수의 주정부가 아주 적은 돈을 지출하고 있음에 불과하다. 연방정부는 전혀 예산조차 세우지 않고 있다.

해마다 무척 많은 취학아동의 치아, 편도선, 눈, 귀를 내과의와 그의 조수들이 지나칠 정도로 세밀히 검사하고 있다. 그리고 이상이 발견되거나 치료가 행해졌거나 예방된 것의 정밀한 통계를 가지고 소동을 벌이고 있다. 그러면 이 같은 아이들의 마음(마음과 지성은 별개의 것이다)을 조사하는 일에는 어느 정도의 관심을 기울이고 있을까? 치아와 편도선이 마음보다도 더 중요할까?

철도회사와 여러 산업회사는 대개 자가용 진료소를 가지고 있다. 그런데 최근에 이르기까지 이 진료소 중에서 극히 소수만이 그 회사에서 일하고 있는 노동자의 정신위생 상태를 조사했음에 불과하다. 어느 큰 철도회사에서는 완벽한 설비를 갖춘 안과 이동진료소에 직원을 붙여서 각처에 파견하고 있다. 모든 고용인들은 엄격한 검안 시험을 통과하지 않으면 안 되도록 되어 있다. 그러나 이 철도회사 는 이 사람들의 눈 속에 있는 마음을 검사하는 일에는 전혀 아무런 노력도 기울이지 않았다.

4. 요강

이 책 뒤에 계속되는 각 장들은 인간의 마음에 관한 한 정신병학 자의 견해를 소개하기 위한 것이다. 거기에는 그들이 그러한 개념 을 뽑아내기에 이른 자료가 실례로 제공되어 있다. 이 개념은 그들 의 사견에 불과하다. 그렇지만 그것은 결코 심리학자의 연구 실적 이나 철학자의 형이상(形而上)의 의견의 진리를 배제하는 것은 아 니다.

이 책은 오로지 한 테마를 가지고 있다. 즉 지금까지 인용된 병증 은 인간이 환경과 싸우며 재난을 극복하기 위하여 투쟁하는 몸부림 과 견줄 수가 있는 인간 고뇌의 본보기이다. 그리고 이 몸부림은 인 간의 머리 속의 혼란이다. 이 머리 속의 혼란도 모든 사람들에게 공 통된 것이어서, 이 머리의 구조와 이상을 일으키는 성격들을 잘 알 고 있기만 하면 한층 더 많은 것을 이해할 수 있다.

이것이 이 책의 테마이며, 이 테마를 세상에 공표하는 일에 이 책 이 이바지하고 있다. 우리의 테마는 이런 연구에 의하여 어떤 종류 의 이상(異象)은 구제될 수 있으며 정상으로 돌아올 수 있다고 주장 한다.

이런 이상은──내적이건 외적이건──대체 어떤 요소로부터 발생하는 것일까? 인간의 자아 속의 어떤 경향이 어떤 종류의 사정 밑에서 재난을 일으키는 것일까? 이런 재난들은 어떤 모양을 지니 고 있으며 또 고뇌의 신호는 어떤 것일까? 이 신호들──겉에 나

타난 증상——의 뒤에는 무엇이 숨어 있으며 그들이 하는 말(징후)
을 어떻게 해석해야 할 것인가? 어떻게 하면 파괴를 면하며 그 희
생자가 구제될까? 그리고 끝으로, 여기에 제시되어 있는 정신의학
의 개념과 기술이 교육, 산업, 법률 및 의학의 여러 학설과 어떤 관
계를 가지고 있는 것일까?

　이런 질문들에 대한 답이 뒤에 계속되는 각 장의 내용이다.

제2장
퍼스낼리티즈

종합편

정신 조직의 활동 상태와 재난시의 외적 모습

"일생을 통하여 우리는 시시각각으로 변하는 자기와 본래의 자기를 변하는 환경과 변하지 않는 환경에 적응시키고 또 순응시키려는 과정에 처하게 된다. 사람의 생활이란 이 순응의 과정에 불과하다. 우리는 이 과정에서 조금 실패하면 우둔한 자라 불리우고 크게 실패하면 미친 사람 취급을 받게 된다. 또 이 순응의 과정을 잠깐 멈추면 잠자코 있는 것이 되며 이 노력을 완전히 포기해 버리면 그것을 우리는 죽었다고 표현한다.

아무런 사건도 없는 조용한 생활은 내적인 변화도 외적인 변화도 그다지 없으므로, 결합과 순응 과정에서의 부담이 매우 적거나 전혀 볼 수 없다. 다른 형식의 생활에 있어서는, 거기에 큰 부담이 있기는 하지만 동시에 강한 결합력과 순응력이 활동하고 있다.

또 다른 형식의 생활에서는 큰 부담이 있으면서도 적응력은 거의 없다.

사람의 일생은 내적, 외적인 변화에 대한 결합과 조정의 부담에 대한 순응력이 그것에 맞먹고 균등한가 그렇지 않은가에 따라서 성공과 실패가 갈라지게 마련이다."

―― 사무엘 버틀러의 《육체의 길》에서 ――

<hr />

*이 장의 제목인 〈퍼스낼리티 : personality〉라는 말은 보통 '성격'으로 새겨지고 있는데 이것은 인간의 기질만이 아니라 개인의 인격을 구성하고 있는 모든 특질을 통틀어 말하는 것이다.

1. 여러 가지 퍼스낼리티즈

인간의 정신(mind)의 기능을, 앞에서 예로 든 《육체의 길》의 사무엘 버틀러만큼 적절히 표현한 사람은 없다. 우주의 온갖 원동력과 법칙에 순응하여 가는 과정은 매우 복잡한 여러 가지 연구에 의해 행해지고 있다. 개울은 그 지세에 순응하고, 바위는 인력의 법칙에 따르며, 철새는 스스로 생활환경에 맞는 지역을 찾아 남으로 혹은 북으로 날아간다. 이와 같이 자기의 욕구를 환경에 순응시킴으로써 그 환경 속에서 자기의 욕구를 충족시켜 주는 것을 찾는다.

그런데 생활수준이 높아감에 따라서 욕구는 한층 더 복잡해지며, 욕구가 복잡해지면 질수록 이를 만족시키는 기구도 한층 복잡해진다. 그러나 모든 생물의 사고작용의 과정은——인간이나 개나 혹은 나무, 벌레 할 것 없이——본질적으로는 마찬가지이다. 예컨대 이것은 누구나 알고 있는 것이지만, 개는 배가 고프면 제 기억을 더듬어 음식물이 있는 곳을 생각해 내고 그곳으로 간다. 나무, 벌레, 나아가 은행의 지배인까지도 이와 같은 행동을 하고 있다. 이리하여 선택된 음식은 제각기 다른 것이지만 최종적으로 목적하는 바는 같다.

모든 생물이 지니는 정신의 본질적인 '닮은 점'이 제각기 특정한 기간에 외부세계로부터 얻을 수 있는 것에 대하여 어떠한 순응작용을 하며 또 그 본능을 만족시키는 일(자연의 법칙)이라고 한다면, 그 본질적인 '차이점'이란 대체 어떤 것일까? 그것은 복잡한 정도의 차이뿐이다. 개는 벌레보다도 많은 것을 기억하고 있으며, 아이는 개보다도 많은 것을, 그리고 은행의 지배인은 아이보다도 더욱 많은 것을 기억하고 있다. 이 기억들을 저장하는 방법에는 일정한 형태가 있으며, 또 이 기억들을 다시 환기해서 쓰는 방법에도 일정한 형태가 있다. 즉 생각하는 과정인데, 이러한 생각의 과정은 고등동물일수록 더욱 복잡하다. 이 점에 관해서는 뒤에 더 자세히 논하기로 하겠다.

2. 인간의 마음

우리 인간은 기억을 저장하기 위해 큰 '창고'를 가지고 있으므로, 우리의 본능을 만족시키기 위해 참으로 많은 기회를 인식하고 평가하고 요구하는 능력을 갖추고 있는데, 그런 것은 나무, 개, 벌레 등은 할 수 없는 것이다. 그렇지만 정신은 단순히 기억과 사고에만 한정된 것이 아니다. 앞서 말한 만족을 얻으려면 결국 간단한 육체적인 장치——그것은 개에게도 그리고 어느 한도까지는 벌레에게도 공통되어 있는 것——를 이용한다(이 점은 식물계에 있어서는 물론 다르다).

걷거나 투쟁하거나 무엇을 느끼거나 호흡하는 일, 또 연주회에 가서 음악을 듣거나 연애를 하거나 입법부에 입후보 운동을 하는 일등을 하려면 전부 육체적, 심리적인 기구를 필요로 한다. 이러한 여러 활동들은 모두 여러 가지 자극들이 정신을 통해서 각종의 근육과 신경에 작용한 결과로 생기게 마련이다.

심리적인 요소와 육체적인 요소가 서로 작용하는 상태는, 이론적으로는 이것을 구별할 수 있지만 실제에 있어서는 거의 불가능할 정도로 긴밀하다. 사람이 무서워서 도망가는가, 아니면 도망가기 때문에 무서운가라는 문제에 관해서, 심리학자들 사이에서는 심한 논쟁이 자주 일어났다. 오늘에 와서야 비로소 양편의 주장이 모두 옳았다는 사실을 알게 되었다. 즉 도망간다는 것은 이 경우, 피부가 창백해진다든가 심장이 두근거린다든가 머리끝이 쭈뼛해진다든가 착각으로 유령이 보이는 것과 마찬가지로 모두 정신활동의 일부이다.

이상과 같은 이유로, 여러 가지 다른 형의 인간을 만들고 있는 각종 요소들을 논하지 않고 갖가지 다른 형의 정신들만을 떼내어 화제로 삼으려고 한다면 그것은 무익하며 또 될 수도 없는 일이다. 예전의 심리학자들은 쓸개즙이 간장의 소산물이며 호흡이 폐의 기능인 것처럼, 정신은 두뇌의 활동이라고 생각하였다. 오늘날 우리는 숨을 쉬려면 허파뿐만 아니라 그밖의 여러 가지 기관, 즉 코, 기관지, 흉근, 횡격막, 조절중추신경 등을 필요로 하고 있음을 알고 있다. 마찬가지로 우리의 두뇌는 정신의 여러 기관 중 일부분에 지나지 않는다는 것 —— 개인의 순응작용을 돕는 기구의 일부분에 불과하다는 사실 —— 을 알고 있다. 정신은 어느 정도까지는 뇌의 기억창고에 의존하고 있을 뿐만 아니라, 피부에 있어서 감각기관의 말초신경과 근육에 있어서의 운동신경의 말초에도 의존한다. 그리고 그것은 근육 그 자체에도 의존하며 어느 정도 모든 육체적 구조에도 의존한다.

이 사실은 곧바로 다음과 같은 결론에 이른다. 즉 '인간의 마음'에 관하여 무엇을 논하자면, 우리는 첫째로 '인간의 마음'이란 뇌가 어떤 요술을 부릴 경우의 자료들을 저장하는 작은 주머니라는 따위의 생각을 버려야만 한다. 우리는 정신을 하나의 순응과정으로 다루어야 한다. 그렇지만 우리가 이 과정이라는 것에 대하여 서술하게 되면, 그것은 묽은 국, 즉 맛없는 국이 되어 버리는 난관에 부딪치게 된다. 사람들이 흥미를 갖는 것은 바로 인간 그 자체이며, 이 과정들이 어떻게 인간에게 적용될 수 있는가에 있다. 인간이라는 것은 본능, 습관, 온갖 기억, 여러 기관의 근육 및 감각들이 한 덩이로 뭉쳐 있는 것인데, 이 덩이는 전면적으로 어떤 과정을 진행하고 있다. 그 과정이라는 것은 조금이라도 그 자체를 편하게 하기 위해 끊임없이 자체를 변화시키고 같은 목적을 위해 잇달아 그 환경을 변화시키는데, 한편으로는 그 환경에 의하여 항상 변화받고 있다. 그 변화는 어떤 때는 조건이 좋아지고 또 어떤 때는 전보다도 나빠진다. 이와 같은 인간이 우리 흥미의 초점인데, 그것을 어떤 방법으로 나타낼 수 있을까?

'퍼스낼리티'라는 말은 우리의 이 목적에 있어서 유용하다. 물론 이 말은 오늘날에는 영혼의 속성부터 화장용 '분'의 효능을 설명하는 것에 이르기까지, 거의 모든 것에 관련되어 사용되고 있다. 그러나 내가 여기서 논하는 것은 한 개인 전체로서의 뜻, 즉 그의 키, 체중, 애정, 증오, 혈압, 반응 등은 물론이고 그의 미소도 희망도 흉하게 구부러진 다리도 비대한 편도선도 이 모두를 포함시킨 뜻으로 논하는 것이다. 달리 말하면 어떤 사람에게 있어서도 그 사람의 있는 그대로의 모습 그 전부를 뜻하며, 또한 그가 장차 되고자 생각하고 있는 것 전부도 뜻한다. 이것이 퍼스낼리티라는 말의 현대 정신병학적인 뜻이다. 그러면 더 정확히 말해서 이 퍼스낼리티를 구성하고 있는 여러 요소란 어떤 것일까?

3. 유전

퍼스낼리티는 부모로부터 이어받은 한 세포핵, 즉 생리적, 심리적인 잠재력(potentiality)의 핵을 가지고 있는 것으로 생각해야 한다. 그러나 퍼스낼리티 자체는 부모로부터 이어받은 일부분으로서 그것이 실제로 얼마나 큰 것인지 또는 작은 것인지는 아무도 모른다. 단지 확실히 말할 수 있는 것은 그것이 지금까지 우리가 생각했던 것보다는 작다는 점뿐이다.

그것은 육체적인 구조의 범위 안에 한정되어 있다. 즉 인간의 뇌 속에 존재하고 있는 것이다.

관능적인 경향은 대개의 경우, 후천적인 것이지 유전적인 것이 아니다. 그 안에 신경과민, 침착성의 결여, 소화불량, 술꾼, 유머를 아는 것, 변덕스럽게 화내는 것, 기타 일반적인 태도나 행동의 형태가 포함된다. 이 점은 일반 사회에서나 우생학자까지도 '단위 성격(unit characters)'이라는 것을 신체의 구조에 적용할 수 있는 것으로 생각하도록 훈련되어 있음에도 불구하고, 그대로 믿기는 어렵다. 왜냐하면 부모의 키가 크면 아이도 대개 키가 크며, 머리털이 붉은 계통의 집안에서는 붉은 머리털의 아이가 태어나며, 또 아이의 모습이라든가 외적인 신체의 특성이라든가 손 모양이 부모 중의 어느 쪽이든 닮는다는 것은 이미 우리가 잘 알고 있기 때문이다. 가축의 증식에는 참으로 놀라운 성과를 올리고 있는데, 이 점은 몸의 구조에 관한 유전의 중요성을 훌륭하게 증명하고 있다.

그러나 구조는 행동(behavior)이 아니다. 또 그것이 행동을 규정한다고 하더라도 극히 넓은 범위 안에서의 일이다. 많은 자녀들이 작은 일이건 큰 일이건 그 부모의 흉내를 내거나 그들의 태도나 정서반응의 일반적인 형태에도 자녀들이 부모의 흉내를 내는 것이 유전에 의한다는 증거는 전혀 없다. 오히려 그 반대의 증거가 많이 있다. 그럼에도 불구하고 구조상의 여러 가지 작은 점들이 부모와 자녀 사이에 같은 경우가 많으며, 또 그것이 유전된다는 것이 알려져 있으므로, 행동의 경향이 부모와 자녀 사이에 닮은 점이 있으면 그것도 역시 유전되게 마련이라고 결론지으려는 경향이 있다. 뿐만 아니라 내가 이미 지적한 바와 같이 소수의 과학자들은 지금도 그렇게 믿고 있다.

이런 견해를 반박할 수 있는 역사적 사례는 얼마든지 있다. 예를 들면, 괴물 칼리굴라는 저매니스카의 아들이었는데, 저매니스카는 훌륭한 인격자였다. 그리고 저매니스카는 매우 천한 여자 아그리피나의 아버지이기도 했으며 저 유명한 폭군 네로의 할아버지이기도 했다. 잔혹한 도미산은 총명하고 인정 많은 베스페샨의 아들이며, 대범죄자 코모더스는 훌륭한 마카스 오릴리안스 안토니우스의 아들이었다. 성 어거스틴의 아버지는 악한이며, 프랜시스 베이컨의 어머니는 미친 사람이었고, 존 케플러의 부모는 성격이 매우 이상한 사람들이었다고 한다.

예수 그리스도 역시 마태복음을 읽어보면, 계통이 서지 않은 혈통에서 태어났음을 알 수 있다.

당신의 혈통을 생각할 때
아! 나의 구세주여,
당신의 선조 르호보암은 악인으로
그가 낳은 아들 아비야 역시 나쁜 아버지.
그러나 아비야는 좋은 아들 아사를 낳았고,
아사의 뒤를 이은 여호사밧은
그 또한 좋은 사람으로 요람을 낳았고,
요람은 웃시아를 낳았다는 일 외는
알 길이 없어라.
웃시아에 대해서도 별로 기록이 없지만,
그 혈통을 따라 내려오면,
당신의 아버지 요셉 역시 내세울 것이 없고
단지 당신의 어머니 마리아와 인연을 끊지 않도록
천사가 하늘에서 내려와

40

중재했어야 했던 이야기가
성서에 기록돼 있을 뿐……

이것을 생각하고, 또 내 아버지가 술고래였던 것을 생각하고,
그리고 내가 교회의 지도자이며 재산가임을 생각할 때,
　당신의 처지와 나의 처지로 보아, 이렇게 결론을 내려야 한다.
　즉 믿는 마음도 믿지 않는 마음도 유전이 아니라고…….
　그러면 내 아이의 장래는 어떻게 될까?

　　　　　　　　　　　　──에드가 리 마스터즈──

　내가 지금 말한 바와 같은 것임에도 불구하고, 성격의 특성뿐만
아니라 그 결함과 병까지도 유전되는 것으로 믿고 있는 사람이 아직
도 매우 많다. 그리고 이 사람들은 앞으로도 계속해서 그렇게 믿을
것이다. 이것은 일반인에게만 국한된 것이 아니다. 상당한 지위에
있는 과학자가, 정신병은 유전적인 것이라는 가정에서 출발하여, 여
러 가지 이론을 진행시켜 감을 들은 적이 더러 있다.
　"저 집 내력에는 미친 이가 있다"고 하는 말은 마치 무서운 예언
적 경고 또는 선고인 것처럼 떠들어대고 있다.
　대단히 유명한 어느 위장병 전문의는 의학 강의를 할 때는 박식하
고 정곡을 찌르는 훌륭한 말을 하지만, 곧잘 딴 길로 빠져 "집안 내
력 속에 있는 정신병이라는 것은 굉장히 무서운, 언제 나타날지도
모르는 위험으로서 위장병에조차 영향을 끼치는 것 같다"고 말하고
있다. 어느 몇몇 주(내가 살고 있는 주도 그 중 하나인데)에서는 주립병
원의 입원환자로서, 그 병이 일시적인 것이며 회복의 징조가 나타나
서 다시금 자유로운 생활을 할 수 있는 가망이 보이는 자에게는 피
임, 거세의 외과수술이 시행되고 있다. 이 수술은 세상에서 정신병
의 확산을 줄일 수 있다는 학설에 의하여 행해지고 있지만, 그 학설

자체가 의심스러운 것이다. 어떤 의미에서는 피임이나 거세 수술이 좋은 일이 될 수 있을지도 모른다. 그러나 이것을 대대적으로 하는 것은, 주정부가 예방의학의 측면에서 제법 무엇인가 중요한 일이나 하고 있는 듯한 그릇된 위안을 심어 주려는 의도라고밖에 볼 수 없다.

사실 현재로서는 '정신병'도 분명 정신병으로 발전하기 쉬운 종류의 뇌의 이상 증세도, 그것이 유전에 의한 것이라는 과학적인 확신은 아무것도 없다. 물론 약간의 예외는 인정된다. 즉 신경조직의 퇴화가 그 예인데, 그것은 혈통에서 전해지는 것으로 생각되지만 그나마 극히 드물게 있다. '간질'은 유전인 경우가 많다고 하지만, 과학적 견해의 대부분은 이것에 반대하고 있다.(에이브러햄 마이어슨, 《정신병의 유전 : The Inheritance of Mental Disease》 참조)

'저능' 역시 전에는 의심할 여지도 없이 규칙적인 어떤 일정한 형으로 유전하는 것으로 생각되었던 것이지만 대부분의 경우 그것은 유전이 아니다.

이 문제는 에이브러햄 마이어슨이 그의 저서 속에서 충분히 연구하여 보고하고 있다. 이 책은 전문적인 것이긴 하지만 교육받은 사람이면 누구나가 알 수 있으며, 또 유전이라는 공포로 고민하고 있는 사람이라면 환자건 의사건 누구든지 참고해야 할 책이다. 그리고 아메리카 신경학협회 위원회는 이 문제에 관해 매우 권위있는 전문적인 연구를 하고 있으며, 그것에는 피임, 거세의 문제도 따로 언급되어 있다. 그 연구는 모든 사례를 비교 연구하며, 동시에 많은 저서를 인용하고 있다. 그리고 그 결론은 위에서 말한 바와 본질적으로 일치하고 있다.

유전과 환경이 전해 다른 범주에 속한다는 개념은 오늘날 이미 비과학적이라고 인정되고 있다. 이 말들은 기록하고 저술하는 개념으로서는 유용하지만, 단지 '계산적'인 뜻 이외에는 정확한 정의를 내릴 수가 없다. 이 뜻에 있어서의 이 말들은 각종 현상 중 여러 가지 특징의 설명은 되지만, 이런 현상들은 본질적으로 계속되고 있다.

우리는 브라운 씨가 말하고 있듯이 환경의 힘을 '우리가 조절할 수 있는 것'으로 정의하고, 유전의 힘을 '우리가 조절할 수 있는 가능성이 아직 없는 것'으로 정의할 수 있다. 브라운 씨는 계속해서 다음과 같이 말하고 있다.

"이 정의에 의하면, 우리가 한다면 조절할 수 있을지도 모르지만, 실제로 하지 않고 있으면서 아직도 환경에 속하는 문제라고 생각하는 것이 많다. 한 가지만은 확실하다. 과거의 성공을 기초로 삼아 장래를 판단할 수 있다고 한다면, 과학이 진전함에 따라 경계선이 더 뒤쪽까지 밀려나갈 것이라는 점이다. 따라서 이러한 견지에서 말하면, 어떤 특성이라 할지라도 그것이 어느 특정한 유전의 힘에 의한 것이라고 영구적으로 단정짓는 일은 없어진다.

'환경이 없는 유전은 없으며 유전이 없는 환경도 없다'라는 슬로건은 우리가 전혀 통제할 수 없는 인간의 특성이라는 것은 없다. 동시에 어떤 특성일지라도 우리가 완전히 통제할 수 있는 것도 없다는 내용을 의미하는 것이라고 말할 수 있다."

많은 독자들은 다음과 같은 의문을 가질지도 모른다. 정신병이 유전이 아니라고 하자. 그런데 존스 씨가 우울증에 걸렸고, 또 두 아들도 마찬가지이다. 브라운 부인은 병적인 신경질 증세를 가지고 있으며 그녀의 아들 모두와 손자 셋이 전부 그녀와 마찬가지로 신경질 증세를 가지고 있다. 스미스 부인의 큰어머니도 그 여자처럼 성격이 괴상하다고 한다. 이런 것들을 어떻게 설명하겠는가?

이런 가족의 역사는 우리에게 두루 잘 알려져 있다. 그리고 이 경우, 어떤 배종원형질에 의하여 유전된다고 가정하는 것이 가장 쉬운 일이다. 이 학설은 편리하게도 이런 병의 책임을 조상의 탓으로 돌린다. 어쩌면 이 학설에도 진리의 싹이 있을지 모른다. 어떤 종류의 뇌조직의 결함이 전승되는 것이라고 실증될지도 알 수 없기 때문이다. 하지만 우리는 무의식적인 모방이나 시사의 여러 요소들이 혜

아릴 수 없을 정도의 큰 힘을 가지고 있음을 무시할 수는 없다. 그러나 반대의 극단으로 달려서, 유전 따위와는 전혀 상관없다고 생각하는 것 역시 잘못이다. 유전되는 것 중에는, 이미 말한 구조 이외에도 어떤 특수한 신경배열이 있어서, 그것이 어떤 종류의 반응형태를 촉진시킬지도 모른다. 그러나 현재로는 유전에 대하여 알고 있는 것이 극히 적으므로——일반적으로 생각하는 것보다도 훨씬 적다——맹목적으로 또는 미신적으로 여러 가지 사건들이 유전에서 기인하다고 단정하는 것보다는 차라리 우리가 잘 알고 있는 환경적인 원동력에 집중하는 편이 옳다고 하겠다.

4. 퍼스낼리티

어떤 세포핵이라도 일단 유전하게 되면, 즉시 각종 영향이 강력하게 거기에 가해진다. 즉 교육, 훈련, 부모가 보이는 모범, 형제자매에 대한 반응들이 그것이다. 그리고 기후와 날씨, 가정의 구조, 음식물, 풍습 등 그밖에 학교, 교회, 신문, 친구, 사회정세들도 포함한다. 경제적인 법칙과 사회적인 법칙이 '행동'의 모습을 견제하며 이것을 변용시킨다. 그리고 육체적, 정신적으로 생기는 인생의 이상한 사건, 즉 병, 부상, 슬픔, 실망 등 누구나 언젠가는 당하게 되는 충격들도 있다.

이와 같은 모든 것이 모여서 퍼스낼리티를 형성하게 되고 그 모두는 퍼스낼리티의 내용으로 되어 간다.

우리가 어떤 한 퍼스낼리티를 과학적으로 연구하려는 경우에는 조직적인 방법을 동원한다. 먼저 그 사람의 조상들에 대해서 일반적인 모습, 이루어 놓은 사업, 기호, 성격 등을 확인한다. 마찬가지로 그 일족 이외의 사람의 이력, 즉 그의 출생과 어린 시절, 학교생활, 직업생활, 사회생활, 성생활, 건강 상태를 확인한다. 다음에 우

44

리는 네 종류 또는 네 단계로 갈라진다고 생각되는 것의 조사에 착
수한다. 첫째로 생각해야 할 것은 신체물리학이다. 즉 그 구조, 각
종 기관, 여러 신경원, 분비선들이다. 둘째로는 신체화학이다. 즉
혈액, 소변, 뇌척수액, 대사기능 등이다. 셋째로는 개인심리학이다.
이것에는 개인의 기질, 기억, 지능, 강박관념 및 이것과 비슷한 많
은 고려해야 할 사항이 있다. 이것에 관해서는 이 책에서도 뒤에 말
하겠거니와, 이것은 행동유형(behavior pattern)이라는 말로 총괄하는
것이 가장 타당하다고 생각한다.

끝으로 그 개인의 사회적인 능력이 탐구되어야 한다. 즉 그가 세
상에 나가서 사람들과 어떤 모양으로 교제해 가는가를 연구해야
한다. *

＊여기서 퍼스낼리티의 구성을 철저히 또는 조직적으로 연구하거나, 과학적
　지식 발전의 흐름 위에서 과학사상을 지배한 퍼스낼리티론을 음미하는 일
　은 너무 길어지므로 본문에서는 생략한다. 그러나 다음 일은 사실 흥미
　있는 것이다. 즉 최초의 인격개념(엠페도클레스 : B. C. 450년, 히포크라테스
　: B. C. 400년)은 본질적으로 심리학적이었다. 겔렌(B. C. 170년경)은 퍼
　스낼리티의 과학설을 외치고 인간의 성격은 여러 가지 내분비액에 의하여
　형성된다고 설명하였는데, 오늘날에도 소수의 사람들은 이 학설을 취하고
　있다.
　이 사람들은 퍼스낼리티를 설명함에 있어서, 주로 선분비액을 인체의 구
　조 및 기능에 연결시켜서 생각하고 있다. 그러나 그들은 선(腺) 그 자체에
　구조와 기능이 있으며, 그것이 명백히 어떤 것에 의해 규정되어 있다는
　사실을 잊고 있다. 인간의 행동에 관하여 지금까지 여러 견해가 있었는
　데, 이처럼 구조와 기본적인 목적을 혼동하는 일은 전형적인 것이다. 이
　것에 이어 칸트(1798년)는 퍼스낼리티의 생리적 방면보다는 심리적 방면을
　강조하였는데, 그것이 심리학자에 의하여 계승되어 왔다.
　인간의 성격에 관한 광범한 연구를 구체적으로 한 사람은 베인(1861년)
　이다. 그의 연구는 그 후 장기간에 걸쳐 실험심리학의 형태로 계승되어
　후에 정신측정학이 되었고, 무의식계로부터 추출된 정신분석학적 자료의
　첨가로 매우 성과있는 발전을 이루었다. 최초로 성격 및 그 대표자를 생

퍼스낼리티에 관하여 이러한 구성의 부분들을 연구하면서, 이번에는 그런 것들을 전체로서 평가해 보려고 한다(전체는 부분을 전부 끌어모은 것 이상의 것이라는 인식은 정신병학적인 실천의 기초이며 최근 대개의 심리학자의 대세이기도 하고, 또 형태심리학의 기초이기도 하다).

이런 자료들을 모은 후에, 우리는 자신에게 물어보아야 한다. 즉 물리, 화학, 심리학 등이 모여서 한 인간을 구성하는 것인데 이 복잡한 세상에서 인간이 이런 것들을 어떻게 사용하고 있을까? 인간이 자기를 '상황'에 순응시키려고 하는 노력의 결과는 보통 어떤 것이 될까? 사람들은 언제나 성공할까, 아니면 실패할까? 만약 실

리학적으로 연구하게 된 것은 알브레히트 듀러에서 시작한다고 할 수 있을 것이다. 그는 친구에 의해 출판된 유작(1528년) 속에서 "인류에는 갖가지(육체적으로) 유형이 있으며, 이런 것들의 유형은 개인의 피부색깔에 따라 다른 모습(figures)으로 나타나므로 외형의 균형을 생각해서 인간의 성질을 짐작할 수가 있다"라는 사상을 전개하고 있다.

영국의 갤톤은 퍼스낼리티를 인류학의 견지에서 연구해 보려고 한 최초의 인물(1877년)이다. 이것은 롬브로소(1866년)의 범죄학설에 밀접한 관련을 맺고 있으며, 그것에 이어 일어난 골상학보다는 조금은 앞뒤가 맞는 것이긴 했지만, 후에 크레치머(1921년)의 육체적 유형설에 의해 대치되었다. 크레치머의 학설은 진지하고 사려깊은 것이긴 하지만 내 의견을 말하면, 여전히 육체적인 인간의 유형에 관한 학설이며, 그것은 아직 충분히 논증되어 있지는 않은 것이다. 근대 정신병학의 특징은 퍼스낼리티의 심리적, 생리적, 화학적 및 사회적인 구성요소를 불가분의 것으로 주장하는 점에 있으며, 나의 이. 책 속에서는 이 개념을 결정적인 것으로서 들고 있다. 퍼스낼리티의 연구에 관한 책과 논문의 제목만을 간추린 것이 한 권의 책으로 되어 출판됐다는 사실은 이 문제가 얼마만큼 연구되고, 또 이 문제에 관해 얼마만큼의 성과가 발표되어 있는가에 대해 세상의 관심이 쏠려 있다는 사실의 증거가 된다(A. A. 로 박, 《성격과 특성의 도서목록 : A Bibliography of Character and Personality》, 매사추세츠 주 캠브리지, 과학예술출판사, 1928년). 이 책은 광범하고 정확한 참고도서로서, 위에서 말한 요약적인 기술의 일부분도 이 책에서 인용되고 있다.

패한다면 어떤 모양으로 실패할까? 그러므로 우리는 묻는다——
사람들이 지금 있는 그대로의 모습으로 그들이 만나는 상황에 순응
하려고 한다면 어떻게 될까?

5. 상황

상황이란 사람이 자기 자신을 조화시키고 순응시키지 않으면 안
될 외부 환경의 일부분을 말한다. 그것은 어떤 특정한 때에 일어난
특정한 생활의 단면이다. 그것은 각종 필수조건의 집합체이며, 어
떤 일정한 규칙을 가진 경기이며, 또 우리가 살아가기 위해서 하지
않으면 안 될 경기이기도 하다.

인생의 규정은 물리적 법칙, 화학적 법칙, 경제적 법칙, 사회적
관습 등의 갖가지 법령 및 많은 지방적인 조건들로 성립되어 있다.
소박한 야만시대의 생활에 비하면 세상도 상당히 변한 셈이다. 살
기 위한 수단 또한 날이 갈수록 어려워지고 있으며, 각종의 법률은
점점 복잡해진다. 따라서 낙오자가 많이 생기는 것은 지극히 당연
하다. 이 경기를 하는 자들 중에는 어떤 규칙에 직면하더라도 조금
도 곤란하지 않은 것처럼 보이는 사람이 있는가 하면, 한편에는 어
떤 규칙도 참되게 지킬 수 없는 사람도 있다. 또 어떤 사람은 어떤
특정한 경우에만 실패한다——어떤 사람은 사회적으로, 어떤 사람
은 경제적으로, 어떤 사람은 건강면에서, 그리고 어떤 사람은 정신
적인 탄력성에 있어서……

그런데 이 상황이라는 것은 일반적으로 언제나 변화하고 있는 것
이어서 그 복잡성은 더욱더 곤란한 것이 된다. 때때로 그것은 단시
간에 크게 변화한다. 이러한 급격한 변화를 '새로운 상황'이라 부
른다. 물론 어떤 상황이라도 전면적으로 새롭다는 경우는 있을 수
없는 것이지만 말이다.

이처럼 새로운 상황은 항상 이상한 부담과 긴장을 사람의 순응력에 지워주며, 그럼으로써 새로운 상황은 종종 순조롭게 진행중인 순응의 과정에 파탄을 일으키게 된다.

즉 결혼, 어머니의 죽음 등은 새로운 상황이며, 어떤 지위에 오른다거나 실직하는 경우 또는 대학에 들어가는 것도 누구나 알고 있듯이 새로운 상황이라고 할 수 있다.

6. 순응의 노력

그러면 하나의 성격이 한 상황을 만났을 경우에 어떤 일이 일어날까? 거기에는 상호순응의 꾀함이 일어나며, 그 결과는 성공, 실패, 또는 타협으로 끝나게 마련이다.

어떤 사람이 성공한 상태에 있는 한──자기 자신에게도 환경에게도 상처를 주는 일 없이 계속해서 일어나는 상황에 대하여 잘 순응해 가고 있을 때에는──그는 조금도 남의 주의를 끌지 않을 것이다. 이런 경우에도 우리는 그 상황의 진실한 사정에 관해서, 또 그 성격의 본질적인 요소에 관해서도 아무것도 아는 것은 없다. 외부의 관찰자에 불과한 우리가 알 수 있는 것은 스미스 부인은 행복한 아내라든가, 존스 씨는 돈을 잘 버는 재간있는 은행가라든가, 에드워드 양이 경기에 이겼다든가, 블랙 씨가 승진했다든가 하는 정도일 뿐이다.

대개의 경우 순응은 여기에 말한 것보다도 더욱 눈에 띄지 않는다. 그것들은 단지 일상생활의 평범한 진행, 즉 매일있는 일에 불과하기 때문이다. 브라운 씨는 사무실이 더우면 창문을 열 것이고, 주문이 들어오면 그것을 처리할 것이고, 만약 속기사가 사직하면 다시 광고를 내서 다른 속기사를 채용할 것이며, 그 일에 대해 지배인이 뭐라고 잔소리를 하면 그가 한 일을 잔소리가 나오지 않게 고칠 것이다. 배가 고프면 점심을 먹으러 가고, 저녁이 되면 퇴근해서 돌아오는 길에 아내에게서 부탁받은 대로 상점에 들러 전골용 고기를 사들고 집에 간다. 저녁을 먹은 후 신문을 읽고 텔리비전을 보고, 그러다가 졸리면 자리에 눕는다. 그의 퍼스낼리티는 원만하게 환경에 순응해 간다. 갖가지 상황이 요구하는 필요한 일을 해낸다. 단지 그것뿐이다. 그러므로 우리는 그에 관하여 아는 바가 극히 적다. 그러나 뭔가 특별한 이상한 상황이 일어났다고 하자── 또 그런 상황은 끊임없이 일어나는 법이다── 그때 브라운 씨는 어떻게 할까? 이를테면 집에 불이 났다든가, 딸이 병들었다든가, 아내가 죽었다든가, 그가 실직했다든가, 티푸스가 전염됐다든가, 몹시 곤란한 그에게 매우 중대한 일을 사장이 맡겼다든가, 뜻하지 않은 유산이 굴러들어왔다든가 하는 가정을 세워 보자. 그러면 이런 경우 어떤 일이 일어날까?

그래도 그는 척척 처리해 나갈지도 모른다. 그리고 그러기 위해서는 상당히 노력하지 않으면 안 될지도 모른다. 그는 어느 정도 그 상황 자체를 변화시켜야 할 경우도 있을 것이며, 또한 어느 정도 자기를 변화시키지 않으면 안 될지도 모른다.

그가 그 양편을 다 행하는 경우도 있을 것이며 이리저리 부딪치며 간신히 순응을 달성할 수도 있을 것이다.

이와 반대로, 그는 얼마간 노력해 본 후에 그 상황의 요구가 자신의 순응을 위한 노력에 비하여 지나치게 크다는 것을 발견하는 경우가 있을지도 모른다. 그러면 이런 결과는 '실패'라는 말로 흔히 처리되고 만다.

'실패'에는 두 가지가 있다. 하나는 사람이 어떤 상황이 요구하는 필수조건을 만족시킬 수 없음을 깨닫고, 순응을 위한 노력도 없이 이 상황으로부터 도피하려고 하는 경우이며, 다른 하나는 그 상황을 공격하려고 하는 경우이다. 즉 그 상황으로부터 물러서는 경우도 있고, 반대로 오히려 그 상황을 파괴하려고 계획하는 경우도 있을 것이다. 대개의 경우, 도피나 공격 모두 불행한 결과를 낳는다. 전자는 그 퍼스낼리티의 훼손이 되며, 후자는 그 상황의 훼손이 된다.

예를 들어, 여기 어떤 퍼스낼리티를 가진 남자가 있다고 가정하고, 그 남자가 어떤 상황에 당면했다고 가정하자. 그리고 그 상황이 결혼이라고 할 때, 그 사람은 결혼생활에 성공할 수도 있고, 반대로 실패할 경우도 있을 것이다. 그와 아내와의 사이가 원만치 못하다면 음주를 도피의 수단으로 하는 경우도 있을 것이며, 또 아내를 공격하여 이번에는 아내가 술을 마시게 될지도 모른다. 그가 아내를 너무 못살게 굴어서 아내가 이혼을 요구하는 경우도 있을 것이다. 그래서 그는 아내를 죽이는 상황에까지 이르게 될지도 모른다.

그런데 세상만사가 늘 이런 결과로만 끝난다고 말할 수는 없다. 보통이면 퇴각할 것을, 그 상황에 대해 건설적인 공격을 가하여 실패를 오히려 성공으로 이끄는 수도 있다. 이것이 그림 1에 있어서 '건설적인 타협'이라고 이름붙인 것이다. 그러나 그것은 실은 제2차적인 순응이다.

지금의 실패를 돌려서 건설적인 타협으로 도달하는 과정을 위에서 말한 남자의 경우에 대비시켜 보자. 이 남자는 결혼생활이 불행했으므로 그림 그리기를 시작한다, 과학적인 연구를 한다, 또는 노동조합이라든가 일요학교의 조직 등을 통해서 그 일에 만족과 자기 표현을 찾아내게 될지도 모른다. 거기에 몰두하면서 조금도 자기가 불행하지 않다고 생각할지도 모른다. 물론 제2차적인 순응의 노력이 성공하지 않을 때에는 자신의 불행을 똑똑히 인식하겠지만 말이다.

a) 공격

성공할 수 없는 퍼스낼리티가 자기의 내부적인 평화를 얻기 위하여 상황을 공격하면, 공격을 받은 상황은 자칫하면 상처를 받거나

〈그림 1〉

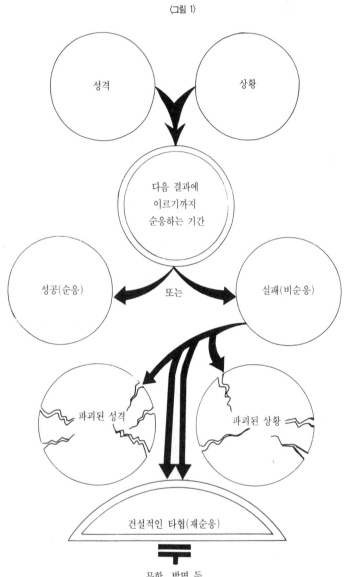

성격

상황

다음 결과에
이르기까지
순응하는 기간

성공(순응)

또는

실패(비순응)

파괴된 성격

파괴된 상황

건설적인 타협(재순응)

문학, 발명 등

파괴되기가 쉽다.

그것은 투쟁이라든가 교만한 독립, 관습의 파괴, 적대적인 태도, 논쟁, 권력층에 대한 반항, 그리고 특히 어린아이의 경우에는 '말을 듣지 않는다', '짜증을 낸다' 등의 행동으로 나타난다. 이 파괴적인 공격이 더욱 발전하여 일을 하지 않고 경제적인 법칙이나 국가 법령의 이행을 거부하는 지경에 이르게 되면, 그것은 한층 중대한 일이 된다. 바꾸어 말하면, 게으르다는 것과 각종 범죄는 상황에 대한 일종의 공격으로서, 그것은 어떤 퍼스낼리티에 대한 그 상황의 짐이 너무 무거워서 전자가 순응할 수 없는 데에서 비롯되는 현상이며, 또한 그 상황을 다치게 하는 것이라고 생각할 수 있다.

어떤 종류의 퍼스낼리티는 범죄를 저지르고, 상황을 분쇄하고, 사회에 측량할 수 없을 정도로 큰 손해를 끼치고 있으면서도 그 퍼스낼리티 자체는 아무런 죄책감의 기색이 보이지 않는 경우도 있을 수 있다. 게다가 그런 짓을 했음에도 불구하고 오히려 불후의 이름을 남기는 경우조차 있다. 나폴레옹이나 알렉산더 등을 그 예로 들 수 있을 것이다. 물론 이런 엄청난 실패들은 일반적으로 성공으로 인정될 만큼 예외적인 것이다. 20세기의 대범죄자 아돌프 히틀러는 지금도 수백만 명에게 우상으로 숭배되고 있다.

성공하지 못하는 퍼스낼리티 중에서도 환경을 다치는 편이 자기를 다치는 것보다는 항상 이해하기 쉽다. 적어도——지금까지 그들은 이해하기 쉬운 것처럼 보여 왔다.

우리는 누구나, 왜 사람이 물건을 훔치며 수표를 위조하는지 알고 있다고 생각해 왔다. 그러나 실제로 이 경우의 문제는 히스테리를 일으키는 여자와 자살하는 남자의 문제와 마찬가지로 매우 복잡하다. 그러나 사회를 이루고 있는 한 사람으로서의 우리는 도둑질이나 수표 위조에 의해 직접 피해를 입게 되므로 그것에 대하여 감정적인 반응을 일으키며, 그로 인해 우리가 그런 범인들에게 내리는 판단은 병자에 대해 내리는 것과는 자못 색다르다. 그들은 양편이 다 어떤 뜻에서는 게으름병 환자이다. 실은 그들은 모두 인생에 순응할 수 없으므로, 혹은 불가능하다고 믿고 있으므로, 이것을 피하거나 거절하고 있다. 그 중 어떤 사람은 도피하고 어떤 사람은 공격하고 있는 셈이다. 여기서 우리는 공격자에 관하여 검토했는데, 다음에는 도피자를 검토하여 보자.

b) 도피

어떤 종류의 퍼스낼리티는 환경에 순응해 갈 수 없으면 환경을 공격하려고 하지 않고 여러 방면으로 도망을 친다. 그리고 그 퇴각과 퇴각한 곳에 따라 그 퍼스낼리티 자신이 손해를 입고 있다. 이런 도피에는 여러 종류가 있으며, 또 다양한 방법이 있다. 아무튼 세상으로부터 도망한다든가, 사람을 피한다든가, 겁을 낸다든가, 공포·의심·기타의 여러 가지 방어적인 수단으로써 쓸모가 있음직한 감정적 증세들이라는 좋지 못한 성격상의 버릇이 되어 나타나고 있다. 또 혹은 무능하다든가, 책임을 남들에게 전가한다든가, 책임을 거부한다든가, 요행수를 바란다든가, 간사한 꾀를 꾸민다든가, 지성적인 해결법을 피하고 신통치 않은 방법을 취한다든가——모든 사람이 해야 할 것을 회피한다는 형태를 취해 나타난다.

이보다 극단적인 방식으로 뚜렷한 것은 발병한다든가 신경질적이라든가, 술이나 마약(몰핀 따위)에 빠진다든가, 자살 등——이것도 역시 도피다.

실패는 물리적, 화학적, 또는 심리적인 형태로 나타난다. 만약 누군가가 몹시 하기 어려운 일에 부딪쳐서 그 일을 감당해 내지 못하면, 그는 그 일에 순응할 수 없어 병의 상태로 도피했다고 말할 수 있다. 만약 축구선수가 경기철이 시작된 지 얼마 후에 어깨를 다쳐서 쉬게 되었다면, 그는 물리적인 면에서 손해를 입은 것이다. 만약 이 선수가 어깨를 다친 것이 아니라 코치가 그의 능력을 알아 주지 않아 우울해졌다면, 이 우울하다는 것(그것은 그가 이 경기를 포기하는

데까지 발전할지도 모른다)은 그의 퍼스낼리티가 심리적인 손상을 받은 경우이다. 또 이 축구선수가 꽤 중요한 시합에서 공을 서툴게 다루어 그 결과 괴로움과 후회를 잊기 위해 술을 마시고 만취됐다는 경우도 상상할 수 있다. 이 경우도, 그것은 그의 퍼스낼리티가 받는 손상으로써 화학적인 면으로의 도피이다. 그러나 그것은 역시 심리적, 물리적인 두 측면을 포함하고 있다.

c) 건설적인 타협

역경의 효용은 달콤한 것으로서 실패로 인한 성공의 예는 많이 있다. 성공할 수 없는 성격이 전혀 다른 방면에서 무리해서 성공하는 경우도 많다. 그것은 퍼스낼리티를 파괴하는 것과 같은 도피를 하지 않으며, 창조적이고 건설적인 노력을 계속해서 환경을 그들의 마음에 맞도록 변화시키기 때문이다. 또는 변화시킨다기보다는 그들이 이 환경을 자기에게 유리할 뿐만 아니라 그것을 이용하여 개척 —— 또는 착취 —— 할 수 있는 방면으로 이끌어 간다고 말해야 할 것이다.

이를테면, 많은 작가들이 인생의 여러 문제를 다루고 있지만, 그것은 그들 자신이 자기의 인생에 대처해 나가지 못하고 실패하여 받은 자극의 반동으로 쓰고 있다고 말한다 해도 틀리지 않을 것이다. 달리 말하면, 자기는 어떤 상황에 당면했을 때에도 순응할 수 없다고 생각했는데 인생에 관해 무엇인가를 쓴다는 구실로 도피하여, 전자에는 실패했지만 후자에 있어서는 성공했다는 말이다. 그 실패는 결코 겉으로는 드러나지 않을지도 모른다. 발견이라든가 발명이라든가 조직한다든가 개혁한다든가 해서 명성을 날리고 물질까지 획득한 사람들 가운데는 무엇이든 더 쉬운 일을 시켜보면 반드시 크게 실패할 사람도 많이 있다. 실제로 그들은 더 간단한 계획에서 실패한 후에, 이 어려운 일을 해 보고서 의외로 크게 성공했는지도 모른다.

철저한 실패는 그 과정을 우리에게 환히 보여준다는 커다란 이익이 있다. 일요일 오후, 엄청나게 많은 자동차가 큰길을 지나가는 데 어느 하나도 특별히 주의를 끄는 것은 없다. 누가 타고 있는지, 어떤 짐을 싣고 있는지 어느 누구도 별로 신경쓰지 않고 있다. 그렇지만 차가 언덕길을 오르지 못하거나 길에서 벗어나면, 그때서야 비로소 우리는 누가 그 차에 타고 있는가, 타이어에 이상은 없는가, 어떤 종류의 기화기를 장치하고 있는가를 주시하게 되며 그때서야 우리는 기관에 고장이 있다든가, 방열기가 샌다든가, 브레이크가 나쁘다든가 하는 것을 발견할 기회를 갖게 된다. 인간이라는 기계가 어떤 모양으로 만들어져 있는 것인가, 어떻게 되면 그것이 파괴당하고, 또 어떻게 하면 그 파손을 고칠 수 있는가 하는 점을 알게 되는 것도 실은 앞서 말한 바와 같이 자동차가 사고를 일으킨 경우에야 비로소 여러 가지 점들을 알게 되는 것과 똑같은 이치이다.

7. 파괴된 퍼스낼리티즈

상황이 파괴된 경우 일어나는 여러 문제들(범죄, 불량, 자활하지 못하고 남에게 얻어먹는 것 등)은 사회학의 범위 안에 드는 것까지 포함한다. 그런데 퍼스낼리티가 파괴되면 정신병 의사 및 대부분의 경우, 일반 분야 의사가 관여하게 된다.

다년간의 경험과 많은 '파괴된' 사람들을 관찰하여 온 경험으로 우리는 "이 사람들은 실패할 것 같다"고 미리 알 수 있는 어떤 종류의 경향이나 약점에 매우 익숙해 있다. 성공한 사람들에 관해서는 정신병 전문의도 별다른 경험을 갖지 못하고, 반대로 실패하게 될 듯한 사람들을 연구해 왔으므로 그것을 기초로 삼아 성공한 사람들도 이해할 수는 있다.

경험에 비추어 보면, 실패할 듯한 퍼스낼리티를 몇 개의 큰 범주로 나눌 수가 있는데 이것은 그 연구의 목적상 귀중한 방법이다. 본래 분류를 너무 중요시하면 안 된다. 왜냐하면 분류는 생각을 황폐하게 만드는 경우가 많기 때문이다. 그러나 분류를 이용하기를 두려워하는 것은 앞서 생각하는 데에 방해가 된다.

다음의 분류는 정확히 말하면, 앞에서(p. 44 하단 주해서) 언급한 퍼스낼리티 개념의 역사적인 서술의 어느 계통과도 일치한다고는 말할 수 없다. 이 유형들은 보통 임상적인 개념에는 일치하지만, 다음의 괄호 안의 글이 오히려 일반적인 표현법이며, 내가 생각해 낸 것이다. 분류 전체가 엄밀한 의미에서는 체계적이라기보다는 실제적, 기술적인 것인데, 이것들은 어떤 상황에 순응하지 않으면 안 될 처지에 놓이면 그 부담을 감당할 수 없으므로 으레 대단히 곤란을 겪는 경향이 있는 퍼스낼리티의 유형이다.

1. The somatic type: 신체적 유형(몸에 병이 있는 경우)
2. The hypophrenic type: 저능적 유형(우둔한 경우)
3. The isolation type: 고독한 유형(외로운 경우)
4. The schizoid type: 분열적 유형(괴상한 경우)
5. The cycloid type: 순환적 유형(변덕스런 경우)
6. The neurotic type: 신경증적 유형(신경쇠약적인 경우)
7. The antisocial type: 반사회적 유형(사악한 경우)

이제부터 나는 앞의 각종 유형의 실례를 들면서 설명해 가려고 한다. 이 실제 예라는 것은 본인이 의사로서 다룬 환자 속에서, 나의 친구들 중에서, 내 책들 속에서, 신문기사 속에서, 그리고 나의 상상의 세계에서 이렇게 실로 다양한 방면에서 자료를 얻어 보여주는 것이다. 그리고 여기에 든 여러 퍼스낼리티의 유형에 관해서 나는 그 사람이 아직 곤란에 부딪치기 전의 것——발병 이전의 것, 극히 미세한 증상 정도의 것 및 완전히 파괴된 것을 들겠다.

이 7가지 퍼스낼리티의 유형은 어느 것이나 파괴되고 실패하기 쉬운 것인데, 우리는 그 하나하나의 유형을 살펴서 그것이 어떻게

'파괴된 것'으로 되는가를 연구한 후에, 제3장 〈병의 증상〉 편에서
이 '파괴된 것'들을 분석하고 도대체 무엇으로 이루어져 있는가를
조사하고자 한다. 나아가 다음의 〈동기〉 편에서는 어째서 퍼스낼리
티가 활동하는가를 연구하고자 한다. (〈동기〉 편은 본서의 제Ⅱ권에 수
록되어 있음)

① 신체적 유형(몸에 병이 있는 퍼스낼리티즈)

1930년 이래 2,30년에 걸쳐 정신의학자들은 통일체적 전체론
(holistic theory)이라는 것을 주장하였는데, 이것은 퍼스낼리티의 물
리적, 화학적, 심리적인 각각의 면을 모두 '모든 퍼스낼리티'의 이
름으로 유익하고도 과학적인 평가를 하기 위한 것으로 생각해야
한다는 학설이다. 그런데 의사가 이것을 놓고 실제로 무엇을 생각
하는가 하면, 모든 육체적인 병에는 심리적인 요소가 있으므로 그
사실을 진찰할 때 고려하지 않으면 안 된다는 것이다.

이러한 견해는 이전에도 소수의 예언자(그로덱, 젤리페, 화이트, 드
레이퍼, 캐논, 알바레스, 리터, 마이어, 콕힐, 하이어, 펀 베르히만, 크룩샨
크 등)가 주장하고 있었지만 일반 의학계에는 진출하지 못했다. 그
런데 '정신신체의학'이라는 이름을 붙였더니 돌연 이 견해가 지지
를 얻어 급속하게 퍼졌다.

일반 개업의들은 그가 매일 진찰하고 있는 환자의 3분의 1내지 반
수 이상이 이 신체적인 병보다 오히려 정신적인 병에 걸려 있다는
점을 솔직히 인정하였다. 위궤양, 대장염, 천식, 피부병, 그밖의 많
은 병들이 심리학적 치료만으로도 낫는다는 사실을 조사 연구한 것
이 발표되어, 의학계에서도 지금까지 병리학에 관한 근본적인 개념
이 상당 부분이 틀렸다는 사실을, 또 많은 경우 신체적인 상태에 대
해 심리적인 원인 쪽이 세균보다 한층 중대한 영향을 미친다는 것도

확인하게 되었다. 의사들은 각처에서 '정신과 신체'의 문제들을 논의하고, 또 진지하게 생각하게 되었다.

눈에 염증이 일어난다든가 관절이 아프다고 하여 의사에게 가는 사람도 있으며, 또 잠을 못 잔다든가 기분이 우울하다고 하여 의사를 찾는 사람도 있는데, 이것은 예나 지금이나 마찬가지이다.

어떤 증상이든 심리적인 것과 신체적인 것과의 구별이 참으로 명백한데, 이 구별은 영원히 변하지 않을 것이다. 어떤 사람은 그 한쪽에 속하는 병에 걸리고, 또 어떤 사람은 반대로 다른 쪽에 속하는 병에 걸린다. 본서에서는 주로 어느 한쪽의 병, 다시 말해서 주로 심리적인 장애에 속하는 사람들을 위해 썼다.

위에 든 7가지 퍼스낼리티 속에서 두 번째부터 여섯 번째까지 유형의 사람이 이 심리적인 유형의 병에 걸리기 쉽다. 그러나 또 하나의 병에 걸리기 쉬운 유형에 대해서도 다소 언급해야겠다.

'정신신체의학(psychosomatic medicine)'에 대해서 오늘날처럼 커다란 관심이 일어나리라는 점을, 내가 예견했다는 사실에 자부심을 느끼는 것도 무리는 아닐 것이다(하고 혼자 생각해 본다). 그리고 1930년경에 '장기적(臟器的) 병의 퍼스낼리티 유형'이라는 것을 제시해 놓았다. '정신신체의학'이라는 이름은 정신과 신체와의 2원적인 뜻을 지니므로 좀 적합하지 못하다. 이 2원적 개념은 이 분야에 있어서 발전시켜 가고자 하는 개념에 어긋난다. 그렇지만 이 용어는 내가 사용한 것보다는 훌륭한 표현방법이긴 하지만 요컨대 말보다는 그 개념이 중요하다. 그리고 그 개념은 앞으로도 계속해서 훨씬 발전해 갈 것이다. 왜냐하면 지금 많은 조사연구가 진행중이며, 또한 그 보고발표가 연이어 계속되기 때문이다.

이 조사연구들이 진행되어 그 결과가 어떻게 나타나느냐 하는 심리적 요소를 신체적인 증상의 주요한 특징으로 삼고 있는 병의 원인학에도 치료학에도 모두 관여하고 있음을 증명하는 것이다. 그러므로 이 종류의 지식은 일반 개업의들에게도 종합병원의 의사들에게도 그리고 외과의들에게도 절대로 필요한 것으로서 아무리 그들이 정신병학에 개입하길 원치 않는다 하더라도 어쩔 수 없이 관여하게 된다.

1930년 이래, 이 문제에 관한 우리의 견해는 전보다 훨씬 뚜렷해 졌으며 따라서 이 무리를 다시 셋으로 나눌 필요가 있다. 첫째, 신체의 물리적 구조를 해칠 사고, 병, 결함 등은 개인의 순응력에 영향을 주는 것이 분명하다. 이를테면 한쪽 팔을 잃은 사람이나 두 눈을 잃은 사람은 현실에 대한 순응에 장애가 생기므로, 그 행동과 반응들은 정상적인 사람의 그것과는 아무래도 달라진다. 만약 피해자의 편에는 아무런 관심도 없는 상태에서 이와 같은 사고가 일어났다면, 우리는 이 경우 어떤 우연한 사고가 발생하여 그의 생활양식, 태도, 기술, 나아가 아마 그의 일생의 계획까지도 변경시키게 되었다고 말할 수 있다.

이런 유형의 퍼스낼리티는 신체적으로 불구의 성격이라고 부를 수 있으나, 그 경우에는 지나친 보상작용이 일어나서 그 결과 그의 일 자체가 보통 사람들이 하고 있는 것에 비하여 훨씬 우수하게 되는 경우도 있다. 동시에 한편에서는 아예 '파괴된 자'로서 길가에 버림을 받는 경우도 있을 수 있다.

이런 사실은 어느 경우에도 충분히 인식되지 않으면 안 된다. 그러나 이 사고들 속에는 우연이 아니라 재난을 받는 쪽의 사람에게 조금이라도 그렇게 되고 싶다는 생각이 있어서 그 결과로 일어나는 경우가 많다는 사실이 밝혀져 있다.

통계에 의하면 사고 피해자들의 90퍼센트는 '사고에 접하기 쉬운' 종류의 사람들이다. 마찬가지로 신체적인 질병의 경우에도 무의식적이긴 하지만 먼저 병이 나고 싶다는 뚜렷한 소망이 있어서 그 결과 발병하는 경우가 많음은 전혀 의심할 여지가 없다. 발병하고 싶다는 무의식적인 욕구는 정신적 증상으로 나타나는 경우도 있지만, 또한 신체적 증상 및 실제로 신체적인 병으로 나타나는 경우도 매우 많다. 그런 욕구는 물론 비정상적이긴 하지만, 그것이 비논리적이라든가 비난받아야 할 것이라고 말할 성질의 것은 아니다. 어떤 종류의 퍼스낼리티에 있어서는 이전의 경험에서 잠재하는 힘에 밀리거나 갈등, 공포, 실망 때문에 그렇게 될 수밖에는 어쩔 도리가 없다는 것이다.

이런 사람들은 우울증이나 노이로제에 걸리는 무의식적인 경향이 있는 사람과는 확실히 다른 점이 있다. 따라서 특히 '발병하고 싶은 경향의 유형'이라고 할 만한 특수한 퍼스낼리티 유형이라 할 수 있다. 그것은 마치 '사고를 일으킬 경향이 있는 유형'인 사람들한테는 미끄러지기 쉬운 계단이나 달려오는 자동차가 그들의 소원에 협력하여 주듯이, '발병하고 싶은 경향이 있는 유형'의 사람들에게는 외부세계의 여러 비위생적인 매개물이 협력체가 되기 마련이다.

지금까지 우리는 결핵의 원인이 결핵균 때문이라고 생각해 왔는데, 오늘날에는 그 병에 걸리는 사람 중에는 무의식적으로 그 병에 걸리기를 간절히 바란 결과로 발병하여 앓고 있음을 보여주는 경우가 상당히 많다는 사실이 널리 알려져 있다. 한 예를 들면, 내가 아는 어떤 의사는 학생 때 성적이 우수했고 또 우등으로 졸업했으나 항상 사회에 직접 접촉하기를 대단히 두려워하였으며 병원 실습이 끝난 후, 장차 자기가 개업할 날이 다가오는 것을 겁내고 있었다. 그렇지만 1개월이 지나 개업을 하고, 겁을 집어먹은 상태에서 첫 환자가 나타나기를 기다리고 있는 동안에 문제는 깨끗이 해결되었다. 그는 결핵에 걸려 요양소에 입원하지 않으면 안 되었기 때문이다. 그 후 그는 매우 좋아져서 퇴원해서 다시 일을 시작해도 좋다는 소리를 듣자 그만 병이 악화되어 버렸다.

오늘날에는 이런 심리상태가 실로 많은 신체적 병의 원인으로서 인정되어 있다. 다만 이 문제 전체로서는 세상에 알려져 있지 않다. 그러나 현재에는 이것에 관하여 많은 과학적인 연구가 진행되고 있으며, 그 중에는 이미 의학적 문헌에 발표된 것도 있다. 그리고 이 책의 목적으로 보아 이것을 다음과 같이 총괄할 수가 있다. 즉 각종 질병성(확정적 천식성, 위궤양, 만성변비, 관절염성, 복부 외과수술성, 고혈압성, 심장병성 등) 퍼스낼리티가 그것이다. 아마 이외에도 또 있을 것으로 생각하지만, 위에 든 것들은 모두 상당히 명백한 것들이다.

이상 우리는 첫째, 사고 또는 질병에 의해 병신이 된 퍼스낼리티 즈(이것은 사고나 질병이 일어나기까지는, 즉 그 이전에는 조금도 구별될 성질의 퍼스낼리티 유형이 아니었다)에 관하여 살펴보았다. 그러나 지면 관계상 여기에서는 이것을 예를 들면서 설명할 수가 없다.

다음에 생각해야 할 문제는 정신신체적 문제의 세 번째 유형이다. 어떤 종류의 신체적 병에는 그 최초에 보이는 장애나 증상은 신체적인 것이지만 나아가서는 지각, 사고, 감정 및 행동에까지 대단한 장애를 일으키는 것이 있다. 이런 병일 경우, 그 심리적 증상은 신체적 장애가 원인이 되어 나타난다고 오래 전부터 가정되어 왔다. 정신신체——또는 생활기능학적——의학의 관점에서 말하면, 예전부터 있어 온 이 해석은 실로 유치하고도 타당성이 없는 것으로, 이것을 거부하고 대신 퍼스낼리티의 기본적인 장애가 신체적 혹은 심리적인 반응에 반영되고 있다는 개념을 취하지 않을 수가 없다.

이 경우, 견해의 차이는 그다지 중요하지 않을지도 모르지만 또 하나의 예로서 뇌매독의 경우에는 구별이 극히 중요해진다. 매독에 걸리는 사람은 많지만 그 중에서도 뇌매독인 경우는 극히 희박하다는 사실, 또 뇌매독에 걸린 사람이라도 전부가 '진행성 마비성 치매증'으로 알려진 병으로 되는 것도 아닌데, 이 사실은 아직까지 이해할 수 있도록 설명되어 있지 않다. '마비성 치매증'의 유형이 매독에 의한 뇌의 침해와 자동적으로 연관된다는 점이 분명해졌을 때 정신병학은 커다란 진보를 했다고 여겨졌는데 이론적인 문제가 아직 해결되지 않았으며, 그밖에도 이 분야에 관계가 있는 문제이면서 미해결된 채로 있는 것이 있음을 우리는 잘 알고 있다. 이 책의 실

제적인 목적을 다하기 위해서는 오직 어떤 경우들이 이것에 해당하
는가를 살피고, 아울러 비교적 중요한 변종을 몇 가지 설명하면 충
분하리라 본다.

a) 내분비선 장애

조 해리슨은 어릴 적에 성미가 급하고 고집이 세었다는 것 이외에
는 별로 특별한 점이 없었다. 그는 고등학교 2학년까지 다니다가 그
만두고 장사를 시작해서 크게 성공했다. 서른 살 때 맹장수술을 받
았는데, 그 후 그의 체중은 수개월 동안에 140파운드에서 200파운드
로 늘었다. 그 후 4년 동안 그의 체중은 270파운드로 늘었으며, 그
사이 그는 종종 심한 두통으로 고생했다. 또 가끔 졸음을 참지 못하
여 잠을 자면 12시간에서 48시간 가량 내리 잤다. 그것도 일단 잠이
들면 제아무리 깨우려 해도 헛수고였다. 그런 뒤 얼마 후에는, 부도
수표를 남발하는 등의 불량한 행동으로 옮겨졌다. 결국, 정신의학
적 진찰의 신세를 지게 되어 물리적, 화학적, 심리적 및 신진대사작
용의 화학적 검사 결과, 내분비선, 주로 점액선에 이상이 있다는 것
이 밝혀졌다.

b) 뇌종양

뇌에 무슨 종기가 생기면 여러 가지 기이한 행동이나 옳지 못한
행동을 하는 것으로 생각하는 이가 많다. 이런 종기가 생기는 것은
별로 희귀한 일은 아니지만, 이러한 행동이 나타나는 경우는 드
물다. 뇌종양의 보통 증상은 마비, 경련, 시각장애, 심한 두통 등인
데 간혹 그릇된 행동이 나타나는 경우도 있다. 다음에 기술한 내용
은 메이요 진료원의 프레데릭 메르시 박사에 의해 보고된 재미있는
실례이다.

1923년 11월 14일, 올해 52세가 되는 한 목사가 이 진료소에 끌려

왔다. 1922년 가을, 이 환자는 생활의 즐거움을 상실했는데 그의 아내는 여러 가지 직무상의 일이 그 원인일 것이라고 생각하였다. 1923년 1월에 그는 심한 두통을 앓기 시작했는데, 그 두통은 1주일에 두세 번 일어났다. 4월 중순쯤, 그의 설교가 조리없게 되고 실수를 연발하면서도 그가 태연히 있었다는 것이 문제가 되었다. 그 최후의 설교는 완전한 실패였으나 그래도 그는 자기 설교에 매우 만족하고 있었다. 그것은 8월의 일이었다.

그는 사임하도록 권고받았고, 모금운동을 위한 여행을 떠났다. 20여일간 여행한 후, 그는 불결하고 흐트러진 모습으로 돌아왔다. 그리고 그는 길을 잃었다느니, 온갖 곤란을 겪었다느니 하며 조리없는 여행담을 늘어놓았다. 그가 아내에게 보내 온 편지도 횡설수설이었다. 그의 기억력은 몹시 나빠졌으며 주의, 흥미, 집중력도 시원찮게 되었다. 그는 무엇이든간에 세밀한 것은 기억할 수 없었다. 그는 이야기 도중에 갑자기 멍청해지면서, 자기가 무엇을 말하고 있었는지조차 모르는 상태에 이르렀다. 그는 오른 발길질을 한다든가, 오른쪽 둘째 손가락으로 물건을 두드린다든가 하는 별난 특수한 버릇이 생겼다.

그는 각종 상점간판을 되풀이해서 읽었다. 이 진료소에 진찰을 받으러 오기 1개월 전에는 그저 멍하니 앉아 있기만 하였다. 또 옷에 주의를 하지 않아 더럽히고, 어떤 때는 슬리퍼 속에 소변을 보거나, 그 소변을 창 밖으로 버리면서 좋아하였다. 물론 그의 아내는 그의 행동에 몹시 못마땅해 했다.

어떤 일에도 흥미를 가질 수 없다는 점이 그의 증상 중에 가장 두드러진 특징이었다. 신경병학적인 조사를 해 보니, 뇌종양 증상은 아무것도 나타나지 않았다. 두 눈의 시신경이 다소 손상되어 있었고, 두개골을 X광선으로 보았더니 안쪽 부분이 파손되어 있었다. 환자는 점점 악화되어 갔다. 그래서 12월 4일에 오른쪽 이마공규 진찰을 했다. 하지만 뇌종양의 위치는 알 수 없었다.

2주일 후에 왼쪽을 조사해 보았더니 지름 5센티 가량 되는 큰 종양이 급속히 커가고 있으며 앞머리의 위쪽 뒷부분까지 퍼져 있다는 것이 판명되었다.

c) 뇌수염(뇌의 염증)

해롤드는 만 15세된 남자인데, 그의 행동은 예측할 수 없을 만큼 지나치게 충동적이어서 위험하므로 집에 둘 수가 없었다.

그는 항상 병원에서 살지 않으면 안 되었다.

그는 기묘한, 기분 나쁠 정도로 이상스런 용모를 하고 있었다. 키는 작고, 머리는 네모꼴로 짧은데, 몸과 비교해 보면 너무 큰 편이었다. 그는 어색하게 발을 끌면서 마치 원숭이처럼 걸었다. 주의해서 보면, 그는 조심스럽게 애정이 넘치는 다정한 태도로 남의 아이 곁에 다가간다. 그런가 하면, 별안간 그 아이의 손가락을 잡아 무자비하게 뒤쪽으로 꺾는다. 그리고서는 킬킬거리면서, 마치 이야기책에 등장하는 아기 귀신처럼 슬금슬금 도망한다. 이윽고 그는 자신의 손가락을 입에 대(그 손톱엔 항상 깨문 자국이 나 있다)고 갑자기 넋을 잃은 사람처럼 맑게 갠 하늘을 쳐다보면서 "무서운 폭풍우가 와서 나뭇가지를 모조리 꺾어 버릴 것이다"와 같은 말을 얼토당토 않게 중얼거린다. 조금 지나면, 눈물을 쏟으면서 회개의 심정으로 참을 수 없다는 듯한 모습으로 울부짖는가 하면 어떤 땐 같은 아이의 목에 팔을 얹고 별안간 굉장한 힘을 내서 껴안고 목을 꽉 졸라 아이를 괴롭힌다.

여선생이 그를 떼어 놓으면, 그는 그 손을 깨물려고 대든다. 그리고 선생에게 "화났어요? 선생님은 회초리로 때릴 수 있어요. 회초리로 때려 주세요"라고 나지막한 소리로 말한다. 잠시 후, 그는 그 선생 옆에 살그머니 다가가서 "나는 당신이 좋아요"라고 마치 어린 아이처럼 속삭이고서, 번개처럼 손가락으로 그 선생의 눈을 찌르고 "회초리로 때릴 수 있으면 때려봐요"라고 외친다.

그는 아동기에 여러 가지 병을 앓았으므로 교육을 거의 받지 못했다. 그의 몸도 정신도 교육을 받지 못했기 때문에 학교에서는 자기를 주위에 순응시켜 가기가 무척 힘들었으며, 집에 돌아오면 성급하고 파괴적이어서 다루기가 힘들었다. 부모는 대단히 난처해 하며 그를 마구 때렸다. 하지만 그런 매질은 조금도 효과가 없었다.

그의 정신연령은 8세(I.Q. 60) 정도였다. 정서적으로는 매우 불안정하여 까닭없이 별안간 울어 대기가 일쑤였다. 그의 행동 중에서 가장 눈에 띄는 점은 충동적인 잔혹성인데, 그것은 매우 철저했다. 또 하나는 자기 자신도 고통을 받으려 하는 변태적인 욕구였다. 그가 애정과 자애를 바라는 점은 여느 아이와 다를 바 없지만, 그것을 바라는 방법이 보통 아이와 다르다. 그는 애정 대신 남에게 고통을 줌으로써 성적 쾌감을 느끼는 것 같았다. 이러한 가해 심리 속에는 그가 자기 자신에게 가하는 해침도 포함되어 있다. 이 아이는 실로 묘했다. 그의 무질서한 행동은 뇌의 염증 질환, 즉 뇌수염의 결과로서 이 병이 어릴 적에 어떤 전염병을 유발한 것이다. 해롤드는 치료를 통해서 조금은 회복될 수는 있지만, 이 병을 완치시킬 수는 없다고 단정지었다.

d) 진행성 마비성 치매증

앞에서 말한 뇌수염은 세상에 널리 알려져 있는 유행성 감기와 극히 가까운 관계이다. 또 하나, 뇌매독에서 일어나는 일종의 뇌수염이 있다. 매독에 걸려 있는 사람 가운데 그 사실을 모르는 사람도 많다. 또 자신이 알고 있는 사람이라도 그것이 신경계통을 범하는 경우가 있다는 것을 아는 사람은 드물다. 뇌매독은 대개의 경우, 매독에 걸린 후 여러 해가 지나서야 비로소 나타난다. 매독은 끔찍스런 발진이 되어 나타나는 경우보다는 오히려 기묘한 행동으로 되어 나타나는 경우가 훨씬 많다는 사실을 세상 사람들은 잘 모르고 있다.

뇌매독이라는 것은 여러 해 동안 발견되지 않은 채 존재하는 경우가 있다. 그 경우 피해 당사자도 물론 이것을 짐작하지 못한다. 그러나 정확히 진찰을 하면 이것을 발견하여 훌륭하게 치료할 수가 있다. 이것은 우리가 앞의 철도기관사가 정기적으로 진찰을 받을 필요가 있다고 주장하는 이유이다. 왜냐하면, 그들 중에는 장기간에 걸쳐 뇌매독에 걸려 있으면서 이것을 알아차리지 못하고 있다가 그것이 원인이 되어 별안간 미쳤다는 예가 얼마든지 있기 때문이다.

아이작 톰슨(의학박사)이 그런 예의 인물이었다. 그는 63세로 세상을 떠났는데, 살아 있을 때에 여러 해에 걸쳐 상당히 이상한 사람이라고 평가받곤 했다. 사실, 그의 40대 당시에 이미 다소 분명한 증상과 징후가 나타난 것으로 생각된다. 그러나 박사 자신은 자기에게는 반사성 동공강직(뇌매독 중에서 눈의 증상)은 있지만, 이것은 27세 때에 심한 천연두를 앓았기 때문에 그럴 것이라고 말하면서 간단히 일축해 버렸다.

박사는 소년시절에 훌륭한 중등교육을 받았다. 남북전쟁 때에는 병원의 요리사로 참가하였다. 종전 후 실업계에 발을 들여놓고 결혼도 했으며, 의과대학에 입학하여 34세에 졸업하였다. 그는 12년가량 개업하고 있었는데, 그 후에 의사직을 그만두었다. 오랫동안 그는 어떤 종류의 문학에 취미를 갖고 있었다. 몇 권의 소책자를 출간하기도 했는데, 대개의 경우 정치적 색채를 띠고 있으며, 그 중에는 혁신정책을 선동하려는 속셈으로 출판된 것도 있었다.

61세 때 얼음 위에서 미끄러졌는데, 그때부터 그의 치명적인 증세가 실제로 시작되었다고 할 수 있다. 왜냐하면, 그 뒤로 톰슨 박사는 보행이 곤란하게 되고, 3개월 후에는 자기가 하고자 하는 일에는 언제나 남들을 따르게 하고야 말겠다는 태도가 나타났기 때문이다. 그 이전에는 자기의 책을 계속해서 쓰고 있었는데, 이제는 산만하고 무질서한 일을 하게 되었다.

그는 대중 앞에 서서 굉장한 위세로 훌륭한 웅변을 하여 어떤 재정계획을 공격하였다. 그의 웅변은 큰 칭찬을 받았는데, 그 칭찬이 계기가 되어 이 의사는 어떤 단체에 대하여 어마어마한 공격을 시도했다. 그의 웅변에는 거짓과 진실이 섞여 있었으므로, 그의 운동에 참여하는 사람들이 점차 많아졌다. 그는 이런 문제들에 관해서 대중에게 가르치기 위한 일종의 정보국을 세우려고 생각했다. 그리고 이 정보국에 종사할 많은 서기와 문필가들의 숙박소로서, 자기 집 바로 옆에 건물을 하나 지으려고 계획했다.

어느 날 아침, 이 의사는 몹시 흥분하여 전화로 큰소리를 치면서 타이피스트와 기술자에게 지휘명령을 내리고 있었다. 그러더니 마침내는 정부와 어느 큰 신문사가 재원을 제공해 줄 것으로 생각(사실 그는 다른 사람도 그렇게 믿을 만한 것을 말하고 있었다)하고 그 일을 성사시키기 위해 보스턴 시로 갔다. 어느 날 밤, 그는 아주 늦게 돌아왔다. 어느 여관에서 싸움을 하고, 마치 술주정꾼이 그러는 것처럼 한두 명의 흑인 수위를 때려눕힌 모양이었다. 이 의사를 침대에 눕혔더니 계속 종교상의 문제들을 지껄이며, 일요학교를 열겠다는 말을 하고 있었다. 그런데 그의 상대자는 이 계획에 대해 깊은 흥미를 보이지 않았다. 그러자 이 톰슨 박사는 폭력을 써서 그를 위협하였다. 경관과 의사가 달려왔다. 그는 몇 시간에 걸쳐 끊임없이 지껄였다. 마침내 의사들의 요청에 따라 톰슨 박사는 병원으로 옮겨졌다.

그는 그 병원의 의사들에게 말하기를 이제 자기에게 행운이 닥쳐왔다며, 자기는 이 주에서 상원의원으로 선출될 가능성이 높다고 했다. 또 자기는 루스벨트와 함께 트러스트를 없앨 계획을 짜고 있으며, 루스벨트 씨와는 본래 친척이라는 식으로 말하였다. 그 병원에서 그를 자세히 진찰해 보았더니, 톰슨 박사는 다년간 '진행성 마비성 치매증(뇌매독)'에 걸려 있었다는 사실이 명백해졌다.(E.E.사

우다드와 H. C. 솔로몬, 《뉴로시필리즈 :Neurosyphilis》에서)

• 똑같은 사례 두 가지

안나는 아름답고 젊은 부인인데, 그 부인의 친척 중에는 한 사람도 정신병자가 없었다. 그리고 이번 문제가 일어나기까지는 그녀도 건강하다고 다들 생각했다. 2년 전에 그녀는 계집아이를 낳았는데, 그 아이는 머리가 유난히 커서 전혀 걷지를 못했다. 그래도 의사들은 별로 이상하게 생각하지 않았다——그 아이는 실제는 선천성 매독 때문에 치료를 받고 있는 중이었다.

어느 날이었다. 안나의 남편이 돌아와 보니 아내가 지하실에 앉아 있었다. 어째서 그런 곳에 앉아 있느냐고 물어보아도 그녀는 아무런 대답이 없었다. 그 후 그녀는 여러 가지 묘한 행동을 하기 시작하였다. 그녀는 침대 뒤쪽에 숨어서, 누군가가 자기를 쫓아다니고 있는데, 그 모습이 악마를 닮았다고 말했다. 그녀는 아침식사를 끝마치면 즉시 잠자리에 들어 버리고, 갓난애와 살림을 돌보지 않을 때도 종종 있었다. 그녀는 여러 종류의 사람들이 자기를 쫓아다닌다고 착각하였다. 어느 때는 식칼을 들고 한 사내아이를 쫓아갔던 적도 있었다. 또 어느 때에는 자살할 목적으로 석탄산을 산 적도 있었다. 그때는 몇 명의 의사를 불러 왔으나, 아무도 혈액검사를 하거나 정확한 진단을 해주지 않았다.

그녀의 병세는 점점 악화되어 갔다. 그녀는 자기 옷을 여러 가지 화려한 빛깔로 물들이기도 하고, 부엌 전체에 페인트를 여기저기 칠하기도 하고, 10센트 스토어에 가서 장난감을 10달러어치나 주문하기도 하고, 꽃집에서 꽃다발을 주문하여 남편을 깜짝 놀래주기도 하였다. 남편의 경제력으로는 그런 일에 돈을 낭비할 여유가 없었기 때문이다. 안나는 많은 친구들에게 전화를 걸어, 이번에 양장점을 시작하려고 하니 자기 상점에서 일하지 않겠느냐고 친구들에게 말하였다. 뿐만 아니라 자기는 이미 어떤 큰 사무실용 건물의 1층을

다 빌리고 있으며, 거기에 시내에서 제일 큰 상점을 열 계획을 세우고 있다고 떠들기도 했다.

또 그녀는 자기 내외는 5백평이나 되는 작은 별장을 가지고 있다느니, 남편 수입이 1년에 5만 달러로 늘었다고도 말했다. 그녀의 남편에게 들은 바로는 점점 말하기조차 곤란할 정도로 되어 버렸다. 또 아주 간단한 계산에도 큰 잘못을 저지르는 경우가 종종 있어서, 집안살림도 안심하고 맡길 수 없게 되었음도 알게 되었다.

그녀는 때때로 명랑해지기도 하지만, 몹시 난처한 경우에는 큰 실수를 저지르고, 그러면서도 조금도 부끄럽게 여기지 않았다. 그녀는 지금만큼 기분좋은 때는 없었다고 말하며 신나게 웃고 농담을 하며, 곁의 사람들 모두가 대단히 근심하고 있는 것——그녀가 이상하다는 것——에는 전혀 관심을 두지 않는 듯했다.

몸을 진찰해 봐도 별로 나쁜 데도 없는 것 같았다. 그러나 신경학적 진찰을 해 보았더니, 그녀의 동공은 광선에도 정상적인 반응을 하지 않았다. 그리고 팔의 반사는 민감한데 비해 무릎의 반사는 그렇지 않다는 사실이 밝혀졌다. 또 혈액과 척수액 검사를 해 보았더니, '진행성 마비성 치매증'의 전형적인 징후가 뚜렷이 나타났다.

칼 라슨은 가난하기 때문에 열심히 일했다. 그는 타민족을 양부모로 삼은 착실한 남자였다. 고등학교를 수석으로 졸업한 후 몇 해 동안 그는 트럭 운전사를 하기도 하고 철도 선로사를 하기도 하였지만, 한때는 어떤 지방 순회극단의 배우가 되어 활동했다. 그리고 이 배우 활동을 하는 동안, 그는 한 젊은 여배우와 사랑을 하게 되었고 마침내는 그녀와 결혼을 했다. 결혼생활을 하는 동안 그는 이 여배우에게서 매독이 전염되었다. 이 젊은 부부는 자주 싸우더니 얼마 안 가서 결국 이혼하고 말았다. 칼은 집으로 돌아와서 대학에 입학했고 불행했던 결혼생활과 겨우 2,3개월 동안 매독 치료를 받았던 일들을 간단히 잊어버렸다.

그는 일하면서 대학을 졸업하고 법률학교까지 나왔는데, 그때도 역시 반에서 가장 우수한 성적을 기록했다. 인기있고 부지런하고 영리해서 그는 직장에 나가서도 문제없이 성공했다. 마침내 어느 상급 재판소의 판사가 죽었을 때에 그 주의 변호사회의에서 만장일치로 이 젊은이를 그 후임으로 임명하도록 주지사에게 추천했다. 그리하여 그는 23세의 나이로 판사직책을 맡게 되었는데, 그렇게 젊은 나이에 이처럼 상급 재판소의 높은 지위를 얻은 사람은 일찍이 없었다.

1년 동안, 그는 현명하게 학자다운 모습으로 그가 맡은 직무를 처리해 나갔다. 그러던 어느 날, 그는 한 변호사를 찾아가서 당신의 의뢰자에게 유리한 판결을 내렸기 때문에 그 의뢰자가 자기에게 약간의 사례를 할지도 모른다고 은근히 속뜻을 비추었다. 이 변호사는 이 젊은 재판관과는 친한 사이였지만, 이 색다른 요구에 너무 놀라서 왜 그런 요구를 하느냐고 그 이유를 물었다. 그랬더니 재판관은 돈이 궁하다고 설명했다. 이 변호사는 이해를 했는지 자기의 돈을 이 친구를 위해 돌려 주었다.

2,3개월 후 라슨 판사는 자기가 담당한 어느 재판 사건의 원고의 집을 밤에 찾아가서, 그 사건을 유리하게 판결 내린다면 보수를 주겠느냐고 제의하였다. 원고는 기가 막혀서 그 말을 자기의 변호인에게 알렸고 이 변호인은 곧바로 이 사건을 변호사회와 주지사에게 연락하였다. 그들은 즉시 대책을 마련하여, 이 젊은 재판관에게서 변호사와 재판관의 자격을 박탈해 버렸다. 그에 대한 여론과 거부감이 워낙 심했으므로, 그는 그 시를 떠나서 근처의 시에서 택시 운전사가 되었다.

그런데 이 운전사가 일부러 먼 길을 돌아서 요금을 비싸게 받는다고 불평을 하는 손님이 늘어났다. 그러나 실제로 그는 점차 기억력을 잃어버려 시내의 길조차 모르게 되었던 것이다. 그러면서도 그는 웃으면서 운행시간이 길어지면 길어질수록 많이 번다고, 손님에게 농담을 하는 것이었다. 손님들의 불평이 높아져서 그는 얼마 후해고되었다. 이 청년의 친구는 그에게 권해서 의사의 진찰을 받게했다. 그 의사는 그를 어느 병원으로 옮겼는데, 그곳에서 그는 확실히 '진행성 마비성 치매증'인 것이 밝혀졌다. 그는 치료를 받고, 6개월 후에는 다시 한 법률사무소에 채용되어 변호사의 자격을 회복하게 될 날을 기다리고 있다.(이 사례의 자료는 노먼 라이더 박사의 호의에 의해 제공된 것임)

e) 선천성 뇌매독

에디 램시라라는 사내아이는 4세 때 기르던 고양이를 손도끼로토막내어 죽였다. 그의 누나가 눈물을 흘리며 말려도, 그는 비웃었다. 그의 어린 시절은 가정과 사회에 대한 난폭한 행동과 반항으로 가득 차 있었는데 지금의 고양이 이야기는 그 전형적인 한 예에불과하다. 그는 부모와 이웃사람들의 물건을 훔치고, 개를 잔인하게 학대하고, 손아래 사내아이에게 담배 피우기를 가르치고, 부모의 이름으로 외상을 많이 졌다. 그러는 동안 그는 늘 저주받을 말을쓴다는 이유로 퇴학을 당했다.

그 후 그는 밤이 되면 아이들을 쫓아다니며 무서운 괴성을 지르거나 위협을 해서 그들을 겁먹게 하는 짓을 시작했다. 그는 불량소년들의 우두머리가 되었고, 닭을 내주라는 인환증을 위조하여 돈을얻었다. 이것이 발각되자 그는 농작물을 쌓은 밭으로 도망쳐서, 거기서 농사꾼들과 노름을 하여 50달러를 땄다. 집에 돌아와서는 또다시 수표를 위조하여 돈을 만들어 가지고는 다시 뺑소니를 치는 것이었다. 나중에 경관에게 잡히면 그는 웃으면서 "형무소에 가는 것도나쁘지 않다. 거기서는 일하지 않아도 좋으니까"라는 식으로 말을안 듣고, 오히려 다른 소년들을 선동하여 말썽만 일으켰다. 그는 칭찬을 받아도 꾸지람을 들어도, 그런 일에는 무관심하였다.

에디의 경우도 뇌매독의 한 예인데, 이 경우는 스스로 그런 병에 걸린 것이 아니라 부모에게서 유전된 것이라고 보아야 한다.

마틴 멘덴홀 씨는 동부 아메리카에 있는 한 명문대학의 젊은 조교수였다. 그는 학생들한테 인기가 있었으며 또 동료들 사이에서도 평판이 좋았다. 그는 재능을 인정받았고, 30세의 그가 쌓은 조교수로서의 업적은 보장된 장래를 약속하고 있었다. 그는 아버지가 돌아가신 후 어머니를 모시고 있었는데, 이 어머니는 그를 우상처럼 위하고 있었다. 그런데 별다른 예고도 없이 또 특별한 자극도 없이, 멘덴홀 조교수의 건강이 점점 나빠져 갔다. 체중이 줄고, 힘도 빠지고, 식욕도 수면도 불충분해지고, 그리고 온갖 근심거리와 쓸데없는 공포로 고민했다. 그는 학교 일에 대하여 자기가 책임을 다하고 있는지를 늘상 근심하여 학생들과 동료를 만나는 것을 겁내게 되었다.

어머니는 하는 수 없이 의사로부터 진찰을 받아 보라고 설득시켰다. 그런데 진찰해 봐도 그의 장애의 원인은 분명치 않았다. "건강엔 아무 이상이 없고 단지 신경질 증상이다"라는 진단을 받았고, 얼마간 휴양하면 좋아질 것이라는 말을 들었을 뿐이다. 그는 장기 휴가를 받아 여행을 떠났지만 도중에 기차에서 하차당했다. 이유인즉 이상한 수면병에 빠져 도무지 깰 줄을 몰랐기 때문이다. 그래서 다시 전문적이고 엄밀한 검사를 받았다. 척수액을 뽑아 실험실에서 검사하여 보았더니 매독에 걸렸다는 사실이 밝혀졌다.

그는 검사 결과를 듣고 깜짝 놀라서 곧 어머니에게 말씀드리는 한편, 그것은 있을 수 없는 일이라고 항의하였다. 그랬더니 어머니는 해골 하나를 들고 나와서, 그 해골이 아버지의 해골이며 아버지가 매독에 걸렸었다는 사실과 치료를 게을리했기 때문에 죽었다는 사실, 그리고 아들이 그 병에 절대로 걸릴 리 없다고는 단언할 수 없다고 말했다(입센의 《유령》을 참조). 멘덴홀 조교수는 즉시 치료를 받아, 다음해에 그 전직으로 복귀했다. 그 후 그는 또다시 건강을 해치는 일은 없었다.

　루드비히 베토벤도 어쩌면 선천성 매독이었을지도 모르겠다. 그렇지만 베토벤이나 멘덴홀 조교수의 경우는 참으로 예외적인 경우이다. 왜냐하면 선천성 매독인 경우는 대개 요절하든가 폐인으로 일생을 보내기 마련이기 때문이다.

f) 십이지장충과 말라리아

　남부 아메리카의 어떤 지방에서는 그 인구의 약 절반이 십이지장충이 있어 그들의 정력, 활동력 및 지적 능력이 매우 감퇴되어 있다는 보고가 있었다. 다행스럽게도 이것은 발견되기만 하면 치료할 수가 있으며, 현재는 그 치료방법도 많이 개선되었다. 말라리아에 걸린 사람이 심리적으로 어떤 징후를 보이는가는 이미 많은 연구자료를 통해 알 수 있지만, 이 병은 제2차 세계대전중에는 의학상의 큰 문제의 하나였다. 이 사실을 생각해 보더라도, 우리는 이 병에 관해서 더 소상하게 여러 가지 사실이 판명될 것으로 기대하고 있다.

　수년 전에 행해진 다음과 같은 관찰담을 읽으면 실망하지 않을 수가 없다. "바쁜 여행을 하고 있을 때에도 특히 눈에 띄는 광경은 젊은이들 사이에 노인의 티가 보이는 것인데, 표정도 다른 모든 것과 마찬가지이다. 즉 불행, 우둔, 무감정 등 그들은 습관적으로 우울한 모양이며, 어떤 일이 일어나더라도 그들로 하여금 기운이 나게 할 수가 없으며, 인간의 감정에 호소하는 일에조차도 거의 무감각하다."

② 저능적 유형(우둔한 퍼스낼리티즈)

생각하거나 배우거나 지각반응을 보이거나, 결정을 하는 능력에 장애를 지닌 퍼스낼리티는 오랫동안 저능이라고 불러온 유형에 속한다. 이 유형의 사람들은 현재 '불완전한 두뇌'라는 이름으로 알려져 있으며, 이러한 새 이름은 한결 적절하다. 그렇지만 일반적으로 두뇌가 모자란다고 하더라도 그 모자라는 정도에 따라 차이가 있으며, 또 그 종류도 가지각색이다.

완전히 '지능이 없는 자', 즉 백치(idiocy)로부터 치우(imbecility)로 점점 올라가는데, 이 보통이라는 것은 특히 머리가 좋지도 않지만 나쁘지도 않은 좀 낮은 정도의 사람을 가리킨다. 평균이니 보통이니 하여도 그것이 어느 정도의 지능을 말하는지는 엄밀히 말해 아무도 모른다.

그러므로 보통과 보통 이하의 경계부분을 넘나들고 있는 정도의 사람들 중에는 전문학교를 갈 수 있는 사람도 있다. 또 공식 보고에 의하면 제1차 세계대전 당시 사관에 임관됐던 사람들 중에도 '노둔'으로 분류된 사람이 몇 명 발견되었다고 한다. 제대군인들은 그 일에 대해 있을 수 있는 일이며 따라서 그것을 믿는 것은 조금도 어려운 일이 아니라고 말하고 있다.

• 노둔

노둔(moron)이라고 불릴 정도의 정신박약이 되면 시험에 의해 확실하게 거의 식별할 수가 있다. 노둔은 만 8세부터 12세 정도의 지적 능력을 가지고 있다.

한 동네의 혼잡한 모퉁이에 키가 작은 남자가 붉고 젖은 차가운 손과 가늘게 뜬 눈, 꺼칠한 모습으로 서 있다. 저녁에 그 모퉁이를 지나가는 사람이라면 누구든지 그를 잘 알고 있다. 신문사에서는 그가 늘 괴상한 짓을 하므로 한 면의 톱기사 자료로 삼기도 했다. 그는 가끔 1년 정도씩 사라지는데, 다시 돌아와선 그전과 같은 짓을 되풀이한다. 그는 자선단체에 잘 알려져 있고 지금까지 여러 일에 종사했지만 고작 2,3일 정도 일할 뿐이었다.

재를 버리고 오라고 시키면 그는 통을 아무데나 놓고 어디론가 가 버린다. 그리곤 그 일에 대해서 까맣게 잊어버린다. 상점에 심부름을 보내면 무슨 일로 심부름을 왔는지를 잊어버린다. 어쩌다 돈을 버는 때도 있지만, 그것을 곧 다 써버리고 앞으로의 일에 대해서는 조금도 생각하지 않는다. 왜 좀더 오래 지니지 못하느냐고 물으면 그는 "글쎄, 나도 모르겠어. 그냥 그렇게 할 뿐이야. 머리가 나쁜 나로서는 어떤 일을 생각한다는 것이 불가능하거든. 무엇을 했는지 조차 알 수가 없어. 나는 어린애와 싸움을 하지. 그러면 안 되는 줄 알면서도 어쩔 수가 없어. 나를 보고 저능하다고 말하는 사람도 있지만 난 그렇게 생각하지는 않아. 나는 4년이나 혼자서 일하면서 살아왔단 말이야. 아무튼 나는 미친 놈은 아니야. 단지 머리가 조금 나쁠 뿐이지"라고 대답한다.

척은 거리에서 플로라를 만나 "함께 연극 보러 가지 않겠어, 금발 아가씨?"라고 말을 건네고, 그녀는 "아이, 좋아"라고 대답하였다. 이것을 계기로 두 사람의 관계는 점점 더 가까워졌다. 그것은 그녀가 그의 이름조차 제대로 알기도 전의 일이었다. 더구나 그 이름은 결혼 후, 그녀가 가져야 할 이름이었는데 말이다.

사회사업에 종사하는 우리는 이들의 결혼에 찬성하지 않았다. 물론 척과 플로라의 경우뿐만 아니라 누구의 경우라도 그럴 것이다. 그러나 이 결혼의 당사자들은 모두 법정연령에 도달하였다——비록 그들의 지능연령은 매우 낮았지만(플로라의 지능 연령은 10~11세,

척은 둔하긴 했지만 그녀보다 1년 정도 높았다). 그들은 결혼하고 싶어 했기 때문에 우리도 어쩔 수 없었다. 그래서 결혼식이 이루어지고, 피할 수 없는 운명을 기다릴 도리밖에 없었다.

참고로 말해 두자. 정신박약자가 결혼할 경우에는 될 수 있는 한 격식을 갖추는 것이 중요하다. 법률의 개념을 전혀 갖지 못한 사람들이라 단지 인가증서에 서명하는 것만으로는 너무 추상적이기 때문에, 그것을 하건 안 하건 하나의 형식밖에 되지 못한다. 만일 그들이 심하게 싸움을 한 후 이혼이라도 할라치면 한 장의 서류 따위는 안중에도 없게 된다. 그렇지만 면사포를 드리우고, 신랑의 들러리가 농담을 해주고, 신부에게 딸린 소녀들이 멋있다고 추어 주게 되면 아무리 우둔한 신랑 신부라 할지라도 무언가 사회적으로 중요한 일이 확실히 진행되고 있다는 인상을 받게 된다.

이쯤되면 그들 부부는 아내가 남편 몰래 세간살이를 팔지 못하도록, 남편이 아내에게 집세의 책임을 지우지 못하도록 목사와 경찰관이 뒤에서 은근히 그들을 감독하고 있다고 생각한다. 플로라는 1주일에 겨우 20달러의 적은 수입을 믿고 척과 결혼해서, 세간이 딸린 두 칸짜리 아파트를 빌려서 신혼생활을 시작했다.

플로라는 결혼 전에 접시닦이를 해서 1주일에 12달러와 점심을 제공받으며 지내왔다. 그러나 결혼을 계기로 그 일을 그만두었다. 척은 진심으로 플로라가 마음에 들었기 때문에 아무에게도 강요당하지 않고 그녀와 자진해서 결혼하였던 것이다. 그래서 플로라는 결국 남편의 주급 20달러의 수입으로 집세, 양식, 의복, 영화, 가스, 담배, 화장품, 껌, 그리고 아기옷까지 모두 마련하지 않으면 안 되었다.

플로라는 본래 사람이 좋기만 하고 주책이 없어서 여러 가지 곤란한 사건을 일으켰다. 무턱대고 물건을 산다든가, 친구와 무조건 택시를 잡아타고 놀러간다든가, 모르는 사람을 창에서 부른다든가, 루실(이 여자는 플로라가 나중에 함께 산 사람인데)과 시장을 보러 가면서 매우 화려한 옷차림을 하고 나서고, 돈이 모자라는 데도 대책없이 연극을 보러 가고, 또 어느 땐 트럼펫 연주자와 히히덕거려 척에게 적지 않은 질투를 느끼게 한다든가 하는 따위의 행동을 했다.

루실은 그때 과부였으므로 자기가 좋아하는 남자와 어울려도 괜찮다고 믿고 있었다. 한편, 플로라는 오랜 습관으로 인해 루실의 흉내를 냈던 것이다. 두뇌의 발달은 마치 어린애 같으면서도 몸은 완전히 성숙된—볼은 붉고 만사에 건강한 '식욕'을 가지고 있는—저능의 사람에게 도덕이라든가 고상한 취미를 갖게 하려고 할 때에는 대체 무슨 말을 해야 할까? 듣는 편이 무슨 소리를 하는지 전혀 이해하지 못한다면 어떤 설교를 해 봤자 소용이 없다. 플로라나 루실이—척도 마찬가지이지만—도대체 무엇을 알까? 그들은 모두 국민학교 5학년이나 6학년 정도에서 지능연령이 멈추어 버렸지만, 신체만은 성숙할 대로 성숙해서 어린아이들과 함께 있을 수도 없다.

또 숙제를 못했다고 해서 선생에게 꾸지람받는 것은 죽어도 싫어서 학교를 그만둔 무리들이다. (E. R. 웸브리지, 《모로니아의 사람들 :The People of Moronia》에서)

노둔자는 순응의 면에서 매우 제약되어 있다. 그들은 자기에게 유리한 조건에 부딪치면 그때만은 성공한다. 그렇기 때문에 그들은 사회적으로도 경제적으로도 실패하는 경우가 많다.

다음 표는 주의깊게 연구할 가치가 있다. 급료의 숫자에 관해서만은 시간적인 약간의 차이가 있어 정확하다고는 할 수 없지만, 주목할 만한 점은 이 표 각행의 백분비를 가로로 읽으면 그 근사치를 볼 수 있다는 것이다. 이 뚜렷한 상관관계는 사람의 교육 및 급료의 양이 주로 그 사람의 지능에 비례하는 것이라는 사실을 가리키고 있다. 또 이 표에서 보면 군대에서 실시하고 있는 방법으로 지능측정을 하면, 인간의 지능은 그 사람이 받은 교육량에 비례한다고 생각될지도 모른다. 나는 앞의 것이 맞는다고 믿는다. 물론 그 상관관계는 이 표에서 가리키는 정도까지 근접해 있는 것이 아닐지도 모르지만 말이다.

이것을 글자 그대로 받아들이면 제1장에서 심리학적인 오류에 관련해서 논한 바와 같이 정신측정학자가 한때 빠졌던 오류에 우리도 빠지게 된다. 통계로 보면, 조지아 주 빈민구제소에 수용된 사람의 40퍼센트, 한 군의 형무소에 수감된 죄수의 34퍼센트, 주 형무소의 죄수 중 남자 17.5퍼센트, 여자 43퍼센트, 그리고 주립 감화원에 있는 남자의 24퍼센트, 여자의 27퍼센트——이런 사람들은 모두 노둔(주로 모론급)이었다. 미국의 동부와 서부의 각 지방에서 정신위생 조사를 한 결과를 보면 똑같은 통계상의 숫자가 나타나 있다.

〈표 1〉

임금(연액 $)	학력	지능(정신연령)
평균 취득자 100명 중 9% : 150~200 12% : 250~300 16% : 300~400 31% : 450~600	평균 아동 100명 중 13% : 4년급 퇴학 10세 13% : 5년급 퇴학 11세 14% : 6년급 퇴학 12세 27% : 7~8년급 퇴학 13~14	병사 1백7십만 명 중 10% : D군 10세 15% : D군 11세 20% : C군 12세 25% : C군 13, 14세
68% : 주급 $15이하	67% : 8년급과정미수료	70% : 정신연령 15세이하
27% : 750~1000 3% : 1250 2% : 1250이상	10% : 고등학교통학 3% : 고등학교 졸업 1.5% : 전문학교 통학	16.5% : C군 15세 9% : B군 16, 17세 4.5% : A군 18, 19세

영리한 사람이라면 충분히 면할 수 있는 범죄의 경우에도 모론급의 노둔자는 잡혀서 처벌되는 경우가 많다. 그들의 정신적인 결함은 범죄와 체포의 양쪽에 관련되어 있다. 그렇지만 재판관으로서 사건처리할 때 특별한 배려를 하는 사람은 드물다. 만약 그들에게 그런 배려를 한다면 많

은 범죄가 예방되리라고 생각한다.

포스터 집안은 그 지방에서 가장 부유한 집안 중의 하나였다. 그 집의 아들 셋과 딸들은 몇 천 에이커라는 넓은 땅을 가지고 있었고 정치, 종교, 사회적으로 부유함에 비례한 큰 세력을 가지고 있었다. 포스터 집안이 뭐라고 하면, 그 마을사람들은 대개 그 집안의 의견에 따랐다. 이 포스터 집안에는 맏아들인 에드워드라는 청년이 있었다. 맏아들이어서 단순한 성격의 어머니에게는 더할 나위 없이 사랑스런 존재였다. 이 아들이 하는 일은 어떤 일이라도 그녀의 자랑거리가 되었고, 또한 이 아들만큼 잘난 사람은 없다고 생각하였다.

그래서 이 아들이 다람쥐를 잡으러 갔다가 함께 갔던 아이들 누구보다도 더 많이 잡아 가지고 돌아왔을 때 그가 학교의 축구부 주장으로 뽑혔을 때, 그리고 그가 소나무로 보기좋게 작은 풍차를 만들었을 때, 이 어머니는 어쩔 줄 모르면서 한없는 자랑과 기쁨을 느꼈다. 그러나 에드워드는 학업성적이 그다지 좋지 않았다. 7년 수료과정을 끝마치기 전에 그의 성적은 점점 나빠졌고, 몇몇 학과에서는 낙제를 하기도 했다.

그런 가운데 그의 성질이 점점 변해 가는 것 같았다. 학업성적이 나빠짐에 따라 그는 점점 딴 길로 빠지는 듯했고, 그 또래의 청년들 중 이웃동네 사람들에게 '불량'하다고 평판이 나 있는 패거리들은 그를 기꺼이 그 무리 속에 끼어 주었다. 그가 자주 그들과 접촉하면서부터의 일이었다. 그는 약간의 술을 마셔도 몹시 취하곤 했는데, 이 패거리들은 그를 흠뻑 취하게 만들어 술기운에 무슨 짓을 하는가 구경하였다. 물론 이런 짓을 하는 동안에 그는 점점 더 이 패들과 깊은 관계를 맺게 되었다.

그가 부잣집 맏아들이며 더구나 자가용을 가지고 있다는 점은 그들과 한패가 되는데 대단히 유용한 것이었다. 그래서 그들은 그를 추어 주었고, 그것이 그를 우쭐하게 만들어 그가 학교에서 받는 열등감을 어느 정도 메워 주었다. 그는 장기간에 걸쳐 집을 나가곤 했는데, 그것도 아무런 얘기도 하지 않은 채였으며 또 돌아온 후에도 어디서 무엇을 했는지 설명하지 않았다. 이웃사람들 사이에서 그가 난폭한 짓을 한다는 얘기가 돌기 시작했다. 그 아버지는 걱정은 했지만 본래가 조용하고 또 매우 바쁜 사람이었으므로, 그 일에 관해서는 별다른 대책을 강구하지 않았다. 그의 어머니는 남들이 뭐라고 말해도 그것을 믿지 않았다.

그러는 가운데 온순한 그는 술 밀매업자의 이용물이 되어, 결국 자기의 차로 술을 주의 경계를 넘어 다른 주로 운반하는 심부름까지 하기에 이르렀다. 게다가 이것을 계기로 그는 닥치는 대로 여자관계를 맺었다. 그 가정의 표준이나 이상과는 엄청나게 동떨어져 버린 그는 자동차, 보석류를 갱들과 함께 훔치다가 마침내 주 관헌의 신세를 지게 되었다. 재판관은 이 청년처럼 부모가 부자이고, 가정이 좋고, 장래엔 유복하고 전망있는 생활을 할 수 있음에도 불구하고 그 기회를 스스로 버리고 이런 이해할 수 없는 상습적인 범죄에 말려들었다는 것은 도무지 이해할 수가 없다고 말하였다.

그는 겉모습이 준수하고 인상도 좋았으며, 체격도 보통 이상이었다. 그래서 재판관은 더더욱 그를 이해할 수 없었고, 또 일반적인 인간행위나 동기에 대해 아는 바가 없었으므로 그저 나쁜 패거리와 어울리게 되어서 그가 그렇게 되었다는 결론을 내렸다. 그를 기술습득 학교에 보내라는 판결은 어쩌면 당연한 귀결이었다. 그러나 엄밀한 검사를 한 결과, 에드워드는 결정적으로 우둔하며 지능은 10세 정도의 것이었다. 따라서 세계에서 제일 좋은 학교에 그를 보내더라도 그가 더 나아질 수는 없다는 사실이 밝혀졌다. 그래서 어떤 정신병학자가 주지사에게, 이 청년은 감시 아래 보석 출소시켜야 한다고 진언했고 그것이 받아들여졌다. 에드워드는 그 후 남의 도움을 받지 않고 자기 농장을 관리하고 있다. 또 그의 보호자에게 근심을 끼친 적도 없다(노둔자가 농장을 경영할 수 있을까? 오늘날 그것은 원칙적으로 불가능하다. 요즈음의 경제적인 중압 밑에서는, 대개의 노둔자는 직업을 옮기거나 실직하게 된다).

그러나 모론들의 90퍼센트까지는 평화롭고 법률을 지키는 시민들이다. 그들 중에 대부분은 유용한 직장에 다닌다.

세상에는 단순하면서도 힘든 일이 있는데 그런 일은 쾌활한 모론들에 의해 이루어지고 있다. 그리고 특별한 감독과 훈련을 하기만 하면 지금 그들이 하고 있는 일보다 더욱 유익한 방면으로 그들을 쓸 수 있는 가능성이 있다.

다음의 한 예를 보자.

1930년 11월 24일 아이오와 주 X 시에서 AP 통신——사만다 우드스는 35년 전에 댈러스 군의 어느 시골집에 왔다가 감자껍질을 벗기는 일을 하게 되었다.

그 후 그녀는 죽을 때까지 하루도 빠짐없이 매일 약 서 말의 껍질을 벗겼다. 그녀가 한 일의 총량은 12,784일 동안 약 57,500말이나 된다. 그것은 화차 32칸에 가득 차는 양이다. 체력이 약해져서 죽음이 가까워졌을 때, 이 늙은 부인은 자기 일을 걱정하면서 "내가 했을 때처럼 누군가가 감자껍질을 벗기고 있습니까?"라고 물었다.
(《토피카 데일리 캐피털》신문, 1930년 11월 25일)

보스턴 시의 어느 음식점은 심부름꾼을 채용할 때 지능검사를 한다는 것으로 유명해진 적이 있었다. 그런데 어느 일정 수준 이상의 지능을 가진 사람은 채용되지 않았다. 왜냐하면 모론급의 정신 박약자가 심부름꾼으로서는 가장 알맞다는 사실을 알았기 때문이다. 일단 일에 대해 충분한 훈련을 받으면, 그들은 확실하고 믿을 수가 있다. 또 불평불만을 말하거나 급료가 많은 다른 곳으로 옮겨

가는 일도 별로 없기 때문이다. 공장에서 일하고 있는 노동자들 중 대부분의 사람과 날품팔이를 하는 남녀는 학문적으로 말하면 모론 급의 저능한 사람일지도 모른다. 분명히 저능자임을 알고 있는 부녀자들을 훈련하는 사람들의 말에 의하면, 직조공장 일은 이 저능자들에게는 유리한 취업의 기회이다.

이를테면, 뉴욕 주 롬 시의 주립 정신박약자 학교의 교장인 번스타인 박사는 1917년에 이미 자기 학교에서 훈련받은 여자들을 오리스카니 폴스, 리치필드 스프링스, 클레이빌, 그밖의 도시의 편물공장에 소개하여 취직시켜도 괜찮다는 사실을 발견했다. 그들의 능률은 이른바 정상적인 직공의 70퍼센트 또는 100퍼센트에 달한다는 것이 판명되었다.

뉴욕 시의 직업 적응능력 판별소는 머리가 보통 이하인 여자들에게 직장을 알선해 주는 단체인데, 그곳의 책임자인 에밀리 비어 박사는 정상 이하의 여자들은 직조업에 적당한 직장을 많이 얻을 수가 있다는 사실을 알아냈다. 이것은 앞에서도 말한 바와 같다. 주립학교에서는 일반적으로 정신박약자는 쓸모없는 것으로 생각하는데, 그것과 비교하여 고려할 필요가 있을 것이다.

(1) 진단

정신에 결함이 있는 사람은 어떤 특별한 증상을 서서히 나타내므로 일찍 이것을 발견할 수가 있다.

조지 스미스 부부는 첫아이가 태어나기를 진심으로 고대하고 있었다. 마침내 사내아이가 태어났다. 스미스 부인은 육아에 관한 책을 닥치는 대로 읽고 있었기에 젖니는 언제 나는가, 어느 정도의 시간이 지나야 설 수 있는가, 어떤 말을 처음에 하게 되는가, 그리고 그것은 언제쯤인가 등에 대해서 정확하게 알고 있었다.

그러나 위의 이론처럼 원칙대로 진전되지 않았다. 이 아이의 출산은 순조로웠다. 첫 2, 3개월도 여느 아이와 별로 다른 점이 없었다. 다만 보통 아이들보다 더 울고 밤에는 보챘다. 먹일 때에도 쉽지 않았으며 후두염에 곧잘 걸렸고 고약한 감기에 걸리기도 일쑤였었다. 부모는 이런 일도 있는 것이려니 하고 대수롭지 않게 생각하였다. 그들은 이 아이가 2세가 되어 갈 무렵에야 비로소 이상이 있다는 것을 알아차렸다.

어린 토미는 몹시 울었으며 말을 하려고도 걸으려고도 하지 않았다. 어리석은 사람들은 이 부모에게 이런 경우가 종종 있으며, 4, 5세가 되도록 말을 못하는 아이도 있다고 말해 주었다. 이런 말을 들은 부모는 그 후 1년 정도는 그다지 낙심않고 지낼 수 있었다. 그러나 토미는 둔했고 재롱과는 아예 거리가 먼 아이였다. 그는 손을 뻗어 물건을 쥐려고도 안 했으며 아버지와 놀려고도 안 했을 뿐 아니라, 간지럽혀도 아무런 반응도 없었으며 또 방긋이 웃는 경우도 없었다.

2세가 되어서 겨우 말을 하기 시작했지만 발음이 확실하지 못했다. 그는 다른 아이들에게 무관심하였고, 혼자 방바닥에 앉아 까닭 없이 두 손을 맞잡고 있거나 작은 막대기로 방바닥을 두들기는 것을 더 좋아했다. 친절한 이웃사람들은 이 아이의 귀가 어두운 모양이라고 생각했다. 말하기 좋아하는 친척들은 잘못 길러서 그렇게 되었다고 했다. 그가 7세가 되었을 때에는 성장이 아주 더딘 아이임이 분명해졌다. 그는 두어 마디 말밖에는 몰랐다. 침착성이 없고 냉담하였다.

가끔 그는 소리를 지르고, 꼭 필요한 일에는 마구 떼를 썼다. 그는 어떤 일이든 스스로 처리하지를 못했다. 이를테면 혼자서 옷을 입거나 벗지 못했고, 음식도 제대로 먹지 못해 매우 어색하고 비능률적인 방법으로 먹었다.

모론에게는 육체적인 결함이 있는 경우도 없는 경우도 있다. 즉 때로는 누구나 그 얼굴표정이나 육체의 발달로 미루어 정신적인 결함이 있음을 알아낼 수 있지만, 아무도 그것을 알아채지 못하는 수도 있다.

세상에서는 얼굴표정으로 그 사람이 저능인지 아닌지를 안다고 말한다. "얼굴을 보면 곧 알 수 있어"라고 말이다. 또 저렇게 훌륭한 얼굴을 가지고 있는데 저능이라니 당치도 않다고 주장하는 사람들도 많다. 그렇지만 이 견해가 얼마나 잘못된 것인지 뉴저지 주 바인랜드의 유명한 저능자 훈련학교에서 로이드 예센 씨가 행한 실험을 보면 분명하게 알게 된다.

예센 씨는 똑같은 나이 또래의 저능 사내아이와 정상적인 사내아이를 25명씩 뽑아서, 그들의 머리를 매만지고 같은 옷을 입히고 배경을 같이해서 사진을 찍었다.

그런 후 그 사진을 여러 모임의 학생에게 보였다. 그 학생 중에는 '저능아'를 연구하는 이도 있었다. 그리하여 정상자와 정신박약자를 분간하게 하였더니, 그들은 정확히 가려내지를 못했다. 그것은 마치 눈을 가리고 무엇을 찾게 한 것과 같은 결과였다. 바꾸어 말하면, 사진을 통한 그들의 선택의 확률은 비록 신중하게 골라냈건만 아무렇게나 눈을 감고 골라낸 확률과 별 차이가 없는 것이었다. 활동사진으로 표정의 변화, 걸음걸이, 몸가짐, 행동 따위를 세밀하게 비교시키면 약간 다른 결과가 나올 것이다. 그러나 저능아라는 것은 극단적인 경우 이외에는 그다지 눈에 띄지 않는 법이다.

a) 백치와 치우

백치는 거의 '지능'이 없는 상태를 말한다. 그것은 때론 글자 그대로 제로상태를 의미하기도 한다. 뇌의 겉부분을 조사해 보면 그 크기, 모양, 배치에 있어서 뚜렷이 큰 결함이 나타나 있다. 그것은 난생 처음 뇌라는 것을 본 사람일지라도 깨달을 수 있을 정도이다. 또 어떤 경우엔 뇌가 정상인의 것처럼 보이는 수도 있다. 그래서 이런 경우에 우리는, 비록 섬유조직은 훌륭하게 형성되어 있더라도 현미경으로 조사해 보면 그 신경세포가 몹시 모자라는 것은 아닐까 하고 가설을 세울 수도 있지만 실제로 이 연구를 직접 해 보아도 묘한 일이지만, 그 결과는 반드시 이 가정을 입증하지 못한다. 그래서 '저능'의 최하위 계급인 백치는 대개의 경우, 실제 뇌조직에 결함이 있으며 그 때문에 그런 것이라고 가정해도 좋다. 치우라는 것은 뇌에 모론과 백치 중간 정도의 결함을 가진 사람을 말한다.

널리 알려진 유형에는 다음과 같은 것이 있다.

몽고인형 : 이 형의 특질은 중국인과 같은 얼굴을 가지고 있으며, 또한 신체의 모양이 비슷하고 온화하고 쾌활한 성질을 가지고 있다. '몽고인 형의 백치'는 백치라기보다는 치우에 속하는 경우가 많다.

흑내장(黑內障)형 : 선척적인 무분별이 그 특징이다.

가계(家系)형 : 갑자기 나타나서, 이 오점이 생긴 집안에 언제까지나 지속적으로 유전되는 점이 그 특징이다.

뇌수족형 : 뇌에 물이 고인 결과, 머리가 커지는 점이 그 특징이다.

소뇌형 : 머리가 작은 점이 그 특징이다(두개골의 발육 불완전).

리틀씨병 : 마비와 경련이 그 특징이다.

뇌염병 : 뇌염증의 남은 흔적 같은 증상이 그 특징이다.

매독형 : 대개의 경우, 특별한 표적이 될 만한 특징은 없으나 화학적 검사에 의해 이것을 발견할 수가 있다. 때로는 어떤 육체적 증상을 나타내는 경우도 있다.

크레친형 : 갑상선 분비의 불충분이 그 특징이다.

Fröhlich 형 : 몸에 지나치게 지방이 축적되는 것과 생식기의 발육 불충분이 그 특징이다.

뇌발육 불완전형 : 뇌의 불완전한 발육상태가 그 특징이다.

(2) 유전

정신박약자 중의 어떤 유형은 유전에서 오는 경우가 있다. 즉 유전에 의해 부모로부터 전해진다. 그러나 그 부모 자신은 저능인 경우도 그렇지 않은 경우도 있다. 저능을 격리시킬 필요가 있다고 강력히 주장하는 이들이 있는 까닭은 다음 예에 보는 바와 같은 집안이 있기 때문이다.

베니는 만 18세, 그 지능연령은 9세 정도이다. 이곳에서 8년간 살았고 미국에서 태어났으며, 부모의 국적은 잘 모른다. 베니는 그와 같은 지능상태에 있는 아이면 으레 거치는 과정을 보냈다. 8년 동안 그는 아주 쉬운 정도의 계산을 하고, 숫자를 다루고, 글자를 읽고, 유치한 글을 쓸 수 있게 되었다. 글씨를 쓰면 매우 서툴고 숫자 쓰는 것도 마찬가지여서, 그가 쓴 것은 그야말로 엉터리 그림과 같았다. 그러나 손으로 하는 일을 시켜보면, 확실히 나아져서 예쁜 바구니를 만들기도 하고, 또 목공예에서 훌륭한 솜씨를 내기도 하였다.

이런 아이에게 있어서는 늘 본능적인 흥미가 문제이다. 주위에서 억지로 시켜서는 그 일을 훌륭히 해내기를 기대할 수가 없다. 따라서 그들이 어떤 일을 하는 경우, 그 능률은 그들이 그 일에 얼마만큼의 흥미를 가지느냐에 따라 좌우되게 마련이다. 베니의 집안 내력을 보면 대단한 악조건을 갖추고 있다. 우리는 다행스럽게도 그의 내력을 거슬러올라가 가려낼 수가 있었다. 베니는 7명의 자녀들 중의 하나로서 부모가 다 저능이었다. 형제 자매에게도 몇 명의 저능자가 있었다. 그리고 아버지 또한 저능의 부모 사이에서 태어났으며, 외할머니도 역시 저능이었다.

이 집안에는 20명의 저능자가 있었다. 이 소년은 훈련학교에서 퇴학당할 수밖에 없었다. 오늘도 그는 그대로 버려져 있다. 아마 앞으로도 그는 결함있는 무리 속에 소속되어 살아나갈 것으로 보인다.

말콤은 만 22세로 지능연령은 10세 정도이다. 미국 태생으로 부모
도 미국인이며, 이곳에서 3년 동안 살았다. 생후 4개월 때 경련이
있었고, 4세 때 백일해, 7세 때 홍역, 그리고 9세 때 성홍열을 앓
았다. 폐렴에 걸린 적도 있었다. 이런 병을 앓았던 것이 현재 앓고
있는 병의 발병 원인인 듯했다. 말콤은 전형적인 모론급의 저능자
이다. 5세 때 간신히 말하게 되었지만, 지금도 말하는 데 약간 결함
이 있다.

그는 19세 때 이곳에 왔다. 창고에서나 시골집에서 시키는 정도의
일들은 그도 할 수 있게 되었다. 그는 조금은 읽고 쓸 수 있다. 물
론 틀린 글자투성이이지만 말이다. 그는 할 만한 일을 훈련받은 적
도 없었지만 받으려고 하지도 않는다. 하지만 그는 만족하고 있으
며, 교육을 받아도 별수없이 그 정도일 것이라고 느긋하게 생각
하는 것이다. 다음의 짧은 편지는 말콤이 쓴 편지 중 대표적인 것
이다.

—— 뉴저지 주 바인랜드에서 1910년 4월 29일 ——
어머니 지에 무사히 가셨기 바라면서, 함께 가고 싶었습니다. 이
번에 새 아이가 더러왔는데, 좋은애 같습니다. 저가 재생일에 집에
가고 시퍼니다만 차비가 업습니다. 우리는 수요일에 영화를 보았습
니다. 무척 아름다왔습니다. 얼마나 늦게 집에 도차하셨는지요?
　　　　　　　　당신의 사랑하는 아들 말콤 오림

그의 집안 내력은 매우 재미있다. 어머니는 아홉 번이나 임신하
였지만, 말콤이 살아 있는 유일한 아들이다. 다른 아이들은 유산되
거나 사산되었다. 어머니는 정상적이며, 그 집안도 정상인 듯했다.
아버지도 정상이기는 했지만, 친할머니가 저능이었으므로 결함의

여지는 잠재하고 있었다. 큰아버지 또한 저능이며, 그가 저능인 여자와 결혼했다는 사실은 이것을 뒷받침해 준다. 그에게는 12명의 아이가 태어났지만 그 중 2명은 어릴 적에 죽었고, 나머지 10명은 모두 저능이다. 말콤이 친할머니를 통해 이 결함을 이어받은 점은 의심할 여지가 없다. (Ibid 병례 제14)

지금까지 말한 것과는 정반대의 현상이지만, 저능인 부모일지라도 때로는 놀랄 만큼 우수한 아이가 태어나는 경우가 있다. 몇 해전에, 당시 매사추세츠의 어느 주립 저능아 학교를 지도하고 있던 월터 퍼낼드 박사가 자기 학교에서 도망쳐 결혼을 한 나이 많은 학생들 몇 명의 자녀를 조사해 보았더니 그들 중에는 뛰어난 사람이 몇 명씩이나 있었으며 공직에 있는 이도 있었고 고등학교 교사가 두명 있었다. 또 경제적으로 독립하여 생활하는 사람도 많이 있었다. 이 사실은 우생학자를 당황하게 만들었다. 클라렌스 다로우는 주크스 집안과 에드워드 집안의 전설을 몹시 논박했다. 이 문제는 지금까지 너무 자주 언급되어, 실로 피곤할 정도로 되풀이되어 왔다.

(3) 경계선에 있는 자

조지 스미스는 만 17세로 고등학교를 졸업하고 대학 입학금을 마련하기 위해 3년 동안 일했다. 그는 어떤 상점의 사무원이 되었는데, 거기서는 유능하고 신용할 수 있는 사람으로 인정받았다. 그는 충분한 계획을 세우고 대학에 들어갔으며, 학교가 개강하기 전에 이리저리 주선해서 혼자서 헤쳐나갈 방법을 마련해 놓았다. 아침에는 3시 30분에 일어나서 신문을 배달하고, 8시부터 12시까지 교실에서 공부를 하고, 오후에는 상점에서 사무원으로 일했다. 오후 6시부터 7시까지 식당에서 일하고, 7시부터 10시까지 공부하기로 했다.

그러나 그는 그다지 공부에 열중할 수가 없었다. 아침 일찍 일어나 신문배달을 하기 때문에 잠이 부족하다고 그는 생각했다. 게다가 그로서는 학과의 본질을 파악할 수 없는 듯 느껴졌다. 그것은 고등학교를 졸업한 지가 3년이나 되므로 공부하는 방법을 잊었기 때문일지도 모른다고 생각하였다. 아무튼 그가 배우고 있는 과목 중 3분의 2 정도는 성적이 나빴다.

곰곰이 생각해 보면 조지가 학교에서 다른 학생들을 따라갈 수 없는 이유가 많이 있을 것으로 생각될지도 모른다. 그러나 단숨에 결론으로 뛰어들거나 그가 어떤 다른 방법으로 학비를 댈 수 있도록 하기에 앞서서 우선 그의 심리적인 검사의 결과를 살펴 보는 것이 좋다. 이미 알파라는 이름으로 알려진 지능 검사법으로 검사해 보았더니 그의 학급(대학 1년생)의 평균치는 137이었는데 그의 득점은 82였다. 군대에서는 이런 병사를 '플러스반'이라고 부르는 층에 배속한다. 이 지능계급에 분류되는 사람은 대학을 졸업하는 것이 완전히 불가능하지는 않지만 매우 힘들다. 이런 사람들은 오히려 그런 노력을 하지 않는 편이 나을지도 모른다.

해리 에머슨은 어떤 농가의 아들이었다. 대학에 다니지 못한 그의 아버지는 아들에게만은 무슨 수를 써서라도 대학교육을 시키려고 결심했다. 그래서 이 농부 내외는 오랫동안 허리띠를 졸라매고 해리를 학교에 보낼 수 있을 만한 돈을 모았다. 해리의 아버지는 아들을 대학에 데리고 가서 초급학년에 편입시킨 것을 큰 자랑으로 여겼고 해리도 또한 자랑스러워했다. 그가 고등학교 시절을 순탄하게 지내왔듯이 대학도 그렇게 통과할 수 있으리라는 생각은 별 의심의 여지가 없는 듯이 보였다.

나중에 우리가 알게 된 것인데, 그의 고등학교 성적은 그다지 좋지 못했다. 그러나 그가 자진해서 무엇이든 하려고 하는 의지가 선생들에게 좋은 인상을 주어, 그 덕에 그의 성적은 실제보다 높게 평가되었던 것이다. 그가 대학에 입학한 지 겨우 2,3주일 지나서 대학

의 학과가 어느 것이고 그의 생리에 맞지 않는다는 사실이 확실히
드러났다. 그는 외국어를 전혀 못했고 작문도 말이 안 되는 것이 많
았으며 화학실험도 아주 시원찮았다. 모든 학과에서 그는 낙제
였다. 그래서 그는 몹시 놀랐지만, 더 한층 열심히 공부해서 부모님
의 자랑거리가 되겠다고 큰소리쳤다. 그는 장래에 대해 아무 불안
도 갖지 않는 것처럼 보였다. 그는 좀더 힘써 공부하고 더 많은 시간
을 공부에 집중하면 성적이 좋아질 것이라고 생각한 모양이었다.
그렇지만 실제로 그는 이미 다른 학생들보다 두 배 정도 더 힘써 공
부하고 있었다.

　지능검사에 의하면 그가 고등학교를 졸업한 것이 그나마 행운이
었고, 대학의 과정을 밟는다는 것은 도저히 불가능하다는 것이 밝
혀졌다. 그러나 그의 입장을 생각하면 그러한 사정을 아버지에게
알린다는 것은 너무나 딱한 일이었다. 그래서 그의 생활방침을 바
꾸게 하는 편이 더 간단하고 좋은 방법일 것이라고 생각하였지만,
이럭저럭 6주일의 시험기간이 지난 후, 우리는 그를 그냥 대학에 다
니도록 내버려 두는 것이 더 좋겠다고 다시 생각을 고쳤다. 반 학기
후, 그는 모든 과목에 낙제했지만 조금도 낙심하지 않고 다음 학기
에 다시 등록했으나 결과는 전과 마찬가지로 대개의 과목에서 거듭
실패를 맛보았다.

　그 후 그의 아버지와 자주 상의한 결과, 해리와 같은 성격의 사람
에게는 학구적인 것보다는 좀더 현실적인 것이 알맞을 것이라는 점
을 넌지시 아버지의 마음이 상하지 않도록 일러 주었다.

　**비록 아무리 확실하다고 생각할 만한 증거를 가진 경우라도 곧장 결론
으로 비약해서는 안 된다.**

　저능인 줄로만 생각되었던 아이가 나중에 보니 우수한 지능을 갖
추고 있더라는 사실의 예도 기록에 많이 남아 있다. 제임스 완느는

학교 친구들 사이에서 미련한 아이로 알려져 있었고 윌리엄 로이드 카리슨은 글자를 도무지 익히지 못해 누이동생한테까지 뒤지고 있었다. 윌리엄 와버튼이 겨우 학교에 들어갔을 때, 선생은 '우둔한 학생 중에서도 제일 우둔한 아이'라고 생각했으며, 토머스 아퀴나스는 어릴 적에 행동이 느렸으므로 '못난 소'라는 별명이 있었다.

매우 유능한 의사로서 우등으로 대학을 졸업한 사람이긴 하지만, 어릴 적에는 저능아로 취급되어 1학년으로 몇 번이나 낙제당한 사람을 나는 알고 있다. 토머스 에드워드 쉴드스 교수는 그의 자서전 속에서 자신의 병 내력을 썼는데, 그는 만 9세부터 19세가 될 때까지 전혀 가망이 없을 정도의 우둔한 사람으로 여겨졌으며, 만 16세가 되어도 제 이름을 못 썼다고 한다. 여기서 내가 가장 분명하게 기억하고 있는 한 예를 들어 보자.

메리 메이슨은 학교의 성적이 너무 나빠 그 학교의 학장이 그녀를 나에게 보냈다. 조사하여 보니, 그 학생은 학업을 계속하기에는 대단히 곤란했을 뿐만 아니라 학급 친구들과도 사이가 좋지 않았으며, 자기 여동생을 질투하여 번민에 빠지기도 하였다.

또 금방 웃었다 울었다 하여, 학급 친구들은 그녀를 변덕쟁이 혹은 괴짜로 취급하고 있다는 사실을 알았다. 메리는 대학생활에 아주 실망하고 집을 그리워하였는데, 그녀는 자기가 도저히 친구들에게 인기를 얻을 수 없으며 학업에 성공할 가망도 없다고 생각하고 있었다.

그녀의 지능검사 기록을 살펴보았더니 그것은 앞서 든 두 사례와 거의 같았다. 즉 그녀의 지능은 만 15세 소녀 정도로 그 이상이 되는 경우는 거의 없으리라는 사실이 판명되었다. 그래서 나는 그 학장에게 편지를 써서, 그녀에 대해 노력을 계속하는 것은 무의미하며, 그녀는 대학 과정을 공부할 만한 지능을 갖지 못했고 또한 자기의 어려움에 대해서 감정적으로 좋지 않은 반응을 보이고 있다고 알렸다.

그 후에 실제로 일어난 일은 그녀가 유행성 감기로 인한 폐렴에 걸려 반 학기 동안 학교를 쉬지 않으면 안 되었다는 사실이다. 병이 나아서 학교에 돌아온 그녀는 이번에는 이상하게도 대단한 힘을 기울여 학업에 열중하더니, 1년 후에는 모든 과목에서 평균점 또는 그 이상의 학점을 기록했다.

다음은 독일 뮌헨 시의 샤이브 박사가 보고한 실례이다. 한 소년이 소년재판소에 끌려왔는데, 그는 무단결석을 무려 140번이나 했다. 정신박약자 학교에서는 그가 퍽 특수한 결함, 즉 도무지 읽지 못하는 모습을 보고 그의 장래가 전혀 가망이 없다고 생각하였다. 그에게 글을 읽히면 무슨 소리를 하는지 아무도 이해할 수 없었기 때문에 그의 선생은 교무회의에 참석하여 그같은 저능아는 도저히 희망이 없다고 단언하였다.

그런데 8년이나 교육을 받고도 한 글자도 읽지 못했던 이 소년이 9주일 만에 글을 썩 잘 읽게 되었다. 그의 부모는 원래 스위스에 살고 있었는데, 이 소년이 6세 때 독일로 이사를 왔다. 때문에 이 소년은 그곳의 학교에 가게 되었다. 그는 라틴계의 방언을 쓰고 있었고 독일어는 전혀 몰랐다. 따라서 학교에서 성적이 나쁠 수밖에 없었다. 그는 친구들의 놀림감이 되었고, 선생은 못마땅히 여겼으며 그것은 2학년이 되어서도 마찬가지였고, 3학년 때에는 저능아 학교로 보내졌다.

가정환경도 매우 나빴다. 그의 누이동생은 그보다 겨우 한 살 아래였는데, 독일에 와서 입학하기도 전에 만 1년 동안 독일어를 배울수가 있었다. 그래서 그녀가 입학할 때에는 오빠보다 훨씬 더 독일어를 잘했다. 어머니는 늘 누이동생만 칭찬해서 그는 아주 의기소침해졌다. 선생도 그의 능력에 대해 절망하게 되어, 마침내 누구 하나 그에게 용기를 북돋워 주는 일이 없게 되었다. 그리하여 누이동생에 대한 질투와 시샘 그리고 어머니와 선생의 그에 대한 꾸짖음은 그를 마치 저능아인 것처럼 만들은 결과를 가져왔다.

무척 특이한 경우가 있다. 전에는 저능아라고 생각되던 어린이가 유행성 감기를 앓더니 그 후 대단히 좋아졌다.

6세의 헬렌은 대학출신 부모 사이에 태어났다. 그녀의 외할아버지와 네 명의 외할아버지 형제들은 모두 신경쇠약에 걸린 적이 있었다. 그녀는 힘들게 태어났으며, 어린 시절에 어려움을 많이 겪었다. 생후 10개월에 폐렴에 걸리고 치아가 생기는 것도 늦었고 말할 줄도 몰랐으며 또 배설도 마음대로 하지 못했다. 그녀가 걷게 된 것은 3세 이후였다. 그녀는 4세 때에 저능아 학교에 들어갔다. 육체적으로는 거의 정상이었지만 단지 앉아서 색칠한 막대기를 앞뒤로 흔들며 그 끝을 바라보는 것이 그녀의 일이었다. 그녀는 또 멍하니 천장을 쳐다보기도 하고, 만약에 누군가가 자기의 놀이를 방해하려고 하면 소리를 지르는 것이었다.

정신특정검사에 의한 그녀의 지능연령 지수는 10개월 정도였다. 1918년 10월, 만 5세가 되면서 그녀는 유행성 감기에 걸렸고 잇달아 기관지, 폐렴, 그리고 계속해서 화농성 늑막염을 앓았다. 긴 회복기간 중에 그녀는 말을 하기 시작하였고 단정한 자세와 자기 손으로 식사를 할 수 있게 되었으며 글자를 배워, 얼마 후 유치원에 가서 선생이나 의사가 하라는 대로 잘 따르게 되었다. 유행성 감기와 다른 병들을 앓은 지 7개월 만인 4월에 비네 검사법으로 그녀를 진찰해 보았더니 지능연령이 2년 4개월이었다. 1920년 1월에 그것은 3년 10개월로 되어 실로 420퍼센트의 향상을 보였다. 1922년에는 지능연령이 거의 6년이었고, 그 후에도 계속해서 향상을 거듭하였다.

(4) 치료

치우와 백치는 노둔과는 달라서, 곁에서 거들어 주지 않고 내버려두면 아주 못 쓰게 되기 때문에 그들을 특별히 돌봐 주지 않으면 안 된다. 그래서 주립이나 사립의 저능아 학교가 설립되어 있다. 적당한 교육방법에 의해 특별한 훈련을 받은 선생이 그들을 돌보아 주면, 그 중 어떤 사람에게는 놀랄 만한 효과가 나타난다.

다음 사례는 정신적 발육이 늦은 아이들을 가르치는 어느 사립학교에서 일어난 것이다.

버나드가 특수학교에 입학했을 당시에는 떠들고 수다스럽고 규칙을 안 지키고 말도 안 듣는, 장난꾸러기 아이어서 어머니와 선생에게 실망을 주었다. 어릴 때는 몸이 약해서 자주 앓았지만 커감에 따라 육체적으로 튼튼해졌다. 성격도 활발하며 수다스러웠으므로 겉보기에는 보통 아이들처럼 보였지만 유치원의 1년과 초급학년의 2년간의 성적은 모두 낙제였다. 그는 숫자를 10 이상 세지 못하고 겨우 2, 3의 숫자를 쓸 수 있을 뿐이었다. 곁에서 몇 번씩 가르쳐 주어야만 간신히 징글(jingle : 같은 음의 반복으로 어조가 잘 어울리도록 배열한 말)의 일부를 세 마디 정도 외울 수 있었으며 두세 문장을 읽을 수가 있었지만, 도무지 쓸 줄은 몰랐다.

그의 예의범절과 사교성은 학업이 신통치 않은 것과 마찬가지로 시원찮았다. 그는 평범하게 걷지를 못하고 달음박질하며 다녔다. 그는 큰소리를 내면서 제멋대로 되지도 않은 말을 지껄였고, 어떤 놀이를 할 때에도 다른 아이들을 밀치는 모습이 다분히 도전적이었다.

그가 9세 때에 정신연령을 조사해 보았더니 4년 6개월 가량 되었다. 몇 달 동안 주의깊게 개별지도를 하자 이 소년은 아주 딴사람처럼 되었다. 또 남의 관심을 끌려고 하는 점은 있었지만 시끄럽고 잘 흥분하는 성격은 거의 없어졌다. 그는 〈어머니 거위〉라는 26행의 시와 아홉 가지 노래의 가사를 외우기도 하였고 어느 정도까지는 가락에 맞춰 노래도 하였다. 학교에서도 제법 빨리 12까지 숫자를 쓰게 되었고, 또 50까지 셀 수 있게 되었다. 그는 계산이 재미있다고 하면서 "나는 트랙터의 값을 계산할 수 있다"거나 "트랙터의 값은 굉장히 비싸다"고 말하였다.

그는 점점 차분해졌으며 여러 가지 일에 적극적인 흥미를 가지게 되어, 학교가 파한 후나 토요일, 수업이 없을 때에도 "이번에는 무엇을 할까요?" 라고 묻기가 일쑤였다. 그는 자기로서는 정상적인 아이보다 좀더 힘은 들었지만 읽고 쓸 수 있게 되었다는 것을 큰 자랑으로 여기게 되었다.

세상에는 우둔한 사람이 제법 많기는 하지만 대부분 세상을 곧잘 살아간다. 이 사람들 중에는 환경이 지나치게 복잡하면 그만 충격을 입는 장애를 가진 사람들도 있으며, 그곳에서 그들은 도피하거나 실패하게 된다. 이것은 우둔한 사람뿐만 아니라 누구든지 그렇기 마련인데, 지금까지 앞에서는 그렇게 해서 실패한 예를 몇 가지 말하였다. .

'저능한 사람'은 미치는 경우가 있을지도 모른다. 즉 너무나 곤란한 처지에 의해 성격의 통일이 파괴되어 그 결과, 그의 행동이 사회생활에 적응할 수 없게 되는 것이다. 그러나 으레 그렇게 된다고는 할 수 없다. 우둔한 성격이 아주 못쓰게 된 경우의 전형적인 것은 환경에 순응할 수가 없다든가 학습불능이라든가 정신발달이 불충분하다든가 하는 것들이다. 어린이의 경우에는 이런 사정이 우리의 도움을 필요로 한다. 그 경우, 필요한 도움이라는 것은 곧 적당한 훈련이다.

공공시설의 보호가 필요한 저능자를 위한 설비는 아주 불충분하다. 미국에는 '저능자' 중에서도 정도가 낮은 사람이 적어도 천

명에 네 명꼴로 있다. 한 주의 정신결함자의 10퍼센트 이상을 수용할 만한 설비를 갖추고 있는 주는 미국 안에 하나도 없다. 대개의 주는 10퍼센트 이하의 설비를 갖추고 있을 뿐이다. 주립과 사립학교 수를 더 늘리고 또 그 설비를 더 좋게 할 필요가 있다.

가정이 넉넉한 경우에는 공립학교에서 습관형성과 수공교육을 위한 특수학교를 만들어, 이것이 바로 지도되고 감독된다면 그것은 크게 장려해도 좋은 일이다. 상식에서 벗어난다든가 불안정하다든가, 발달이 늦다든가, 문제아라든가 하는 아이들을 곧잘 한반에 몰아넣고 따로 정신의학적인 연구나 특별한 돌봄도 없이 다만 '기회가 있는 방'이라든가 '학급이 없는 반'으로 불리우는 곳에 넣어 버린다.

이런 광경은 여러 도시에서 볼 수 있는데, 이는 실로 큰 잘못이며 또 죄악이기도 하다. 그것은 39℃ 이상의 열이 있는 환자를 각자의 증상이나 고통의 상태를 참작하지도 않고 모두 한결같이 '열병실'이라는 방을 마련하여 거기에 수용하는 것과 같은 일이다. 이런 병실에 들어가게 되면 진단의 여부와는 상관없이 누구나 같은 치료를 받게 된다.

정신이 혼란되어 있거나 흐려져 있거나 불안정한 어린이들은 굶주린 어린이보다 더 보호해 줄 필요가 있다. 배고픈 소년은 음식을 원하겠지만, 정당하게 이해를 받지 못하는 소년은 무엇을 원해야 좋을지를 자기 자신도 모른다. 보통의 학교 교육이나 훈련방법을 써 보아도 그들에게는 그다지 효과가 없다. 오히려 경우에 따라서는 해를 끼치기조차 한다.

사회의 한 사람으로서 어떤 알맞은 장소에 그를 두기 위해서 어떻게 하면 좋을까 하는 그 자신의 문제 그리고 그 부모의 문제를 해결하려면, 이런 일에 익숙한 전문가들의 지식과 기술이 필요하게 된다. 그리고 이런 전문가와 전문적인 교육은 특수학교에 가지 않고서는 받을 도리가 없다.

이런 종류의 학교에서는 똑같은 결함을 가지고 있는 어린이들만을 모아서 한 집단으로 할 수 있다는 이점이 있다. 이렇게 하면, 정신적으로 불구인 어린이들에게도 괴로운 열등감에 의해 압도되지 않을 환경을 줄 수가 있다. 그의 주위에 있는 친구들도 그와 마찬가지로 낙담한 아이들이다. 정상적인 아이라면 아주 쉽게 해낼 수 있는 일을, 이 아이들은 너나 할 것 없이 열심히 하면서도 느리고 힘들게 한다. 따라서 한 아이가 웃음거리가 되지 않고, 서로 똑같으므로 서로를 비웃지 않는다. 그들은 서로 이해하고 이해받기 때문에 함께 행복하게 지낸다.

③ 고독적 유형(외로운 퍼스낼리티즈)

사회적인 순응에 실패한 경향을 지닌 퍼스낼리티 유형 중에는 외톨이로 노는, 뒷전에서 맴도는, 기괴하고 어딘지 괴팍한, 비사교적인 사람들이 눈에 띄기도 하고, 또 그 수도 매우 많다. 분석해 보면 이런 사람들은 실제로는 두 종류가 있는데, 하나는 그 성질이 사교적이지 못해서 실은 훌륭한 사교술을 알고 있으면서도 자기의 일상생활에 간섭하지 말라고 하는 편이다. 또 하나는 뭔가 원하는 기색이면서도 겉도는 무리이다. 뒤의 것은 여러 모임 속에 자기도 들어가고 싶은 마음은 있으면서도 어찌 해야 좋을지를 모르거나 혹은 공포심을 갖는 것이 버릇이 되어, 그것에 억제되어 들어가지 못하고 물러나 있는 사람들이다. 앞의 것은 열병병이라 하는데, 그것에 관해서는 나중에 말하기로 한다. 뒤의 것도 특정한 용어를 줄 만한 것인데, 나는 '외로운 퍼스낼리티'란 이름을 쓰면 어떨까 제안한다.

그들은 인위적으로 남과 접촉할 기회를 갖지 못한 것이 원인이 되어 기묘한 결함, 색다른 방식, 태도와 괴이한 버릇이 생겨 그 결과 나중에 기회가 있어도 사람들 틈에 끼어 어울릴 수 없게 된 사람들이다. 우리가 흔히 알다시피, 이런 종류의 사람들이 때로는 대학에 들어오기도 한다.

그리고 입학할 때보다는 조금 나아져서 대학을 졸업한다. 어쨌든 18년간에 걸쳐 굳어버린 성격을 바꾸기란 여간 어려운 일이 아니다. 서부의 농장이나 동부의 대도시 등은 두 가지 다른 유형의 지방 기질을 만들어낸다. 그것은 '고립'이라고도 말할 수 있는데 그 어느 경우에나 극단적이다. 사회화가 고도에 다다른 곳은 시와 작은 도시들이다. 그러나 이 껍질을 깨뜨리는 결정적인 힘이 되는 것은 단지 땅의 형세와 교통수단의 시설만이 아니다. 고립은 그밖의 많은 원인에서 일어난다. 그러나 이런 고립되고 쓸쓸한 퍼스낼리티즈가 어울려 나갈 만한 준비가 되어 있지 않은 세계를 상대하여 결국 '건설적인 타협'에 이른 예들이 역사 속에 많이 있다.

뉴턴 알빈은 호오돈을 '이상 격리'의 산물이며, 그 원인의 반은 그가 병신이었던 탓이고 나머지 반은 그의 어머니가 아팠기 때문이라고 묘사하고 있다. 호오돈은 모든 자기의 작품 속에서 "근본적인 죄악은……정신을 감옥에 가두어 거기에 고립시켜 놓고, 보통 인정과 햇빛조차도 통하지 못하도록 해둔 곳에 있다. 대개 격리되는 사람은 모두 저주한다. 교제하는 사람은 모두 편안하다"고 쓰고 있다.

마찬가지로, 월터 스코트 경은 병 때문에 실무에서 물러나고 또 사회생활에 접촉하는 것을 피하지 않으면 안 되었으므로, 자기의 낭만적인 상상을 글로 써서 명성을 얻었다. 베토벤이 귀머거리가 된 사실, 에라스무스가 사생아였던 사실, 바이런이 절름발이이며 그의 어머니는 병신이었던 사실, 홉의 체격, 스위프트의 기형, 사무엘 존슨이 정신병의 부모를 갖고 있었고 시력에 결함이 있었던 사실 등을 표로 꾸며보자. 또 이밖에도 많이 있다. 대단히 많은 고립된 사람들이 지금 여기에 든 사람들처럼 쓸쓸한 생활을 보내고 있다. 그뿐만 아니라 그들은 이 사람들에 비해 몹시 비생산적인 생활을 하고 있다.

a) 병적인 부모로 인한 고독

10세의 소년이 어느 여름 캠프에 참가하고 있었다. 그 기간 동안에 이 소년을 귀가시키는 것이 좋지 않을까 하는 문제가 대두되었다. 그는 그곳에서 8주간이나 있었지만 보기에 조금도 즐겁지 않은 생활을 하고 있었다. 그는 대개 외롭게 지냈고, 이상하고 특별해서 보통 아이와 다르게 여겨졌다. 그는 수영, 승마, 놀이 등에도 흥미를 느끼지 않았으며 한 마디로 남에게 그다지 호감을 주지 못하는 성격이었다. 그가 처음에 왔을 때는 다른 소년들 중에 그를 놀리고 못살게 구는 아이도 있었지만, 얼마 안 가서 아무도 상대하지 않게 되었고 아주 무시당하게 되었다.

문제는 왜 10세밖에 안 된 어린 소년에게 이상한 점이 있으며 야릇한 행동을 하는지 그리고 어째서 다른 60여 명의 소년과 떨어져 있는지 하는 점이었다. 한 인간의 각각의 유형을 이해하려면 그의 과거의 경험과 관련해서 행동을 분석하여야 한다. 그래서 이 소년의 과거의 경력을 조사해 보았더니 그의 아버지는 대학교수이고 높은 지위에 있었다. 어머니는 5년 전에 급성 전염병으로 죽었다. 그 때문에 아버지는 마음에 큰 충격을 받게 되었고 그 결과, 이 소년이 병들지 않도록 하기 위해 온갖 애를 썼다. 그는 우선 간호사를 채용하여 아이가 병에 걸릴 만한 곳에는 절대로 가까이 가지 못하도록 했다. 이 소년은 공립학교에도 사립학교에도 가지 못하고 가정교사 밑에서 공부했다.

그는 대중 교통수단을 타는 것도 금지당하고, 다만 가끔 다른 아이들과 놀 수 있는 자유만 허락되었다. 이와 같이 아이의 모든 생활은 건강이라는 문제를 중심으로 형성되었다. 이 아버지의 정신적인 반응은 물론 중대한 사건에 대한 것이었다.

대개의 사람들은 매우 사랑하던 사람이나 자기와 가까운 사람들

과 사별을 한 후에도, 언젠가는 그 충격에서 회복되어 순응할 수가
있으며 나중에는 그 경험을 그가 살아가는 일의 일부로 삼을 수가
있게 된다. 그런 일을 할 수 있다는 것 자체가 바로 우리의 생활에
탄력성을 주는 원인이 된다.

그러나 여기에서 말하는 이 사람——그는 교수이며 지식인이다
——은 그의 특수한 분야에서는 지도자로서 뛰어난 능력을 발휘했
지만 자기의 정서적인 반응이 너무 강했기 때문에 일반적인 순응이
형성될 수 없었다. 그리하여 그는 자기 아들의 생활을 자기의 정서
적인 반응을 중심으로 계획하였던 것이다. 그 결과가 위에서 말한
바와 같은 상황이 되었다.(더글라스 A.톰, 《미취학시대의 성격 개조:
Moulding Personality in the Preschool Years》)

b) 가난으로 인한 고독

루실이라는 소녀는 학교에 다니면서 두 가지 걱정거리가 있었다.
하나는 자기의 학업성적이 떨어지지 않게 하는 것이었으며, 또 하
나는 집이 가난하다는 것이었다. 이 두 문제가 루실의 집에서 중요
한 화제였고 그녀는 늘 그 얘기를 듣고 있었다. 그녀의 부모는 가난
하고 대단히 궁핍했지만, 그 어머니는 이상이 높은 부인으로 루실
이 학교에서 성적을 부쩍 올려서, 그것으로 자신이 잘 입고 먹지 못
하는 것을 대신해 주었으면 좋겠다고 기대하고 있었다. 하지만 딱
하게도 루실은 보통아이였기 때문에 이 엄청난 기대를 충족시킬 재
간이 없었다.

한편, 그녀는 어머니의 눈물, 아버지의 불평불만, 자기의 옷과 친
구들 옷을 비교하는 일들에서 줄곧 자기의 가난을 깨닫고 있었으므
로, 이런 원인들이 합쳐져 대단한 열등감을 가지게 되었다. 이와 같
은 비교에서 오는 불쾌감을 피하고자 그녀는 여러 가지 기회를 잡을
수 있는 상황에서 조용히 물러났다. 고교시절에 이르면 학교 사회
생활이 발전하기 시작하는데, 그녀는 남의 초대를 사양하거나 모처

럼 좋은 기회를 회피하면서 일부러 고독하고 격리된 생활을 하였다. 그녀는 예쁘고 품행도 단정했으므로 자연히 대단히 인기가 높았다. 그러나 그녀는 이런저런 초청을 온갖 핑계로 거절했다. 또 그녀는 초라한 가정형편을 친구들에게 보이기가 싫었으므로 그런 굴욕을 모면할 궁리만 하고 있었다.

그녀가 고등학교를 졸업한 해에 어떤 친척이 많은 돈을 남기고 죽었다. 그 덕으로 루실은 대학에 가게 되었다. 그녀는 옷도 화려하게 차려입게 되었고, 어머니가 그녀 전용으로 포드 자동차도 사 주었다. 이리하여 그녀는 보통 학생보다 훨씬 유복한 환경 밑에서 대학에 들어갔지만 오랫동안의 습관을 간단히 고칠 수는 없었다.

그녀는 수줍고 부끄럼 많고 소극적이며, 자신감을 갖지 못하였다. 한편으로 이런 고독한 성질이 있고, 또 한편으로는 갑자기 유복한 생활을 하게 되자 그전에는 그녀의 약한 마음과 부드러움을 사랑하던 친구들까지도 이제는 부러운 나머지 싫어하게 되었다. 그녀의 생활은 전보다 더 쓸쓸한 것이 되었고, 2학년이 되자 대학을 그만두게 되었다.

c) 부유로 인한 고독

앞과는 반대되는 집안 분위기의 영향을 받아, 근본적으로 아무 이상도 없는 정상적인 소녀가 변화한 예가 있다. 이 경우(이것은 종종 일어나는 일인데), 이 소녀는 친구를 사귈 수 없게 되고 자신을 잃게 된다. 그녀는 남의 시선을 끄는 옷을 입고 즐거운 표정을 하고 있으며 또 친절한 성격이었음에도 불구하고 모임 속에 어울리지 못한다. 이 소녀는 친구를 원하지만, 남자고 여자고 아무도 애써 스스로 다가와서 그녀에게 얘기를 걸지도 않는다. 그녀는 점점 침울하게 되었다.

그렇게 된 이유는 그녀의 부모가 물질적인 충족에만 중점을 두고, 그것에 의해 그들의 가정 분위기를 이루었다는 점에서 비롯된 것이다. 이 집에는 자녀가 세 명이다. 그들은 부모를 사랑했고 부모역시 그들에게는 무엇이든지 아끼지 않고 베풀어 주었지만 누구 하나 가정에 남아 있으려고는 생각하지 않았다. 그리고 부부 사이는 아주 원만해서 부부싸움을 하는 일은 거의 없었다.

그렇지만 대체 어찌 된 일인지 그 집의 분위기는 마치 훌륭한 상점이나 호텔과 같은 것이었다. 세간은 훌륭하고 고상하고 아름다웠다. 그 속에서 성장한 아이들은 남들이 보기에도 장성한 후 결혼하여 행복하게 살 수 있으리라고 생각할 정도로 태도와 행동이 훌륭했다. 이 소녀는 학교에 입학해서도 곧 그녀의 학급에서 명랑하고 상냥한 아이로 알려졌다. 그녀의 옷은 언제나 깨끗하고 구김살이 없었다.

그녀는 복장이 단정한 것과 같이 기계적인 정확성으로 학과를 배우고, 다른 누구보다도 빨리 학과를 척척 이해할 수가 있었다.

그녀의 부모는 누추한 옷을 입고 있는 아이들은 열등한 사람이며 함께 놀 자격도 없다고 가르쳤다. 그 결과, 그녀는 자기의 언니처럼 어릴 적부터 친구가 없었다. 그들은 학교에 가거나 집에 와도 아이들과 놀 수도 사귈 수도 없었다.

그런데 부모는 자기 자녀들의 정신적인 영양실조에는 전혀 관심이 없었다. 뿐만 아니라 자기들이 자녀들과 놀아줌으로써 그들에게 함께 놀 친구가 없는 결함을 메워 주려고도 하지 않았다.

이 가정에서는 싸움과 거칠은 말은 들리지 않았지만, 동시에 떠들썩한 말도 웃음소리도 없었다.

다행하게도 이 소녀는 육체적으로도 정서적으로도 그리고 지적으로도 됨됨이가 나무랄 데 없이 좋았다. 그 덕분에 그녀는 대단히 어려운 시기를 그럭저럭 무사히 넘길 수 있었다. 그러나 지금 28세가 되어서도 아직 미혼인데, 이제서야 비로소 어린 시절의 생활에서 비롯된 결함을 자각하게 되었다.

그래서 그녀는 비범한 지혜를 가지고 자기의 일을 바꾸어 어린이

를 상대로 하는 사업을 하기로 하였다. 그 덕분에 그녀의 쓸쓸한 동
경은 많이 충족되게 되었고, 또한 같은 나이 또래 사람들과의 관계
도 전보다는 좋아지게 되었다. 그녀는 전처럼 우울증의 발작으로
고민하는 일이 거의 없어졌다.(1928년 할로웬, 데이비스,《하버드 동창
회지》에서)

d) 종교로 인한 고독

톰 슈넬은 홀리네스파 목사의 막내아들인데, 4형제 중에서 아버
지의 뒤를 따르지 않는 아이는 그뿐이었다. 그는 늘 형들을 도저히
따라갈 수 없다는 것을, 그리고 엄격하고 심한 아버지에게 매우 억
압되어 있다는 것을 느끼고 있었으므로 마침내 딴 길을 가리라 마음
먹고, 자기의 종교생활을 나름대로 해 나가리라 결심했다. 어머니
도 역시 그녀의 남편에 못지않게 십자군 같았(사회악에 대한 싸움을
전개하고 있으므로)으며, 선교사업에 몰두하여 아이를 돌보아 줄 틈
이 없었다. 그녀는 큰 아들들은 자랑스럽게 여겼으나 톰에게는 단
지 얌전하고 말썽 안 부리면 다행이라는 태도를 보였다.

12세 때에 개종을 한 후, 톰은 점점 고독해졌으며 오랜 시간을 말
없이 생각에 잠긴 채 보냈다. 그는 주위의 동갑내기 아이들이 보통
흥미를 느끼는 것은 어느 것이나 다 죄악이라고 확신하게 되었다.
그는 친구들의 모임에도 가지 않았으며, 춤을 춘다든가 카드놀이를
한다는 것은 생각만 해도 지긋지긋할 정도로 몸서리쳐댔다. 그는
담배를 피우거나 그밖의 각종 금지된 일을 해 보는 호기심 많은 소
년들의 무리에서는 스스로 물러났다.

고등학교를 졸업하고 근처의 건축회사에서 일하게 되었는데, 주
위 사람들과 전혀 어울리지를 않았다. 주위 사람들도 그를 괴짜로
단정했다. 일이 끝난 후 무슨 놀이나 기분전환을 위한 계획을 세웠
을 때에도 그를 끌어넣지 않는 편이 오히려 좋겠냐고 말하는 것이
었다. 나날의 정치문제와 각종 사진들도 톰에게는 너무 통속적이

었다.

그는 아주 실리적인 어느 여자와 결혼하게 되었는데, 그녀는 후일 자기가 그와 결혼한 까닭은 그가 항상 너무 쓸쓸하고 고독해 보였기 때문이었다고 말했다. 그녀는 그와 함께 교회에는 갔지만, 그의 긴 설교에 귀를 기울이거나 그의 개인적인 의식에 참례하는 법이 없었다. 그는 위장병과 두통 때문에 일을 한꺼번에 많이 할 수 없게 되었고, 슈넬 부인은 집안 살림을 돕기 위해 밖에 나가서 일하지 않으면 안 되었다.

그래서 집안의 잔일을 시키기 위해 한 젊은 여자를 고용했다. 얼마 안 있어 톰 슈넬은 소화불량이 심해져서 직장에 못 나가고 쉬는 날이 많아지게 되었다. 집에서는 이 젊은 여인이 그의 시중을 들게 되었는데, 더 중요한 점은, 그녀는 그의 종교적인 긴 설교를 열심히 즐겨 들었다. 더구나 그의 종교상의 의식의 일부분에도 기꺼이 참여하기를 동의하였다. 그는 마침내 자기의 내적인 생활을 함께 나눌 수 있는 사람을 찾아낸 것이다. 이 내적인 생활은 그에게 있어 오래 전부터 그의 주위의 외적인 세계보다도 훨씬 소중한 것이었다. 그녀는 결국 임신하였는데 세상은 이에 격분하였다. 마침내 그녀는 그 집에서 쫓겨났으며, 몹시 우울해진 톰 슈넬은 자살을 하려고까지 했다.

e) 귀먹음으로 인한 고독

알리스 버튼은 국민학교 시절 가끔 귀병을 앓곤 했는데, 결국에는 청력이 상당히 나빠졌다. 그녀는 어느 교실에 가든지 선생의 말이 잘 들리도록 제일 앞자리에 앉지 않으면 안 되었다. 그녀는 이런 곤란이 있음에도 불구하고 항상 학교성적이 우수했는데, 그것은 쉬는 시간이나 어울리는 모임을 포기하고 책을 읽거나 숙제에만 열중하여 특별히 학과에 신경을 썼기 때문이었다.

불행하게도 그녀의 청력은 점점 나빠져 그녀가 고등학교 졸업반

이 되었을 때에는 보청기 신세를 져야만 했다. 이 기구는 실용가치
는 있었지만 미관상 좋지 않았으므로 그녀는 이것을 되도록 쓰지 않
고 벗어 두곤 했다. 그러더니 결국 그녀는 남의 얘기를 못 듣거나
오해하게 되었다. 때때로 그녀는 자기 마음의 혼란과 당황을 감추
기에 무던히 애를 써야만 했다. 그럴 때마다 지금까지처럼 친구들
과 함께 있을까 아니면 아예 어울리는 일을 단념해 버릴까 하고 번
민하였다.

마침내 그 두 가지 중 후자를 택하게 되었고, 그녀는 도서관에 일
자리를 얻었다. 거기서는 사람들과 접할 기회가 가장 적고 또 남들
과 얘기할 필요도 그다지 없었다. 그녀는 많은 시간을 독서에 할애
했으므로 대학교육을 받을 기회가 없었음에도 불구하고 박식했다.

몇 해 후 그녀는 자기처럼 수줍고 비사교적인 남자를 만나 그와
결혼하였고 다른 곳으로 이사하였다. 그 후 몇 해 동안, 그녀는 남
편이나 아이들과 함께 지내며 정원을 가꾸고 독서를 하는 등 상당히
충실하고 만족스러운 생활을 하였다. 그러는 동안 이웃 사람들도
그녀의 이상한 행동과 고독한 성품을 이해하면서 친구가 되어 주는
사람들도 몇 있었다. 이들은 그녀가 사회에 더 잘 순응할 수 있도
록, 또 그녀의 고적함을 덜어 주기 위해 자주 그 지방의 부인회 모
임에 참석하기를 권했다. 그녀는 대단한 용기를 내서 참석했지만
끝내 좋지 않은 반응을 나타내게 되었다. 그녀는 자신이 화제가 되
어 있으며, 자기에게 들리지 않는 것에 대한 의혹을 씻어낼 수가 없
었다.

그녀는 소화불량이 되어 건강마저 나빠졌으며, 어느 날은 모임에
나갔다가 실신하여 남들의 부축으로 집에 돌아왔다. 여러 사람들이
모여 떠들썩하게 이야기하는데, 자기는 그 주고받는 말들을 아무리
귀를 기울여도 잘 이해하지 못하자, 결국 이 청력 장애에 대한 고민
이 원인이 되어 사교적인 노력을 포기한 것이었다. 그녀는 자기의
가정과 정원으로 돌아와 다시는 외출하지 않았다.

f) 실제 또는 상상에 있어서의 결함이나 불리한 비교로 인한 고독

귀가 안 들리는 사람이나 다리가 아픈 사람들이 고독하게 지내는 것은 실로 비극이다. 오늘날 대개의 문화적인 사회에서는 이것을 타파하기 위한 노력이 체계적으로 행해지고 있다.

그러나 위와 같은 경우가 아니라 열등감 때문에 생기는 고독에는 자신에게 무엇인가 부족한 곳이 있다(많은 경우)고 상상하는 데서 비롯하는 것과, 특별히 고독하게 있어야 할 이유도 없는데 스스로의 열등감 때문에 고독하게 있는 경우가 있다. 이런 경우는 상상 외로 많으며 더구나 더한층 파괴적이고 다루기 어렵다. 이것이 이런 종류의 '성격'형을 만드는 원인들 중에서 가장 크고 많으며 또 가장 우려해야 할 것이다. 그러므로 우리는 앞으로 이 문제를 간추려서 더욱 자세히 검토하기로 하겠다.

(1) 열등감

원시시대의 아담의 친구 가운데 한 사람——지구상의 최초의 인류——이 대자연의 위협적인 힘에 대해 공포를 느끼고 떨면서, 대우주의 측량할 길 없는 힘에 대해서도 자신이 얼마나 작고 빈약한 존재인가를 비교한 이래, 인간들은 제멋대로 상상하여 자연의 힘에 대한 환상과 그 속에 실존하는 자기의 보잘것없는 모습 사이에서 생기는 커다란 차이를 알게 되면서 퍽 불쾌한 감정에 사로잡히게 되었다.

그러다가 인간은 종교, 철학, 발명, 부분적인 자연 정복 등의 연구를 거듭하며 자연력과 자기를 화해, 융합시켰는데 이번에는 자기보다 한층 강하고 빠르고 예민한 다른 인간과 자기를 비교해 보고서 같은 불쾌감을 맛보게 되었다. 어릴 적에는 부모가 전능한 신들을 대신하므로, 아이들은 제일 먼저 부모에 대해 열등감을 품게 된다. 그러나 이 괴로움은 자기가 부모에게 키워지고 있다——의지하고 있다──는 '보상심리' 때문에 완화된다.

다음으로 어린이는 자기를 형제, 자매와 비교하여 질투를 일으킨다. 관념적으로 인간은 이런 바보스런 결과, 주어진 힘을 주어진 일에 대해 슬기롭게 조정하게 된다. 그 위에 그 조정을 가장 생산적으로 그리고 불만감을 가장 적도록 한다. 하지만 형식적으로는, 인간은 가끔 자기는 다른 사람에 비해 무능하다든가 약하다고 생각하여 그것을 대단히 쓰라리게 여기는데 그 기분이 정도의 차이는 있지만, 그의 생산적인 힘을 줄이게 되는 듯하다. 물론 이런 것은 선망이라든가, 어렸을 때의 자기는 어떤 일을 하더라도 잘했다는 공상적인 야망들이 원인이 되어 일어나게 마련인데, 그럴 줄은 알아도 단지 알았다는 것만으로는 그런 감정에 대한 면역성이 아무에게도 생기지 않는다.

'열등 콤플렉스'라든가 '열등감', '열등하다고 생각하는 감정' 등의 말은 정신의학자와 심리학자가 지난 수년 동안에 고안해 낸 말로서, 당치도 않은 불안한 정서를 고상하게 설명하는 장중한 용어로 쓰이게 되고, 또 자기 진단을 한 사람들(그리고 소수의 다른 사람들)의 일종의 특이한 현상을 나타내는 말로 사용되어 왔다. 따지고 보면, 내가 이미 설명하려고 한 바와 같이, 우리는 세상의 어느 힘에 비해서도 어떤 사람에 비해서도 전면적으로 훌륭한 것은 없으며, 또한 누구든지 그러하므로 총명한 사람이라면 누구나 그 점을 깨닫고 있을 것이며 아울러 아무런 고통도 느끼지 않을 것이다.

따라서 누군가가 자신이 '열등감'을 가지고 있는 것으로 인식하고 그 사실을 떠들어 본들, 그것은 조금도 잘난 것이 아니며 그의 명예가 되지도 않는다. 딴 사람이 가지고 있는 무언가를 자기는 안 가지고 있다고 해서 자기를 불쌍히 생각하는 것은 결코 유쾌한 현실 인식이 아닐 것이다. 그렇지만 그런 것을 하는 까닭은 무엇일까 하고 그 근원을 탐구하는 계기가 될 소지가 커지는 것이긴 하다.

이것을 임상적으로 보면──이것은 누구든지 알고 있는 사실인

데——자기는 열등감을 가지고 있다고 한껏 외치는 사람, 이것을
단호히 부정하는 사람 등 참으로 가지각색인데, 실제로 많은 사람
들은 고민에 빠져 있다. 예를 들면, 자기는 일을 잘 처리할 수가
없다든가, 자신이 없다든가, 자기 자신에 대해 만족할 수 없다든가
하는, 흔히 말하는 신경과민이라는 형식으로 이런 강한 감정에 지
배되어, 그 결과 기운이 뚝 떨어지고 진취성을 상실해 버리고 만다.
이런 것을 단순히 '열등감'이란 말로 몰아넣을 수는 없다. 그것은
오히려 열등감에 대한 착각이며 핑계이다. 그것은 선망, 증오, 죄의
식, 기타 감정을 위장시킨 것인데, 이들은 근본적인 오해와 그릇된
자기 판단에서 비롯된다.

자기가 남보다 열등하다는 감정은 의식적으로는 그런 감정을 가
지고 있는 사람과 다른 사람과의 비교를 중심으로 해서 일어난다.
이 비교들은 우선 구체적인, 눈에 보이는 것에서부터 시작한다. 이
를테면 체격의 우열, 육체적인 비교와 같은 것이다. 어린이는 먼저
자기의 작은 신체와 제 몸에 붙어 있는 각 부분을 부모의 것과 비교
하는데, 그에게는 부모가 신과 같은 존재로 보이게 된다.

후일에 어린이는 자기를 형제 자매나 친구들과 비교해 본다. 그
리고 그 체격, 키, 몸무게, 힘에 있어서 얼마나 차이가 있는가를 늘
비교한다. 이런 비교의 결과 자기가 열등하다는 것을 분명히 알게
되면 그것을 자기가 부모에게 종속되어 있고 순종한다는 사실에 연
결시켜서 생각한다. 그리고 부모가 말하는 것들은 모두 통하므로
그는 잠자코 있지만 자연히 '힘은 정의다'라는 것을 알게 되고, 또
한 이것은 '키가 큰 것이 정의다'라는 것과 마찬가지가 된다.

어린이가 자기가 작다는 것을 항상 생각나게 하는 것에 대한 최초
의 반응은 갖가지 형태로 나타난다. 이를테면 '작다'는 말을 들으면
화를 낸다든가, 또 "내가 커지면"이라고 곧잘 말하는 것이며, 소꿉
놀이를 할 때 긴 옷을 입어 보는 것 등이다. 그리고 결국엔 진다는
것을 알고 있으면서 공연히 여러 방법으로 반항해 보고, 말도 잘 안

듣는다.

이런 어린이가 여러 가지로 해 보는 보상적인 행동——무조건 복종하지는 않는다——은 그가 점점 커가면서 그것을 자각함에 따라서 차차 그 필요성이 없어지게 된다. '얼마 안 있으면 나도 저렇게 커진다'라고 그는 생각한다——그는 또 그런 소리를 종종 듣기도 한다.

작은 아이는 또 다른 방면에서도 비교를 한다——즉 부모가 비밀로 삼거나 부끄러운 듯 여기므로 비교해서는 안 된다고 추측되는 경우의 비교이다. 곧 육체 중에서 금기(대개 말하기를 꺼리는 부분)에 대한 것으로, 예를 들면 어느 아이에게나 영원히 신비와 굴욕을 느끼게 하는 씨앗이 된다. 자기의 부모를 보면 아주 분명하게 거기에 그것이 있지만 자기의 작은 몸에는 확실히 그것이 없다. 큰 사람들 그리고 힘있는 사람들에게는 있는 것이 왜 자기에게는 없을까? 자기의 어딘가가 잘못되어——자기에게 어떤 고장이——있는 것일까?

어린이는 이밖에도 자기에게는 쓰라린 다른 비교를 한다. 사내아이는 자기를 아버지와 비교해 보고, 자기는 왜 아버지와 다른가 하고 이상하게 생각한다. 나중에 그는 성기에 쾌감을 느끼지만 자기의 성기가 몹시 작은 까닭은 아마도 무슨 벌을 받고 있기 때문일 것이라는 죄의식이 생긴다. 마찬가지로 계집아이도 스스로 여러 가지를 발견하여 이상히 여긴다. 많은 환자의 정신분석을 해 보면, 작은 아이는 이런 결함으로 말미암아 갖가지 공상적인 이야기를 짜낸다. 그리고 자기가 열등하다는 사실을 깨닫는 것이 괴로우므로 여러 가지 보상적인 방어대책들을 전개시킴으로써 자기 자신을 구출하려고 노력한다는 점이 판명되었다.

이처럼 자기가 열등하다는 감정은 거의 모든 아동들에게 공통적이다. 확실히 이런 감정은 틀림없이 잘못된 생각과 무지에서 비롯하는 것이지만, 거기에는 정조적인 반응이 있으며 그 반응은 언제고 표현——발산——되어야 한다. 그것은 아주 쉽게 처리되는 경우도 있는데, 말하자면 해를 끼치지 않는 발산이라고 할 수 있다. 그러나 이것은 특히 부모가 적당한 교육방법과 태도로써 대하는 경우에 있어서의 일인데, 노이로제의 근원이 되는 경우도 있다.

이런 원시적인 열등감을 대다수의 사람들은 보통 잊어버린다. 그것은 일반적으로 거의 무의식적인 것이지만, 2,3년 지나 윗사람한테 자기로서는 불리한 비교를 당하게 되면 이 유치한 고민이 곧 부활하고 그 태도도 증가한다. 예를 들어 보자. 어머니가 손님에게 "샘은 누이만큼 머리가 좋지 않아요", "조지는 나이에 비해 너무 눈치가 없고 둔해요"라고 한다든가, 딸에게 "애야, 넌 학교성적만이라도 좋아야 한다. 넌 정말 이 세상에서 제일 못생긴 아이니까 말이야"라고 말한다든가, "존의 이빨은 참 보기 흉해요, 그 때문에 얼굴이 말이 아니야", "애야, 그 목소리 가지고 돈들여 연습은 해서 뭐하니?"라고 한다든가 하는 따위의 경우 등(이 중 맨 뒤의 힐책을 받은 소녀는 후에 성악가가 되어 공개음악회에 나가서 노래하게 되었다) 이런 말은 열등감을 자극한다.

이런 힐책은 실로 치명적이어서 아동의 희망, 노력, 자존심을 무참히 짓밟는 경우가 많으며, 격려가 되는 경우는 거의 없다. 왜냐하면 이런 비평을 하는 사람은 윗사람이며 권위를 가진 사람이므로, 아이가 그에 반대하며 다툴 수 없기 때문이다.

다음으로 역시 부모가 아이들에게 열등감을 갖게 하는 실제의 다른 예도 있는데 앞의 경우처럼 심하지는 않다. 그 하나는 부모가 항상 자기의 열등감을 아이들에게 보이기 때문에 일어난다. 어떤 부모는 항상 자기의 불운을 탄식하고 그들의 수입과 출세할 기회를 이웃사람들과 비교하여 질투하거나 불행하게 여기거나 실망한다. 이러한 부모들은 더 나아가 자기 자신을 욕하고 또 그들이 부러워하는 친구들에 대해 상을 찌푸리고 코웃음치는 경우도 있다. 또한 그들이 아이들 앞에서 이웃사람들이 자기들을 싫어한다느니, 친구가 아무도 관심을 안 갖는다느니, 자기들의 노력을 높이 평가해 주지 않는다느니 온갖 불평불만을 늘어놓는 광경을 흔히 볼 수가 있다.

내가 알고 있는 사람은, 그의 아내가 이웃사람들과 사이가 좋지 못한 탓으로 일곱 번이나 이사했다. 그 어느 경우에도, 그런 일이 아이에게 주는 영향은 같다. 즉 "우리 식구들은 졌어. 실패했지 뭐야. 우리 식구들은 아무래도 시원찮아"라는 인상을 아이에게 준다.

대개의 경우, 미국 도시의 사회조직은 이런 감수성의 존재를 기반으로 성립되어 있다. 배타적인 클럽이 많이 있으며, 그들은 회비를 굉장히 비싸게 정해 그 회원들을 엄청나게 고고한 처지에 놓고 있는데, 이는 그렇게 함으로써 허다한 사람들이 그 클럽에 가입하고 싶어하지만 회비 때문에 가입하지 못하고 단지 부러워만 하게끔 만들어 회원 자신들의 열등감을 위안시키자는 것이다.

그리고 세상에는 자기들의 옳지 못한 생활 때문에, 자녀에게 열등감을 갖게 하는 부모들도 있다. 어린이들은 자기의 부모가 받는 사회의 비난을 부모들보다 훨씬 날카롭게 느낀다. 알콜 중독인 아버지, 이혼한 어머니는 아이들한테 평생 괴롭고 무거운 짐이 되는 경우도 있다. 이런 경험을 가지고 있는 어떤 사람이 늘상 초조한 자기의식에 관해 이처럼 말하고 있다. "나는 항상 아버지의 일을 변명할 수밖에 없는 기분을 느끼며 산다." 또한 "나는 늘 마음 속으로 만약 세상에 알려지면 어쩌지, 하는 생각을 하며 살았다."

마지막으로, 어떤 육체적인 상태인데 그 점에 대해서는 아무도 뭐라고 말할 필요가 없는 경우도 있다——이 신체기관의 기능이 정상이 아니라는 것을 당사자가 모를 리 없기 때문이다.

남의 눈치로 자기의 결함을 알기도 한다. 또 자기 주위의 작은 아이들의 잔인한 독설——아이들은 자기보다 열등한 자를 찾아내 기뻐하며, 누구든 좀 괴롭힐 수 있는 자를 찾아 즐거워한다——이 자기의 결함을 잊지 못하게 만들기도 한다. 이런 종류의 결함에 속하는 것으로는 언어장애, 얼굴의 반점, 못생긴 이, 절름발이, 기형적

인 육체, 구개파열 및 언청이 따위가 있는데, 이런 것들은 워낙 드
러나 있고 아울러 흉하기 때문에 대단히 큰 정신적 고통이 따르겠지
만, 도저히 그런 사람을 보호할 방법이 없는 실정이다.

(2) 보상과 교정

자기가 못났다고 생각하는 감정에는 여러 가지 형이 있는데, 이
감정들은 그런 열등감이 일어나게 된 원인이 없어진 후에도 언제까
지나 그의 태도, 행동 등을 지배하게 마련이다.

많은 아이들은 아주 어렸을 적에 그 열등감에 대하여 보상적인 반
응을 발달시킨다. 또 훨씬 후에 이르러서야 그런 반응이 이루어지
는 경우도 있다. 즉 부러워하거나 공격적이 되거나 구두쇠, 욕심쟁
이가 되거나 곧 도망치고 싶어지거나 걱정꾸러기가 되거나 정상적
으로는 상대를 이길 수 없을 때 위협 수단을 쓰거나, 물건을 훔치거
나 기타 여러 가지 우발적인 행동으로 나타나는 때가 있으며, 사실
그렇게 되기도 한다.

나중에 여러 형의 신경쇠약적인 정신적 장애의 근원이 많은 경우
여기에 있는데, 신경쇠약증인 사람들은 자기 시력이 약해졌다느니
뱃속이 거북하다느니 다리가 상했다느니 하고 생각하지만, 이것은
그가 어린 시절에 무엇인지 심각하고 쓰라린 생각을 한 적이 있어
그때 원인이 되었던 신체의 부분을 대신해 무의식적으로 바꾸어진
상태이다.

자기가 열등하다는 감정이 원인이 되어 무엇이나 보상적인 행동
을 하거나 지나친 보상을 하는 경우가 더러 있는데, 이 문제는 지각
기관의 결함——청각장애 따위——에서 일어나는 현실적인 열등
감과 함께 제3장에서 더 자세히 논하고자 한다.

'우월 콤플렉스'라는 말로 표현되기도 하는데, 열등감을 무의식
적으로 부정, 즉 이런 감정 때문에 어떤 보상적인 행위를 한다기

보다는 오히려 그런 감정 자체의 존재를 무조건 부정하려고 하는 절실한 노력을 학술적으로는 '반동 형성'이라고 부른다.

현실적으로 육체에 결함이 있고 그것이 원인이 되어 고독한 성격이 형성된 경우에는, 그 육체적인 결함이 의약, 외과수술, 또는 치과의료로써 고칠 수 있는 것이라면 당연히 치료하여야 한다. 사실 정형외과, 기형교정, 정형치과 등의 각 전문의는 정신위생의 부분에 크게 이바지하고 있는데, 치과방면의 문헌을 보면 다음과 같은 예가 얼마든지 있다.

24세 되는 어떤 여자 속기사는 치열이 고르지 못해 얼굴 전체가 매우 보기 흉하므로 2년간이나 치료를 받았는데, 그 정신적인 영향은 참으로 컸다. 그녀는 타인을 대하기가 두려워서 늘 사무실의 뒤쪽 구석에 자리를 잡고 있었다. 2년 후 치열이 고쳐진 후에는 사무실 앞자리에서 일을 보게 되었으며, 손에는 약혼반지까지 끼고 있었다. (T. M. 로버트슨의 논문에서)

골프를 하는 사람들은 고르지 못한 땅을 '장애구역'이라고 부른다. 가령 지금 머리 상태가 나쁜 것을 비유해서 '정신적 장애구역'이라 부른다면, 그런 상태가 원인이 되어 사람을 고독하게 만드는 경우가 제일 많다고 할 수 있다. 이와 같은 상태는 의사, 친구, 교사, 경우에 따라서는 축구 코치와 같은 사람들이 쓰는 정신병학적인 기법을 이용하면 극복되는 경우가 더러 있으나, 다음 사례를 참조하기 바란다.

스나이라는 학생은 허약하고 또 자기가 친하게 지내는 이들이 모두 어른들뿐이므로 행동에 특이한 점이 있었다. 그는 학생들 사이에 웃음거리가 되어 놀림을 당했으며, 그가 최초로 사용한 순응법은 고독하게 살아보는 것이었다. 그는 다른 소년들과의 교제를 아예 회피하고 교정에서는 절대로 놀지 않았다. 그는 쉬는 시간에는 교무실에 있었는데 거기에 있으면 선생의 보호를 받을 수가 있었으며, 또 그는 그것이 필요했다. 그에게는 자기를 지킬 만한 체력이 없었으므로 선생들도 그를 다른 소년들이 있는 곳에 억지로 가게 하는 것은 잘못이라고 생각했다.

그 학교의 축구팀 코치가 이 점에 관심을 갖게 되어, 그는 오후에 스나이를 위해 틈을 내어 여러 날을 계속해서 그에게 쿼터 백 연습을 시켰다. 이 소년은 연습하는 동안 기량이 늘어서 마침내 제3팀의 후보선수가 되었다. 그는 공을 앞으로 패스하는 데 특별한 재간을 보였고, 나아가서는 복잡한 경기기술까지 익히게 되었다. 그 팀의 마지막 경기에서, 몇 분 남지 않았을 때 그는 그 경기에 출전하게 되었고 마침내 그의 수훈으로 그 팀이 승리했다.

스나이가 이처럼 훌륭한 성과를 보이자 그 효과는 즉각 나타나서, 그를 대하는 친구들의 태도는 아주 돌변했다. 그의 허약한 체격과 이상한 행동은 그 후에도 얼마간 남아 있었지만 그가 굉장한 능력을 발휘한 덕분으로 무승부로 끝났다. 결국 자극이 없어졌으므로 열등반응도 그 활동을 정지했다. 10년 후에는 그에게서 과거의 어떤 버릇도 그림자조차 찾아볼 수 없게 되었다. (잉글리쉬 벡비, 《열등 반응:The Inferiority Reaction》에서)

4 분열적 유형(괴상한 퍼스낼리티즈)

보기에 따라서 역사상 가장 큰 실패자라고 공인된 사람들의 성격과 성품을 생각해 보자.

역대 미국 대통령들 중 누구에 비해서도 지지 않을 정도의 지능을 가졌으며 고금에 없는 큰 성공을 이룰 기회를 가졌으면서도, 그는 불명예스럽고 실로 참혹한 실패를 겪고 상심한 채 쓸쓸하게 죽었다. 많은 사람들은 그를 불쌍하게 생각했지만, 더 많은 사람들이 그를 비웃었다. 그러나 그에게 성실한 마음을 가지며, 또 왜 일이 그렇게 되었는가를 이해하지 못하는 수만의 사람들은 끝까지 그를 숭배했다. 하지만 그를 이해한 사람은 아직 한 명도 없었다.

어린 시절 그는 고독한 아이여서, 야구 방망이를 쥐어 주어도 그것을 내던지고 자기는 놀고 싶지 않다고 울어대던 아이였다. 어떻게 하면 다른 아이들과 함께 놀 수 있는지 그것을 모르는 아이였다. 대학총장이 되어서는 교수들과 원만히 지내질 못했고, 지사가 되어서는 자기를 지지하는 사람들을 조소했고, 대통령이 되어서는 자기의 고문들과 싸웠다. 그리고 민중이 미국의 민주주의를 유럽으로 전해 이 세계에 이상적인 평화를 가져온 큰 구세주라고 그에게 무릎을 꿇고 절하는 동안에, 그를 숭배하고 있는 이 사람들의 지도자인 그의 친구들은 은근히 그리고 교묘하게 그의 계획을 전면적으로 파괴하여 그의 일생을 망쳐 놓는 일을 획책했다.*

우드로 윌슨은 충분한 교육을 받은 성격유형 중에서도 고전적인 한 예이다. 그것은 괴상한 특징을 가진 유형이며, 더구나 다른 괴상한 성격들 중에서 특히 유별난 성격으로 세상에 이런 유형은 다시는 없을 것이다. 괴상하기 때문에 성공하는 사람도 있고, 같은 이유로 실패하는 사람도 있다. 여기에 잠깐 이 유형에 속하는 어떤 성공자의 일생의 단면을 관찰하여 보자. 그러면 그들의 비사회성, 자급자족성, 본질적인 괴상함 등을 확실히 볼 수 있다.

나폴레옹 보나파르트의 전기를 쓴 사람은 많은데, 그 중의 하나는 다음과 같이 썼다.

---

*데이비드 로이드 조지의 《평화회의의 회고록》 속에 "그를 가장 불우하게 만든 약점은, 그가 사람을 철저히 의심한다는 것이었다. 그는 인류를 신뢰하면서도 사람을 믿지 않았다"라고 씌어 있다. (뉴헤이번, 예일대학 출판부, 1939년)

"만 9세 때에 그는 수줍고 거만하고 고집센 아이였으며, 옷차림에 무관심하고 버릇없고 몸집은 작고, 얼굴은 창백하고 게다가 신경질적이며, 한번도 훈련을 받지 않았음에도 불구하고 일찍부터 군인생활을 그리워했다. 또한 그는 친구들에게 어떤 우월감을 가지고 있었을 뿐만 아니라, 동굴 속에 숨어서 혼자 놀기를 제일 좋아했다."

16세 때의 그에 관해 그의 교사들은 다음과 같이 말하였다. 그는 수줍음을 잘 탔고 노력가였고 거만하고 말수가 적고 자신의 생각에만 골몰하고 오락보다 고독을 즐겼다. 그는 틈만 있으면 역사를 탐독했다. 레알리네 뒤마는 학창시절에 나폴레옹의 초상화를 그렸다. 그 그림을 보면, 그는 학우들의 모임에서 떨어져 묵묵히 걷고 있다. 분명코 그는 자기가 학우들보다 우수하다고 생각하고 있으며 그렇게 생각하는 데서 위안과 그것을 정당화하는 어떤 강한 의식을 가지고 있었는데, 그런 태도를 그의 학우들은 비웃으며 놀리고 손가락질하며 조롱하는 장면이 그려져 있다.

그는 한때 비약적으로 성공하여 세계를 상대로 싸워 수백만의 사람들을 감동시켰으나 결국에는 고비를 넘기지 못하고 실패를 거듭하여 마침내 쓸쓸히 친구도 없이 일생을 마쳤다.

사무엘 테일러 콜리지는 자기와 같은 또래의 소년들과 어울리지 않고 외톨이가 되어 친구들과 노는 데는 흥미가 없었다. 그는 몸을 움직이길 싫어했고, 자기 자신을 '놀이를 모르는 공상가'라고도 말했다. 그의 부모들은 그를 귀여워했으나 형제들은 그를 미워했고, 학우들은 너나없이 그를 구박했다. 그는 불평불만을 갖게 되고 비겁해지고 수다스럽고 또 허영적으로 되었다. 그는 자기 또래의 소년들을 얕보았다. 어렸을 적에 거의 두 살이 될 때까지 한 마디도 않다가 처음으로 말을 했을 때, 그것은 완전한 문장을 이루었기 때문에 사람들이 놀랐다는 것이다.

아이작 뉴턴 경은 근면, 성실하고 말수가 적고 사색을 즐기는 소년으로서, 하우들이 놀 때 결코 함께 어울려 노는 적이 없었다. 틈만 있으면 발명에 몰두했던 그는 장성함에 따라 학구열이 날로 높아져, 늘 독서에 전념하고 남과 사귀기를 피하고 무시하였으므로 친구가 없었다.

제러미 벤덤은 영국의 법학자이자 철학자이다. 그는 독서를 즐겼으며 경기와 놀이 같은 것은 싫어했다. 어렸을 때 그는 감수성이 예민하고 수줍고 열등감을 가지며 사회적인 오락을 싫어하며 혼자 놀고 혼자 공부하였다. 그에게는 함께 놀 친구도 별로 없었고, 시간의 대부분을 독서와 우울한 사색으로 보냈다.

대학시절에도 그는 다른 학생들 틈에 끼어 노는 것에 조금도 재미를 느끼지 못했다. 그는 공포심과 거의 병적으로 민감한 감수성 때문에 고민했다. 그는 누구보다도 열등감이 강했으므로 남의 이목을 끄는 일은 피했다. 그의 아버지는 그가 자기의 재능을 썩히고 있다며 그를 몹시 책망하였다.

분열적 성격의 전형적인 것이며 또한 극단적인 양상에 관해 한층 더 뚜렷한 개념을 얻기 위해서, 크레치머가 쓴 어떤 사람의 경우를 읽어보자.

에리히 한나는 어느 교양있는 훌륭한 가정의 아들로서 창백하고 겁많은 15세의 소년이었다. 그는 키가 엄청나게 크고, 길고 볼품없는 다리를 가졌으며, 무슨 꿈이라도 꾸는 듯한 흐리멍텅한 눈을 가지고 있었다. 그는 늘 부끄러운 듯 쪼그리고 가만히 앉아 있었는데, 남이 보면 벙어리로 오해하기가 십상이었다. 누가 그에게 말을 건네면 그는 놀란 듯 당황하면서 부끄러운 모습으로 쳐다보기가 일쑤였다. 누구나 그의 느리고 건방진 태도에는 감정이 상했다. 양심적이고 시간을 잘 지키는 그의 태도는 마치 학자인 체하는 듯했다.

그는 극히 조용하며, 혹시 누가 꾸짖기라도 하면 금방 눈물을 흘렸다. 그는 학교에 가더라도 친구가 없었고 또 형제간의 사이도 점점 나빠졌다. 그는 결코 우악스런 장난에 끼지 않았고, 그의 학우들은 그를 몹시 못살게 굴었다. 그래도 그는 조금도 저항하지는 않았지만 그것을 굉장히 고민하고 있었다. 그는 자기의 괴벽으로 인해 걸핏하면 형제 자매들과 다투었으며 자기가 딴 사람과 다르다는 것을 가슴 아프게 생각했다.

무슨 말을 한다는 것이 그에게는 언제나 어려운 일이어서, 말이 잘 나오지 않았다. "무슨 할말이 생각나서 그것을 말하려고 하면 마치 내가 오만하게 하늘을 향하여 외치는 것 같은 기분이 든다"라고 그는 말했다. 그는 남의 손을 갑자기 잡는 것을 마치 그를 모욕하는 것이라고 생각하는지 남과 악수하고는 황급히 자기 손을 빼는 적도 더러 있었다. 그는 옷치장을 말쑥하게 하는 것이 아주 중요하다고 생각은 했지만 자기로선 도저히 그렇게 할 수 없다고 생각하고 있었다.

정서적인 면에서 그는 부드럽고 민감하고 감수성이 강했다. 그는 장성한 후에는 육식을 하지 않게 되었는데, 그것은 도살된 짐승의 것이기 때문이었다. 그는 집을 떠나면 향수병으로 몹시 고통을 겪었다. 그는 어머니를 매우 사랑했으며 후일에 그는 종교에 열중하게 되어 일요일마다 교회에 나갔고 자기의 가족을 개종시킬 목적으로 선교사가 되었다.

그는 누이들 중 한 사람만은 좋아하였는데, 특히 어렸을 때에는 그 누이에게 애착을 느끼고 있었다. 그래서 그 누이에게는 자기가 생각하는 바를 낱낱이 터놓고 말하였다. 그는 지능적으로 상당히 조숙했으며, 기술적인 면에 우수하고 창의적인 생각을 가지고 있었다. 그는 허무맹랑한 발명을 고안하기를 좋아했다. 예를 들면, 주걱바퀴로 물 위를 가는 차를 고안한 적이 있었는데 그는 목욕탕 안에서 실험을 하고 묵묵히 그것을 열심히 만들어 그 모형 중의 하나를 국방부장관에게 보냈다. 그 차는 실제로 물 위를 달렸으며 매우 훌륭했다. 그는 또한 그림을 그리거나 색칠하는 데에도 능란했다.

그러나 그는 다른 아이들과 멀리 떨어져서 자기가 좋아하는 누이와 한구석에 틀어박혀 그녀와 둘이 그 모형의 갖가지 공상에 골몰하기를 좋아했다. 그들은 어느 이상한 나라의 왕이 되어 나라를 다스리고 거기서 사냥 나가는 것을 상상하기도 했는데, 그 나라에는 요술에 걸린 동물들이 있기도 하고 마술의 세계가 있기도 했다. 또 우주의 공간에 있는 모든 별나라를 방문할 수 있는 에텔의 배와 같은 것도 공상했다.

그는 누구든지 자기의 몸을 건드리는 것을 싫어했으며, 종종 자기는 유리로 만든 사람이라고 느꼈다.

이런 기묘함은 극단적으로 나가는 경우도 있다.

1881년 7월 2일, 세상에서 그 존재가 아주 보잘것없는 어떤 남자는 집도 없고 돈도 없는 매독환자로 자기로서는 자신을 대단히 위대한 사람이라고 생각하고 자기는 대통령을 만들어낸 사람이며 자기 나라의 구세주이며 아무 가치도 없는 책을 끼고 돌아다니면서 세상을 구할 생각인 전도자이며 또 정치가로서, 겨우 한 번 20명 남짓한 흑인들을 상대로 차마 들을 수 없는 연설을 한 적이 있었을 뿐이면서도 카필드를 대통령으로 당선시키기 위해 굉장한 활동을 한 것으로 생각하며, 이 나라의 최고 지위의 하나를 자기가 차지할 권리를 확보했다고 생각하는 모양이었다.

찰스 줄리어스 키토라는 이 남자는 카필드 대통령을 쏴 죽였다. 그것은 "신성한 명령에 의한 정치적인 필요성에 따라 행한 일이며, 더구나 2주일에 걸친 정성어린 기도를 올린 뒤에 결행한 것이었다"라고 그는 말하였다.(찰스 F. 폴솜, 《키토사건》에서)

이상 말한 이 사람들에게 공통된 점이라 할 만한 특징은 무엇일까? 즉 그것은 대통령이며 제왕이며 시인이며 과학자이며 법학자 겸 철학자이며 괴벽성을 가진 얼간이와 대통령 암살자이다. 이 사람들의 성품에는 어떤 공통점이 있을까? 그들이 공통으로 가지고 있는 점은, 그들에게는 모두 분열적 유형의 성격 경향이 있다는 것이다. 그리고 좋은 편에도 나쁜 편에도 그들과 비슷한 류가 참으로 많다. 즉 칼뱅과 칸트, 실러와 루소, 에라스무스와 스피노자, 휘슬러와 콜드스미스, 바그너와 쇼팽, 로베스피에르와 아돌프 히틀러, 딕커 로엡과 제크스 제임스, 반 고호와 주다스 이스카리오트, 그밖에도 논쟁을 좋아하는 어느 국회의원(나는 그 이름을 발표하기를 삼가한다) 그리고 말할 필요도 없는 것이지만 '정신분열증'의 진단이 내려진 우리나라(미국)의 국립병원에 수용되어 있는 약 2만 명의 환자, 이들은 모두 이 종류에 속하는 사람들이다.

가장 간단한 말로 요약하면 이 사람들에게 공통된 경향은 다른 사람과 잘 조화하지 못한다는 점이다. 그러나 그렇게 말하면 지나치게 간단히 처리한 감이 든다. 왜냐하면 그렇다고 생각할 때 우리 모든 인간이 때로는 그 적용을 받아도 좋다는 경우가 되며 또 많은 범죄자, 미친 사람들은 모두 언제나 적용될 수 있기 때문이다. 그런데 이 경우의 사회 순응성의 결핍은 극히 특수한 성질을 가진 것으로서, 이 사람들은 간혹 일반 사람들과 교제하기를 바라고 있는 듯이 보이지만 대개의 경우, 분명히 교제하기를 원하지 않으며 실제 교제하지도 않는다——적어도 잘 교제해 나가지 못한다.

그들은 사회적인 활동에 대하여 자기도 한몫 거드는 체하는 경우도 있을 뿐만 아니라 극단으로 달리는 경우조차도 있다. 그들은 결코 영속성있는 접촉은 하지 않는다.

그러면 그들은 어떤 모습을 보이는 것일까? 그것은 개인의 특성과 그 반응의 결함상태에 따라 여러 가지로 달라진다. 그들 중 대부분은 약간 고독적이며 조금 별난 데가 있다. 대개는 겁이 많고 부끄러워하며 소심하고 민감하며 신경질적이고 흥분하기 쉬우며 자연을 사랑하고 책이나 미술을 좋아한다. 또 어떤 사람은 둔하고 얼핏 보아──실상은 그런 것이 아니지만──어리석고 무관심하며 몹시 온순하지만, 그러면서도 대단히 고집이 센 경우가 많다. 때로는 마음이 어그러져 있고 무뚝뚝하며 까다로운 데다가 의심이 많고 샘이 많으며 질투가 심한 경우도 있다.

이런 사람들을 '비사교적'이라고 하는 표현 이외에 단 한 마디로 묘사할 말이 있는데 그것은 '별나다(괴상하다, 이상하다)'라는 말이다. 그러나 이 '별나다'라는 말에는 여러 가지 뜻이 있으므로 듣는 이에 따라 여러 다른 해석이 나온다. 그들은 다른 사람들──즉 우리 보통 사람들──과는 다르며, 또한 같게 되고 싶다는 기색도 없다는 점에서 별나다. 그들은 큰 일을 하는 경우도 있지만 동시에 못할 수도 있다. 우리는 그들을 칭찬하며 상당히 존경하는 경우가 있으나 결코 그들은 진심으로 사랑하는 일이 없으며, 우리로서는 그들이 그렇게 하는 것을 막을 수가 없기 때문에 어쩔 수가 없다.

이런 사람들을 학술적으로는 '분열적 환자(schizoid)'라 부르는데, 이 말은 '가위(scissors)'라는 말과 같은 희랍어에서 나온 것이다. 그것은 물건이 쪼개졌다든가 부서졌다는 의미이다. 즉 이런 사람들의 괴벽성은 그 사람 성격의 내적 조화가 부서진 것이거나 분열되어 있다는 것을 나타내고 있다. 그 내부적인 파괴, 분열의 결과로 외부의 부조화를 가져왔다. 따라서 분열증이 있는 사람은 일반 사람들이 보기에 대단히 조화를 벗어나고 있다. 그들의 행동, 관념의 표현, 정조반응 등은 전혀 조화되어 있지 않다.

이 부조화는 이 사람들의 성격의 교묘한 분열, 즉 크레치머가 말하는 '표면과 내부'의 이중성으로 고민하고 있기 때문이다. 예컨대 그들은 "타는 듯한 햇볕을 피하기 위해 덧문을 닫은 로마의 여염집이나 별장과 같은 것으로서, 아마 이 어두컴컴한 집안에선 연회가 벌어져 있을지도 모른다"라고 말할 수 있다. 그들은 세상 일에는 무관심하지만, 세상 사람들은 그들이 일종의 '거짓' 태도를 보이는 것으로 생각한다. 그러나 그들의 '자아'는 우선 세상을 바라다 보고 이것을 부정한 후, 외부에서는 보이지 않는 자기의 내면적인 생활 속에서 도피해 버린다. 이 내부생활은 폭발이 있기 전에는 우리가 볼 수 없다.

"나는 그 사람과 20년간이나 함께 살아왔습니다. 그렇지만 나는 그를 전혀 모릅니다"라고 어떤 아내가 말했다.

또 어떤 한 수줍은 소녀가 있었는데, 그녀는 경건하고 유순하며 어린 양같이 순진해서 몇 해 동안 어느 시골집에서 만족하게 일하고 있었다. 어느 날 아침에 그 집 아이는 죽은 채로 있었고, 집은 불길에 휩싸여 있었다. 이때 그녀는 정신이 말짱하였고 모든 일을 기억하고 있었다. 그러면서도 그녀는 자기가 행한 짓을 확인했을 때, 어떤 어이없는 표정으로 웃고 있었다.

어떤 청년은 꿈을 꾸며 자신의 청년시절을 즐겁게 보내고 있었다. 그는 너무도 느리고 재간이 없어서, 옆 사람들이 초조한 나머지 그를 일깨워 주고 싶을 정도였다. 그는 말을 태워주면 떨어졌으며, 난처한 낯으로 비웃는 듯한 웃음을 지었다. 그리고는 아무 말도 안 했다. 어느 날 시집 한 권이 발표되었는데 그것은 그가 쓴 것이었다. 자연에 대한 고아한 감정이 아름다운 말로 표현되어 있었다. 그가 지나갈 적마다 그를 쥐어박는 어떤 덩치 큰 촌사람이 있었는데, 그 타격은 항상 그의 내면적인 비극을 형성했던 것 같다. 그 시에 표현된 세련된 리듬은 극히 정숙한 세계를 흐르는 것이었다. (Ibid 에서)

a) 은둔적인 사람들

분열적인 사람들은 어떤 특징을 보이는가? 그 전형적인 표현 유형을 몇 가지 더욱 자세히 고찰해 보자. 사람들과 떨어져서 자기 혼자서만 고독한 생활을 하고 있는 것이 우선 가장 보편적인 형이라

하겠다. 인간 형성으로 보아 항상 자기 혼자서만 있고 싶다는 것은 보통이 아닌데, 분열증인 사람은 혼자 있고 싶어한다. 그들은 "나는 혼자 있고 싶다. 좌우간 나는 남들과 교제하려는 생각을 한 번도 가진 적이 없다"라고 스스로 인정하고 있으며, 이것은 어릴 적에 특히 뚜렷하다.

유명한 역사가 깁본은 17세까지 부모와 숙모 그리고 가정교사 이외에는 아무와도 교제하지 않았다. 그가 학교에 들어갔을 때 모든 것이 눈에 새로워서 이제까지 자기의 생활과 다른 이상한 환경과 혼란으로 말미암아 거의 넋이 나갈 지경이었다. 때문에 그는 다른 학생들을 멀리했다. 독일의 유명한 철학자 피히테는 젊었을 때부터 혼자 산보하며 조용히 사색하기를 좋아했다. 18세 때는 학교에 가면 학우들이 못살게 구는 바람에 그만 학교에서 도망하려고 했다.

랠프 왈도 에머슨은 어렸을 때부터 책을 탐독하며 그것을 즐거움으로 삼았다. 그는 다른 소년들 사이에 인기도 없었고, 또 그들과 노는 일도 거의 없었다. 그의 가장 친한 친구들은 주로 어른들이었다.

지금 여기 예로 든 유명한 사람들에게서 보이는 은둔성은 여러분이 아는 사람들의 행동에서도 많이 볼 수 있을 것이라 생각한다. 아니면 여러분 자신이 그럴지도 모른다. 그렇지만 이 은둔성의 의의를 잘 아는 이는 별로 없다. 불건전한 은둔성을 가진 아이가 행실이나 공부 및 능력에 있어서 모범으로 여겨지는 경우가 적지 않은데, 그 이유는 그들은 이 은둔성의 기질로 인해 보통 아이들이 하는 주먹질이나 말썽, 나쁜 장난들을 하지 않기 때문이다. 그런 아이들은 같은 또래의 아이들과 함께 있기보다는 어른들과 어울리는 것을 좋아하는 경우가 많이 있다.

예를 들면, 칼라일은 성실하며 말수가 적은 소년으로서 자기와 같은 또래의 친구들은 적었고 오히려 어른 친구들을 구했는데, 르네 데카르트, 케플러, 조지 엘리어트, 그밖의 많은 사람들이 그러하였다. 그런 아이들(데카르트와 칼라일은 특히 더했는데)은 다른 아이들에게 지지 않으려 했고 그것이 자극이 되어 자주 이기는 결과를 초래했다. 그리하여 자기는 그것으로 매우 만족하지만 친구들 사이의 우정은 사라진다. 이 사실도 어른들이 보면, 그들이 비범한 것처럼 보이나 실은 그와 반대인 것을 잘못 해석한 것에 지나지 않다.

예를 들면, 독일의 유명한 천문학자 케플러는 어릴 적에 미신적인 종교심 때문에 자기가 어떤 죄를 범하였다고 느껴지면 스스로 벌을 가하였다.

14세가 지나서부터 그는 신학적인 문제에 깊은 흥미를 느껴 신학 선생을 개종시키려고 시도하다 오히려 선생의 미움을 사게 되었고, 어떤 학교에서는 그의 재능이 우수하다는 것만으로 다른 학생들이 그를 시기하고 미워했다. 또 다른 학교에서는 그가 어떤 학생의 잘못을 고자질했으므로 책망을 받기도 했다. 그는 경기 같은 것을 좋아하기는 했지만 혼자서만 할 뿐이지 남과 승부를 겨루지는 않았다.

다음에 은둔성과 관련하여 —— 실은 그 일부로 볼 것인데 —— 어떤 한 경향이 있는데, 이 경향 자체로서 어떤 사정 아래에서는 정상적이라고 할 수 있는 것이지만, 분열적 증상의 사람에게는 과도하게 나타나는 것이 있다. 그것은 지나치게 공부한다든가 책을 좋아하는 경향이며 또 스포츠나 경기, 사회활동을 멀리하는 것, 남에게 뒤지지 않게 해 보려는 강한 욕망이나 과묵, 눈에 띄는 겸손, 수줍음 및 자기의식, 신경과민 등이다.

그 중에서도 신경과민은 가장 현저한 증상이 되는 경우가 흔히 있으며, 그로 인해 대학생 중에는 별로 이렇다 할 결함도 없는데, 자신의 신경과민에 고통을 느끼고 정신위생 전문가에게 상의하는 자가 많다. 나머지 사람들은 별로 고통을 호소하는 일은 없지만 어디까지나 그들의 감정은 상처를 받거나 기분이 나빠지며, 상대방은 아무렇지도 않게 생각하는데 괜히 자기 혼자서 적이라고 정한 사람과 싸우며 혹은 그 적을 피하려고 한다.

b) 온정이 없는 사람들

이것은 좀 상상하기 어려울지 모르지만, 일종의 온정 없이 무감각하고 냉혹하며 무자비하고 잔인한 사람들은 틀림없이 이 범주에 속한다. 이 두 가지 형——고독과 냉혹——이 어떤 관련성이 있는가 하면, 이 모두는 그 사람의 성격이 분열되어 있거나 파괴돼 있어 그것으로 인해 외부에 나타난 감정과 행동이 내부의 참된 자기와 크게 다르다는 점이다.

나폴레옹의 이기적인 고집, 레프케와 로엡의 피비린내 나는 죄악에의 무감각, 익숙한 외과의의 태연스런 태도, 수련된 심리학자의 통찰 같은 것의 효과는 별 문제라 하더라도 어느 것이나 거의 비인간적이랄 만큼 자기의 감정을 떠난 유형의 예이다.

완전한 객관성을 얻는 것이 모든 과학자들의 목표로 삼는 바이다——그것은 올바른 것이며 결실이 풍부하기는 하지만 동시에 비인간적인 태도이며 전형적인 분열증이다. 많은 사람들은 그 성격에 있어서 너무도 인간적이며 분열적이 아니기 때문에, 과학에 있어서의 큰 성공을 거두지 못한다.

c) 예술적인 사람들

예술가와 시인은 다 '정상적인' 생활로부터 분리되어 있다. 이것은 흔히 그들에게는 슬픈 일이며 우리에게는 이로운 일이지만, 그들은 자기의 내면적 세계의 단면을 우리에게 보여준다——꿈, 환상, 노래 같은 단편을. 그리고 그 노래 등은 외부세계에 있는 우리로서는 그들이 그것을 해석해 주지 않으면 들을 수 없는 것이다. 그러나 이 격리 비밀주의야말로——그러니까 전혀 다른 세계에 살고 있다는 것——실은 종교적인 열광, 예술적인 괴기성, 거짓, 심리학적인 엉터리 학설, 죽은 사람과 통신할 수 있다는 신앙의 신비주의 및 모든 종류의 변덕스러운 신앙과 치료법으로 나타난다. 더 극단적으로 나가면, 일종의 정신분열증으로 인한 도저히 이해할 수 없는 산물이다.

예를 들면, 조르주 상드는 어렸을 때에 환각을 일으켜 이상한 정신적 경험에 대한 욕망을 만족시키고자 했다. 그녀는 종교서적과 공상적인 소설을 좋아했을 뿐만 아니라 고독 또한 좋아했다. 혼자서 시골로 돌아다녔기 때문에 이상한 여자라는 소문이 퍼졌다. 그녀가 처음으로 성찬을 받았을 때 그녀는 앵무새처럼 교리문답을 외웠는데, 그것은 그 문답을 조금도 받아들이지 않으려고 결심했기 때문이었다. 17세가 되었을 때 그녀는 파리 생활이 싫증나서 파리로부터 도피하기로 결심했고 그 도피수단의 하나로써 그녀는 조금도 사랑하지 않는 남자와 결혼하였다. 21세 때부터 그들의 정신적인 우정이 시작되어 4년간 계속되었다.

d) 분명히 어리석은 사람들

크레치머가 말하듯이 어떤 분열증의 사람들은 사회적인 일로서 반드시 해야 할 일에 부딪치면 화를 내거나 투덜대면서 도망친다. 또는 그 자리에 주저앉아서 고민하거나 웅대불멸한 마음의 평온을 보이며 아주 벙어리처럼 앉아 있다.

이 '벙어리 같은 침묵'이 실은 골칫거리인데 흔히 그것은 허위적인 껍데기에 지나지 않는다. 즉 어리석은 체해 보는 것이다(하긴 진실한 우둔성과 결합한 분열성격의 유형도 있다). 남이 무슨 말을 하든 반응을 보이지 않고 사물의 선과 악의 구별을 못하기 때문에 남들에게는 외면당한다. 이 종류의 환자는 주위의 사물에 대해 아무런 관심도 갖지 않으며, 사회적이거나 공공적인 일에 거의 끼어들지 않는다. 자주적으로 무엇을 하는 일이 없으며 진보도 없는 그들은 흔히 자기의 보수주의와 골동품 등에 애착을 가지며 새로운 것을 싫어한다. 그들은 자기의 연장을 써서 혼자 일하기를 좋아한다.

대평원의 농장에서 자기가 원하는 대로 세상을 멀리하고 사는 사람들 가운데 이런 유형의 사람을 많이 볼 수 있다. 그들은 이런 성향 때문에 진보적이고 사회적인 생각을 가진 농부가 현실적인 농촌의 불우한 환경을 개선하기 위해 절대 필요하다고 할 정도의 농지협력조차도 하기가 어렵다. 어떤 의미로는 사회적인 성향을 가진 사람들은 도시로 가고——다른 사람들과 무리를 이루며——분열증적인 사람들은 농장에 남아 고독한 생활을 하기 마련이라고도 할 수 있지만, 이것은 그런 경향이 있다는 정도이다. 도시에 사는 사람들 중에도 많은 분열증 환자가 있(특히 대도시가 그렇다고 할 수 있는데, 왜냐하면 도시는 군중 속에서의 고독이라는 말처럼 훨씬 고독을 즐기기 좋게 구성되어 있기 때문이다)고 또 한편으로 시골에 사는 사람들 중에도 사회적 성향인 사람들이 많이 있음은 물론이다.

e) 까다로운 사람들

크레치머가 말하는 '노해서 야단치는 소리'는 분열증인 사람이 매우 민감한 자신을 보호하기 위한 감옥이다. 고독하게 지낼 수 있도록 하기 위해 그는 불평, 심술, 비뚤어진 고집 등의 방어벽을 쌓고 남들로 하여금 되도록 자기를 불유쾌한 인간으로 생각하게 만든다. 은행장이건 알아주지도 않는 잡화상인이건 부랑자나 노랭이할 것 없이 이런 종류의 사람들은 예외없이 인기가 없다.

어떤 경우에 있어서건 남과 접촉해야만 할 때, 그들은 괴로울 만큼 자기를 주위에 적응시키지 못하는 경향이 있다. 직업 소개소의 지배인 같은 사람은 날마다 이런 사람들을 면접하고 있으므로, "또 야!" 하는 반응을 보이는 문제이다. 이런 종류의 사람들 중에는 그 들이 주위 사람들에게 정신적인 염증을 일으키게 함에도 불구하고 그 자리에 남아 있게 되는 경우가 흔히 있는데, 그것은 어떤 종류의 경향, 지식 및 숙련의 덕택에 해고시키기 아까운 인물이기 때문 이다.

또 가끔 있는 일인데, 운명이 이 사람들을 정상까지 올라가게 하 거나 위협하거나 귀찮게 굴어 다른 사람을 전부 쫓고 자기에게 복종 하는 사람만을 남겨 자기가 한 기관의 주인공이 되는 경우가 있으 며, 이런 종류의 사람은 가끔 크게 성공하는 수가 있다. 그것은 세 상에서 생각하는 바와 같이 은행가라든가 어떤 집단의 우두머리가 되는 사람은 대개 이 범주에 속한다.

존 블레클리가 이 한 예이다. 그는 15세 때 집을 나와 미국 중서 부 지방으로 가서, 여러 가지로 힘든 일을 하며 간신히 생계를 유지 했다. 그러는 동안 그는 차츰 재산을 모아 실로 굉장한 노력, 아슬 아슬한 상거래 및 장시간의 힘든 노동을 하면서 재산을 불려갔고, 결국엔 재산가의 한 사람으로 꼽히게 되었다. 그는 아내와 아이들 에게 언제나 화를 냈고 심술을 부렸다. 그가 죽기까지 아내는 그가 정말로 얼마나 부자였는지를 몰랐다. 그는 막대한 토지를 남기고 죽었으며, 또 수천 명에게 이름도 알려져 있었다. 그러나 그에게는 돈으로 후원한 불과 몇 명을 빼놓고는 친구가 한 명도 없었다.

또 하나의 예로 콜란스라는 노부인의 경우가 있다. 그녀는 인근 에서 괴짜로 유명했고, 토끼상을 경영하여 수백 마리의 토끼를 사 육하고 있었다. 그녀는 헌 신문이나 잡지들을 모아다가 자기 집의 다락과 창고에 산더미처럼 쌓아 두었고, 잡화점 점원이나 우편배달 부에게 별 이유도 없이 화를 내고 욕을 퍼붓는 것으로 유명했다.

그녀는 남편이 죽었을 때, 무덤 파는 일꾼이 무덤을 파는 데 걸린 시간을 속여 돈을 더 많이 받았다고 싸움을 했다. 가족들은 주의깊게 침묵을 지키면서 어떤 대책을 강구하려 했지만 좋은 대책이 없었으므로 그녀와 함께 살 수가 없었다. 그들은 가끔 젖은 옷을 입게 되고 꾸지람도 들었으나, 그런 폭발 정도는 예사로 되어 있었다.

이런 형편이었음에도 불구하고 이 노부인은 책을 집필하여 이름을 날리고 또 약삭빠른 상거래를 해서 상당한 재산을 모았다.

f) 과격한 사람들

다음은 끝까지 반항하는 형으로서 이런 이들은 이상한 사람들 중에서도 눈부신 공격력을 발휘하여, 적이 수만 명 있더라도 고군분투하며 적진을 뛰어 돌아다니는 형이다. 옛날 같으면 큰 도끼를 휘두르고 괴성을 지르며 돌진하는 형으로 어디를 가나 남의 원한을 사고 적대감을 돋우며, 적이 없으면 일부러 만들어 심술궂게 괴롭히며, 쉴새도 없이 남을 몰아세우고 비평하며, 도전하고 공격한다──이런 종류의 사람들도 분열증이다.

이 유형 중에도 때로는 성공하는 사람이 있다. 더구나 그런 성공에 대해서는 세상이 감사를 한다. 예를 들면, 사보나롤라, 존 브라운, 윌리엄 로이드, 개리슨, 존 낙스, 패트릭 헨리스, 존 하크스, 마틴 루터, 그리고 세례 요한 등 이런 사람들이 이 형에 든다.

그러나 이런 성품을 가진 사람은 운이 없는 경우도 있는데, 그런 경우에는 남의 욕을 퍼뜨린다든가 덮어놓고 아무나 미워한다든가 숨어서 욕을 한다든가 정치적인 반역자가 된다든가, 아무튼 비건설적인 말썽만 일으키고 돌아다니는 종류의 인간이 된다. 그런데 이처럼 뚜렷이 정신에 이상이 있는 사람이 정신병 의사에게 치료를 받으러 오는 적은 거의 없다고 해도 과언이 아니다.

언젠가 미국 중서부 지방에 대규모의 철도종업원 동맹파업이 있었는데, 그때 가장 주목을 끈 인물은 키가 후리후리하고 성격이 모난 수다스런 남자였다. 그는 늘 선동하기 위해 돌아다녔다. 노동자들에게 자세히 그들이 어떤 점에 속고 있는가를 설명하였고, 수없는 가두 연설과 문 앞 계단에서의 연설을 통해 파업을 하면 어떤 이익이 있고 또 어떤 불리한 점이 있는가를 설명하였고, 사람들이 막 파업을 결정하려고 할 때에는 파업을 한다는 것은 참으로 어리석은 짓이라고 그들을 설득하러 돌아다녔다. 그러나 때는 이미 늦어 파업을 막을 수 없게 되었고, 사람들이 파업을 시작한 후에는 분쟁 조정단을 조직하여 화해를 제안하기에 분주했다.

그 후에 철도회사측을 찾아가서, 자기는 파업을 안 하도록 하기 위해 노력했으므로 블랙리스트에 올리지 말고 복직시켜 달라고 신청하였다. 그가 하는 말은 사실이었지만 회사측은 그를 다시 고용하기를 거절했다. 그랬더니 이번에는 그 사건을 이 조합, 저 조합, 그리고 이 변호사, 저 변호사에게로 가지고 돌아다녔고 여러 해 동안 이 사건에 대해 떠들어댔다. 그러나 마침내 그는 이 사건의 중압과 긴장 때문에 자기의 신경조직이 파괴되었다고 생각했으므로 정신병 의사의 치료를 받게 되었다.

g) 의심 많은 사람들

몹시 의심이 많은 것도 아주 중대한 증상의 하나로 의사에게 알려져 있는데 여러분 중에서는 아마 이것을 의외로 생각하는 사람이 많을 것이다. 여러분은 분노, 난폭, 환각, 망상, 그밖의 좀더 새롭고 생생한 표현들이 더욱 중요할 것이라고 상상하고 있을지도 모르지만 사실 그렇지 않다. '편집증'이라 불리우는 증상이 '정신의 암'이라 볼 수 있다.

편집증은 학술어이지만 극히 적절한 말이므로 보통 일상어에도 사용되고 있으며, 또 그래야 할 것이다. 죄없는 아내를 끊임없이 의심하고 책망하는 남자학교의 선생들이 분명 자기에게 불리한 차별

대우를 하고 있다고 생각하는 학생, 자기의 경쟁상대가 공동모의를 하고 있다고 의심하는 상인, 코치가 자기를 괴롭히기 위해 상대를 편들고 있다고 믿는 운동선수, 이웃사람들이 자기의 험담을 하고 있을 것이라고 짐작하는 부인, 또 때도 없이 영수증을 요구하거나 주유소에서 일하는 사람들은 누구나 기름을 훔친다고 생각하는 남자 등 이런 이들의 정신상태는 불건전한데, 그런 의미까지 포함하여 이 말만큼 그들을 적절히 표현하는 말은 다시 없다.

우리는 편집적인 생각을 하는 경우가 전혀 없을까? 물론 우리들도 간혹 편집적인 생각을 하곤 한다. 하지만 우리는 일부분의 분열적인 사람을 제외하고는, 그런 생각에 언제까지나 관심을 두지 않으며 또 그런 생각에 계속 잠겨 있지도 않는다. 만약 편집적인 생각이 끊임없이 계속된다면, 비록 현재는 정상일지라도 정신이 이미 파괴되기 시작한 증거이다. 이런 생각을 빨리 버리고 그것이 얼마나 어리석은 것인가를 깨달을 수 있는 사람은 마음이 건전한 증거이다.

그러나 분열적인 사람이 일단 의심하기 시작하면, 영원히 남을 의심하고 확신을 못 가지며 공포를 느끼고 있지도 않은 것을 망상하며 자기 방어를 하려고 결심하는 일로 고민하게 된다. 한 예를 들자면, 만약 내가 '정상'이라면 아내가 커피에 독을 탈지도 모른다고 의심하는 일은 결코 없지만, 이 의심이 확신이 있는 것이라면, 즉 독이 들어 있다면 나는 언젠가는 원인 불명인 채 죽어 있을 것이다. 또 만약 그것이 사실이 아니라면 나는 ·다 믿고 생활을 계속할 것이다.

그러나 편집증이 있는 사람은 그런 일이 일어날 것을 의심하며 동시에 그것을 기대한다. 물론 몇 해가 지나도 아무런 일도 일어나지는 않는다. 이 가련한 남자는 몇 달, 몇 해를 두고 매일 자기의 커피 속에 아내가 독을 타며 자기가 먹을 음식 속에도 독을 넣을 것이라 생각한다. 그의 망상은 정신 깊숙이 뿌리박혀 결국 자기의 고민과 방어, 복수에 대한 계획의 포로가 되어 버린다. 그는 온갖 방법으로 이것을 증명 또는 반증하려고 애쓰며, 아무 소용도 없는 자료를 그녀가 꾸민 흉계의 증거라고 하면서 산더미처럼 모아 놓는다.

편집증상은 현실에 있어서 망상의 형태가 아닌 '관계 염려(ideas of reference)'라 불리우는 형태로 나타나는 경우가 더러 있다. 이 증상의 피해자는 우연히 일어난 사건을 무엇이든 모두 자기에게 어떤 특별한 관계가 있는 것으로 해석한다. 신문에 난 기사, 길 가는 사람의 우연한 말, 자동차 경적의 특별한 음향 등이 모두 자기에게 어떤 특별한 관계가 있는 무슨 의미를 가진 것으로 생각되는 것이다.

편집경향이 충분히 두드러지게 되면 '과대망상'으로 되는 수가 있다. 이것은 항진성의 악성 '정신착란'으로서, 그 특징은 세상의 일을 전부 일종의 망상체계에서 보는 것으로 이 경향은 서서히 진행된다. 그 망상은 주로 강박관념이며 자아의 중요성을 과장한다. 맨 처음에는 남에게 멸시당한다든가 남에게 인정받지 못한다는 감정을 가지며, 다음에는 남이 자기를 피한다든가 무시한다는 감정을 가지게 된다. 그 다음에는 어떤 사람에게 감시당하고 있다든가 뒤를 밟히고 있다고 느끼며, 더 나아가서는 모략을 받고 음흉한 방법으로 혹은 공공연히 공격받고 있다든가, 자기에 대한 음모를 꾸미고 있다는 따위의 감정을 가지게 된다.

이것은 종종 다른 종류의 망상을 포함하는 경우가 있는데, 즉 자기는 왕가의 자손이지만 그 정당한 지위를 속아서 빼앗겼다든가 큰 비밀을 발견당했다든가 혁명적인 대발명을 한 자라든가 신성한 교시를 받았다는 종교적인 확신, 성적인 억제 또는 성에 관계있는 관념 같은 것이 그것들이다. 이런 종류의 사람들은 사회질서와 법률을 무시하며 그 때문에 갖는 갈등과 충동을 일으키는데, 그들은 스스로 자기는 굉장히 위대한 인간이지만 세상이 무심하게도 잘 몰라주어 자연히 그렇게 되었다거나 무식한 세상 사람들이 질투심을 일으켜 그렇게 되었다고 생각하고 있다.

그들은 보편적으로 '현실'을 지나치게 왜곡하고 있는 경우가 많은데, 간혹 세상과 조화해 나가는 사람도 있다. 이들은 역사 속에서도 가끔 볼 수가 있는데, 이 사람들 중에는 뚜렷이 과대망상이라고 인정되는 사람도 적지 않다. 러시아의 표트르 대제는 분명히 그런 인물이며, 몇몇 로마의 황제와 영국 왕 중의 어떤 사람들도 그런 사람이리라 생각된다. 아돌프 히틀러는 많은 사람에 의해 그렇게 인정되고 있으며 내가 살고 있는 주의 대영웅 존 브라운도 의심할 바 없는 과대망상증 환자였다. 이렇게 말하면 신도들의 감정을 해칠지도 모르지만, 여러 종교의 개종자들은 모든 점에서 보아 과대망상의 개념에 부합되며 이런 이들보다도 재능이 적은 많은 과대망상자들은 정신병원에 수용되고 말았다.

예를 들면, 메리 모스 베이커 글로버 페터슨 에디 부인은 1882년 6월 5일에 다음 회견담을 발표했다.

"나의 남편은 악의의 최면술 때문에 죽었습니다. 전에 시립병원에 있었던 루퍼드 K.노이에스 박사가 오늘 시체부검을 했는데 전혀 물질적인 독물은 없다고 단언하고 있습니다. 하기야 이스트만 박사는 지금도 그의 최초의 신념을 굽히지 않고 있으나 나는 그를 죽인 것은 독물이며, 그것은 물질적인 독물이 아닌 최면술의 독이란 것을 알고 있습니다."

에디 부인은 반대관념에 의해 자기의 남편을 구할 수 있었을 것이라고 생각하고 있다. 다만 자기의 일이 바빴고 최면술의 위력이 그렇게 센 줄을 몰랐던 탓에 구하지 못했다고 말하고 있다. 그 부인은 계속해서 "아, 이 얼마나 무서운 일입니까? 이런 악마 같은 부정요법이 이 나라에 있다니…… 최면술의 어떤 일정한 양의 독이 들어가면 그것을 막아낼 도리가 없습니다. 어떤 정신력으로도 그것에 저항할 수 없습니다. 최초에 정신의 반항작용으로써 그것에 대항하는 수밖에는 없습니다"라고 말했다.

에디 부인은 사악한 최면술의 존재를 믿었으므로, 그녀의 집안 분위기는 특이한 성질을 띠고 있었다. 그 분위기는 그 집에 사는 사람들에게 나쁜 영향을 주었으며, 그녀의 제자들은 도저히 그것으로부터 빠져나올 수 없었다. 아침부터 밤까지 내내 그 생각을 했으며, 집안 일의 처리까지도 이 악마의 힘을 몰아내거나 그것에 대항하기 위해 조정되어야만 했다. 설사 에디 부인이 집안에 위험한 광인이나 어떤 무서운 괴물을 살게 했다 하더라도 그 사태가 지금처럼 악화되지는 않았을 것이다.

가령 수도관이 얼어붙거나 세탁기가 고장났거나 그녀의 하인이 게을러지고 또 그녀의 재봉사의 솜씨가 서툴러 옷이 안 맞게 되었다면 그것은 모두 그녀의 적이 한 짓이며, 밖으로부터 침입한 어떤 정신적인 작용에 의해 발생한 사고로 보았다. 언젠가 그녀는 보스턴 전화국이 그녀의 적의 손에 들어간 줄로 믿었으므로, 웨스트 뉴턴에서 시카고로 보내는 통신을 워세스터를 경유해서 보냈다. 그녀는 자기 제자들에게 7월 4일에 보스턴에 머물라고 시켰는데, 그날은 '죽게 될 인간의 마음이 격한 상태로 되어' 그녀가 악마와 싸우는 것을 도와주는 날이기 때문이었다.

인쇄소 식자공을 일명 '인쇄소의 악마'라 하는데, 그녀는 정말 그런 줄 알고 《과학과 건강》의 인쇄가 늦은 이유는 최면술의 방해 때문이라고 생각하였다. 그녀는 그리하여 자기의 제자에게 인쇄공을 정신적으로 치료시켜서 일의 지연을 막으려 했고, 인쇄가 끝나자 제자의 마음을 인쇄실로부터 제본실로 옮기도록 명령했다. 그녀의 편지에는 이런 것들이 가득 쓰여 있었고, 그녀의 신앙의 근본교리를 멸시당하는 것만큼 그녀를 초조하게 만드는 것은 일찍이 없었던 것처럼 생각되었다. (조지 밀마인의 저서에서)

h) 집단 과대망상

이 책을 처음 썼을 때에 나는 이 부분에 왔을 당시에 수많은 사람들, 경우에 따라서는 한 나라의 전국민이 한덩어리가 되어 과대망상적인 생각을 전개하는 수도 있다고 말하였다. 그 당시 나는 이처럼 신속히 그 실례를 생생하게 보게 되리라고는 생각지도 못했다. 그것은 곧 독일국민의 놀랄 만한 정신병인데, 그것은 적어도 중류계급 이하의 반 정도——그리고 정신병적인 지배자들——에 침투되어 있다.

야만인과 병원에 수용된 광인 이외의 사람들이 이처럼 터무니없는 것——예컨대 유대인은 특수한 무서운 나쁜 병을 퍼뜨린다든가, 양가집 처녀들을 강간한다든가, 아리안 민족(인도 게르만족의 한 갈래로 인도와 이란에 정주한 민족)의 피를 더럽힌다는 따위——을 정말인 줄 생각했다는 것은 믿기 어려운 노릇이다. 더구나 그들 유대인을 난폭한 야만적 방법으로 다루었다는 것은 더욱 믿기 어려운 일이다.

그러나 나는 집단 과대망상에 걸릴 수 있는 것은 독일인뿐이라는 학설——리처드 브릭코너 박사가 《독일인은 치료될 수 없을까》라는 제목으로 필라델피아의 J. B. 리핀코토 회사에서 1943년에 출판했으며 베스트셀러에까지 올랐었다. 박사가 이 책에서 언급한 설——에는 찬성할 수 없다. 반유대주의, 짐 크라우주의, 미국 시민들 중의 반일(反日) 미국주의도 모두 같은 종류에 속한다. 그러나 독일의 예는 매우 뚜렷한 것이므로 과대망상에 대하여 많은 점을 지적할 수가 있다.

첫째는 그것이 때로는 전염되는 점이며, 둘째는 과대망상은 참을 수 없는 증오를 뜻하며 이 증오는 죄를 남에게 전가함으로써 정당화된다는 것인데, 즉 "심술궂은 것은 내가 아니라 상대방들이다"라는 따위의 것이다. 셋째로 분명한 것은 의심을 받고 비난을 받는 사람들은 속죄양이란 점인데, 즉 독일인이 미워하는 것은 사실 유대인이 아니라 프랑스인, 미국인, 영국인, 그리고 더욱 직접적으로는 그들 자신의 제국주의적인 지배자들이다.

과대망상의 사람은 언제나 자기가 자신을 공격하며 자기의 공격으로부터 자기를 방어하기 위해 의식을 객관화하게 된다. 이 투영의 작업은 그 성질과 거기에 포함된 뜻이 아무리 악의에 가득 찬 것일지라도 결국 그것은 자기의 공격으로부터 자기를 방어하기 위한 수단으로 전력을 다해 고안해 낸 연구이며 방책이기는 하지만, 그나마도 기를 쓰며 허우적거리고 있다는 증거가 된다.

지금까지 말해 온 바와 같은 이유에서, 우리가 왜 과대망상을 위험한 것으로 여기는가는 충분히 밝혀졌으리라 생각한다. 사실 과대망상이라는 것은 연달아 일어나는 무서운 파괴의 물결에 대한 비상방어수단이다. 만약 그들이 잘 지탱해 나갈 수만 있다면 그것은 더할 나위 없이 좋다. 우리는 친구들이 무슨 이상한 생각을 가졌다 하더라도 그것을 참을 수가 있으며, 우리 자신도 다소 이상스러운 데가 있다는 것은 인정해야 한다. 그러나 만약 그들이 지탱해 나가지 못하고 파멸될 때에는——그런 경우도 있을 수 있는데——그 공격은 아무 죄도 없는 자에게 직접 돌려지기가 매우 쉽다.

(1) 분열성격을 구성하는 원인은 무엇인가

분열성격이 구성됨에 있어서, 얼마만큼의 부분을 그릇된 가정교육의 탓으로 돌리고 유전적인 체질에 의한다고 할 것인가? 또 얼마만한 부분을 어릴 적의 돌발적인 사고가 원인이 되어 생긴 것으로 볼 것인가? 이 문제에 대해서는 정신병 전문의들 사이의 의견이 일치되어 있지 않다. 어떤 정신병 전문의는 사람은 나면서부터 이미 분열체질의 유전을 받고 있는 것으로 믿고 있다. 즉 그 체질은 어떤 특종의 신체 구조, 그러니까 '무기력'하거나 반대로 '투사적'인 체격, 아울러 우리가 지금까지 말해 온 바와 같은 정신상태를 그 특질로서 가지고 있다는 것이다. 그렇지만 그것은 어느 정도까지——전부라고는 할 수 없을는지 모르나——인격 형성기간 중에 부모의 태도 및 기술에 의하여 결정되는 것이 아닐까?

부모들 중에는 자기의 아이를 무섭게 다루거나 위협하거나 부끄럽게 함으로써 고독하게 만드는 사람도 있다. 어떤 어린이가 후일에 아무리 교육을 베풀어 고치려고 해도 고칠 수 없는 열등감을 느꼈다면──그 열등감은 대개 그 아이의 친구들에 의하여 생긴 것인데──그 경우에는 지금까지 말해 온 고독형의 성격은 이런 반응의 한 예이며, 분열형은 또 다른 형태의 한 예이다. 뒤의 것은 달팽이처럼 제 몸을 움츠리는 도피반응이다. 과거의 정신병학자는 이런 예는 늦게 가서야 겨우 발견했던 것이지만, 지금은 임상 아동지도나 그와 유사한 여러 가지 노력에 의해 그런 증상의 발달과정 중 초기에 그것을 발견할 수 있게 되었다.

8세 되는 존은 언제나 공상만 하고 자기 주위에서 생기는 일에는 그다지 흥미를 갖지 않았으므로 학교 공부에 주의를 집중하는 일이 극히 드물었다. 그는 오랜 시간을 두고 군용 탱크나 비행기 그림을 무수히 그리며, 장난감 병정과 무슨 이야기를 하고 있다고 상상하면서 고독하게 지냈다. 그의 옷차림이나 주위는 정돈되어 있지 않았고 게다가 너무나 멍하게 있기 때문에, 학교선생은 그를 아주 부담스러워했다. 그래서 선생은 그의 부모에게 이 아이를 앞으로는 학교에 보내지 말라고 요구하고, 또 아동지도 진료소에 한번 데리고 가 보는 것이 어떠냐고 제안하였다. 진료소에서 이 소년의 어머니가 자세하게 설명한 바에 의하면 이 아이의 부모는 실제로 존을 돌봐 줄 시간적 여유가 전혀 없었다.

그가 태어난 지 4개월부터 거의 항상 나이 많은 여인에게 맡겨져 있어서, 그는 온종일 그녀와 단 둘이 방에 있거나 때로는 근처의 공원을 산보할 뿐이었다. 저녁에 부모가 집에 돌아올 무렵이면, 존은 대개 이미 자고 있었다. 그가 5세 때에 어머니가 2, 3개월 집에 있었는데, 그것은 누이동생의 출산을 위해서였다. 새 누이동생은 어머니의 사랑을 독차지했을 뿐만 아니라 자기를 돌봐 준 여인까지 이제

는 갓난애에게만 붙어 있었다. 존의 아버지는 정력적인 야심가로서
이 풀죽은 아들을 차마 볼 수가 없었다. 그는 벌써부터 그 아들을
안중에도 두지 않고 있었다.

메리는 혼자 걸어서 고등학교에 가고 또 혼자 돌아오며, 밤에도
혼자 공부하며 시간을 보냈다. 그녀의 학우들은 그녀를 싫어하진
않았지만 그녀를 전혀 이해하지 못했다. 그녀는 법률학교에 진학할
예정이었다. 그녀의 아버지는 자주 그녀에게 "네가 딸로 태어난 것
이 아무리 생각해도 섭섭하단다. 지금 세상에선 여자는 아무 일도
못해. 나는 아들을 바랐지. 예쁘게 생긴 계집애는 운이 좋으면 그래
도 무슨 좋은 기회를 잡을 수도 있지만 너는 잘생기지도 못했잖아.
글쎄, 법률가라도 되면 어떨지 모르겠지만……."

분열증적 성격을 갖고 있거나 내가 앞으로 설명하려는 분열증적
인 증상을 나타내는 젊은이들의 부모들은 그렇지 않아도 벌써 슬퍼
하며 고민하고 있다. 그 무거운 짐을 진 어깨 위에, 내가 지금까지
말해 온 것이 한층 그 사람들의 죄의식을 깊게 하여 도저히 감당치
못할 만한 고통이 되지 않도록 하기 위해 나는 다음 사실을 충분히
해명해 두려고 한다. 즉 아이가 어렸을 때에 참기 어려울 만한 고통
을 당해 그의 어린 마음에 상처를 남기고 그로 인해 그 후 인생에
대하여 용기있게 나가지 못하게 되거나 동료와 대등한 입장에서 일
하지 못하거나 말하지 못하게 되었더라도, 그것은 대개의 경우 그
아이의 힘으로도 부모의 힘으로도 어쩔 수 없는 일이다.

가령 내가 아는 한 남자는 심한 고독성을 가지고 있는데, 그것은
다음과 같은 사정에서 비롯되었다.

그가 2세 때 아버지는 세계대전에 참전한 후 다시 돌아오지 않
았다. 그런데 친척들은 그가 전사한 것인지 아직 살아 있는 것인지

를 확인할 길이 없었다. 거기에는 언제나 비밀의 베일이 덮여 있었다. 한편, 어머니는 남편이 참전하기 전에 임신했던 아기를 낳은 지 얼마 안 되어 죽었다. 그리하여 그 아이는 큰아버지 집으로 가게 되었다. 그들 부부는 그에게 매우 잘 대해 주었으므로 2,3년간은 따뜻하고 평화로운 가정에서 지낼 수 있었다. 그런데 큰어머니가 갑자기 죽었으므로 이 아이는 다시 새로운 가정을 찾지 않으면 안 되었고, 마침내 어떤 집의 양자로 들어가게 되었다.

이 집에서도 그는 좋은 대우를 받았다. 하지만 그 집에는 사내아이와 계집아이들이 있어서 아무래도 남매들과 수양동생 사이에 피할 수 없는 경쟁이 일어났다. 이 경쟁은 그에게 커다란 실망을 안겨주었다. 계속적인 사랑과 희망의 기대를 심어준 이들로부터 버림받았다는 인상을 처음으로 받았던 것이다. 이 충격은 그의 정신에 무서운 상처를 주었고 몇 해 동안은 건전한 성격을 가진 것처럼 보였으나 실은 그 충격으로부터 받은 마음의 상처는 결코 회복되지 않았다.

여기서 말한 아이에 관련해 나는 한 아이가 제 형제자매와 경쟁할 입장에 서게 되는 경우가 더러 있으며, 이 경쟁이 특히 자기보다 더 귀염받고 있다거나 받는 듯한 형제자매 사이에 허다하게 일어난다는 점을 말했다. 이런 상처를 받은 경우의 크기와 그것이 널리 존재한다는 사실은 앞서 인용한 짧은 실례로는 충분히 보일 수가 없다. 또 형제자매 사이에 생기는 경쟁의 결과는 반드시 분열성격이나 분열병이 된다고 잘라 말해서도 안 된다.

그러나 이것은 아이가 부딪치는 곤란한 순응의 문제 중에서도 가장 어려운 것의 하나라고 말해도 과언이 아니다. 그러므로 혹 이런 아이가 요행히 그것을 잘 해결할 수 있었던 경우에도, 그 결과는 후일에 노이로제가 되어 나타나는 수도 있다. 만약 그가 잘 해결하지 못했다든가 아주 지고 말았다고 느끼는 경우에는 그것은 분열병으로 되기가 쉽다.

언젠가 메리와 모드라는 쌍둥이 소녀를 진찰, 분석한 적이 있었다(종래 쌍둥이의 연구를 근거로 삼아 유전의 증거가 되는 것에 대해 많은 과학자들은 신빙성 없는 논문을 썼다. 이런 종류의 연구는 어느 하나도——적어도 내가 지금까지 본 것 중에는——쌍둥이의 심리에 대하여 주의를 기울인 것이 없었다). 이 아이들은 누가 보아도 그들이 7세가 되어서부터 그 어머니가 죽을 때까지는 아주 행복한 가정에서 자라났다. 어머니가 죽은 후 두 아이는 큰어머니가 돌보게 되었는데, 그녀는 그들을 몹시 사랑했다. 그 후 아버지는 재혼을 했으므로 이번에 그들은 계모와 살게 되었다. 이 계모에게는 의붓자식이 하나 있었고 아버지와 계모 사이에서 두 아이가 태어났다. 이제까지 쌍둥이들은 몹시 귀염받고 자랐는데, 그 후로는 매우 불행했다.

얼마 후 그들은 동부지방의 대학에 가게 되었는데, 이 두 사람은 확실히 이 기회가 온 것을 기뻐하는 것 같았다. 왜냐하면 잔혹하고 이기적이라 생각하는 계모와 떨어질 수가 있기 때문이었다. 그런데 그들이 대학에 들어간 지 얼마 안 되어 그 중 하나가 이상한 행동을 하게 되었고 다른 아이마저 곧 그렇게 되었다. 그들은 자신들이 그리스도의 성모 동정녀 마리아라고 말하기도 하고 이 대학에 있는 남학생들은 전부 자기들을 사랑하고 있다고도 말했는데, 다시 말해서 분열성 퍼스낼리티의 증세를 뚜렷이 나타내게 되었던 것이다.

이 상황을 더욱 주의하여 분석해 보았더니 그들의 증상은 거의 동시에 일어나기는 했으나 결코 같은 것이 아니었다. 메리는 늘 아버지가 아끼는 딸이었는데, 그녀는 어머니가 죽은 것은 자기 때문이라는 생각을 늘 품고 있어 어쩐지 자기에게 책임이 있는 것처럼 느끼고 있는 한편, 아버지의 재혼을 마음 속으로 용서하지 못했다. 모드는 아버지가 자기보다 메리를 더 사랑했으므로 메리를 미워했다. 그리하여 계모 마음에 들어서 앙갚음을 하려고 힘써 보았으나 뜻대로 잘 되지 않았다.

이 두 사람이 병으로 앓는 동안 그들은 서로 상대편을 미워한다는 것을 숨김없이 말하였으며 또 다음 사실도 밝혀졌다. 즉 메리는 그녀가 누구보다 사랑하는 사람인 아버지가 자기를 저버리고 모르는 이를 아내로 맞아들였다는 결정적인 신념 때문에 인생에서 좌절하게 되었던 것이다. 이 실망과 함께 남자란 믿지 못할 존재라는 생각이 강해져서 모든 남성에 대한 감정으로 확대된 것인데, 앓는 동안은 일시적으로 모순이 생겨서 세상의 남자들이 전부 자기한테 관심을 가지고 있다는 망상으로 나타났던 것이다.

그녀의 동생 모드는 말하자면, 모든 부인들은 창녀와 같은 점을 가지고 있다는 신념으로 인해 병이 났다. 그녀의 어머니는 죽어서 자기를 내버리지 않았던가? 계모는 자기를 거절하지 않았던가? 언니는 아버지의 사랑을 자기로부터 빼앗아 가지 않았던가? 앓는 동안 그녀는 항상 언니를 향하여 "넌 내 언니도 아무것도 아니야, 너 같은 언니를 가진 사람이 세상에 어디 있단 말이야? 어떤 사람의 언니라도 너처럼 그렇게 심하게 구는 언니는 없을 거야"라고 악을 쓰며 대들었다.

(2) 분열증의 발병

분열성격을 가진 사람들 중에도 어떤 이는 성공하고 어떤 이는 실패한다. 또 어떤 이는 구부러지기만 하는데 어떤 이는 부러진다. 이 세상에는 사람을 피해 고독하게 있기를 원하는 사람들과 비사교적인 사람들에게 알맞는 일의 분야가 있는데 발명, 탐험, 음악, 예술 등이 그 예이다. 또 객관적으로 자기의 감정을 떠나서 하지 않으면 안 될 일에는 분열성의 사람들의 정신적인 구조가 가장 알맞는 경우도 있는데, 과학자 등이 그 예이다. 외과의, 은행가, 판사 등은 누구나 쉽게 잘 아는 실례이다. 보통 사람보다 은행가나 판사인 경우,

훨씬 우수한 사람이라고들 생각한다.

내가 아는 어느 정신병 전문의는 참으로 무엇이든지 잘 알고 있지만 개업을 않고 있다. 그는 훌륭한 기술을 가졌고 우수한 소질을 가졌으며, 실로 굉장한 훈련도 받았으나 그 자신의 분열증이 너무 심해 다른 사람과 원만하게 지낼 수가 없기 때문이었다.

이 세상의 어느 직업에서든 분열증적인 특질을 가지고 있다는 것은 대개의 경우 막대한 손실이다. 그러면서도 더러는 성공하는데, 그 까닭은 자기의 특수기능을 잘 살리어 이용하기 때문이다. 그렇지만 불행하게도 분열증인 사람은 누구나 천재적인 발명가가 되고 음악 방면의 천재가 되고 또 다른 특별한 방면에 풍부한 재능을 가질 수는 없다. 그러므로 당연히 실패를 가져올 위험을 역이용하여 그것을 자본으로 삼아 이를 메우는 것이 누구에게나 가능하지는 않다.

또 당연히 실패할 분열증을 가진 사람들 중에는 우연히 혹은 심사숙고한 결과 자기의 환경 선택이 유리했던 관계로 불행을 면한 사람들도 있다. 특히 그의 요구에 맞도록 사정을 변경하거나 그에게 편리하도록 변경된 환경을 준다면 성공하는 수가 있다. 사실 그가 성공하느냐 못하느냐는 대개의 경우 그가 놓여 있는 환경에 비례하기 마련이다. 그리고 실패하는 사람 중에서도 어떤 사람은 경제적으로, 어떤 사람은 결혼생활에 또 어떤 사람은 정신병으로 실패하는데 여기서도 역시 여러 가지 능력의 특수한 집합과 환경의 특이성이 이것을 결정한다.

이미 설명한 바와 같이 분열증 성격은 당초에 외부세계와 접촉하려고 했을 때 너무도 심한 위협을 받고 상처를 입었으므로, 그 후 주로 자기에게만 의존하게 되어 버리는 것이다. 그와 현실을 연결시키는 가늘고 약한 끈은 자칫하면 풀어지거나 끊어지기 쉽다.

이런 파괴──발병──가 일어날 경우의 첫 징후로서는 어느 기간 동안 근심에 싸이거나 잠을 못 자거나 하는 것인데, 이 시기에는 현실을 부정하는 생각이 점점 강해지며 공상, 상상, 환각, 망상의 세계로 점점 자리바꿈을 하게 된다. 이런 사람들은 도중에 그 행동과 언어가 이상해지며, 우리에게 우리와는 다른 세상에 살고 있다는 인상을 준다. 이것은 그들이 무의식적인 소원을 억제하거나 현실세계의 실정에 자기를 순응시키려는 노력을 바야흐로 포기하려 하고 있기 때문이다. 이것이 급성 정신 분열증(전에는 이것을 급성 조발성 치매라고 불렀다)의 단계이다.

이런 단계는 오래 계속되지 않는 것이 보통이다. 환자는 대개 회복(나중에 나옴)되든가 만성적으로 되든가 이들 중의 하나로 낙찰되며, 만성적으로 되는 경우는 두 가지 형이 있다. 첫째, 그는 평화스럽게 공상의 세계를 받아들이며, 괴상하고 어리석으며 우둔한 과묵 속으로 옮겨가서 외부와의 접촉을 최소한 줄이도록 만들어 버린다 —— 긴장증(catatonia)의 경우. 그렇지 않을 경우 둘째, 그는 자기의 마음 속에 일어나는 이 이상한 충동을 받아들이는 것에 반항하여 싸우며 남에게 이 충동을 던져 준다. 이것은 편집성인 사람이 순응하려다가 실패한 상태며, 그 특징으로서는 협박을 받고 있는 듯한 망상을 일으키거나 자기가 경멸당하고 있다, 자기가 한 일이 바로 평가되지 않는다, 남이 자기를 피한다, 남들이 자기를 감시한다, 누가 자기의 뒤를 밟고 있다, 누가 자기의 욕을 하고 있다, 누가 몰래 자기를 공격하고 있다, 누가 자기에 대해 음모를 꾸미고 있다고 느끼게 된다.

이런 망상들이 또 다른 형태의 망상과 결부되는 경우가 종종 있는데, 즉 자기가 외부로부터 공격을 받고 있는 줄 생각하고 있으므로 이 공격에 대항하여 싸우기 위해 생각해 낸 것으로서, 자기가 굉장한 힘을 가지고 있다, 권력이 있다, 신과 관계가 있다, 또는 성적인 방면에서 무엇이든지 할 수 있다는 따위의 것이다(앞에 나왔음). 만약 이런 망상적인 방어에 의해 어느 정도 정신적인 균형이 유지되었을 경우에는 과대망상이라는 상태로 된다. 이 상태의 증상으로 생각된 것은 실은 환자가 무의식적으로 자발적인 자기 치료를 계획하며, 또한 어느 정도 그것에 성공한 형태이다. 다음의 예는 이 점을 더욱 뚜렷이 밝힐 것으로 생각한다.

내가 여러분에게 소개하려는 다음 환자는 26세의 상인이다. 그는 눈을 감고 머리를 푹 숙이고 다리를 질질 끌면서 다른 사람에게 안내되어 방안으로 들어온다. 그리고 재빨리 힘없이 의자에 앉는다. 누가 말을 붙이더라도 그의 창백하고 무표정한 얼굴은 조금도 활기를 보이지 않는다. 그는 질문에 대답하지 않으며 명령에도 복종하지 않는다. 내가 그의 이마나 코를 바늘로 찌르거나 각막에 대어 보아도 잠깐 눈을 껌벅거리거나 아주 작은 반응을 보일 뿐이며 전혀 저항이 없다. 그러는 동안 이 환자는 의외로 싱글벙글 웃는다. 그의 팔을 공중에 쳐들었다 놓으면 마치 나무토막처럼 툭 떨어지며, 떨어진 그 위치에 그대로 멈춰 있다.

한참 알아듣게 말하면 환자는 겨우 눈을 뜬다. 이번에는 갑자기 내던지듯이 무뚝뚝하게 손을 내밀고 그대로 가만히 있다. 그의 머리를 뒤로 젖히면 그는 그 거북한 자세를 그대로 유지한다. 그의 다리를 들면 불편한 자세로 공중에 뻗친 채 있다. 차츰 더 많은 자동적인 복종의 징후들을 불러낼 수 있게 된다. 누가 팔을 앞으로 들면 환자도 팔을 들어 쑥 내미는 운동과 회전운동을 모방하여 매우 정확하게 빨리 주먹을 휘두른다. 그러나 그는 한 마디도 말하지 않는다. 혀를 내보이라고 말하면 입을 꼭 다문다. 글씨를 쓰게 할 수가 없다. 간혹 갑자기 이를 드러내고 웃는 경우가 있지만 거의 벙어리 상태를 지속한다. 그렇지만 큰소리로 그에게 무슨 말을 건네면, 그는 입을 다문 채로 그 말을 되풀이한다. 이젠 가라고 말하면 그 명령에는 곧 복종한다.

그의 아버지는 한때 정신착란에 빠진 적이 있어, 그 때문에 대학을 졸업하지 못했다. 환자 자신은 청년기에 장티푸스에 걸렸는데,

그 후부터는 학습이 힘들게 되었다. 그는 곧 흥분하고 고민하며, 히포콘드리적인 사색에 잠기는 경향이 있었다. 그는 6개월 전부터 정신적인 병에 걸렸다. 약혼녀와 결혼에 대한 심한 의견의 차이가 생겼기 때문이다(순응할 수 없는 어떤 절박한 경우).*

그 결과, 그는 걱정을 하며 자기가 세상의 웃음거리가 된 것처럼 느꼈고 자기를 박해하려는 자를 만날까 두려워했다. 그리고 결국, 그는 자기의 생명이 위협받고 있다고 착각하고 어느 날 밤 창으로 뛰어내리다가 발목을 삐게 되었다. 병원에 들어갔을 때 이 환자는 멍하니 있었다. 그는 자기는 범인이 아니며 단지 망상으로 고민하고 있을 뿐인데 병원에 남아 있어도 좋다고 말했다.

그는 자기가 살해되리라고 생각하고 있었다. 그에게는 모든 것이 달라진 것같이 보였고 또 여러 가지 소리가 들리는데, 그 소리는 이런저런 집안 사건을 말해 주는 듯했다. 신체검사를 해 보았더니 머리에 오랜 상처가 있었고, 발에 새로 생긴 굳은 살이 있었을 뿐 그밖에는 아무 이상의 흔적도 없었다.

병이 오래되면서 환자의 판단력의 결핍과 둔한 정서가 점점 더 드러나게 되었다. 그의 앞에 내놓은 고기요리는 사람고기다, 신문에 실린 기사는 전부 자기 얘기뿐이다, 오스트리아 여왕의 암살이나 평화회의 같은 것도 자기와 관계가 있다, 어머니가 자기를 죽일 계획을 세우고 있다, 도대체 이 세상에서 자기만큼 불운한 사람은 없다라는 따위로 생각했다. 그는 의사를 가리켜 독일황제가 수염을 물들이고 있다고 말하며 또 한 사람을 가리키면서 비수라고 했다. 그런데 그것도 아주 태연스럽게 표정을 바꾸지 않고 말하는 것이었다.

가끔 그는 무의미한 일련의 리듬——넴, 벰, 켐, 템, 스켈,

---

*결혼에 관련하여 자기의 생활범위가 넓어지고 책임과 더불어 자기에게 요구되는 점이 강해지거나 하면 분열성인 사람은 좌절하는 경우가 많다.

렘——을 자꾸 되풀이하여 혼자 중얼거렸다. 그는 또 무슨 소리인지 모를 말을 거듭 말했다. 즉 "하나는 모두를 위한 것이며 모두는 하나를 위한 것이다. 또 둘은 모두를 위한 것이며, 셋도 모두를 위한 것이디. 여기지기 어디나 모두"라고 말하기도 하고 "전능한 힘, 전능한 힘, 전능한 힘"이라고 말하기도 했다. 얼마 후에 그는 차차 조용해지고 떠들지도 먹지도 않게 되었다. 이불 밑으로 몸을 감취 보기도 하고 퍽 거북하고 편안치 않은 자세도 취해 보고 침을 흘리기도 했다. 얼마 후 그는 조금 기운을 회복했다.

29세 되는 다음의 부인은 앞의 청년과는 또 다른 일면을 보이고 있다.

실내로 끌려 들어오자 그녀는 일부러 마룻바닥에 넘어져 굴러다니며 발로 차고, 손뼉을 치며 자기의 머리털을 쥐어뜯어 헝클어뜨리고 머리털을 한줌 뽑으며,`다른 사람들에게 얼굴을 찡그리고 얼굴을 가리며 아무데나 침을 뱉는다. 그녀에게 말을 걸어 보아도 또 바늘로 찔러 보아도 아무 반응을 보이지 않는 것이 보통인데, 만약 누가 그녀의 손을 잡으려고 하면 몹시 반항한다. 그녀는 어떤 명령을 해도 복종하지 않으며 혀를 보이지 않는다. 눈을 검사하려고 하면 즉시 눈을 감아 버린다.

그러나 중얼대는 말이나 불쑥 나오는 대답으로 짐작하면, 그녀는 질문을 이해하고 있을 뿐만 아니라 자기 주위의 일에 대해서도 상당히 똑똑하게 여러 가지 점을 아는 모양이다. 그러나 대개의 경우, 그녀는 전혀 자기와 아무 관계도 없는 불연속적인 말을 큰 목소리로 무의미하게 떠든다. "강아지 …… 강아지를 …… 점 …… 아시지요 …… 체온 …… 화재보험 …… 물 …… 웨인하임 …… 물 …… 크레올린 …… 에잇, 망할자식 ! …… 20마르크 …… 여보, 뭐요 …… 가지고 가 …… 참 고맙습니다 …… 20마르크 …… 뭘 원하니 …… 말해 봐 …… 아, 이 망할 자식 …… 물 …… 나는 싫어 …… 20마르크 …… 그러니, 너 같은 건 지옥에나 가…… 귀여운 아기…… 여편네와 함께 집에 있어…… 보문…… 오…… 오…… 씨를 뿌려라…… 뭐 말이 야, 얘길 해…… 하고 싶은 말을 다해 봐…… 참 고맙습니다" 따위이다.

그러는 동안 개구리 소리도 내고 까마귀 우는 소리도 흉내내고 그러다가 별안간 무슨 의미가 있는 듯이 찬송가를 부르더니 어느덧 그것은 유행가로 변하며 그칠 줄 모르게 웃는가 하면, 이번엔 돌연 소리를 높여 훌쩍거린다. 그녀는 깡마르고 심한 영양실조인데다 입술은 갈라지고 상처투성이이다. 그녀의 눈은 충혈되어 있으며 맥박은 빠르다. (에밀 크레펠렌, 《임상정신의학》에서)

a) 발병의 원인

분열증의 사람이 위에 말한 바와 같이 발병하는 '원인'은 가지각색이다. 정신분열증 또는 조발성 치매라고 말하는 이 병은 중대한 정신병이다. 왜냐하면 이 환자들은 거의 회복하지 못하는 경우가 많기 때문이다. 이 병은 사람이 모르는 사이에 서서히 스며들어오는 듯이 발병되는가 하면 갑자기 발병하기도 한다. 그것은 그 사람의 순응력으로서는 처리할 수 없는 경우의 당연한 결과로서, 슬픔 또는 실망, 육체적인 병에 의해 그 사람의 성격에 주어진 장애의 결과로서 생긴다. 예를 들면, 유행성감기가 다음과 같은 결과를 가져오는 경우도 있다.

환자 J. J.는 1901년에 버몬트에서 태어났는데, 그의 기질과 성품에 관해 그의 형제들은 다음과 같이 말하고 있다. 그는 항상 조용하고 고독적인 기질이며 남들과 교제하지 않고 혼자 있기를 좋아했다. 그러나 그의 고용주나 친구 그리고 가족들은 그가 정신적으로 이상이 있다고 생각한 적이 없었으며 특별히 정상에서 벗어났다고도 생각하지 않았다.

그는 보병대의 한 병사로 데벤스 야영지에 있을 때 유행성 감기와 폐렴을 앓았다. 그는 헛소리를 하게 되었고 그 후 머리가 이상해졌는데 다시 회복되지 않았다. 그에게 관심을 가진 한 친구는 다음과 같이 말했다. "내가 들은 바로는 ㄱ가 밖에 나가서 참호를 파는 작업중에 발병했다는 것이다. 점호 때에 그가 없는 것을 알게 되었는데, 다음날 아침까지 찾지 못했다. 그는 자기가 작업하고 있던 참호안에 누워 있었으며 밤새도록 찬비를 맞고 잤던 것이다."

군당국의 보고는 단지 다음과 같은 것이었다. "유행성 감기인데다가 그는 긴장증성 인사불성에 걸렸다. 식욕이 없어졌고 습성이 불결해졌으며 말을 절대로 안 하고 외부로부터의 자극에 반응하지 않는다"라는 것뿐이었다. 그는 2개월간 군기지 병원의 정신병실에 수용되었다.

그에게는 결코 남이 접근하지 못하게 했다. 침대에 누운 채 자신을 남들이 어떻게 하든지 맡겨두고, 무감각한 상태에 있었다. 무엇을 물어도 대답을 안 했는데, 표정조차 아무 반응도 나타내지 않았다. 그러나 그는 간단한 명령에는 복종했다. 그리고 신경병적인 진찰에 매우 잘 협력했다. 그는 때로는 퍽 조용히 반항운동을 하는 때가 있었다. 처음 2,3일이 지나서부터 그는 일어나서 병실을 걸어다니고 잡지도 들여다보았다.

그는 계속 이상한 행동을 했으며 아무 일에도 흥미를 보이지 않았다. 말을 건네면 손을 내밀고 귀찮은 듯이 악수했다. 아무리 격려하고 알아듣도록 말을 해도 또 억지로 시켜 보아도 그는 말도 안 하고 빙그레 웃지도 않으며 껄껄대고 웃거나 울지도 않았다. 그의 표정은 고정되어 있었으며 무감각했으며, 그가 생각하는 과정은 완전한 폐쇄상태를 보였다. 그는 자기 주위에 어떤 일이 일어나고 있는가를 모르는 것 같지는 않았다. 그가 외부 세계로부터 자극을 받은 경우의 감수성은 조금도 장애를 받고 있지 않았다. 그리하여 어떤 대상물의 설명을 시늉으로 해 보라고 하면, 그는 천천히 그러나 귀찮은 모양인 듯했지만, 바로 시늉해 보였다.

육체적인 검사도 실험실의 모든 검사(화학적 검사)들도 음성의 결과를 보였다——즉 아무데도 나쁜 곳이 없다는 것이었다.

이미 심하게 부담을 짊어진 사람에게 사람의 능력 이상의 순응의 필요가 갑자기 일어나며 그로 인해 병이 생기는 경우가 있는데, 그 실례를 하나 들어 보겠다.

매우 호화스럽게 자라난 어떤 소녀가 교양 신부학교에서 남녀 공학의 일반대학으로 전학하였다. 그녀는 사교적이며 매우 활동적이었으나, 학점관계로 인해 여학생 클럽에 입회하지 못했고 동시에 한 학과에서 낙제했는데, 그런 일은 여태까지 없던 것이었다. 게다가 한 가난한 젊은 교수와 연애를 하기 시작했다.

처음에는 단지 그 교수에게 친절하고 동정을 베풀었지만 나중에는 진짜 연인관계를 맺게 되었다. 그런데 남자 쪽의 경제적 무능력과 기타의 사정으로 인해 이들의 관계는 완전한 발전을 보지 못했다. 얼마 후 그녀와 이 남자는 오해로 말미암아 서로 이별하게 되었는데, 그녀에게는 많은 고민과 고통이 따랐다.

그런 지 며칠 후에, 그녀는 갑자기 자기 방 한가운데서 껑충껑충 뛰며 큰 목소리로 외치면서 횡설수설 아무 말이나 지껄이기 시작했다. 곧 그녀에게는 어떤 '목소리'가 들리게 되었는데, 그 목소리는, 그녀에게 대학에서 결혼식이 거행되었다, 그녀와 문제의 교수가 결혼했다, 모두들 S부인, 즉 그녀를 찾고 있다고 말했다. 그녀는 자기의 상상의 세계에만 존재하는 남편에게 다음의 편지를 썼다.

나의 사랑하는 케네드 씨
당신 없는 나날은 정말 지루합니다. 아이들은 성한 날이 없습

니다. 나는 당신의 인생에 있어서의 내 위치에 대한 태도를 고쳐 주
셨으면 합니다. 메이 워드가 우리 아이들을 잘 보살펴 주고 있습
니다만, 그녀에게는 자기 아기가 있어 우리 아이들은 거리를 아무
데나 싸다니고 있습니다.

물론 알겠지만, 나는 내 유언에서 당신한테 아무 재산도 남기지
않았습니다. 그리고 나는 아기들을 키워보는 흥미로운 경험을 한
번도 가져보지 못한 채, 시시각각 죽음으로 다가가고 있습니다. 나
의 사회적인 의무는 이제 분명치 않으므로, 앞으로 당신이 나의 위
치에 대해 지금까지와는 다른 행동을 꼭 취해 주시기를 기대하고 있
습니다.

이밖에도 많은 괴상한 일과 망상이 계속되었다. 그 망상이란 그
녀는 임신했다, 한 아이가 있었다, 왕비이자 황제이기도 하다, 아버
지는 흑인의 군주로서 많은 재산을 남겼으며 그 재산은 지금 그녀의
것이 되었다, 최면술에 걸리고 매독에 걸리고 독약을 마셨다, 가스
가 열쇠구멍으로 들어오고 있다, 화살이 그녀에게 날아 왔다 따위
의 것이다.

평소에 그녀는 어색할 만큼 아주 거만하게 행동하거나 지나치게
공손하고 정중한 태도로 마치 공주처럼 걷거나 이야기했다. 이따금
그녀는 엉뚱한 짓을 했는데, 그것은 어리석은 짓인 경우도 또 중대
한 짓인 경우도 있었다. 가령 어느 날 오후, 그녀는 갑자기 일어나
서 옆에서 레몬수를 마시고 있는 다른 환자에게 유리잔 두 개를 내
던져 깨뜨렸다. 그녀는 갖은 욕을 퍼부으며, 화를 못 이겨 발을 구
르면서 간호사와 의사를 방 밖으로 내쫓는 일도 종종 있었다.

다음은 그녀가 어떤 식으로 말하는가의 한 본보기이다.

나는 곧 갑니다. 당신은 오늘밤 별자리를 보셨습니까? 아주 위
험하니 감시를 잘 해야 합니다. 예수와 또 생각컨데 다른 분들이 십

자가에 못박힌 후에, 그것은 아마 사회적인 견지에서이겠지만, 별들이 모여서 별자리를 이루었습니다. 즉 별들이 모인데다가 또 다른 별 하나가 하늘에 나타난 것입니다. 별자리가 나타난다는 것은 그때 어떤 사람이나 어떤 집단이 매우 위험한 상태에 빠졌다는 징조입니다.

b) 분열증의 발병은 왜 위험한가

분열증의 성격을 가진 사람들이 일단 발병하면 원조와 보호가 필요하게 된다. 무감각한 형이나 천치 같은 짓을 하고 싶어하는 형의 사람들은 자율적으로 나갈 수가 없다. 편집증의 사람들은 위험하다. 그들이 발병하면 증오와 공포와 복수의 심정으로 불탄다. 그들은 끊임없이 방어진을 치며 보복 수단을 궁리한다. 때로는 아니 비교적 자주 그들은 그런 계획을 실행에 옮긴다.

카필드와 매킨리가 암살된 것도 이 유형의 비극이었다. 내가 사는 주의 어떤 도시의 남자는 자기가 박해당하고 있다고 믿은 결과, 하루에 23명의 사람을 쏘았다. 나의 친구인 어느 의사는 자기의 아들에게 맞아죽었는데, 그는 자기의 아들을 한번도 위험하다고 생각해 본 적이 없었다. 그 아들은 "누군가가 나를 쫓아오는 것 같다", "나에게 마취제를 먹인다", "나를 곤봉으로 때린다"라고 여러 번 되풀이해서 말했다. 그 아버지는 그런 어리석은 일이 어디 있느냐고 상대도 않으며, 휴가라도 얻어서 편히 쉬는 것이 상책이라고 타일렀다. 그러나 휴양을 하여도 편집성 정신병이 발병한 것을 치료할 수는 없다.

정신이상으로 범죄를 일으킨 사람을 수용하는 주립병원에서 나는 어떤 남자를 진찰한 적이 있었는데, 이 남자는 과거 5년간에 여러 사람들한테서 "좀 이상하다"는 말을 들어왔다. 그는 어느 날 한 의사의 진찰실로 들어가 "당신은 내 아내에게 최면술을 걸었지?"라고 시비를 걸었고, 의사는 화가 나서 "나가"라고 말했다. 며칠 후에

이 남자는 또 찾아와서 성큼성큼 진찰실로 들어오더니 "당신은 여자에게 최면술을 걸어서 정말 사내다운 남자들의 집안을 망쳐 놓곤 했는데, 이제 그런 짓은 못할 것이다"라고 말하면서 의사를 권총으로 쏘았다.

고 W. A. 화이트 박사는 그의 명저(《광증과 형법》, 뉴욕 시 맥밀란사, 1923년) 속에 근래에 일어난 이런 실례를 몇 가지 수록하고 있다. 예를 들면 다음과 같은 것이 있다.

29세 되는 한 병사는 성격이 매우 성실해서 3개월 후에 하사로 승진되었다. 그런데 그에게 이상한 변화가 생겼다. 즉 승진 전에는 상당히 유능한 사람이었는데, 승진 후에는 전혀 그렇지 못했다.

어떤 대단치 않은 범죄로 그는 군법회의에 회부되어 20달러의 벌금형을 언도받았다. 그는 다른 곳으로 전근을 시켜달라고 부탁했는데, 번번이 R 대위에게 거절당했다. 어느 날 그는 지하실에 가서 자기의 권총에 탄환을 장전하여 주머니에 넣고 자기의 돈 2달러를 훔친 병사를 잡아야겠다고 말했다. 그가 그 병사를 찾는 동안에 그 비행의 보고가 있었으므로, R 대위에게 불려 나가게 되었다. 그는 제대하고 싶다고 대위에게 말했고, 대위는 "그럼 좋아, 하사는 이제 그만이야"라고 말했다. 그 순간에 이 병사는 대위를 쏘고 다음에 같은 방에 있던 다른 두 사람도 쏘았다. 그는 아마 이 두 사람도 자기의 적으로 생각했던 모양이다.

나의 환자 중에 늙은 농부가 한 사람 있었는데, 그는 자기가 일생을 살아온 지방에서 매우 평판이 좋았다. 그는 전혀 알아들을 수 없었는데, 머리 속에서 무슨 소리가 들리게 되었다. 어떤 때 그것은 개가 짖는 소리 같기도 하고, 또 바람소리 같기도 했다. 다른 때는 기차가 달리는 소리 같기도 했고, 사람들이 떠드는 소리 같기도 했고, 누가 뒤에서 쫓아오는 소리 같기도 했다는 것이다. 어느 날 밤, 2층에서 누군가 걸어다니는 것 같은 소리가 났다. 다음날 아침, 그는 아내에게 "나는 당신이 간밤에 머슴놈의 방으로 가는 소리를 들었다"라고 말하면서 "당신은 간통을 하고 있지? 나는 다 알고 있어"라고 추궁했다. 그의 죄없는 아내는 이것을 극구 부인했으므로 남편도 그때는 더 이상 아무 말도 안 했다.

2,3주일 후, 그는 자기의 아이들 아홉 명 중의 셋은 사실 늙은 의사 피보디의 자식이라고 이웃사람들에게 얘기했다. 그 사람들은 그의 아내가 흠잡을 데 없는 훌륭한 인격을 지닌 부인이므로 그것이 무슨 소리냐고 말하면서 믿지 않았다. 그랬더니 그는 "그래, 자네들은 모두 나에게 반대로 나오는군, 나는 잘 알고 있어"라고 말했다. 그는 자기 친구들에게 자기의 아이들은 모두 각각 애비가 다르다며 떠들고 돌아다녔다. 늙은 의사 이외에 대장장이 슈미츠 노인, 지금은 이미 딴 곳으로 이사가고 없는 샘 존슨이란 사람, 첫 이름이 오스카라는 학교 교사의 이름도 나왔으며 그 이외에도 있었다고 늘 생각하지만, 그는 그것이 누구라는 것을 똑똑히 말할 수 없었다.

그는 계속해서 아내에게 그녀의 행동을 자백시키려고 애썼다. "당신이 만약 바른대로 말하지 않으면 당신 머리를 부숴 버리겠어, 그리고 내 머리도. 하지만 그보다 먼저 두세 놈을 죽여야겠어. 그렇게 되면 여보, 이때까지 이렇게 사람을 많이 죽인 일이 없는 굉장한 살인이 될 거야"라고 말했다. 어느 날 그는 아내의 머리에 총을 겨누고 "간통한 것을 자백하지 않으면 죽여 버리겠다"라고 말했다. 가련한 이 부인은 자기는 거짓말을 할 수 없으니 죽여달라고 말했다. 그제서야 그는 총을 치우고서 "너는 교회에 가서 여러 사람 앞에 무릎꿇고 자백하지 않으면 안 된다. 그렇지 않으면 지금까지는 죽인다고 위협만 했지만, 이번에 그것을 실행할 것이다"라고 말하였다. 다행히 비참한 사건이 일어나기 전에 그는 병원에 수용되었다.

일반인에게는 편집증상의 중요함이 인식되는 경우가 거의 없다. 워싱턴에 살고 있는 한 남자가 발을 다쳤다고 병원에 치료받으러 왔다. 적당한 치료를 해주었으나 그는 이 병원 의사 한 사람이 자기에게 무슨 '원한을 품고 있음'이 틀림없다는 생각을 가졌다. 그는 그 의사를 찾아내어 권총을 세 발 쏘았지만 치명상을 입히지는 못했다. 그는 감옥에 수감되었는데 옥중에서 얌전치도 침착치도 못하고 소란했으므로, 국립정신병원으로 이송되었다.

그는 여전히 자기가 박해를 받고 있다는 생각을 표출하여 "나는 오해를 받고 있다"라고 말했다. 그는 소리를 높여 울기도 하고 무슨 소리가 들린다고 상상하며 그 소리에 귀를 기울였다. 그가 말하는 바에 의하면, 그 소리는 자기를 변태라고 욕하고 있다는 것이었다. 그는 다른 환자들에게 난폭한 행동을 했다.

그러나 그의 몇몇 친척들이 그는 광인이 아니라고 주장하여, 인신보호 영장에 의해 그를 법정으로 소환하는 데 성공했다. 배심원은 그의 증상과 의사의 의견을 들어 본 뒤에 전원일치로 그를 정상적인 사람으로 인정하고 석방하였다. 편집증의 환자는 이렇게 하여 석방되어 세상에 나오더라도 조만간 어떤 사건을 일으키게 마련이다. 그리고 이 사건을 연구 조사한 의사들의 권고를 무시하고 의사들보다는 자기들이 사정을 더 잘 안다고 생각한 배심원들에 의해 석방된 이 위험한 남자는 얼마 후, 전혀 만나 본 적도 없는 사람에게 돌연 의심을 품고 권총으로 쏘아 죽였다. (화이트 박사 제공)

이런 사건은 가끔 일어나는 것으로, 결코 예외적인 것이 아니라는 점을 가족, 친지들에게 이해시키기가 얼마나 어려운 노릇인가는 나 자신이 경험한 다음의 사례로도 충분히 설명할 수가 있다.

29세 되는 한 청년이 입원했는데, 그 병원에서는 그의 거동을 끊임없이 감시하고 있었다. 그런데 그의 아버지는 나의 반대에도 불구하고 억지로 그 청년을 집으로 데리고 가겠다고 주장하였다. 이 환자는 잠시 입원했을 때 어느 정도 상태가 호전되고 있었는데, 우리는 그 아버지에게 "그는 아직도 상태가 매우 나빠서 위험하다고 생각한다"라고 경고하였다. 퇴원한 지 2,3주일 후에 이 청년은 식탁——그것을 둘러싸고 가족들이 앉아 있었다——에서 일어나 아버지를 쏘아 치명상을 입혔다.

그레이라는 한 젊은 농부는 결혼한 지 8년 동안 자기의 아내를 마치 죄인 다루듯이 자기의 쓸쓸한 농가에서 한 발도 못 나가게 했다. 시내에 가는 것도 그녀의 친척을 방문하는 것조차도 허락하지 않았다. 그는 이웃사람들이 자기 아내를 찾아오는 것을 싫어했으므로, 마침내 아무도 찾아오는 사람이 없게 만들었다. 그리고 자기 자신의 친척이 찾아오는 경우에는 벌컥 화를 내고, 자기의 형제나 아버지에게 딴 생각을 갖는 모양이라고 말하며 아내를 비난했다. 이런 비난은 전혀 아무 근거도 없는 것이었는데, 그 이유는 그의 아내는 조금도 거만하지 않았고 오로지 어떻게 하면 남편을 만족하게 할 수 있을까 하는 점을 고심하며 노력하고 있었기 때문이다.

어느 날 아침, 우체부가 이웃사람의 우편물을 그레이의 집 우체통에 넣었다. 얼마 안 가서 그 잘못을 알고 황급히 돌아와 그 우편물을 다시 가져가려고 했다. 그런데 이 우체국 자동차가 되돌아 오는 것을 보고 그레이는 어떤 의심을 일으켰다. 그는 총을 잡았고 우체부의 이마와 어깨에 부상을 입혔다. 그레이 부인은 갓난아기를 안고 남편한테서 2,3야드쯤 되는 곳에 서 있다가 이 광경을 보고 비명을 질렀는데, 그 순간 그레이는 아내를 쏘아 즉사케 하였다. 그 후, 그는 자기의 아이 넷을 옆집에 데려다 놓고는 차를 타고 시내에 들어가, 경찰에 자수하면서 감옥으로 보내달라고 자원했다. 그레이는 종신형을 선고받았다.

이 남자가 정신에 이상이 있고 시기심이 많으며 위험한 인물이라는 것을 그의 친척들과 친구들도 알고는 있었다. 그러면서도 아무도 이 무서운 비극을 피할 수 있는 방법을 강구하기 위한 충분한 관심을 갖지는 않았다.

(3) 병의 경과

분열성격을 가진 사람이 일단 현실을 고스란히 포기하고, 자기 방어마저 포기하고 현실생활에 아주 등을 돌리며 환상, 환각, 환영 등의 거짓 세계에 살게 되면——분열증이 생기면——그가 다시 현실세계로 돌아올 기회는 우선 없게 된다. 즉 회복될 가망이 없다. 그 까닭은 쉽게 알 수 있다. 가끔 그가 고통스러운 듯이 보이지만 그런 상태는 그가 자진해서 꾸민 것이다. 그럼으로써 그는 외부로부터 잘 알 수는 없는 일이지만, 이 현실세계의 더욱더 괴로운 고민으로부터 도피하였다고 볼 수가 있기 때문이다. 이런 의미에서 분열은 보통의 열병 때문에 헛소리하는 것과는 판이하다. 뒤의 것은 혈액의 중독으로 생긴 일시적인 도피이며 대개의 경우 지나가 버리지만 분열증은 장기간에 걸친 망상의 상태이다.

그런데 분열증은 대개 회복되지 않는 것이 보통이지만 회복되는 경우도 가끔 있다. 언젠가 나는 상당한 수효의 이런 종류의 환자가 회복된다고 말한 것에 대해서 변명해야 할 것으로 생각했다. 왜냐하면 그 당시 정신병학계의 대세는 분열증이라고 인정된 환자가 회복되었다면, 그것은 진단이 잘못되었다는 증거라는 식으로 믿고 있었기 때문이다. 나는 이런 비관설이 실제로 회복되는 것을 방해했다고 생각한다. 나는 이 무서운 병이 지금은 전혀 희망이 없는 것이 아니라고 인정되었다는 데 기쁨을 느낀다. 물론 그것은 발병한 직후에 뛰어난 의사의 치료를 받는 경우에 한해서이지만 말이다.

분열증 환자는 자연적으로 회복되는 것같이 생각되는 경우도 종종 있다. 나는 이 책의 본문에 그런 사례를 몇 가지 제시해 놓았다.

1918년 유행성 감기가 퍼졌을 즈음, 나는 보스턴 정신병원에 있었다. 거기서 우리는 한 무리의 급성 분열증 환자로서 발병한 후 그다지 시일이 경과하지 않은 사람들을 관찰했는데, 나도 그들의 상태를 연구했다. 그들의 대부분은 나중에 매사추세츠 주립병원으로 이송되었다. 5년 후 내가 전에 진찰한 적이 있던 사람들을 다시 조사해 보았더니 이 환자들의 4분의 3이나 되는 사람들이 회복되어 있어서 깜짝 놀랐다. 때로는 그 회복 속도가 빨랐는데, 다음과 같다.

20세의 한 처녀는 집안에 별로 이렇다 할 결점은 없는데도 극히 지독한 유행성 감기에 걸려서 헛소리를 하게 된 경우가 있었다. 그 상태는 보통 이상으로 극단적이어서, 얼마 후 그녀는 전혀 말을 안 하게 되었고 아무와도 대화하려들지 않았을 뿐만 아니라 누구와의 교섭도 갖지 않게 되었다. 그녀는 이상한 자세와 태도로 일어서서 어떤 이상한 소리에 귀를 기울이는 듯했다. 그녀는 아무도 없는 곳을 향하여 미소를 짓고 손짓으로 애기를 했다. 이런 것은 정신병학자에게는 널리 알려진 일이다. 약 6개월쯤 지나서 그녀는 차도를 보였고, 그 후 계속 회복되어 마침내 1년 후에는 속기사로 복직되어 돌아갈 수 있게까지 되었다.

정신병 전문의라면 누구든 이런 사례를 많이 들 수 있을 것이다. 전에는 이런 사례를 분열증의 자연회복(치유)이라고 설명하거나 분열증으로 잘못 진단되었는데, 그것은 만성적인 정신착란이며, 그것이 회복되었다고 설명하는 것이 보통이었다.

현재의 정신병학적 견해에 따르면, 만성적 정신착란과 분열증 사이에는 본질적인 구별이 없다고 말할 것이다. 또 아마 자연회복 같은 일은 없다고 말하기도 할 것이다. 물론, 우리 계획과 치유가 효과를 주었다고 할 수는 없는 회복, 그리고 그 회복을 보게 된 것이 어떤 수단방법에 의한 결과인지 지적할 수 없는 경우가 있다. 그러나 계획적으로 했는지 안 했는지는 분명치 않다 하더라도, 우리가 한 일이 환자에게 어떤 작용을 해서 다시금 현실을 받아들이도록 그를 격려하고 용기를 주었다고 생각하는 것이 아주 틀리다고는 못할 것이다.

다행히 이 병은 아주 절망적인 것이 아니라는 느낌이 점점 퍼져, 세계의 과학자들이 희망을 가지고 생물화학, 심리학 및 정신분석학 방면에서 이에 관한 연구를 추진하게 되었다. 그 중에도 R.C.로스킨스 박사의 지도로 움직이는 매사추세츠 주 위세스터에 있는 주립병원은 유명하다. 이 사업의 훌륭한 개요는 N.D.C.루이스의 《조발성 치매의 연구》——뉴욕 정신위성국가 위원회, 1936——에 실려 있는데, 이 책은 정신위생국가 위원회의 지도 아래 미국 북부 관리구역 제33급 공제조합원의 최고 평의원회에서 기금이 나와 그것으로 실행한 최초의 사업이다.

(4) 분열증이 발병한 후의 치료

이상적으로 말하자면, 분열적인 성격을 가진 사람은 발병하기 전에 정신병학적인 치료를 받는 편이 좋은데 이런 치료는 환자가 어린 시절에 고민한, 아무도 말로는 표현할 수 없는 상심 및 참을 수 없다고 생각한 실망감을 보상하려는 노력을 기초로 삼는다. 그러나 여기서 한 가지 기억할 것은 그런 감정을 경험한 사람들은 그 정조가 순조롭게 발달하지 않았으므로, 보통 어른들의 경우와 같은 방식으로는 애정을 받아들이지 못한다. 따라서 마치 어린아이를 다루듯 친절하고 관대하게 온갖 정성을 다해 다루지 않으면 안 된다는 점이다.

어떤 책의 저자가 말한 바에 의하면, 이런 환자는 의사의 친절이 혹시 위선이 아닐까, 의사의 말이 그가 진심으로 생각하는 바와 같은가를 알기 위해 참을성있게 날마다 기다려 보아 만약 하나라도 틀림이 있으면, 이 환자의 신뢰는 영원히 없어지며 그와 동시에 그가 회복할 가망도 없어진다. 지금까지 쓰라린 실망을 체험해 왔으므로 두 번 다시 실망하기는 싫은 것이다.

일단 분열증이 나타난 후에는 환자의 현실부정에서 오는 모든 실제 문제를 해결하지 않으면 안 된다. 그를 그의 환경으로부터 그리고 그 자신의 무감정, 불합리, 공격성 또는 자기파괴성으로부터 보호하지 않으면 안 되는데, 그를 병원에 수용하고 치료를 하는 것이 최선의 방법이다. 왜냐하면 환자를 보호하는 동시에 이 분열증을 치료해야 하기 때문이다.

치료방법은 여러 가지가 있는데, 그것은 각각 독립하여 사용되는 경우도 있다. 첫째 방법은 정신분석의 원리에 기초를 두는 것이다—— 즉 인간의 상호관계를 과학적으로 연구해서 얻은 원리에 기초를 두는 것이다. 그리하여 환자가 자기가 경험한 특수한 불행이나 그것을 자기가 제멋대로 해석하여 현실의 세계를 어떻게 잘못 판단했는가를 깨닫게 하도록 노력한다. 이 일은 유능하고 경험이 많은 사람이 아니고서는 할 수 없는데, 그 성공에 관하여 전에 컬럼비아 대학 정신병학 교수였던 고 G. H. 커비 박사는 1930년에 다음과 같이 썼다.

"현저한 증상을 나타낸 환자라도 치료(심리학적)를 받으면 나날이 경쾌해지며 그들의 흥미를 외부세계로 돌리는 능력이 뚜렷이 커지며 현실의 세계와 더욱 좋게 접촉하게 되며 그리고 일반적으로 열등 감—— 정서적 측면——의 능력이라고 생각되는 것을 최대한 이용할 수 있게 됨이 실증되었다."

또 한 가지 치료방법은 정서의 재교육에 의한 것인데, 그 재교육은 당사자가 정신병적인 세계를 자발적으로 벗어나서 우리(그 이외의 사람들)가 보는 현실의 세계로 되돌아오고 싶어지도록 그의 환경을 고쳐 주는 방법을 사용한다. 그러기 위해서는 우선 하나의 '환

경'을 고심하여 만들어낼 필요가 있는데, 여기서는 절대로 변함이
없는 친절한 태도가 지배한다. 환자는 어떤 짓을 하더라도 꾸중을
안 들으며 처벌되지 않으므로 안심하고 자기의 적의와 원한을 표
현·발산시킬 기회를 얻게 되고 또한 그렇게 하도록 장려된다. 그
리고 훈련된 우수한 요원에게 '감정전이 —— 뜻이 있는 개인관
계 —— '의 기회가 주어짐이 요청된다.

　나의 동료인 C. W. 티드 박사가 연구한 29세인 주부의 경우는
이런 종류의 치료법 덕분에 회복된 것이라는 사실을 잘 증명해 주고
있다.
　그녀의 이력을 조사해 보아도 병의 원인이 될 만한 사정은 그다지
없었다. 치료상의 주의라고는 일반적인 것이며, 편안한 환경에서
그녀의 진정한 감정을 거짓없이 발휘하도록 환자를 격려하는 것뿐
이었다. 처음 2,3주일 만에 치료의 뚜렷한 반응이 있었지만 그 후로
는 뚜렷하게 이렇다 할 자극도 없었는데 그녀의 병은 재발하여 몹시
공격적으로 되었고 또 불안한 증상을 보이게 되었다.
　그녀는 가끔 간호부를 공격하며 그들의 옷을 찢거나 때리거나 분
뇨를 던지거나 실내에서 소변을 보았다. 이 공격기간에도 병원 사
람들은 그녀를 오로지 변함없는 친절로써 보살폈다. 날마다 이 병
원의 의사 한 명이 그녀를 문병하였고 그녀는 이 의사에게 아무 반
응도 보이지 않았지만 그래도 계속해서 그녀에게 친절한 관심을 보
여주었다. 아주 느리기는 했지만, 환자는 조금씩 호전되어 갔고 이
의사의 존재도 알아보게 되었으며, 그 후에는 조금씩 얘기도 하게
되었다.
　다음에는 그녀에게 처방된 활동을 얼마간 시키게 되어, 그녀는
치료작업장에서 편물짜기에 종사했다. 마지막 5개월째에 가서는 온
종일 시키는 일을 하면서 지내게 되었고 그녀의 건강상태(정신상태
도 포함하여)도 대단히 좋아졌다.

그녀는 그 후 2,3주일 더 병원에 있다가 퇴원했으며, 몇 달 지난 후 건강하게 잘 있다는 보고가 있었다.

이 환자가 회복된 원인은 여러 가지가 있을지 모르지만 가장 중요한 요인은 그녀가 벌을 받는다거나, 앙갚음을 받는다는 걱정없이 그녀의 공격감정을 발산시키도록 만들어 주었다는 점이 아닌가 생각된다. 그녀가 남에게 폐를 끼치는 짓을 하였음에도 불구하고 친절하게 대했으므로, 그녀는 이런 감정을 표면화할 수 있었던 모양이다. 그리고 그런 감정을 사회적으로 받아주는 쪽으로 소산시킬 수 있게 된 모양, 이런 결과 중 얼마만큼이나 의사와 간호사(전이의 인격)에 의해 영향을 받은 것인지는 명확히 말할 수 없다.

그러나 그 원인의 대부분은 이 적극적인 관계(그것은 그녀가 회복되어 감에 따라 더욱 뚜렷해졌다)라는 것이 사실인 모양이다. 때로는 분열증 환자가 간호사 혹은 치료자를 자기의 애정의 대상으로 선택하는 경우가 있는데, 그럴 때는 그 상황을 아주 조심해서 보호하고 장려하는 편이 좋다.

환자는 자기가 선택한 대상에 대하여 이해하기 어려운 불합리한 행동을 하는 경우가 종종 있다. 그런데 이 대상이 된 인물이 상당히 훈련되어 있지 않으면 그 관계는 선택된 사람에게 대단한 괴로움을 주는 경우가 있으므로, 환자와 접촉하는 사람들 모두에게 특수한 훈련을 받도록 하는 일이 아주 중요하다.

이 치료작업장에서 그녀가 한 일은 그녀의 일반적인 활동 및 감정의 개략적인 모습을 보이는 구실을 했다. 그녀는 치료 초기에 주로 파괴적인 행동을 하곤 했었는데 그 후에 그녀의 작업 성질이 변하여 건설적으로 되었다.

아큐페이션(occupation) 치료 —— 일을 시켜 치료하는 것 —— 를 할 때는 파괴적인 감정을 일으키는 가능성은 무한한 동시에, 그것은 어떤 규칙에 따라 이루어지고 있으며 또 건설적인 욕망의 발전을

장려하는 기회도 거기에 있다. 하고자 생각하면 할 수 있게 되어
있다. 환자의 상태와 능력에 알맞는 파괴 및 건설의 결합 활동을 궁
리해 내기에 많은 문제를 겪었지만 이런 일들은 그것을 해결하기 위
해 많은 시간과 노력을 기울이더라도 해 볼 만한 보람이 있는 것
이다.

요즈음 사용되고 있는 세 번째 치료방법——지금까지 말한 두
가지 방법을 아울러 쓰는 경우도 있고 그렇지 않은 경우도 있다——
은 '충격요법'이다. 이에 대해서는 제Ⅱ권 제5장에서 새 자료를
써서 상세히 설명하려 한다.

⑤ 순환적 유형(변덕스런 퍼스낼리티즈)

변덕스러움이 심해지면 이 세상을 살아가는 데 낙오되고 만다.
모두 알고 있는 사실로 사람은 누구나 기분이 여러 가지로 변한다.
그러나 인간의 기분이란 것은 양극——기분이 좋아서 명랑한 것과
슬픈 기분이 되어 침울해지는 경우——을 중심으로 움직인다. 이
런 기분적인 사람들은 주위의 사정이 그의 정서적인 반응을 일으
키는 것이 아니라, 환경과는 관계없이 침울해지거나 의기양양해지
는 것처럼 보인다. 그리고 그런 '기분'이 그 사람의 행동을 결정
한다.

많은 경우에 이 두 극단적인 기분이 번갈아 찾아드는데, "나는 어
떤 주일에는 혼자 세상 만난 것 같고, 또 어떤 주일에는 아주 침울
해집니다. 어떤 주일에는 못하는 일 없이 정말 많은 일을 하지만,
우울한 시기가 오면 어느 것 하나도 할 수가 없습니다"라고 말하면
서 개탄하는 사람이 많다.

이런 것은 전형적인 것이다. 인간의 마음이 명랑해지다가 침울해
지는, 마치 시계추처럼 움직이는 사실은 심리를 연구하는 사람들에

게는 오랜 옛날부터 이미 알려진 것이다. 예수가 출생하기보다 몇 백 년 앞선 히포크라테스 시대에 이미 알려진 사실로, 사울이 아마 그런 병으로 고생한 것 같다. 인간의 감정이 이렇게 한 극단에서 다른 극단으로 주기적으로 변하며 그것에 의하여 지배되는 것이 어떤 큰 범위의 사람들의 특징으로 되어 있으며, 우리는 이런 종류의 사람들을 '기분파'라고 부르는데 정신에 이상이 있는 사람들 중에도 이에 해당하는 사람들이 있다. '감정교태증, 조울증'이 그것이다.

하비 베링은 이 유형의 인간 중에서도 극단적인 예이다. 그는 건강하고 씩씩한 남자로서 비범한 재능과 세력을 가졌다는 인상을 주는데, 그가 얘기하는 말을 잠깐 들으면 누구든지 이 사람을 위대한 인물로 생각한다. 베링은 겨우 33세 때 거의 4만 달러나 되는 큰 재산을 모았는데 그것은 오랫동안 밤마다 새벽 1시까지 정력적으로 일하여 번 돈이다. 그는 지나치게 낙관적으로 생각해서 이 돈을 어떤 사업에 투자했지만 그 사업에 흥미를 잃어 우울해졌고, 결국 그 돈을 모두 날려 버렸다.

그 뒤에 그는 이 상태에서 회복되어 아주 소규모로 사업을 시작했으나 몇 해 후, 그가 영업을 하던 건물에 불이 나 그는 다시 절망상태에 빠졌다. 그런 상태가 1년간 계속된 뒤부터 그 증세가 자주 일어나게 되었는데, 그것도 무슨 원인이 될 만한 자극이 있어서 그런 것이 아니고 아무런 자극 없이도 일어나는 경우도 있었다.

그의 이 특징있는 주기는 대개 매우 왕성한 활동기에서부터 시작한다. 그 기간 동안에 그는 최대한도로 일하고 또 언제나 상당한 성공을 하게 되는데 그러면 그는 더욱더 일을 하게 된다. 그런데 그와 동시에, 그는 지나친 낙관으로 인해 판단을 그르치고 큰 돈을 갖고 투기에 뛰어들어 위험에 부딪친다. 때로는 이런 투기가 성공하는 수도 있으나 실패할 때가 더 많다. 그렇게 되면 그는 우울증이 발작하여 이번엔 아무 일도 하기가 싫어져 전혀 일을 하지 못한다.

그는 아침이면 신음하며 일어나서 "하느님, 제발 저의 영혼을 구원하소서"라고 큰소리로 기도하며 긴 한숨을 몰아쉬고, 누가 말이라도 걸면 눈물을 흘리기가 예사였다. 이 우울기가 경과하면 그는 다시 기운을 회복하여 굉장한 열성을 내어 일을 시작하는 것이었다. 그러나 그가 우울한 상태에 있던 어느 날, 그는 권총으로 자살을 하고 말았다.

이것은 감정적인 퍼스낼리티 유형 중 극단적인 경우의 한 예이다. 이런 성격을 가진 사람은 몹시 쾌활하고 우울하며 성미가 급하다. 또는 그런 기분이 끊임없이 교체된다. 대개 쾌활한 사람은 몹시 변덕이 많고, 태평하고, 자신감이 있고, 농담을 좋아하고, 수다스럽고, 장난을 좋아한다. 이해도 몹시 빠르다. 그런 사람에게는 말 건네기도 수월하고 또 그는 무엇이든 얘기해 준다.

그러나 때로는 거들먹거리거나, 고집을 부리거나, 발끈 성을 내거나, 투쟁적으로 되는 경우조차 있다. 그들은 재빠르고 활기있고 경쾌하며 마음 편안한 태도로 풍부하게 얘기를 한다. 글을 쓰는 것도 역시 그러하다. 그들은 재능이 용솟음치며, 민첩하며 다재다능하며 좋은 발상이 무궁무진하며 더구나 친절한 맛이 있고 기질이 명랑하므로 여러 가지 결점이 있음에도 불구하고, 많은 친구가 생기는 경우가 허다하다. 그러나 그들은 자주 우울증에 빠지기 쉬운데, 그것은 평소에 우울한 성격을 가진 사람이 어쩌다가 어느 기간에는 의기양양하게 되는 경우가 있는 것과 마찬가지이다.

유행적으로, 버릇처럼 줄곧 우울한 사람들은 인생을 엄숙히 생각한다. 그는 모든 사물을 어렵게 해석하며 그 어두운 면만을 본다. 인생이란 것은 이런 사람에게 있어서는 일종의 무거운 짐으로 여겨진다. 모든 일들이 한결같이 중대한 것처럼 생각된다. 그에게는 생활을 즐기는 일이 없고, 항상 양심적으로 자기를 부정하고, 인생에 대한 의무를 부담으로 느끼고 있다. 대개 그는 여러 가지 일이 걱정

이 되며, 실망하고 자기는 아무 쓸모도 없다든가, 자기는 무슨 일에
나 적임자가 아니라고 생각한다. 자신이 없어서 결단하지 못하고,
아무리 작은 일에도 남의 도움을 바란다. 그는 자칫하면 앓고 또 몹
쓸병이 아닌가 하고 걱정한다.

똑같은 기분이라도 동요하는 형의 사람은 두 극단적인 감정의 사
이를 왔다갔다 그네를 탄다. 오늘은 쾌활하고 희망에 빛나며 명랑
한가 하면 내일은 침울하게 되어, 활기가 없고 세상을 비관한다.

성급한 형의 사람은 화가 나면 노여움의 감정이 극도에 달하는
데, 이런 사람은 어떤 일에서도 영향을 받으며 많은 경우에 불쾌해
진다. 또 아무리 사소한 일이라도 화를 내며, 작은 일에 감정이 상
하여 더 큰일은 모르고 빠뜨리는 경향이 있다. 작은 일이 마음에 안
드는 것이 있으면 격노하여 큰 폭풍을 일으킨다. 더구나 때로는 잔
인한 행동이나 복수심으로 폭발한다. 그런 경우에는 꾸짖거나 큰소
리를 지르거나, 막 떠들어대거나 위협하거나 저주하여 자칫하면 폭
력을 쓰는 사태로까지 번질 우려가 있다.

크레펠렌이 쓴 것을 보면, 그가 아는 어떤 환자는 그런 격노의 발
작이 일어나면 쌓아 놓은 접시들을 모두 방바닥에 내던지거나, 타
오르는 등잔을 자기 남편에게 내던지거나, 큰 가위를 들고 그에게
달려들었다는 것이다. 이런 이들도 평소에는 얌전하고 자신감있으
며 자기를 주장하지만, 일단 감정의 조절이 잘못되면 뚱해지고 심
술궂게 되고 화를 내며 흥분한다.

a) 높이 상승하는 시기

내가 아는 어떤 의사는 1분 동안에 누구보다도 말을 많이 하며, 1
시간에 누구보다도 자동차를 타고 멀리 가며, 주어진 시간 동안 누
구보다도 많은 환자를 진찰하는 것으로 유명했는데, 그가 하는 일
은 우리가 보통 상상도 못할 지경이다.

그리고 나의 친구 중에 토지, 건물의 중개업을 하는 사람이 있는

데, 그의 수입은 수십만 달러의 거액에 달한다. 그 수입의 대부분은 그가 자기의 일에 놀랄 만한 열성과 정력 및 근면을 기꺼이 기울이는 데서 온다. 그는 매사에 정력적으로 임했다. 그러나 때로는 그것이 원인이 되어 실패한다(그리고 내가 그를 만난 것도 실은 그런 일 때문이었다).

어떤 재치있고 씩씩한 대학생은 학교에서 하는 행사에는 빠짐없이 참가하고 모든 학과에서 'A학점'을 받았으나 자기의 정확한 판단의 한도를 넘는 행동을 하는 등 자기 자신에 대한 자제력이 없었다. 더구나 그의 판단력은 점차 좋지 않은 방향으로 기울어져 마침내 나의 이 젊은 친구는 얼마 후 계속적으로 열 대가 넘는 자동차를 감쪽같이 훔쳐내는 극단적인 능력을 발휘했다. 마침내 경찰의 손에 체포되었을 때, 그 훔친 방법이 실로 민첩하고 교묘하며, 그의 태도 또한 태연하고 명랑해서 경찰에서는 그를 전문적인 상습범으로 알았다.

다행히 재판관이 '그렇지 않다'는 것을 쉽사리 확인해 주었다. 그가 이 병에서 차츰 회복할 무렵 나는 그의 고향인 도시에 취직을 알선해 주었는데, 그 후 그는 어떤 공직에서 근무했다. 어느 날 그는 참으로 별난 편지를 여러 장 보내왔다. 그 편지는 이런 형의 사람들이 흥분한 경우의 심리 상태를 아주 잘 표현하고 있는데, 그 중에서 대표적인 것을 소개함으로써 이런 종류의 사람들이 '어떤 느낌을 가지고 있는가'를 참고로 제공하려 한다.

이곳에서의 나의 정서적인 경험은 그다지 많지도 않지만, 그것은 내가 새로운 환경 속에 왔으며 따라서 교제하는 사람들의 수도 제한되어 있고, 재미있는 일들도 그다지 없기 때문입니다. 그러나 나는 다소 안정되었다는 기분이 듭니다. 적어도 극히 최근까지도 나의 특징으로 되어 있던 내 혼이 만들어낸 맹렬성을 많이 잃은 것 같습

니다. 나는 지금까지 상상력이란 도구를 사용하여 내 인생에서 대
단히 감미로운——불안정한 것이기는 하지만——몇 조각을 잘라
내었는데, 이 도구의 날이 무디게 되지 않았는가 하고 근심하고 있
습니다. 나는 이미 인생에 대하여 열렬한 공감을 가지고 있지 않습
니다. 나는 중년이 되어가는 중이라고 할 수 있습니다. 성숙해간다
는 것은, 아무튼 시간문제라기보다는 경험문제로서 나는 조숙한 생
활을 해왔던 것입니다.

내가 지금 말씀드리는 새로운 발전은, 징후로서는 유망한 것이며
비관할 성질의 것은 아닐지도 모릅니다. 그러나 때로는 이제 나는
십자군의 용사도 아니며, 돈키호테도 아니라는 것을 생각하면 스스
로 무서워집니다. 사라 티스데일의 인생은 마지막에 우리에게 진리
를 주지만 그 대가로서 우리의 청춘을 빼앗는다는 말이 생각납
니다. 나는 지금 아마 인생과 물물교환을 하고 있는 것이라 생각합
니다. 그리고 나는 이 교환에서 대단히 불리한 거래를 하게끔 강요
되고 있다는 생각이 듭니다.

나는 이곳에 와서 옛 친구를 만나고 새로운 사람을 사귀고, 그들
이 정말 잘해 주므로 대단히 유쾌합니다. 그렇기는 하지만 나는 가
끔 사회적 환경의 압박에서 완전히 빠져나와 찰나적인 쓸쓸한 사색
속에 잠기고 싶습니다. 예수는 산으로 갔으며, 마호메트는 사막으
로 가서 명상했습니다. 아마 내적 성찰이라는 악덕을 몸에 지니도
록 저주받은 모양입니다. 그렇지만 선생님은 우리가 가진 악덕이란
항상 몹시 유쾌한 것이란 점을 아실 것입니다.

그러나 나는 필요없는 가지를 베어내듯이 정신적인 요소를 정리
하는 중이라고 믿습니다. 왜냐하면 나는 갑자기 우울해지거나 절망
감을 품지 않게 되었기 때문입니다. 나의 정서적인 감정의 움직임
을 도표로 그린다면 아마 평행선에 가까울 것입니다. 그 선은 내가
이때까지 빠졌던 깊은 절망의 심연보다는 훨씬 위에 있지만, 동시
에 내가 경험한 적이 있었던 파나서스 산의 높이보다는 훨씬 낮을

것입니다. 그리고 만약 내가 정상이라고 불리우는 수준에 달할 수가 있다면 또 천당과 지옥 사이에 내던져지지 않게 된다면, 그때 나는 어떤 영광이 없는 평화——그것은 결코 행복일 수는 없다——에 도달하는 사업을 성취한 셈이 됩니다.

그러나 아! 나는 어떤 한없는 기쁨의 고민과 영혼의 광란과 달콤한 아름다움을 잃은 셈이 됩니다. 이런 것들은 종종 나에게 악마 같은 나쁜 장난을 했는지도 모르고, 또 어떤 때에는 천사와 같은 화려한 시대를 순식간의 영광으로 압축하여 보여주었는지도 모릅니다. 그러나 그것은 다년간의 죄갚음의 만족이라고 하더라도 도저히 알 수 없는 것이었습니다.

높이 상승하는 것이 그 극한에 달한 것을 '매니아'라고 부른다. 이런 사람을 전문적으로 말한다면, '광적(maniac)'이라고 한다. 그들은 늘 유쾌하다고는 할 수 없다. 흥분한 시기에는 초조하기 쉽고 호전적으로 되기도 쉽다. 이런 사람이 그런 시기에 있을 때에 조금도 사정을 모르는 사람이 무심코 이 사람을 자극했다는 것만으로도 까닭 모를 싸움——주먹싸움인 경우도 있고 법률상의 싸움인 경우도 있다——이 일어나는 경우가 실로 허다하다.

b) 밑으로 침체하는 시기(우울증)

지금까지 말해 온 것보다 훨씬 수효가 많고 중대하며 이해하기 쉬운 것은 반대의 극단으로 진동한 경우다. 그런 경우에 사람이 어떤 느낌을 갖는가는 다음에 설명하겠으며, 제삼자의 눈에는 어떻게 보이는가를 나중에 알아보기로 하겠다.

"누구든 나와 똑같이 느끼는 이에게 드림. 공짜로 드림. 하나의 육체, 이 육체는 잔등이 몹시 아파서 견딜 수가 없으며, 온몸이 무한히 노곤하다. 그리고 이 잔등이의 아픔을 없애고 이 육체 자체가 불안정한 마음에 걱정거리가 되지 않도록 하고 싶다는 욕망이 있다. 또한 이 마음은 그 작용의 수준이 저하되어 있으며, 거기에는 건강한 마음의 기쁨보다는 오히려 낙망과 불만을 준다. 이 마음은 무엇이든지 잘 알면서도 피로한 자아를 만족시킬 만한 분별이 없다. 그리고 이 자아는 남들에게 존경받을 가치가 없음을 알고 있으므로 자존심을 잃고 있다.

그래도 이 자아는 퍼스낼리티를 얻으려고 마음에도 없는 위선적 행위를 한 것이라고 생각하고 있으며, 이 퍼스낼리티는 늙은 말처럼 제 몸을 좀먹는 비참으로부터 자취를 감추는 편이 좋다.

자, 이리와서 나와 함께 세계의 꼭대기에 앉아 봅시다. 맨발로 머리를 흩날리며 이 질식할 것 같은 세계의 둘레를 빙빙돌아 불어오는 맑고 깨끗한 바람을 쐬면서 우리 구름 속에 파묻혀서 지식을 갖는다는 저주를 아직 모르는 지구의 아이들이 불어올리는 공중누각을 허물어 봅시다. 그러나 오! 우리들이 하는 일은 그런 작은 장난에만 국한될 필요는 없습니다.

우리들이 지금 벤치로 쓰기로 정한 이 지구를 바라볼 때, 당신은 결국 그것이 지금까지 우리들이 살던 저 어리석고 질식할 듯한 세계와 조금도 다름이 없음을 모르십니까? 그것이 작고 보잘것없는 것이며, 그 단순한 머리로 생각해 낸 것을 완성했다는 점에서 완전한 자기 만족에 취해 있는 것을 기억하십니까? 그것이 아무 계획도 없이 건설되었으므로 기괴한 폐허로 된 것, 이 폐허에서 사람은 자기가 원하는 것을 어떻게 하면 손에 넣을 수 있는지 아무도 모른다는 사실, 사람은 자기 손에 들어온 것은 아무도 그것을 원하지 않는다는 사실, 그리고 아주·현명하다고 인정할 만한 사람들은 자기들이 원한 만큼 값있는 것은 없다는 점을 알았다는 사실을 기억하십니까?

아! 철학적으로 공평하게 말한(우리는 때때로 그런 일도 있었지만)다면, 사랑하거나 미워하는 것은 그 자체의 역할입니다. 그 구조상의 장엄성의 파편에 관한 나의 감상의 두서너 개는 아직도 나에게

달라붙어 있습니다. 그러나 참 제기랄! 나는 이 지구가 영원히 되풀이하고 있는 이 비참한 일을 용서할 수 없습니다. 나는 우리가 어떻게 하면 좋을지를 알고 있습니다. 당신만 하더라도 역시 이 불쌍한 지구 위에 앉아 있기는 싫으실 것입니다. 자 우리는 이것을 팡! 터뜨려 찢고, 발꿈치로 산산조각을 만들어 버립시다. 그것은 참으로 재미있을 것입니다. 아, 당신은 그 후 우리들은 어디 앉느냐고 말씀하실 것입니다.

당신이 그런 현명한 생각을 하시다니 부끄럽지도 않습니까? 우리는 이 오랜 지구를 때려부숴서 가루로 만드는 것이 너무 재미있어서 간단히 구름 속으로 오를 것입니다. 그렇게 되면 친애하는 분이여, 우리는 매우 유쾌할 것이며, 세상에는 사람들을 질리게 하는 일도 없을 것이고, 또 여러 가지 일에 걸려드는 사람도 없을 것입니다!"(《D. P. H.》 1929년 5월호에서)

정신이 건전한 사람들은 변덕스러운 사람들이 생각하는 것이 그의 기분과 감정에 지배되는 것이라는 점을 자칫하면 잊어버린다. 그 까닭은 우리는 보통 그와 반대로 생각하고 있기 때문이다. 이 다음에 나오는 글을 읽고, 독자들은 '그렇지, 그 점은 그다지 틀리지 않는다'라고 생각할지도 모른다. 설사 환자가 자기를 비난하는 글을 쓸지라도 그것이 옳은 경우들이 많다. 왜냐하면, 프로이트는 우울증인 사람에 대하여 다음과 같이 말하고 있기 때문이다.

"그가 과장해서 자기 비판을 하며, 자기 일을 보잘것없는, 이기적이며 부정직하고 독립심이 없는, 그리고 그의 성질의 약점을 감추는 일을 유일무이한 목적으로 삼아 온 남자라고 썼다 하더라도, 그것은 우리가 알 수 있는 한에서는 그가 자기를 안다는 것(자각)에 매우 가까이까지 갔다는 것이 될지도 모른다. 우리는 다만 인간이 이런 종류의 진리를 발견하기 전에 왜 그가 병을 앓지 않으면 안 되는가 하는 점을 이상히 여길 뿐이다."

그러나 다음 글을 쓴 환자도 다른 때에는, 마찬가지로 인생의 아름다움과 행복에 관하여 읽는 사람을 감동시키는 토론을 할 수도 있다. 옳고 그르고간에 어느 경우에도 그의 의견은 그때의 기분에 따라 결정된 것이며, 의견이 기분을 결정한 것은 아니다.

"로맨스와 현실 사이를 힘없이 방황한 끝에, 그 어느 쪽에도 만족을 얻지 못하는 영혼을 선이건 악이건 고무시킬 만한 것은 이 보잘 것없는 세상에 아무것도 없지만, 그 보잘것없는 세계로 결국은 나도 돌아가야만 한다는 사실을 나는 알고 있다.

사느니보다는 죽는 편이 더 비겁하다는 말을 사람들은 의심한다.

어떤 하찮은 일을 한 것이 우연한 기회에 대단한 존경을 받는 수도 있는데, 그런 일을 또 한 번 해 보겠다는 생각, 그리고 바늘로 찌르는 듯한 일, 그것을 사람들이 찡그리고 억지 웃음으로 무시하려고 하면 매우 괴로운 지경에 이르는데, 이런 일이 사람을 얼마나 한없이 곤란하게 만들며 침울하게 하는 것인지 모른다.

만약 내가 새 깃으로 만든 펜을 황산에 담가서 이 우주와 그 가운데에서 행동하는 약한 인간들을 궁리하여 만든 신을 저주할 수가 있다면! 그들이 자기들의 눈에 보이는 모든 것의 주인인 것으로 생각하며, 현실과 그들 주위의 진정한 성질에 대하여 그다지 몽상도 하지 않는 이 가련하고 속고 사는 인간들! 하지만 그렇지는 않다. 나로선 어떤 신이 이 세계를 연구했다고도 생각할 수가 없다. 나는 사람들에게는 제한과 착각이 가해져 있어 그 덕분에 마음 편안히 만족해 있으며, 실상은 그 진상이 무엇인지도 알지 못하며, 전체 혼란의 참기 어려운 어리석은 짓에도 반쯤은 장님이며, 권력이 사람을 반쯤 노예로 만들며, 미적인 것은 사람이 모르는 사이 빛이 바래 버리는 데도 언제까지나 권력과 미를 숭배하고 있다——이런 것에 대해서 나는 오히려 감사해야 한다."《D. P. H》1929년 5월호에서)

이 세상을 위하여 다행한 일은, 변덕스런 퍼스낼리티 유형의 전형적인 인물인 에이브러햄 링컨이 그의 친구들의 현명함과 결단력 덕분으로 실패로부터 보호되었다는 것이다. 이것은 그의 전기를 쓴 사람들이 대체로 기록했지만, 많은 사람들에게는 그다지 알려지지 않은 그 일생의 한 단면이다. 안 러틀리지가 죽은 후, 그는 우울증에 걸려서 수개월 동안 아무 일도 할 수 없었다. 1814년에 그는 다시 심한 우울증에 빠지게 되어 의사의 충고로 격리되어 보호를 받으며 칼 등의 위험한 물건을 모두 치워버렸다. 그의 결혼날짜가 정해지고, 마침내 그날이 닥쳐왔다. 모든 준비가 완료되었고 손님들도 모였으나 링컨은 나오지 않았다.

그는 자기 방에서 의기소침해서 자기 의무의 불이행, 자기라는 인간의 무가치함, 그리고 절망감 등의 망상에 잠기어 있었다. 그는 살아 있는 인간 중에서 자기만큼 비참한 인간은 없으며, "만약 내가 느끼는 것이 모든 인류에게 똑같이 나눠진다면 땅 위에는 즐거운 표정을 한 사람은 하나도 없을 것이다. 내가 언제쯤 기분이 좋아질지는 모르겠다. 나는 엄숙히 예언하겠거니와, 앞으로도 나아지지 않을 것이다"라고 말했다고 한다.

그의 친구들도 그다지 낙관하지는 않았다. 그의 법조계 친구 스튜어트도 링컨을 "구해낼 수 없는 우울의 피해자"라고 말했으며, 그의 아내가 될 사람의 친척들도 그를 틀림없이 '미친 사람'이라고 생각하였다. 그는 신시내티의 전문가에게서 치료를 받았다. 하긴 링컨 자신은 그의 친구인 헨리 의사에게 가슴을 터놓고 말하는 것이 가장 자기의 마음을 위안하는 길이며 자기가 살아가기 위해서는 이 의사가 절대로 필요한 인물이라고 했다.(피어스 클락, 《에이브러햄 링컨의 심리적 연구》에서)

그 자신은 자기의 병을 히포콘드리아시스(hypochondriasis)라고 불렀지만, 그의 증상은 생각보다 훨씬 더 심각했으며 전형적인 우울증이었다. 링컨의 생애에 있어서 이 일화가 미국 및 세계 각국에 준 영향은, 그것이 정말 올바르게 다루어졌기에 망정이지 그렇지 않았다면 상상만 해도 무서운 일이다.

그런데 링컨을 사로잡은 이 고뇌는 인류에게 있어서 결코 드문 것이 아니다. 알지 못하는 사이에 그 피해자에게 다가가거나 폭풍처럼 그 사람을 휘어잡는데, 이 우울한 회색 구름은 해마다 수천 명이라는 사람들 위에 내려앉는다. 이것은 운명, 행운, 자연의 법칙이 모든 사람들에게 가져오는 슬픔의 물결에 대해 언급하지 않으며, 또 월요일 아침의 특징이라는 그 가벼운 증상의 의기소침에 대해 언급하고 있지도 않다. 우울증적 기분이라는 것은 우리 전문가들 사이에 잘 알려져 있다. 에드거 앨런 포나 톰슨 그리고 로빈슨 같은 시인들은 이것을 말로 표현했고 쇼팽, 차이코프스키, 시벨리우스, 그밖의 사람들은 이것을 음악으로 나타냈다. 그러나 이 '기분'은 그 사람보다도 강해져서 지금까지 종종 선율이나 시 대신 어찌할 수 없는 눈물이나 신음으로 표현된 경우가 실로 대단히 많았다.

링컨이나 사울 왕이나 기타의 위인과 위인에 거의 가까운 사람들, 또 조금도 위대하지 않은 사람들을 덮친 이 의기소침은 정신병학계에서는 널리 알려진 병 중의 하나로 알려져 있다. 그러나 우리가 이미 잘 알고 있는 우울증 중에서도, '멜랑콜리아'와 '블루스'는 어떻게 다를까? 그 차이는 주로 정도와 방향의 문제이며, 또 블루스는 보통 멜랑콜리아보다도 외적인 사건——예를 들면, 어떤 물건을 잃어버렸다, 실망했다, 하고 싶은 일을 못했다, 몸이 아프다 등과 같은 것——이 원인이 되는 경우가 많다.

그러나 우울한 남자는 보통 자기가 왜 슬픈지 그 참된 원인을 모르고 어떤 거짓 이유를 만들어서 그것을 믿고 있다. 그의 슬픔은 시일이 갈수록 낫기는커녕 더 심해진다. 환경적인 요소는 비교적 별로 중요하지 않은데, 물론 그 요소들이 그의 우울증에 이바지하기도 하고, 또 중태로 만들지도 모르지만 그런 것들은 단지 깊이 묻혀 있어서 겉에선 보이지 않는 참된 원인을 덮고 있을 뿐이다. 인간이 사랑하는 사람을 잃으면 누구든 슬퍼하는데 그렇다고 누구나 모두 멜랑콜리아로 되는 것은 아니다. 사람은 슬프더라도 그 자아는 아무 영향을 받지 않는다. 그것은 외부세계의 사건이며, 그 외부세계는 물건을 잃음으로써 빈곤해졌을 뿐이다. 우울한 사람으로선, 외부세계에 대해 조금도 할말이 없으며, 다만 그 사람의 자아가 파산하여 빈털터리가 되어 있다.

(1) 변덕스런 성격의 실패

a) 우울증의 실패 —— 학교에서

에스더 알리버는 16세에 대학에 들어간 후에 여학생 클럽, 무도회, 영화, 이성교재 등 사교적으로 눈부시게 활약하였고 공부도 잘해서 오빠와 함께 우등생이었다. 그들은 2학년 때에 공부를 소홀히 하고 놀았으며, 그해 말에는 오빠가 맹장염으로 죽었다. 그녀는 그 슬픔 때문에 학교생활에 흥미를 잃고 당분간 휴학하기로 했다. 마침내 그녀가 태어난 도시에 좋은 직장을 얻게 되어 매우 재미있게 지냈다. 몇 해 후에 그녀는 다시 복학했는데, 이번에는 모든 일이 제대로 안 되었다. 공부를 하려 해도 책이 눈에 들어오지 않았고, 밤이면 불면증으로 시달렸다. 저녁 때에는 기분이 좋아서 이만하면 할 수 있겠다고 생각했지만 아침이 되면, 이젠 아무리 해 보아도 소용없다는 생각이 든다.

그래서 그녀는 의사에게 상의하였고, 의사가 학교를 그만두라고 충고했으므로 그녀는 다시 휴학했다. 그러나 그와 동시에 더욱더 우울증이 심해져서 갑자기 목을 놓아 울거나 자책하기 시작했다. "나는 집안의 수치다. 나는 비겁한 인간이 되어 버렸어. 하던 일을 끝맺지 못하고 도중에서 그만둔 것을 여러 사람들이 모두 알게 될 거야. 그런 부끄럽고 불명예스런 일은 참을 수 없다. 그러고 보면 집안은 파멸이 된다."

그녀의 우울상태는 그 후 더욱 악화되어 몇 달 동안은 중병이었다. 그러나 얼마 후 그녀는 씻은 듯이 완쾌하여 그 다음해에는 다시 학교에 등록할 수 있게 되었다.

그로버 리브스는 가장 좋은 성적으로 대학을 졸업하였고, 또 많은 상품과 특별 교사의 자격을 받았다. 그의 앞날은 아주 유망한 장래가 보장된 것처럼 보였다.

그럼에도 불구하고 그는 갑자기 우울해지고, 무슨 일을 해도 안 되니 차라리 만사를 포기하는 편이 낫다고 생각하였다. 각처에서 장학금을 주겠다, 취직하지 않겠느냐 등의 제안이 있었으나 그는 모든 것을 거절하고 어느 시골에 가서 조촐한 사업을 시작했다. 그랬더니 그의 기분도 좋아져서 그 후부터는 보기에는 아무 희망도 없어 보이던 그 작은 사업에서 크게 성공했으므로, 사업을 경영하면서 신문사와 그 도시의 극장도 인수하여 모두 자기 손으로 경영하였다.

이렇게 하여 그는 많은 돈을 모았을 뿐만 아니라 그 지방의 유명인사가 되었고 또 매우 행복했다.

그는 유럽으로 유람 여행을 갔다가 대학원에서 공부를 다시 해 보겠다는 생각으로 귀국했다. 그러나 그는 책을 펴자마자 자기의 능력에 대한 자신감이 없어지고 자기의 정신력은 어떨까, 체력은 계속될까, 품성을 갖추고 있을까 하며 스스로 의심했다. 학기가 하루 이틀 지나감에 따라 그는 더욱 걱정이 되었다. 그는 너무도 우울한 나머지 학교를 그만두어야겠다고 생각했고 의사의 진단을 받아야겠다는 생각으로 버스를 탔는데, 이 버스가 목적지에 도착하기도 전에 그는 심하게 기분이 침울해져서 운전사에게 내려달라고 청하였다. 그리고 그는 거기서부터 눈물을 줄줄 흘리며 걸어서 그 도시까지 갔다.

위에 말한 것은 대학생들 사이에서 볼 수 있는 여러 가지 우울상태의 전형적인 실례이다. 고등학교에 갈 나이의 학생 사이에는 우울상태가 그다지 많지 않다. 그러나 아직 나이 어린 사람들에게는 우울증이 없다고 생각하는 것은 지나친 억측인데, 즉 나이 10세를 갓 넘은 아이로서 심한 우울상태에 있는 것을 본 적이 있다. 사람이 자기의 현재 지위(또는 조건, 신분)를 어떻게든지 유지해 보고 싶은 걱정, 그것도 본질적으로는 자기가 몹시 애정을 느끼고 있는 어떤 상태를 지금대로 유지하고 싶다는 것인데, 이런 기분이 대학시절에 일어나기 쉬우며 또한 중년이 된 후에도 다시 일어난다.

b) 우울증의 실패──연애와 가정생활에서

사랑의 대상이 되는 사람을 쫓아다니다가 자기의 애인으로 만들지 못한다든가 행복한 가정생활을 유지할 수 없다든가 하는 것이 우울상태와 관련을 가지는 경우가 많다.

웨인 부인은 가정을 소중히 생각하는 몸집이 작은 부인으로, 친한 이들은 별로 없었고 나들이하는 적도 드물었다. 그녀는 지극히 가정적이며 남편에게 충실했으나 질투심이 많았다. 그런데 남편은 자기의 일에 열중하여 아내에게는 점점 소홀하게 되었다. 그는 밤시간을 거의 사교모임에서 소비했고, 따라서 굉장히 인기가 있었는데, 이 점에 대해서 아내는 아무것도 몰랐다. 그러는 동안에 그녀는 더욱 슬퍼지고 노곤해지고 눈물로 세월을 보내게 되었다. 본시 그녀는 집안을 말끔히 치우기를 좋아해서 항상 깨끗이 하고 있었으나, 얼마 후 그것마저 귀찮아 그만두게 되었다.

그녀는 남편이 이제 자기를 사랑하지 않으며 자기와 함께 살기도 싫어하는 것이 아닌가 하는 의심을 품기 시작했다. 어느 날 남편 웨인은 아내가 죽게 되었으니 즉시 집으로 돌아오라는 연락을 받았다. 급히 집에 와 보니 아내가 자살에 실패하고 신음하면서 제발 죽게 해달라고 애원했다. 이것이 자기에게 버림을 받지 않으려는 속셈으로 행한 위협적인 자살극이라고 생각했으므로, 그는 아내를 종합병원으로 데리고 가서 거기에서 충분한 치료를 받도록 수속을 마치고 병원을 나섰다.

그러나 그녀의 치료를 담당한 의사들은, 이번의 자살미수는 남편의 관심을 끌기 위한 연극이기는 하였지만 그녀가 진정으로 한 일이므로 정신병원으로 보내지 않으면 결국은 정말 자살할 것이라고 충고했다. 그래서 그녀를 요양소로 데리고 가려 하였더니 그녀는 반대하면서 "나는 미치지 않았습니다. 나는 살아갈 희망이 조금도 없어요. 내가 죽든 살든 상관할 사람은 아무도 없으니 제발 나 좋을 대로 자살하게 내버려 두세요"라고 말하였다.

그녀는 이렇게 말하고 나서 몹시 피로한 듯이 의자에 기대어 머리를 뒤로 젖히고 눈을 감고 있었다. 원래 귀여웠던 그녀의 얼굴은 심한 비애로 인해 일그러졌고, 말을 하면서 마치 고문을 당하는 것처럼 머리를 좌우로 흔들었다. 끊임없이 눈물이 나와 그녀의 야윈 볼로 흘러내렸지만 눈물을 닦으려고도 하지 않았으므로 옷 위로 마구 흘러내렸다. 거기에는 장래에 대한 아무 계획도 없었으며, 새로운 생활을 이룩해 보려는 희망도 없었으며, 그렇다고 털끝만치도 남편을 원망하지 않았다. 그녀는 여러 달 동안 입원하고 있었다(마침내 그녀는 완쾌되었다).

루이스 밀러 부인은 결혼한 지 20년이나 되었다. 어느 날 딸이 밖에서 돌아와 아버지가 딴 여자와 자동차를 탄 광경을 보았다고 얘기하였다. 그때부터 밀러 부인은 슬퍼지기 시작하여 그 상태가 나날이 심해갔다. 그녀는 자기 손을 비틀며 방안을 돌아다니기도 하고, 앉은 채로 떨면서 손톱을 깨물기도 했다. 그녀는 도무지 위안을 받을 방법이 없었다.

그녀의 남편은 이 사건으로 굉장한 고통을 받아 도대체 어떻게 해야 좋을지를 몰랐다. 그녀는 언제나 남편을 몹시 좋아했다——그녀는 남편을 대단히 받드는 편이었다. 그러나 남편은 자기를 버릴지도 모르며, 또 자기에게 무관심하게 될지도 모른다고 말했다.

이 종류의 환자들이 오래 전에는 흔히 하는 짓인데, 그녀도 우울증을 고칠 생각으로 개복수술을 받았으나 아무 효과도 없었고, 여러 해가 지나도 회복되지 않았다.

c) 우울증의 실패──성공한 때

우리는 자기의 체험에서 사람이 실망하거나 실패하면 슬퍼진다는 사실을 알고 있다. 그러므로 우리는 성공하면 그 사람은 행복할 것이며, 실패하면 슬퍼하며, 이 우울상태라는 것은 심한 실패를 하면 그 영향으로 오는 것이라고 생각하기 쉽다. 그러나 나는 이때까지 사람이 실패했기 때문에 우울상태가 되는 것이 아니라 대개의 경우 우울하므로 실패한다는 것을 예증하려고 생각해 왔다. 이것은 사람이 뜻밖에 성공하면 대단히 슬퍼지고 우울해지며, 게다가 실패하기를 바라기까지 하는 경우가 많으므로 뚜렷해진다. '번영을 지속할 수 없다'라는 뜻의 격언 같은 것이 많이 있다. 다음의 사례는 정신병학자의 견지에서 말하면, 앞서 말한 것을 입증한다.

월터 헤일이라는 남자는 어떤 연쇄점의 식료잡화부의 지배인으로 승진되었다. 6개월 동안 그는 자기의 새 지위에 알맞게 활동을 하여, 상점의 이익을 올렸다. 그러던 중 "무엇이 돌발한 것 같습니다. 모든 일이 싫증나고, 생각하는 힘을 잃었습니다. 평상시처럼 재빨리 일을 해낼 수 없게 되었고, 기력도 없어졌습니다. 나는 아무도 만나고 싶지 않으며, 다른 사람도 나를 만나고 싶지 않으리라고 생각합니다"라고 그가 말했다.

그는 자기가 우울해진 까닭은 직무관계일 것이라고 생각하기 시작하였다. 그리고 이리저리 다른 직장으로 옮겨 봤으나 언제나 같은 사정으로 그만두었다. 그는 점점 더 우울해졌다. "온 세상이 온통 캄캄한 것 같고, 인생이 헛되고 아무 목적도 없는 것처럼 보입니다"라고 말하기도 했다. 어떤 어렴풋한 불안이 여러 가지 모습으로—가령 극장에 가면 불이 나서 타죽을 것만 같고, 주위에 앉아 있는 사람들에게 자기가 병을 전염시키는 것 같고, 사업계에 영구히 기회를 잃었다고 생각하거나 누가 자기를 독살하지나 않을까 염려하며, 자기는 미치는 중이라고 생각하거나 하는 따위—그를 습격해 왔다. 그는 철도에서 자살을 하려고 결심했다.

이 환자는 중태처럼 보였지만 치료는 과히 어렵지 않았다. 헤일 씨는 정신병 전문의에게로 갔으며, 그 의사는 그를 여러 차례 만나서 그의 갑작스런 공포와 우울증의 원인인 심리적인 요소를 지적하여 그것이 무엇에서 기인하는가를 조사하는 동안에, 그의 어린 시절 어떤 장면에까지 도달하게 되었다. 그것은 헤일 씨가 자신을 잃게 되는 성질의 것이었다.

그는 1년 동안 일을 그만두고 교양있는 몇 사람의 친구들이 하라는 대로 하도록 충고를 받았으며, 그의 친구들도 그의 우울상태를 극복시키려면 어떤 도움을 주어야 하는가에 대하여 구체적인 설명을 받았다. 그는 여행이 엄금되고 외부와 완전히 격리되어 남에게 방해되지 않는 조용한 친구와 항상 함께 있도록 합의가 되었다. 1년이 지나자 그는 다시금 과거의 사람으로 회복되어 상업을 시작하고 전보다도 더욱 성공하게 되었다.

호레스 라손은 넉넉한 가정의 아들이었지만 19세 이후에는 거의 자활하였다. 그는 풍채좋은 쾌활한 청년으로서 큰 회사에 다녔는데, 그가 소속한 부서에서는 대단히 평판이 좋았다. 그가 24세가 되었을 때에는 어떤 지점의 중요한 지위로 승진되어 급료도 50퍼센트를 더 받게 되었다.

이 새로운 직무는 이 청년을 완전히 당황하게 만든 것 같았다. 그는 새 직무를 수행하기가 점점 곤란해지는 듯이 느꼈으며, 이 일에 관련하여 여러 가지 불평을 말하고 종종 집으로 돌아왔는데, 결국엔 해고되었다. 그가 대단한 게으름뱅이이며 무능하다는 것이 이유였다.

해고된 후 그가 우울증에 빠진 것은 누가 보너라도 섬섬 뚜렷해졌다. 그는 언제든지 자기가 실패한 것, 해고된 일, 위신을 잃은 일, 그의 입장이 절망적인 점, 앞길이 공허한 점들만 얘기하고 있었다. 그는 결혼을 피하고 사교적인 생활도 전부 집어치웠다. 그는 부모가 물었을 때, 자살할 작정이라는 것을 솔직히 고백하여 그들을 놀라게 했다.

이 환자의 경우에, 그와 의사의 특수한 문제에 관련하여, 그의 가정의 영향이 어떠했는가를 보이기 위해 다음의 말을 덧붙인다. 그의 아버지는 그를 입원시키기 위한 모든 상담을 마친 후에 일부러 주치의에게 와서 물었다. "그런데 호레스가 혹시 입원하러 가는 도중에 자살이라도 하게 되면, 오늘 지불한 돈을 모두 도로 찾게 되겠습니까?"

그도 역시 치료를 받고 완쾌되었다.

d) 우울증의 실패──중년기

우울상태가 중년기에 생기는 경우가 너무 많아서 과거의 정신병학자들은, 이는 인간이 40대의 중턱에 들면 내분비선의 기능에 변화가 생겨서(부인들의 경우에는 월경폐지 또는 '인생의 변화'를 일으킨다) 그것이 그 사람의 성격에 어떤 작용을 하여 우울상태를 일으키게 마련이라고 믿고 있었고, 지금도 그렇게 믿는 이가 있다. 또 어떤 사람들은 중년기의 우울상태는 자기의 체력이 쇠약해졌다든가, 연애를 하여도 성공할 기회가 적어졌다는 따위의, 그 사람이 의식적이나 무의식적으로 느끼는 노쇠로 향하는 변화에 대한 심리적인 반응이라고 믿고 있다.

그러는 동안에 우리들은 오직 한 번 산다(한 번 죽으면 그만이다)라는 사실을 문득 깨닫게 된다. 이 사실을 사오십이 되기 전에 진심으로 믿는 이는 그다지 없다. 그러다가 갑자기 전에는 자기가 자신을 변화시키고 주위에 순응시킬 수가 있었는데 이제는 틀렸다. 그런 탄력성도 없거니와 체력도 없다는 사실을 깨닫는다. 게다가 이번에는 실제로 자기의 능력이 감퇴된 것을 보여주는 실례에 부딪치거나 그렇게 된다는 공포를 느끼거나 하면 사람에 따라서는 당황하거나 절망적으로 되고, 또 어떤 이들은 어떤 보상적인 것을 하지 않으면 안 되겠다고 느끼게 된다.

이런 우울상태*를 물질적인 손실과 같은 한 촉진인자에 결부시켜서 간단히 설명해 버릴 수는 없다.

하기는 한 인간이 그의 사랑 또는 증오(간혹 돈인 경우도 있음)의 대부분을 쏟은 대상물을 잃거나 잃을 우려가 있을 때에 우울상태가 일어나는 것은 흔히 있는 사실이기는 하지만 말이다. 다음에 두세 가지의 예를 들겠다.

프랑세 번스 부인은 보통보다는 일찍 학교를 졸업했으므로 결혼하기 전까지 몇 해 동안 교사생활을 하였다. 번스 씨와의 생활은 특별히 행복하였다고는 할 수 없다. 그는 친절한 남자며, 필요한 것은 무엇이나 사 줄 만한 수입은 있었지만 사회적인 것에는 전혀 흥미가 없고 자기의 일에만 몰두하는 타입이었다. 번스 부인은 그와 반대로 사교적인 일로 밖에 돌아다니기를 좋아했고 그밖에는 세 자녀를 키우기에 열중했다. 그리고 이 아이들의 생활을 지배하고 있었다.·

아이들이 자라서 학교에 가게 되자, 그녀는 사회적이거나 정치적인 조직들에 깊이 관계하게 되었다. 몇 해 전에 그녀의 남편은 사업에 실패했는데 마치 그 예감의 반응이거나 한 것처럼, 그녀는 주의

---

*1929~31년의 대공황 때에 경제상의 손실이 직접적인 원인이 되어서 생긴 정신이상의 환자 수효가, 이것에 비등한 정도의 호경기 시대에 생긴 수효보다 적은 것은 재미있는 현상이다.

상원의원 선거에 출마하였다가 실패했다. 그런 지 얼마 후, 주립의
어떤 단체의 회장으로 추천되었으나 당선되지 못했다. 그래서 그녀
를 위로하기 위해 동료들이 모여, 또 하나의 주립협회의 역사저술
가 지위에 취임하도록 권했다. 그 지위에 앉으면 책을 저술해야 하
는데, 그녀는 그 일이 자기로서는 무리임을 알았다.

차츰 그녀는 자기 주위의 일에 흥미를 잃기 시작했고, 자기의 몸
차림에도 신경쓰지 않게 되었다. 2,3개월 지나는 동안에 그녀는 점
점 더 우울해지고, 용모의 아름다움과 지능적인 힘을 잃어버린 것
을 자각했다. "아, 나의 아름다웠던 모습은 어디로 갔단 말인가?
대체 이것이 어찌된 셈인가!"라고 그녀는 가끔 신음처럼 외쳤다.
또한 그녀는 가족들이 부드럽게 대해 주어도 그런 것에 무관심한 듯
했고 또 고쳐되는 기색도 없었다.

패트릭 브라이언 씨는 아일랜드인 농부로서 미국에 이민을 왔다.
그는 단순하고 정직하며 부지런한 노력가로서, 자기의 아내와 일,
그리고 교회 이외에는 아무 흥미도 관심도 없는 남자였다. 결혼했
지만 자녀는 없고, 부부가 단촐하게 알뜰한 생활을 했다. 30년간 그
는 도살장에서 노동자로 일했는데, 그 동안 거의 휴가도 받지 않고
놀러 다니지도 않았으므로, 중년이 되어서는 자기의 집도 마련했고
은행에도 약간의 저축을 하게 되었다. 그 즈음 미국에 심한 대공황
이 닥쳐와서 산업계는 막심한 타격을 받고 브라이언 씨도 해고되
었다.

그는 놀자니 불안하여 어떻게 해야 좋을지 몰랐다. 어느 날 그는
집을 나와 술을 마셨다──이런 일은 그로서는 참으로 드문 일이
었다. 그 후, 그는 더욱 걱정이 증가되어 매독에 걸리지나 않았는
가, 자기가 남을 괴롭히는 원인이 되는 것은 아닌가 하는 공포가 머
리에서 떠나질 않았다. 그런데 그가 누구를 괴롭히고 있는가 하면,
대개는 전혀 알지도 못하는 사람들이었다. 또한 그는 터무니없는

천재지변이 일어나서 자기는 죽는다고 두려워했다. 그의 안정감이 지금까지의 자기의 일에 너무 깊이 뿌리를 박고 있었으므로 이 직업을 잃음과 동시에 실패했다는 감정이 강해지고, 그로 인해 인생을 정상적으로 볼 수 없게 된 것이었다. 그는 많은 사람들이 자기가 몹시 사랑하는 사람을 잃었을 때와 같은 반응을 보였다. 즉 우울상태이다. 그의 안정감이 파괴된 것이다.

e) 우울증의 증상

우울상태의 초기 증상으로서는 대개의 경우 우선 정력이 약간 감퇴하며, 무엇을 하더라도 활발하지 못하며, 생각에 잠기면 멍해지는 경향이 있으며, 밤에는 제대로 잠들지 못한다. 후에는 체중이 줄고 식욕이 줄며, 침착성이 없어지고 초조해진다. 또한 모든 일에 흥미를 잃으며, 늘 머리 속에 무슨 걱정 거리가 있어 때로는 실제로 몸에 여러 이상이 있는 경우도 있지만, 아무렇지도 않은데 스스로 병이라고 상상하고 그 걱정만 하며 멍하니 있는 경우가 많다. 더 나아가서는 자기는 일조차도 제대로 못한다, 아무 쓸모도 없다, 무엇을 해 보아도 조금도 효과가 없다, 자기는 나쁘다, 죄를 범했다, 가난하다 하는 감정이 생긴다.

여기서 나는 특히 '감정'이란 말을 썼는데, 왜냐하면 대체로 기분이 인간의 생각을 지배하는 것으로서 가족이나 친구들처럼 순진한 관찰자가 생각하기 쉬운 관념이 기분을 설명하는 것은 아니기 때문이다. 사람의 머리에 들어오는 관념은 반드시 항상 거짓인 것만은 아니다. 그것은 대개 그렇게 되기는 하지만, 우울증 환자의 이런 거짓 생각——망상——은 대개 세 종류로 되는 경향이 있다. 그 중에 과거에 관계있는 것으로는 그 사람은 마땅히 해야 할 것을 하지 않았다든가, 해서는 안 될 것을 했다는 따위로 자신을 꾸짖고, 때로는 대단한 죄도 아닌데 과장하거나 아무 근거도 없이 굉장히 큰 죄악을 만들어낸다.

다음에 현재와 관계있는 것으로는 자기를 비난하고 병이라든가, 파멸에 빠졌다든가, 도덕적으로 가치없는 인간이라든가 하는 따위로 생각하여 버린다. 끝으로 장래에 관계있는 것으로는, 환자는 무슨 재난이 임박하고 있다든가, 파멸과 황폐가 그와 친구를 기다리고 있어 도저히 피할 수가 없다든가, 그가 사랑하는 사람들이 파멸, 처형, 또는 지옥의 불을 만날 운명에 놓여 있어 도저히 피할 수 없게 되었다고 믿어 버린다.

이것이 심해지면 환자에 따라서는 말도 못하게 되고 먹지도 못할 만큼 압도된다. 또 어떤 사람은 자기가 생각해 낸 것의 공포에 눌려서 초조해지는데, 그것이 몇 주일 또는 몇 달 가량 경과하면 먹구름은 사라져 조금씩 이런 망상이 없어진다. 인생에 대한 정상적인 사고방식과 사물이나 사람들에 대해 평소의 태도를 회복한다. 이전의 기운이 다시 돌아와서 이 사람은 건강상태를 되찾게 된다. 그는 자기가 병적인 기간을 지내온 것을 알고 얼마나 고생했는가를 상기하지만, 그것에 대해서는 얘기하기를 싫어하며, 마치 아무 일도 없었던 것처럼 전과 같이 인생의 행복한 걸음을 걷기를 좋아하는 법이다.

f) 우울증의 심리적 기구

프로이트와 그의 제자들, 특히 칼 에이브러햄이 나와서 연구하기까지는, 우리는 매니아와 멜랑콜리아의 원인을 확실히 몰랐었다. 그전에는 이 원인으로서 여러 가지를 들어, 가령 그 명칭이 의미하듯 검은 쓸개즙이 너무 많으면 이 병이 생긴다고 생각하고 있었다. 그러나 광범한 연구에 힘쓴 결과, 우울증이라는 것은 애정생활에 있어서의 실제적 또는 상상적인 손실에 대하여 지나친 반응을 일으킨 것이라는 점이 명확히 드러났다. 이런 증상은 어릴 적에 경험한 일 때문에 유난히 그런 손실을 참을 수 없는 종류의 사람들에게 일어나는 것이며 따라서 그것에 대하여 격렬한 반응을 나타낸다. 그들은 그것에 대하여 이중의 반응을 보인다.

우선 그들은 자기의 자아가 빈곤하게 되었다고 느끼기 때문에 살아도 별수없다라든가 살아갈 가치가 없다고 느끼며, 동시에 이 애정의 대상을 잃은 까닭은 그것에 관련해 자신에게 어떤 잘못이 있는 듯 생각하여 자기를 꾸짖고 공격한다. 그들이 이렇게 느끼는 까닭은 애정 속에 숨어 있던 증오의 감정——이것을 본인은 의식치 않고 있다——이 애정의 대상이 되는 것을 잃었으므로 자기에게로 되돌아와서, 그 결과 사랑하던 사람들을 미워하게 되며(그 사랑의 대상이 없어진 것에 대하여 화를 내어), 동시에 사랑하는 사람을 공격하며 미워하는 일에 대해 이번엔 자기를 처벌하게 되는 것이다. 젊은 여자가 사랑하는 남자에게 버림을 받고서 자기의 머리를 벽에 부딪치거나 총을 자기의 머리에 쏘는 것은 그녀가 그렇게 함으로써 그녀의 연인에게 복수를 가하며, 동시에 그 복수를 한 일에 대해 자기자신을 처형하는 셈이 된다.

우울증의 사람들은 몹시 고민하는데, 왜냐하면 그가 받은 손실과 품은 원한의 감정으로 인해 극단적으로 발달된 양심을 갖게 되기 때문이다. 매니아라는 것은 이 양성의 횡포에 대한 반역이어서, 본질적으로 우울증과 똑같은 조건에 있는데 다만 양심을 타도하였을 따름이다.

(2) 자살

매우 우울한 상태에 있는 사람은 누구든지 자살할 가능성을 많이 지니고 있다. 만약 그가 자살하게 된다면 그것은 그의 가족이나 친구들의 책임이다. 신문에는 종종 재정문제 또는 실망감이 원인이 되어 자살했다는 기사가 실리는데, 자살자는 틀림없이 우울증 환자일 것이다. 이 희생자들에게 바로 인식되고 또 적절한 조치가 강구되었더라면, 회복하여 다시금 세상을 위해 쓸모있는 생활을 계속했을지도 모른다.

자살이란 중대한 문제이다. 범죄의 파상공격이라고 말하면 사람들은 말도 안 된다고 떠들지만, 살인은 자살처럼 빈번히 일어나지는 않으며 이 점에 대해 사람들은 그다지 인식하지 못하고 있다. 또 자살의 희생자란 일반적으로 말해서 타살의 희생자보다는 훨씬 이 사회에 살아 있길 바라는 인물이다. 대개의 경우, 남에게 살해당하는 자는 사회 최하층의 인간으로서, 싸움 끝에 살해되었다든가 경관에게 쫓기다가 살해되는 경우가 많다. 그런데 우울증의 희생자는 그 많은 사람들이 자살을 기도하며 성공하는 이도 적지 않으므로, 설사 그들이 아무리 광적이라고 하더라도 대개의 경우 남에게 살해되는 인간보다는 확실히 지능도가 높은 사람들이다.

정신병학자는 누구나 다음과 같은 경험을 많이 가지고 있다.

X 씨는 자기 아들이 '신경이 흥분되어 있다'는 이유로 진찰을 받도록 데리고 왔다. 그는 자기의 아들이 신경이 흥분된 것은 우울증의 증상이며, 주의하지 않으면 자살할 위험성이 있으므로 요양소에 넣어서 감금할 필요가 있다는 말을 듣자, 자기의 아들처럼 총명하고 지식 또한 풍부하며 자제력이 강한 사람이 자살을 하다니, 그럴 수가 있겠느냐고 상대도 하지 않았다. 6일 후에 그 아들이 천장에 목을 매어 죽은 것이 발견되었고 신문에는 재정상의 걱정이 원인이라고 보도되었다. 그 아버지는 그것은 알 수 없는 비극이라고 생각하였고 정신병 전문의는 이 자살을 예방할 수 있는 것을 조치하지 못한 사례의 하나이며, 그것은 살인이라고 말할 성질의 것이라고 말했다.

폐결핵이나 암 등의 병에 걸리면 의사의 치료를 받는 것과 마찬가지로, 자살이라는 죽음의 형식에도 의사가 관계해야 한다. 살인이나 강간이라고 하면 세상은 요란스럽게 떠든다. 그와 마찬가지로 자살에 대하여도 좀더 관심를 가져야 할 것이다. 1923년에는 62명의 의사가 이 원인으로 죽었다──자살을 한 것이다──같은 해에

48명의 변호사가 자살했으며, 교회 목사가 14명, 신문기자가 25명, 사교계의 부인이 50명, 실업가가 2백 명 이상 자살했다. 신문은 거의 매일같이 존경받는 아까운 사람들의 자살을 보도하고 있었다.

정신병의 모든 형식에 정통한 정신병 전문의에게는 자살이란 일상적으로 있는 현상이다. 때때로 회복시킬 수 있는 환자를 알면서도 그대로 방치하여 죽게 하는 경우도 더러 있다. 그 사정을 잘 아는 만큼, 이 행위를 간단히 설명해 버리는 것이 얼마나 타당하지 않은가를 잘 알고 있다. 일반적으로 말해서 자살이란 어떤 종류의 성격을 가진 환자가 자기로선 참기 어려운 상황에 직면했을 때 그 해결책으로 쓰는 것이다. 현대의 정신병학자들은 정신이상이란 사람이 인생에 잘 순응할 수 없다──불행하거나 불충분한 순응──는 것으로서 표시되며, 그가 어떻게든 잘 순응해 보려고 몹시 애쓰는 동안에 하나의 해결방법으로 자살을 택하기 쉽다고 생각하고 있다. 그렇지만 그밖에 여러 가지 해결책──가령 아편중독, 열병, 백일몽, 술타령, 마음껏 욕하기, 낚시, 여행 등──이 없는 것은 아니다.

정신병 전문의는 자기의 환자나 전에 환자였던 사람들이 자살하거나 자살미수에 그친 실례를 많이 보아 왔는데, 그런 사고는 어떤 의미에 있어서는 의사로서는 실패이다. 하지만 경우에 따라서는 의사가 주위 사람들의 협력을 얻지 못했기 때문에 실패하는 적도 있다. 이 전문의는 환자의 가족들의──때로는 전문이 아닌 의사들까지도──이해를 얻지 못하는데, 즉 자살하기 전의 상태가 어떻다는 것을 설명해 줘도 그들은 그것을 이해하지 못한다. 이런 상황을 고칠 수만 있다면 허다한 자살을 예방할 수 있다.

소설과 신문기사에서는 자살에 관하여 대단히 뚜렷한 의견이 발표되고 있는데 그 대부분은 그릇된 견해이다. 한 남자를 이 불행한 결과로 몰아넣는 동기는 결코 신문기사에서 보는 바와 같이 간단한 것이 아니기 때문이다. 자살은 몸에 병이 있다든가, 실연했다든가,

딸이 바람을 피워 속상하기 때문이라든가 하는 등의 단일한 이유에서 일어나는 것이 아니며, 또 그 자체가 종결시키는 심리상태의 초기증상은 아니다.

간혹 물으면, 우울한 사람들은 죽고 싶다든가, 죽을 작정이라고 스스로 말하는 경우가 흔히 있다. 때로는 자발적으로 자살할 것을 생각하고 있다고 입 밖에 낸다. 그러나 대개의 경우는 그것을 부정하며, 가족들을 안심시켜서 경계를 풀게 한다. 그들은 심한 고민을 하면서도 그것을 아무에게도 말하지 않으며, 또 '죽음'이란 것이 감미로운 것으로 보인다. 가족과 친구들은 이 고민하는 사람을 어떻게 하든 쾌활하게 해주려고 온갖 노력을 해 보지만 아무 보람도 없다. 여행을 하게 하고, 파티를 열어 주고, 휴가나 유람을 시키는 등의 온갖 노력은 오히려 그의 괴로움을 더 크게 할 뿐이다.

고민하는 사람은 가족으로부터 피할 수 있으면 더욱 그 기회를 이용하여 해결을 지으려고 한다. 그들은 이 해결을 실행하기 위해 온갖 방법을 연구하며 선택하는데, 그런 실례들은 참으로 많다. 한 환자는 간호하는 사람이 그를 목욕시키고 잠시 자리를 뜬 사이에 자기 머리를 욕조에 밀어넣어 자살하였고, 한 환자는 그녀의 구두끈을 이어서 그것으로 목을 매어 죽었다. 어떤 환자는 전구의 파편으로 자기의 손목을 잘랐고, 또 어떤 이는 자기 머리를 벽에 부딪쳐 뇌진탕을 일으켰다. 어떤 환자는 5,6온스의 염산을 청량음료에 타서 마셨다. 권총자살, 목매어 죽기, 음독자살에 이르기까지 그 예는 얼마든지 있다.

남이 보는 앞에서 자살하는 사람은 거의 없으며, 따라서 위험하다고 생각했을 경우에 그것을 예방하는 것이 보통의 경우라면 그다지 어려운 일이 아니다. 올바른 방법으로 치료하면 이런 우울상태는 천천히 지나가 버리게 되고 환자는 거의 정상적인 정서의 균형을 회복하여 자살하고 싶은 생각이 없어진다. 그러나 환자의 병이 나아간다고 해서, 이젠 안심이라고 속단하지 않도록 특별한 주

의가 필요하다. 우리의 최대 비극 중의 어떤 것은 실로 이런 사정
밑에서 일어난 것이었다.

자살자의 대부분은 우울증 환자이기는 하지만 전부가 그렇다고는
말할 수 없다. 자살자 중에는 열등감이 악화된 경우, 성적인 이상과
정신병에 의한 경우, 여러 가지 유형의 뇌의 병들——예를 들면,
진행성 마비——에 의하는 경우 등이 있다. 그 중에서도 가장 중요
한 것은, 분명 정상으로 보이는 사람이 자살하는 경우가 있다는 사
실이다. 그러나 이런 이는 자살행위를 함으로써 이 '정상'이란 말을
배반한다. 그리고 '정상'으로 인정되는 사람들의 숨은 번민을 잘 알
고 있는 우리 전문의들로서는 그들이 그때까지 어떤 고통을 묵묵히
참아 왔는가 하는 점을 잘 알고 있다.

세상 사람들은 자살의 동기에 관하여 피상적인 결론으로 뛰어들
려고 한다. 그들의 설명은 이론적으로는 그럴듯하게 보이지만, 실
제로는 아무 설명도 안 된다. 가난이 무서워서, 연애에 실패해서,
장사에 부정한 거래를 한 것이 미안해서라는 이유로 사람들이 자살
하는 것으로 생각하는 것은 대단히 순진하고 전혀 타당치 않는 가설
이다. 외견상 이런 이유가 원인이 되어 자살한 사람도, 실은 이런
사정이 생기기 전부터 그보다 훨씬 이전에 이미 자기 파괴를 시작하
고 있었음이 보통이다. 자살자의 모든 사정을 참을성있게, 아울러
정신적으로 내외 양쪽으로 철저히 조사할 기회를 잡고 노력한다면
병의 원인에 있어서 뜻밖에 다른 근거가 있다는 점을 알게 된다.

자살이란 것은 사람이 자기의 얼굴이 미워서 그 코를 베어 버리는
따위의 행동 중에서도 장대하고도 최종적인 사례이다. 그것은 미
움, 노여움, 복수, 죄책감 및 참기 어려운 좌절감의 결합이다. 사람
이 자기로선 감당하기 어렵거나 합리적으로 처리할 수 없는 커다란
재난, 마음의 초조, 실망 등을 당하면 자살자는 그런 현실로부터 도
피함으로써 해결한다. 즉 몹시 불합리한 동시에 비현실적인 행위에
의해 그는 발작적으로 철회할 수 없는 타격을 가한다. 이 타격은 그

가 어떤 특정한 사정이나 특수한 사람에 대해서 느끼는 원한의 감정
을 '자기 자신'에게 표현하는 것으로서 동시에 그는 그 벌에 대해
극적인 복종을 해 보이는 것이다.

평화를 동경한 나머지 자살한다는 말은 흔히 듣는 애기이다. 그
러나 햄릿은 먼 옛날에 이미 오늘날에도 굽힐 수 없는 진리를 갈파
했는데, 즉 죽으면 그런 평화를 얻을 수 있을지 없을지 우리들은 모
른다고 말하였다. 거기에 평화가 있다고 공상하는 사람들은 의식적
으로 또는 무의식적으로 죽음이란 일종의 '열반', 즉 자궁 속에 있
었을 당시의 편안한 상태로의 복귀라고 상상하고, 그곳으로 자기가
택한 길을 거쳐 급히 가는지도 모른다.

사람이 자기를 죽인다 —— 자기 얼굴이 미워서 코를 잘라
낸다 —— 는 행동은 간접적으로는 그 마음먹은 목적의 일부를 실제
로 완성하는 것이라는 점을 무시해서는 안 된다. 자살을 하면 확실
히 '다른 사람들 —— 친척, 애인, 고용주, 의사 —— '에게 고통을
줄 수 있다. 이 복수는 유치한 것이기는 하지만 동시에 무섭고 유효
한 것이다.

자살과 자살하려는 경향은 유전적인 것일까? 그것을 긍정할 만
한 과학적인 증거는 아무것도 없으나, 한가족에 많은 자살자들이
생긴 경우에는 그것을 심리적인 기초에 서서 설명하기가 충분히 가
능하다. 겉에서 이것을 보면 거기에는 암시라는 요소가 있는데 그
밑바닥 속에는 잘 알려져 있는 사실이 있다. 즉 한 집안의 어느 한
사람에게 무의식적으로 죽고 싶다는 소원이 극도로 발달해서 이 소
원이 그가 자살함으로써 뜻밖에 실현되면, 이 가족의 다른 사람들
사이에는 갑자기 압도적으로 강한 죄의식이 흐르기 시작해 이것이
죽고 싶다는 소원과 교체된다. 그런데 이 물결이 너무 강해지고 압
도적으로 되어 좌우간 죄인을 사형에 처하지 않으면 안 될 경우도
있을 수 있다.

정신분석을 하고 있는 사람들은 누구나 알고 있겠지만 이 일은 때

로는 꿈 속에서 행해지는데, 가령 사형선고를 받았다든가, 교수형을 받았다든가, 어떤 다른 방법으로 처형을 당했다든가 혹은 종신형의 언도를 받았다는 따위의 꿈을 꾸는 일이다. 그러나 다른 사정 밑에서는 이 암시가 실제로 자기가 제 자신의 사형을 집행하는 쪽으로 향한다.

또 세상에는 무의식적인 자살―― '사고' ―― 이라는 것이 있고, 환자가 무의식적인 동기에서 병을 가져오는 경우도 있다. 이런 경우는 마치 우연한 ―― 피할 수 없는 ―― 것처럼 보인다. 본인도 그런 것으로 생각한다. 그러나 여러 가지 사정에 밝고 또 중립적 입장에 있는 전문가가 이것을 보면, 생명에 관계되는 큰 사고의 대부분이 '고의적인 우연'임을 깨닫게 된다. 가장 탁월한 정신병학자 중에는, 폐결핵이 환자가 의식치 않은 자살임을 뚜렷이 알 수 있는 경우가 많으며, 또 이 환자는 한편으론 살고 싶다고 생각하고 또 한편으론 죽고 싶다는 두 상반되는 소원을 가지고 있어서, 비겁한 것이기는 하지만, 그가 세균에 항복했다는 것으로써 죽고 싶다는 소원을 만족시키고 있음을 자신은 모르고 있다고 믿는 사람들이 의외로 많이 있다.

(3) 변덕스런 성격의 치료

우리는 우울증의 깊고 무의식적인 심리적 원인을 얼마간 알게 되었으므로 그들을 대하는 데 있어서 어떤 점을 피해야 하느냐 하는 일반적인 원칙들에 도달할 수가 있다. 다음과 같은 것들은 공리(公理)로서 들 수가 있다.

(i) 우울한 사람들을 '기운나게 하거나' '쾌활하게 하거나'를 의논하여 이해시킬 수는 없다.

(ii) 가정에서 치료하는 것은 보통 권할 수 없으며, 이런 환자는

입원하여 그곳의 간호를 받아 치료와 보호를 할 필요가
있다.

(ⅲ) '전지요양'은 전혀 치료를 안 하는 것과 다름이 없거나 오히
려 해롭다.

이것을 설명하기 위해 다음의 예를 든다.

50세 되는 부인이 신경과민, 의기소침, 인생에 대한 홍미의 결여,
복부 팽만, 잔등이의 아픔, 두통 등을 호소하여 몇 사람의 대단히
유능한 의사의 진찰을 받았다. 그리고 그녀는 "콜로라도로 여행하
여 보시오. 집을 떠나면 훨씬 기분이 좋아질 것입니다"라는 권고를
받았다.

정신에 이상이 있는 환자에게 있어서 이것은 실로 위험한 충
고다. 비록 그들이 아무리 노력하더라도 자기를 믿을 수는 없는 법
이며, 이런 병이 주위 사정에서 비롯되는 경우는 그 예가 매우 드
물다. 여기서 말한 환자는 하라는 대로 여행을 떠났으나, 목적지에
도착하기도 전에 달리는 기차의 창 밖으로 뛰어내렸다.

변덕스런 성격이 우울상태에 있거나 홍분이 고조된 상태에 있을
때에 올바른 치료를 받는 것이 무엇보다도 중요하다. 그것은 거의
대부분의 경우 증상이 가라앉기 때문이다. 이 회복은 더러는 최악
의 상태에 있는 경우에도 가능한 것인데, 그것은 환자가 오해를 받
고 잘못 다루어지며 그릇된 치료를 받으면서도 병이 낫는 것이다.
그러나 그의 회복을 촉진시키도록 될 수 있는 한 최선의 기회를 주
는 것이 좋음은 당연한 일이다. 그 최선의 조치란 보통 환자를 격리
시키고 면회를 사절시킴으로써 —— 친척이 찾아와도 —— 그를 보호
하며, 육체적인 도움, 성의있는 음식, 주의깊은 간호, 목욕, 전기요
법 및 약품에 의한 신경안정, 그리고 무엇보다도 여러 가지 올바른
정신요법을 베푸는 일이다. 또 기관의 병이 원인의 하나인 환자의
경우에는 더 한층 특수한 치료가 필요한데, 이 문제는 제Ⅱ권 제5장

에서 좀더 자세히 알아보기로 한다.

환자가 완쾌되기 전에 퇴원하는 경우가 상당히 많은데, 그 결과 다음과 같은 경우가 있었다.

K부인은 2,3개월 입원해서 대단히 심했던 우울상태가 회복된 것처럼 보일 만큼 나아졌다. 그녀의 남편이 끈질기게 청하는 바람에 우리는 앞으로 3개월간 그녀에게는 반드시 한 사람이 붙어 있게 할 것을 조건으로 퇴원을 허락했다. 남편은 그녀가 몹시 쾌활해져 예전처럼 회복한 것 같아 그런 조건은 불필요한 듯 여겼지만 전문가인 우리가 부디 그렇게 하라면 따르겠다고 대답했다. 한 달 동안은 순조롭게 지나갔다.

어느 날, 낮에 그녀를 보살피기 위해 채용된 부인이 몸이 아파 오지 못했는데, 그 남편은 아내가 완쾌된 줄로 생각하고 있었으므로 하루쯤이야 어떠랴 하고 그대로 혼자 두기로 작정했다. 그녀는 남편의 아침식사 준비를 해주고 아이들이 일어나자 아침식사를 차려주고, 목욕을 시키고 옷을 입혀 학교로 보냈다. 그 후 집안을 청소하고 모든 것을 정돈해 놓은 다음, 광에 들어가서 목매어 죽고 말았다.

많은 경우, 환자만이 자기가 우울상태에 있다는 것을 알고 있다. 따라서 그는 남의 힘을 빌리지 않고, 제 힘으로 자기를 돕지 않으면 안 된다. 그런데 어떻게 그것을 행할까?

물론 그는 자기와 상의할 수가 있다. 실패했다든가 좌절했다든가 패배했다든가 실망했다든가——이런 일은 세상에 흔한 것인데, 성공은 이런 사정에 직면한 경우에 마음을 가라앉히고 반응하는 데 있다는 것은 예전부터 전해오는 말이다.

사람은 또 옛날부터 있는 비결을 이용하여 자기의 침착과 자신을 회복할 수도 있다. 인간은 누구든 어떤 특기를 가지고 있게 마련이다. 그는 그것으로 위안을 얻을 수 있다. 이를테면, 하버드 대학의 어떤 교수는 그 자신이 연구한 업적과 인기로 인해 세계적으로 유명해졌는데, 학교에서 누구보다도 서양장기를 잘 둔다는 것을 발견하기까지 아무도 그를 몰라 주었다. 그도 자기를 낮추어 왔는데, 장기가 세다는 것이 그에게 확신을 준 덕분에 과학세계에서의 큰일을 자유롭게 세상에 발표할 수 있게 되었다.

누구나 장기의 명인이 될 수는 없으나 어떤 이는 골프를 잘하고, 어떤 이는 과자를 잘 만들고, 어떤 이는 음악을 잘하고, 또 어떤 이는 어린이를 즐겁게 한다. 사람이 자기의 우수한 점을 인식할 수 있다면 그것은 위대한 선물이다. 때로는 자기가 졌다는 것을 모르는 사람도 있는데, 사람은 자기가 성공하였을 때에 그것을 자기가 아는 것이 더욱 중요한 일이다.

그리고 만약 하고 싶었던 일이 좌절되거나 어떤 손실을 입었을 때, 여우와 포도의 얘기를 거꾸로 적용시켜 보는 것도 좋다.

포도가 시다고 해서 버리는 것은 아무 소용도 없는 자기 기만이며 차디찬 위안에 불과하다. 여우는 포도를 따먹을 방법이 없었다. 캐시우스가 있었더라면 이 여우가 포도를 따먹지 못하는 까닭은 그에게 그만한 능력이 없기 때문이지 그의 별자리 탓이 아니라고 말해 줄 수 있었겠지만 이 여우로서는 이 사실에 올바로 직면하는 것은 참기 어려운 노릇이었다. 그는 꼬리를 감추고 살며시 도망했을지도 모른다. 그는 자기가 얼마나 무능한 놈이며 보잘것없는 놈인가, 저 포도를 못 따먹다니 하고 생각하면서 눈물을 흘리며 차라리 자살이라도 할까 하고 속으로 생각했을지도 모른다.

그러나 그는 달리 좀더 만족할 수 있는 해결을 얻을지도 모른다. 그는 이 포도——반드시 포도라야만 한다면——의 냄새를 맡고 어느 정도의 만족을 얻었을지도 모른다. 또 보잘것없지만 좀더 높이 뛰어올랐을지도 모르며, 발판이 될 만한 궤짝을 찾아왔을지도 모른다. 그런데 그가 좀더 머리를 써서 반성했다면, 포도는 여우와 같은 육식 동물에게는 보잘것없는 음식이며 비프스테이크 쪽이 훨씬 맛있을 뿐만 아니라 손쉽게 얻을 수 있다는 것을 깨달았을 것이다. 그리고 약간 우스운 광경이었을 것——여우가 포도 한 송이를 향해 뛰어오르는 장면——을 고민했던 점을 깨닫고 웃음으로 그 상황을 받아들이고 당황시키는 한편, 사랑스런 이 세상의 운명의 장난을 이해하고 진심으로 유쾌하게 웃고 나서, 자기의 갈 길을 빠른 걸음으로 갔을지도 모른다.

이렇게 생각해 보는 것도 사람에 따라서는 어떤 도움이 될지도 모른다. 그러나 우울상태가 한층 더 악화되어 있는 사람들을 위해서 우리는 좀더 앞을 내다보지 않으면 안 된다. 지금까지 치밀하게 조사해 온 우울상태의 기원에 관한 여러 학설을 좀더 합리적으로 적용해 보려면 어떻게 해야 될까?

증오——발산시키지 못하고 의식되어 있지 않은 경우가 많은 증오로 자기 이외의 사람에게 돌려지고, 그것이 자기에게로 반사해 돌아온 것,——이것이 우울상태를 일으키게 마련이라는 것은 이미 설명되었다. 따라서 이론적으로 말하자면 이 증오심을 될 수 있는 한 발산시켜 버리는 것이 좋다는 결론이 된다. 다만 우울상태란 것은 증오이며, 사람을 미워한다는 것이 자기를 이렇게 괴롭힌다는 이상스런 역설을 숙고하여 보는 것만으로도 이미 효과가 있다.

대개의 경우, 최초에 증오심을 일으키게 만든 사람을 향해 증오를 발산하지 않는 편이 좋다는 정당한 이유가 있기는 하다. 그러나 아무에게도 폐를 끼치지 않고서 이런 증오의 감정을 발산시켜 버리는 방법이 있는데, 운동경기는 많은 경우에 바로 이것에 해당한다. 이 점은 관중들이 열심히 선수를 응원하며 목청을 높여 "싸워라!" "죽여 버려라!" 하든가, 그밖의 야만적인 말을 함부로 외치는 장면에서 볼 수 있다. 우리는 누구든지 모두 축구를 할 수는 없으나, 스포츠에 있어서의 대리적인 탐닉에도 약간의 이익이 있으며, 대부분의 사람은 마음만 먹으면 운동을 할 수 있다. 또한 적대자가 없는 운동이라도 많은 우울상태의 사람에게는 어느 정도 구체적인 구원이 되게 마련이다.*

단순히 몸을 움직여서 열심히 일하는 것이라도 많은 사람에게 있어서, 그리고 여러 종류의 자책하는 마음을 구원하는 데 있어서도 똑같은 작용을 할 것이며 사실 효과가 있다.

그러나 이것으로 모든 것을 전부 말한 것은 아니다. 우리 중의 어떤 사람은 우울증이 없어지지 않을 것이다. 어떤 종류의 기질을 가진 사람들은 어떤 사태에 당면하더라도 침착하게 있을 수 있다고 하는 이상(理想)은 도저히 얻을 수 없다. 그들이 아무리 노력해 보아도 그들에게는 '그 두 놈의 사기꾼을 둘다 똑같이 다룰 수는 없는 법'이어서, 누구든 아무래도 성공과 실패의 양편에 대해 지나치게 반응하기 마련이다. 링컨은 "이것도 역시 지나갈 것이다"라고 생각하며 위안을 받았는데, 이런 사고방식도 얼마간의 도움이 된다. 일종의 종교, 말로 표현할 수 없는 사랑——예를 들면, 신, 미, 자연 등에 대한 사랑——, 또는 일에 대한 헌신적인 노력 등도 우울증에서 구원하여 준다. 어떤 이들은 근대에 와서 우울증에 걸리는 사람이 늘는 까닭은 종교상의 굳은 신앙을 잃은 것 또는 그 신앙이 사람들의 마음을 끌어 파악해 나갈 수 없게 된 것에 그 원인이 있다고 생각한다. 욥과 같이 "그(여호와)가 나를 죽이신다 하더라도, 나는 그를 믿겠다"라고 말할 수 있는 사람이 오늘날엔 적어졌다. 욥과 그리스도는 슬픔을 알고 있었으나 우울한 것은 아니었다.

우울한 사람은 가장 친숙한 사람의 의견을 듣고 그 충고대로 하면 대개 틀림없이 좋아진다. 만약 자살하고 싶은 생각이 나거든 당신은 어떤 이에게 그것을 얘기해야 한다. 그때의 상대는 정신상태가 충분히 안정되어 있어, 당신이 위험한 여울을 무사히 건널 수 있도록 인도할 만한 사람을 택해야 한다. 그렇게 하는 것이 당신의 자기

*심한 우울증에 걸려서 입원한 사람들에게 이 원칙을 응용하여 매우 좋은 효과를 올렸는데, 이 문제는 〈치료〉편에서 더 자세히 설명하겠다.

자신에 대한 의무이기도 하다. 좋은 친구란 그래서 중요한데, 현명한 친구라면 오만을 부리지 않을 것이다. 그는 당신을 정신병 전문의에게로 데리고 갈 것이다. 근대의 정신병학은 널리 알려진 우수한 외과수술의 눈부신 성공에 견줄 만큼 발달되었다. 마음의 외과수술은 때로는 개복수술과 마찬가지로 중요하며, 또한 실행할 수 있는 것이 많다.

6 신경증적 유형(신경쇠약적인 퍼스낼리티즈)

'신경증적'이란 말은 지식층의 대부분의 사람들 사이에 널리 알려져 있으나 이 말의 의미는 여러 가지로 해석되고 있다. 많은 사람에게 이 말은 '신경질'이라는 말의 동의어로 약간 위엄을 갖춘 것에 불과하다고 알려져 있다. 또 어떤 이는 자기가 신경적이라고 하면, 거기에 어떤 우수성이 있는 것으로 생각한다. 그러나 다른 사람들 특히 의사들에게 있어서는, 이 말은 어떤 종류의 사람들——그들은 육체적인 병의 정도를 훨씬 지나서 중태인 것처럼 호소하는 경향이 있고, 또 기관의 고통은 극히 가벼운데도 그 증상을 하늘에까지 들리도록 소리를 질러 떠드는 따위의 사람들——을 뜻하는 것으로서 오히려 비방적인 말로 되어 있다.

실상 신경증적이라는 것은 위에 든 두 가지 모두이며, 그 어느 한 편도 아니고 거기에 상당히 더 추가한 것이기도 하다. 이론적으로 말해 신경증적 환자란 것은, 그가 어렸을 때에 자기의 본능적인 경향과 주위의 상황 사이에 일어난 충돌과 불화를 자아가 완전히 이해하도록 해결하지 못한 채 자라난 사람이다. 따라서 항상 엄청난 희생을 치르지 않으면 그가 필요로 하는 만족을 얻을 수 없는 행동에 빠지지 않을 수 없었던 사람이다. 신경증적인 사람은 자기가 성취해 보고 싶었던 소원을 스스로 파괴하려고 애쓰거나, 자기의 총을 쓰지 못하도록 자기 손으로 총구를 막거나 자기가 빠지려고 함정을 파는 그런 종류의 사람들이다.

그는 1944년의 일과 각종 상황들을 마치 1910년의 일과 각종 상황들——그가 아직 어릴 적의 주위 사람들과 사건들——인 것처럼 처리한다. 프로이트도 말하였듯이 그는 '추억' 때문에 고민하고 있으며, 자기로선 그 추억을 의식하고 있지 않다. 이리하여 그가 얻는 만족이란 것은 대개의 경우, 너무나 가정되어 있으며, 비현실적이며 비싼——희생이 너무 큰——것이므로 정신이 건강한 사람으로서는 신경증적인 사람이 실상은 어떤 병의 피해자——더 정확하게는 성격 결함의 희생자——라는 사실을 이해할 수도 없으며 또 그런 사실을 믿을 수도 없다.

'히스테리'라는 것은 신경증의 전형적인 것인데, 이것은 희랍어의 '자궁'이라는 말에서 비롯되었다. 몇천 년 전에 이 말이 생겨났을 때, 이 히스테리——일종의 신경증——와 성적인 본능 사이에 어딘지 연결성이 있다는 것이 인정되어 있었다는 점은 참으로 흥미있는 일이다. 이 학설의 첫째 이론은 자궁이 어떤 기관에 계류되어 있던 정위치를 떠나 온몸 속을 돌아다녀서, 그것이 심술궂게 자리잡는 그 장소에 따라서 몸의 여기저기에 여러 증상을 일으키게 마련이라는 것이었다. 이것은 근대적인 견해를 참으로 잘 상징하고 있다.

하기야 근대의 학설에서 자궁이 몸 속을 돌아다닌다고는 말하지 않지만 신경증이란 것은 본시 성적인 본능——이보다는 성적 본능의 배출구라고 말하는 편이 좋다——이 치환된 것이라고 말한다. 이것은 〈동기〉편에서 한층 더 분명해질 것이다. 지금 여기서는 다만 신경증적 성격이란 인간의 원시적인 본능——성적인 것과 공격적인 것——이 사회적인 요청에 대응하기 위해 변용되었는데, 그 변용은 대단한 고통을 수반하며, 또한 몹시 많은 불리한 대용품을 발달시키지 않고서는 못하였다는 그런 사람을 가리킨다는 정도만 말하여 둔다.

문명은 '성'의 기회, 효용 및 의의를 굉장히 정교하게 만들었지만 동시에 그 목적의 달성을 매우 어렵게 만들었다. 우리 조상들의 시대에는 남자가 그런 기분이 동하였을 무렵이면 오늘날에도 포유류의 네 발 짐승이 그렇듯이, 단순히 성의 대상을 얻을 목적으로 여자를 찾지 않았을까, 또는 여자를 얻기 위해 다소는 투쟁할 필요가 있었을지도 모르지만, 단지 그뿐이었다. 오늘날에는 남자가 여자와 결혼하려면 여러 가지 많은 장애를 극복하지 않으면 안 되며, 일단 그가 결혼이라는 관계를 맺게 되면 갖가지 책임이 지워지게 마련이다.

그런데 성적인 본능을 소비하는 복잡성이 이처럼 늘었다고 하더라도 그것은 아직 얘기가 반밖에 끝나지 않았다. 문명은 동시에 인간이 그의 육체적인 기호 이외의 자기표현을 발전시킬 기회를 많이 증가시켰다. 원시시대의 인생이란 먹고 자고 사냥하러 나가고 싸우고 그리고 출산하는──다만 이것뿐이었으나 오늘날의 인생은 무한히 복잡다단하게 되었다.

조금 돌이켜 생각해 보면 알 일이지만, 자기표현의 이해관계 및 형식을 이처럼 복잡, 정교화한 것──우리는 이것을 문명이라 부른다──은 원시시대의 단순하고 손쉽고 직접적인 자기만족의 방법을 희생하고서야 가능했다. 전류의 통로에 저항을 놓지 않으면 열도 빛도 생기지 않는 것과 마찬가지로 인류의 이해관계가 오늘날처럼 확대되고, 또 확대되어 가고 있는 것도 어떤 억제를 가했기 때문이다. 바꿔 말하면 문명과 문화는 원시적인 경향, 성적인 본능 및 공격적인 본능을 방해하여 좌절시킨 후에 비로소 발달되었다. 이런 의미에서 문명 그 자체도 신경증적인 산물이다.(Freud 《Civilization and Discounts》, New York, Jonathan Cape & Harrison Smith 참조)

우리가 앞서 말한 원시시대로부터 현대에 이른 것이 최근의 일임을 생각해 보면, 우리들 중의 많은 사람들이 20세기 문명의 치밀한 법칙들에 자기의 본능을 순응시키기가 어렵다고 생각한다. 그렇지만 그것은 조금도 이상할 것이 없으며 특히 신경증적인 사람들의 경우에는 잘 들어맞는다. 그는 자기의 과자를 원하며 그것을 먹는다. 그는 문화의 열매를 원하는 동시에 더 원시적인 여러 형식들의 만족도 유지해 가기를 원하고 있다.

이렇게 써 놓고 보니 너무나 간단해서 말이 안 된다. 왜냐하면, 신경증적인 사람들은 문명과 미개의 어중간한 사이를 왔다갔다하는 것이라고 말하기가 너무 쉽기 때문이다. 그보다는 오히려, 신경증적인 사람들은 갖가지 기회에 끼어서 어느 것을 잡을까 하고 어리둥절해지고, 마음을 괴롭히고, 마음이 산만해진 것이라고 말해야 좋을지도 모르겠다. 그에게 어떤 결함이 있는 것도 아니고, 변덕스럽지도 않고, 또 퇴영적도 아니며, 다만 정신없이 멍하니 앉아 있을 뿐이다. 그 스스로 의식하지 않고 있는 머리 속에서 아무래도 융화할 수 없는 경향과 그 반대 경향 사이에 맹렬한 투쟁이 전개되고 있다.

이 투쟁은 어떤 사람의 경우에도 무의식의 세계에서 행해지고 있다. 그러나 신경증적인 사람의 경우에 그것은 의식의 가장 가까운 자리에서 행해지며, 양쪽 힘의 관계가 더욱 균형을 이루고 있으며, 그 투쟁이 더욱 처절하다. '정상적'인 사람의 경우에 이 투쟁은 신속히, 조용히, 아무 고통도 없이 어떻게든지 해결이 난다.

그는 과자를 먹거나 그냥 가지고 있다. 그는 처녀에게 키스를 하거나 돌려보낸다. 그는 시를 좋아하거나 싫어한다. 그런데 신경증적인 사람으로서는 그것을 결정하지 못한다. 그는 한 가지를 원하는 듯이 보이는데 동시에 딴 것도 원하고 있다. 그는 방해물을 자기 손으로 길에 내다놓고 그것에 걸려 넘어지는 것같이 보인다. 그러나 정상적인 남녀는 자기가 사랑할 사람을 찾아내며, 그런 애정을 간직하고 있을 동안에 미운 사람도 나타나게 되어 사랑하기도 하고 미워하기도 하면서, 즉 동시에 행하면서 성공하여 행복을 얻는다. 신경증적인 남녀들이 그렇게 하려면 온갖 곤란을 만나게 되어 그것이 '도피' 또는 '공격'의 모습을 취한다.

어떤 남자들은 자기가 사랑하거나 사랑해야 한다고 생각하는 자기의 아내나 애인과 싸우며 자기에게 해를 끼치는 남자 또는 여자에게 상냥하게 항복한다. 어떤 남자들은 도피하여 육체적인 병이 나거나 공포 증상을 일으키고, 신경성 소화불량이나 변비를 일으킨다. 또 다른 사람들은 체육, 경기, 더 나아가서는 예술, 음악, 문학 등에 열중함으로써 도피한다. 이런 일을 하더라도 아무도 막을 사람이 없다. 왜냐하면, 현재의 문명세계에서는 아무도 자기의 본능을 직접적이고 위장되지 않은 방법으로 완전히 소비해 버릴 수는 없기 때문이다.

그런데 그 중에는 모든 직접적인 성욕 및 의식적인 성적 감정을 불필요하게 그리고 무심코 포기해 버리는 사람들도 있다. 의학상 그런 사람들은 남자인 경우에는 '성교불능'이라 부르고, 여자인 경우에는 '불감증'이라고 부른다. 특히 여자가 이 병에 잘 걸리는데, 많은 경우에 그들은 체질관계로 생기는 것으로 생각하기도 하고, 혹은 여자는 의식적인 성적 감정을 갖지 않는 것으로 믿고 있다. 그러나 체질에서 생기는 일은 결코 없으며 또 여자가 성욕을 갖지 않는다는 것은 어리석은 말이다.

이런 사람들은 사실은 성욕이 없는 것이 아니라 다만 굉장히 강한 억압작용의 마법에 걸려 있는 형편이다. 이것에 대해서는 여러 번 말한 바 있지만 그것은 아무리 강조해도 지나치지 않을 것이다. 그리고 그것은 '억압작용'은 아니다. 그들은 너무나 문명화된 사람이라 그런 감정을 억제하고 있다. 그리고 이 경우의 문명이란 것은 그들의 사제품으로서 실재 그대로의 문명이 아니라 그것을 과장한 것이거나 그렇지 않으면 그것을 만화화한 것에 불과하다.

아이가 8, 9세 때에 성적인 동작을 하여 어머니에게 꾸중을 들었다 해서 그 소년이 30세가 되어도 성적인 행동을 해서는 안 된다는 이유는 되지 않는다. 그러나 이런 이론의 무의식 세계(인간이 성장한

후에도 남아 있는 마음 속의 의식 이외의 다른 마음)에는 실제로 동요되
는 경우가 종종 있으며, 그 이론이 방해를 하여 그가 결혼하지 못하
거나 설사 결혼하더라도 훌륭한 남편이 되지 못하는 경우가 더러 있
으며 여자들의 경우에도 마찬가지이다.

성생활에 있어서의 문제는 종종 그럴듯하게 설명이 되어 있다.
그리고 그것을 이상주의나 기회가 없었다든가, 몸의 발육 불완전이
라든가, 성활동의 부족이라든가, 상대자가 나쁘다든가 하는 것 등
의 탓으로 돌리고 있다. 때로는 양심적이기는 하지만 연구가 부족
한 의사가 있어서 그 의사가 그런 말을 하면 사람들은 쉽게 믿어 버
린다. 그리고 그런 설명을 들으면 사람들은 안심한다. 그렇지만 현
재 인류의 비뇨생식기학자와 정신병학자들은 이 학설은 그릇된 것
이며, 이 증상은 심리적인 현상이며, 심리적인 치료를 받을 필요가
있다는 점에 대체로 의견이 일치되고 있다.

이 문제에 관해 상당히 장황하게 설명했는데, 그것은 이런 증상
이 신경증적인 사람들 사이에 너무도 전형적이기 때문이다. 즉 그
는 자기의 본능을 좌절시키고 있다. 어느 정도까지 그는 신경쇠약
적인 행동을 하여 스스로 만족하고 있다——자기가 하고 싶은 것
을 다른 이상한 것과 바꿔 놓는다. 이 기묘한 행동——신경증적인
증상——은 핑계의 구실을 하며 동시에 그의 육체적인 감각과 흥
미를 표현하는 도구이기도 하다.

이런 감각들과 흥미는, 원래는 직접적인 성행위를 하거나 직접적
인 성적 표현을 '승화'한 꼴로 만들어 쓰도록 함으로써, 그것을 무
익한 치환행위를 하는 대신에 더 효과적인 방향으로 전개시켜야
한다. 가령 소화불량이나 위장병으로 있느니보다 시라도 지어서 그
의 배출구를 거기에서 발견하며 그것을 그의 신부로 삼는다면, 이
세상은 훨씬 유쾌한 것이 될 것이다. 그래도 여전히 그는 신경증적
인 성격을 가진 사람이란 말을 듣겠지만 그러나 그것은 신경증이 아
니다. 하지만 신경질, 소화불량 등으로 고생하는 사람은 신경증(노

이로제)을 가지고 있는 셈이 된다.

세상에는 여러 가지 타협이 있는데, 그 중에 사회적으로 가치있는 것의 일종으로는 '승화작용'이 있다. 그리고 사물을 고상화하는 것에 문화가 있다. 이 공식을 다시 더 간단하게 말해 본다면, 성적인 본능은 그 성질상 다소 억압을 받아야 한다는 것이다. 그리고 이것이 방해를 받아──자기의 계획이 좌절되어──그 결과, 자기의 정력을 비생산적인 방면으로 가져가면, 그 사람은 신경증을 가지게 된다. 그것을 생산적인 방면으로 이탈시키면 그것이 고상화되는 것이 된다.

학교교사나 간호사 등은 모성적인 본능을 간단한 꼴로 고상화시킨다. 예술가와 저술가들은 어느 유명한 43명의 자녀들의 아버지가 된 오스트리아인과 같은 의미에서의 창조자이다. 외과의, 변호사, 여배우, 목사 등이 각자의 직업에 따라 고상화할 기회가 부여된 것이라는 사실은 성적 본능을 가진다는 것이 반드시 이성을 소유해 아이를 출산하는 일에만 한정되지 않고, 그밖에도 여러 경향을 포함한다는 점을 깨달으면 곧 알 수 있는 점이다. 성적인 정서는 실로 여러 가지 형식으로 나타나는 것으로서, 이 문제에 관해서는 아직도 쓸 것이 많지만 뒤에 나올 〈동기〉* 편에서 자세히 설명하겠다.

나는 사회적으로 유명하고 완성된 사람들이 모여서 조직한 클럽을 알고 있다. 거기에는 은행장, 큰 회사의 대표, 변호사, 의사, 신문기자, 작가, 문필가, 실업가 등 여러 부류의 사람들이 있는데, 그들은 지식인이며 고등교육을 받았다. 이 사람들의 이야기를 들어보면 여간 재미있지 않다. 그들은 각각 그 사회층에서는 현인이며 고문이며 유력자며 정신적으로 건강한 사람들이다. 그러면서도 이들 중에는 사회적인 명성과 교양에 걸맞지 않게 신경증적인 성격의 징후를 보이는 사람들이 있다. 그 중 아무도 표면화된 신경증적인 사람은 없으나 누구나 쉽사리 그렇게 될지도 모르는 일이다.

─────────
* 〈동기〉는 제Ⅱ권에 수록되었음.

이 사람들 중의 한 사람을 자세히 살펴보기로 하자. 그는 매우 친절하고 정직하며 남을 속이는 짓은 절대로 못한다. 그는 쾌활하고 부드러운 목소리를 가진 온화한 사람인데, 한 번 법정에 나서면 대단히 격렬한 변론을 용감하게 하는 변호사이다. 그러면서도 가정에서는 심술궂고 무정하고 고집세고 냉혹한 아내의 압제를 받아 잠시도 마음이 편할 날이 없다. 그렇지만 그에겐 그런 여자로부터 도망칠 만한 기력이 없다.

그리고 또 한 남자는 자기의 처자식을 매우 사랑하고 귀여워하기는 하지만 예쁜 여자만 보면 황홀하여 유혹에 쉽사리 힘을 잃고 만다. 그는 여러 번 문제를 일으켰고 그때마다 수치스런 상황에서 구원되었다. 그의 아내가 그를 버리고 돌보지 않는다면 그는 결코 구원될 수 없었을 것이다. 다행히 그는 훌륭한 아내를 둔 덕분으로 파멸을 모면했다.

한 신문기자는 어떤 문제에 관해서도 참으로 잘 알고 있지만, 그는 자기가 가장 모르는 문제에 가장 큰 관심을 가지고 있다. 그것은 의학이다. 그는 자기의 건강문제는 세계에서도 첫째로 중요한 화제로 생각하고 있다. 그는 비가 오면 감기들지도 모른다고 근심하며, 또 오랫동안 비가 안 오면 이번엔 전염병이 유행할지도 모른다고 걱정한다. 추우면 폐렴에 걸릴까 걱정하며, 더우면 일사병에 걸릴지도 모른다고 걱정한다. 그는 고무신을 신고 두툼한 속옷을 입는 버릇이 있다. 음식에 대해서도 늘 독이 들어 있지 않을까 의심한다. 그는 몹시 과식을 하고 나서는 곧 그것을 후회한다. 그는 출생 후 병을 앓아 본 적이 없었지만, 지금 당장 병에 걸리지 않을까 생각하며 그것을 기대하고 있다.

신경증적 성격을 가진 사람의 순응할 수 없는 점이 무엇인가를 이렇게 간단하고 단일한 방법으로 폭로한 예를 많이 드는 것보다는 우리가 노이로제라고 하는 사람들이 행하고 있는 '타협'의 실례를 모아서 그 설명을 하는 것이 낫겠다.

(1) 신경증(노이로제)

a) 신경증적인 사람들의 발병상태

프로이트 이전의 오랜 분류법에 의하면 신경증에는 히스테리증, 뉴러스시니어 및 사이커스시니어의 세 가지가 있다. 이것은 정신분석학이 변경한 것과 일치하지는 않지만 현재에도 의학계의 정설로 되어 있다.

'사이커스시니어'——이것은 병의 증상이 완전히 본인의 주관적인 것인 경우, 즉 병자가 갖가지 공포, 의심이나 걱정 때문에 고민하며 그것밖에는 아무 증상이 보이지 않고, 다만 예외로 본인이 예방책이라고 확실히 자인하는 행위만이 외관상의 증상으로 되어 있는 따위의 병자를 말하는 것으로서, 현재에도 역시 그러하다. 이런 병자들을 프로이트파의 학자들은 그 원인에서 이름을 따서 '불안히스테리증', '불안신경증' 및 '강박행위증'이라 부르고 있다.

'뉴러스시니어'——이 경우에도 환자는 진찰해 보아도 별로 나쁜 곳은 없는데, 본인은 매우 많은 고통을 호소하는 종류의 병자들에게 붙인 이름인데 지금도 이렇게 부르고 있다. 그것은 주로 육체적인 고통으로서, 아프다든가 노곤하다든가 하는 종류의 것이다.

그러나 사이커스시니어 환자는 그의 병이 자기 자신의 내부로부터 생긴 것임을 자인하지만 뉴러스시니어 환자는 절대로 그렇지 않다고 주장한다. 이 어느 경우에도 자세히 진단을 해 보면 아무 병도 없다. 사이커스시니어 환자는 어디에 병이 있다고 주장하는 일은 없지만, 뉴러스시니어 환자는 항상 자기가 병에 걸렸다는 증거를 보이려고 한다. 의사가 그의 몸을 여러 번 진찰한 후 아무렇지도 않다고 말해 주어도 본인은 곧이듣지 않고 또 다른 의사를 찾아간다.

그런데 전환성 히스테리증 환자는 아무 말도 하지는 않지만 자기의 증상으로 하여금 환자임을 드러낸다. 그들은 항상 매우 현저한 육체적 또는 기능적인 '전환'을 노골적으로 드러내고 있다. 뉴러스시니어는 자신의 병이 정신적인 것이라고는 생각하지 않는데 히스테리 환자도 역시 그렇다. 그들은 이 증상이 육체상의 병인 것으로 믿고 있다. 나는 이제 이 신경증들을 하나씩 설명하려고 한다.

(2) 사이커스시니어(의심, 공포, 불안, 강박관념 등)*

a) 강박관념증

로버트 해링톤 씨는 어떤 번창하는 큰 도매상의 신용판매부 주인이었다. 그는 그 도시에서 가장 유능하고 능률이 높은 실업가의 한 사람으로 알려져 있었고, 그의 판단은 그 상점에서만이 아니라 관계방면 전체에서 인정받고 있었다. 그는 어느 은행 및 다른 회사의 이사직도 겸하고 있었다. 그와 20년 동안 함께 일해 온 사람들마저도 그가 나의 환자인 줄은 꿈에도 몰랐다는 것이다. 그러면서도 그는 어려서부터 줄곧 병을 앓아 왔다는 것이다. 그는 다음과 같이 말했다.

"나는 어떤 실재하지 않는 생각──나의 대부분이 여기 있고, 나머지 부분은 어떤 다른 세계에 살고 있다는 등 여러 가지 잘못된 생각──과 같은 것이 내 속으로 스며드는 것을 막을 길이 없었습니다. 그런 기분이 늘 나에게 있으며, 이 우스운 감각을 내 머리 속에서 털어버릴 수가 없을 것 같습니다.

나는 실제로는 일어나지도 않을 걱정들을 늘 하고 있습니다. 밤에 잠자리에 들어도 곧 잠이 들지 않습니다. 우선 하룻동안 일어난 여러 가지 일을 근심하고 조바심하며, 또 그날 한 일의 결과와 일어날지도 모르는 일을 두려워합니다. 겨우 잠이 들었는가 하면 불안과 공포 때문에 잠을 설치게 됩니다. 밤마다 무서운 꿈만 꾸는데,

─────────────
*어떤 관념이 머리 속에 꽉 차 있어 그 관념이 아무리 나쁘다고 부정해도 없어지지 않는 데서 오는 뉴로틱한 병자, 즉 강박증, 강박관념증.

이 꿈 속에서 나는 곧이들리지도 않을 무서운 생각에 쌓이며 말할
수 없는 무서운 모험 속으로 휩쓸려 들어갑니다. 그리고 그런 일을
나 자신이 일으키는 것 같습니다.

때로는 죽지나 않을까 걱정합니다. 하지만 그런 어리석은 일은
있을 수 없다고 깨달았죠. 어느 모로 보나 나는 매우 건강하여 죽을
것 같다는 말은 당치도 않은 것입니다. 그러면서도 죽는 것을 생각
하면 아주 겁이 나서 아무리 사소한 일이라도 그것이 원인이 되어
죽을 가능성이 있는 것처럼 생각됩니다.

또 내가 먹은 어떤 음식 때문에 급성 소화불량을 일으킬 것 같고,
세수할 때는 물이 귓속으로 들어가서 그것이 곪지나 않을까 하고 걱
정합니다.

또한 출근 도중에 어떤 사고가 발생해서 죽지 않을까, 회사의 건
물이 무너지지 않을까, 지진이나 벼락과 같은 천재지변이 일어나
모두 파멸하지 않을까 하고 생각합니다. 때로는 회사동료들의 얼굴
을 보다가 누가 실수로 나를 쏘아 죽이면 어쩌나 하는 걱정까지도
합니다. 나는 그런 일이 일어날 까닭이 없음을 알면서도 그런 온갖
공포심이 생깁니다.

또 다음에는 지금까지 내가 실수로 어떤 사람을 죽이지나 않을까
하고 생각합니다. 실제로 10마일 가량 후진하여 내가 길가에 서 있
던 남의 자동차 옆을 지날 때, 우연히 가볍게 스쳐 손상을 주지나
않았는지를 확인하러 간 일까지 있었습니다. 나는 여러 시간 동안
내가 한 일이 어떤 이에게 폐를 끼치지나 않았을까 하고 거듭 반성
하는데, 그러는 동안에는 그런 일은 결코 있을 수 없으며, 내가 이
렇게 고민하는 것은 결국 자신을 처벌하는 것인데 무엇 때문에 그러
는지 모른다고 생각합니다.

나는 또 상업상의 편지를 여러 장 세밀히 조사해서 어떤 단골손님
에 관해 내가 이제 내리려는 판단이 틀리지 않았는가를 검토합
니다. 또 그 자리에서 척척 해내면 좋을 일도 공연히 시간을 끌고

허비합니다. 그리고 밤마다 내가 갑자기 죽더라도 그때 남들에게 폐가 안 되도록 참으로 꼼꼼하게 준비를 하여 둡니다마는 물론 실제로 그런 일은 일어나지 않았습니다.

내가 왜 결혼하지 않는지 회사의 사원들은 모릅니다. 그들은 가끔 그 일로 나를 조롱하며, 내가 업무에 너무 골몰하고 있으므로 고상한 감정이나 애정 같은 것은 모를 것이라고 말합니다.

실상 나는 몇 번이나 결혼하려고 했는지 또 연애를 했는지 모릅니다. 그렇지만 나는 소개를 받고 인사를 하면 그뿐입니다. 만약 내가 어떤 여자에게 말을 걸거나 그녀로 하여금 내게 관심을 갖도록 힘쓴다고 생각하면 나는 반드시 남들이 깜짝 놀랄 엉뚱한 잘못을 저지를 것이라는 생각이 듭니다. 그렇게 되면 나는 부끄러운 굴욕을 느낀 나머지 죽고 싶어질 것입니다.

나는 내 일의 세세한 곳에 주의를 기울이고 있어, 거기에 골몰하기만 하면 다소 마음이 편안합니다. 그렇다고 진정으로 마음이 편안하다는 것은 결코 아니고 비교적 편안하다는 뜻입니다.

그래서 나는 항상 내가 이렇게 고민하고 있다는 사실을 세상의 누구도 모르게 숨겨야겠다고 생각했습니다. 나는 사교상의 약속을 아무 변명도 없이 어긴 적이 참 많습니다. 세상 사람들로 하여금 나는 무감각한 인간이며 사교에 관심이 없다고 생각하도록 만들었습니다. 나는 신경증적인 사람들이 괴상한 짓을 하면 그것을 비웃어 왔으며, 또 정신병 전문의들의 여러 가지 학설들을 우습게 여겨 왔으므로 늘 연막을 피우기에 애썼을 뿐이고 실상 그 뒤에는 죽지 못한 구더기가 우글거리고 있으며, 고민하고 있는 줄을 아무도 모르고 있습니다."

b) 강박행위증

8년 전쯤에 어떤 큰 회사의 총지배인이 나에게 의논하러 왔었는데, 그는 다음과 같은 얘기를 했다.

"선생님, 회사의 사무상 생긴 문제로 우리는 몹시 걱정하고 있습니다. 사내에 한 젊은 부인이 일하고 있는데, 그녀만큼 일을 잘하는 여자는 아직 본 적이 없다고 생각합니다. 그녀는 참으로 재간 덩어리인데, 동료들과는 사이가 좋지 않지만 일에 한해서는 문제의 원칙을 실로 놀랄 만큼 정확하게 파악하고 있으며 미안할 정도로 양심적으로 일하는 사람입니다. 만사를 빈틈없이 처리하지 않고는 못 견디는 여성입니다.

2,3주일 전쯤 그녀가 일하는 부서의 부장이 나에게 왔는데 그가 하는 말이, 그녀에게는 이상한 버릇이 있다는 것이었습니다. 그러나 나는 여자에겐 흔히 있는 히스테리 증상일 것이라는 정도로 생각하였습니다. 하기는 그녀가 히스테리를 일으킨다는 것이 약간 이상하다고는 생각되었으나, 나는 그 일을 까맣게 잊어버리고 있었습니다. 그런데 그 후 갖가지 사건이 연달아 일어나므로 정신병 전문의에게 한 번 진찰받을 필요가 있다고 생각했습니다.

이 부인은 한때 아주 초조한 상태에서 다른 동료들과 전혀 상종하지 않았고, 그 상태가 점점 악화되는 것처럼 보였습니다. 일을 하면서도 무슨 커다란 걱정거리가 있는 듯해서 계장이 웬일이냐고 물었더니, 그녀는 매우 초조해 하면서도 딱 잘라서 아무 일도 없다고 대답했습니다.

그런 지 며칠이 지난 후의 일인데, 그녀는 머리를 흔들어 보기도 하고, 입술을 움직이기도 하고, 주먹을 불끈 쥐기도 하고, 두 손을 깍지끼고 가슴에 대기도 하는 등 한 마디로 말해 '심상치 않는 얼빠진' 행동을 하고 있는 광경을 동료 한 사람이 발견하였습니다. 그 다음부터는 여러 사람들이 그녀가 별별짓을 다하는 현장을 목격했습니다. 그 하나하나가 모두 같은 횟수로 세 번씩 반복되었다고 생각됩니다. 가령 발끝으로 마루를 세 번 울린다든가, 주먹을 세 번 쥐었다 폈다 반복한다든가, 일어섰다 앉았다를 세 번 반복하고, 무릎을 포개고 앉아 그 발로 세 번 무엇을 가볍게 친다든가 하는 따위의 이상한 행동입니다.

선생님은 당장에 그녀가 머리가 약간 돌아서 미친 짓을 시작한 것으로 생각하시겠지만, 이상한 일은 그녀의 정신에는 조금도 이상이 없다는 점입니다. 한 5분 가량 그녀와 함께 얘기를 나눠 보면 곧 알수 있습니다. 지금까지와 조금도 다른 데가 없고 영리하고 이해력이 빠르며 자신만만합니다.

나는 정서의 이상이라는 것엔 별로 지식이 없지만 그녀가 미치지 않았다는 것은 분명합니다. 그러면서도 그녀에게 왜 그런 짓을 하느냐고 물으면, 그녀는 고개를 푹 숙이고 아무 말도 안 합니다. 선생님, 이 부인을 한번 만나 주시지 않겠습니까?"

나는 그녀를 만났는데, 그 해부터 다음해까지 200회 이상은 만난 것 같다. 내가 조사한 그녀의 증상이나 그녀가 의식하고 있지 않은 숨은 의미와 그 동기 등을 상세하게 쓴다면 이 책의 두 배는 될 것이라고 생각된다.

우선 첫번째로, 앞의 총지배인의 말——그녀는 미치지 않았다는——은 일반적인 의미에서는 옳았다. 왜냐하면 그녀는 사회에 대해서도, 자기 자신에 대해서도 조금도 위협적인 존재가 되지 않는다는 의미에서 그렇다고 볼 수는 있다. 그러나 그녀는 실상은 대단한 '강박행위증'에 걸린 것이었다. 이것은 사이커스시니어의 일종이다.

그녀는 앞서 총지배인이 말해 준 이상스런 동작 외에 다른 여러 가지 이상한 행동도 했음을 내게 얘기해 주었다. 즉 그녀는 옷을 벗고 침대에 들기까지 참으로 정성스런 의식을 행하는 것이었다. 자기의 벗은 옷을 일정한 곳에 정리해 두고 성경의 몇몇 구절을 읽기도 하면서 침대에서 잠이 들기까지 무려 2시간 이상 걸려야 했다.

c) 불안 히스테리증

"오전 10시쯤 아내가 잠깐 집에 들러 달라기에 나는 무슨 큰일이

난 줄 알고 달려왔습니다. 아내의 눈은 부어 있었고, 입언저리는 하얗게 된 채로 숨을 헐떡거리고 있었습니다. 마치 글자 그대로 죽어가는 사람 같았습니다.

대체 이게 웬일이냐고 물었더니 아내는 다만 '난 죽을 것만 같아요, 아마 난 죽을 거예요'라고 말할 뿐이었습니다. 몇몇 의사를 청해서 진찰을 했는데 의사는 아내를 1주일 동안 입원시켰습니다. 그러나 무슨 병인지 도대체 알 수가 없었습니다. 마침내 그녀는 아기를 유산시킬 목적으로 너트멕(nutmeg : 과자를 만들 때 향료로 쓰이는 나무열매) 가루를 한 숟갈 먹었다고 고백했습니다. 내 아내는 임신이 아니었고, 의사의 말로는 너트멕을 먹어도 조금도 해가 없다고 했습니다.

그러나 그 후부터 내 아내는 심장이 뛰고 맥박이 약해지고 땀을 줄줄 흘리기도 하고 어지럼증으로 쓰러지기도 합니다. 또 갑자기 온몸이 불덩이처럼 뜨거워졌다가 반대로 얼음같이 싸늘해지기도 합니다. 때로 심한 설사를 하기도 하고 변비로 며칠씩 고생하기도 합니다.

선생님 사람이 이렇게 여러 가지 증상을 가지고 있으면서도 병명을 알 수 없다니 그럴 수도 있습니까?"

지금 말한 사례에서는 성적 능력은 자극되어 꺾이고, 그리고 전혀 만족할 만한 배출구를 못 얻고 있는 것이다.

(3) 신경쇠약

a) 가벼운 증세의 근심
"결혼 이후로 나는 줄곧 신경질적입니다. 만약 내가 이 세상에서 가장 훌륭하다고 생각하는 내 남편이 정성을 다해 나를 돌보아 주면서 어디가 아프다든가, 뭐가 어떻다는 둥 우는 소리를 꾹 참아주지 않았더라면, 나는 이미 오래 전에 버림받았을 것입니다. 나는 그에게 있어 전혀 아내가 아니었습니다. 나는 항상 앓고만 있었는데, 그 첫째는 두통 때문입니다. 그것은 말할 수도 없을 만큼 대단한 것이 었는데, 그것을 견뎌내지 못할 때마다 세상에서 마지막이란 생각이 듭니다.

나는 지난 8년 동안 조금이라도 아프지 않은 날이 하루도 없었습니다. 지금은 전처럼 심하지는 않지만, 그 대신 다른 증상이 생겼습니다. 무엇인지 몸 속에서 떨리기 시작했는데, 내면적인 신경질이라고나 할는지, 그것이 시작되면 내 온몸의 기관이 전부 떨리는 것 같습니다. 어떤 의사는 내 신경에 이상이 생겼다고 말했습니다.

나는 왜 그러는지는 모르지만 도무지 견딜 수가 없습니다. 여기서 전철역까지 걸어갔다 올 기운도 없습니다. 아침에 일어날 때는 그래도 괜찮은 것 같지만 남편에게 아침식사를 차려 주고, 아침 일을 시작할 무렵에는 완전히 지쳐 버립니다. 정오쯤에는 꼼짝도 할 수 없을 정도입니다.

그리고 나는 심한 변비로 고생합니다. 정말 약이라도 먹지 않으면, 1주일쯤은 용변을 못 볼 것만 같은 생각이 듭니다. 나는 모든 설사약을 다 써 보았고, 남편은 새로운 설사약이 발매되기가 무섭게 언제나 내가 곧 달려가 시험해 본다고 말하며 웃곤 합니다. 그래도 나는 2,3일 만에 한 번 정도 관장을 하지 않으면 괴로워서 견딜 수 없습니다. 한번은 용변 보기를 게을리한 덕분에 6주일이나 앓아 누워 있었습니다. 물론 의사들 중에는 아무렇지도 않다는 이도 있지만, 나는 분명히 병이 있다는 것을 알고 있습니다. 지금까지 체험해 왔으므로 말입니다.

또 땀이 나고 더워졌다 추워졌다 한다는 것은 말씀드렸을 것입니다. 이상하게도 몸이 비틀리는 것 같다는 말씀도 드렸지요? 몸의 오른쪽이 발끝까지 그렇습니다. 한번은 척추의 상부까지 느꼈습니다. 내 느낌으로는 신경이 느슨해졌거나, 무슨 이상이 있다고 생각합니다만, 어떤 의사에게 가 보아도 내 병이 무엇인지 모르겠다고 말합니다. 이미 10명의 의사들에게 진찰을 받았습니다. 물론 골격요법과 척추를 누르는 지압도 해 보았습니다. 또 새로운 심리학교에도 가 보았지만 이젠 어떻게 해야 좋을지 모르겠습니다.

어떤 이는 나에게 크리스천 사이언스를 해 보라고 말하지만, 내 병이 망상이라고는 말씀하시지 않겠지요, 선생님? 병은 마음에서 생긴 병이 아닙니다. 나는 내 자신이 신경질적이라는 점을 인정합니다. 그러나 이런 병에는 역시 어떤 원인이 있으리라고 생각합니다. 그런데 결혼하기 전까지는 이런 일은 없었습니다."

b) 하이포콘드리아시스(심기증)

다음에 든 예는, 신경쇠약 환자가 자기를 걱정하여 마음 졸이고 있는 어머니와 남편에게 보낸 편지이다.

오늘은 목구멍이 당기는 듯해서 몹시 고생하였습니다. 신경이 흥분되어 견딜 수가 없습니다. 머리가 이상해지지만 배는 그다지 조이는 것 같지 않습니다. 거의 온종일 신경성의 오한이 날 것 같았지만 필사적으로 싸웠습니다. 지금은 밤중이고 이미 잘 시간입니다. 아, 하지만 자리에 들기가 참으로 싫습니다. 나는 일어나 앉아 될 수 있으면 집 밖에 있고 싶어집니다. 그 때문에 얼마나 괴로운지 아무도 모르며 깨닫지도 못할 것입니다.

나는 이틀간이나 침대 없이 지냈습니다. 이곳 사람들은 내게 침대를 사용하지 못하게 합니다.

오후부터의 시간도 밤이 너무 길어서 견딜 수 없습니다. 여기엔 건강상태가 좋은 환자도 많이 있어 그들을 방문해도 좋지만, 나 자신의 고통이 심하므로 그것도 못합니다.

간호사들은 내가 무슨 소리를 하든 상대해 주지 않습니다. 그들은 웃거나 꾸짖을 뿐입니다.

밥먹기가 퍽 힘듭니다. 이곳 사람들은 내게 타작꾼처럼 먹으라고 하지만 유동음식물 이외의 것은 그냥 삼키기에도 고통입니다. 식사는 아침 7시 15분, 정오, 그리고 오후 5시에 합니다.

저녁식사가 너무 이르고 밤시간이 너무 길어, 나는 신경이 흥분돼서 밤늦게까지 잠들지 못합니다. 여기에 온 후 푹 잠들지 못합니다. 내 심장은 집에 있을 때와 마찬가지로 아프고, 밤이면 더욱 심해집니다. 물주머니를 심장 위에 놓긴 하지만 그렇게 하는 것이 좋은지 어떤지는 모르겠습니다. 어떤 의사에게 물어보려고도 생각합니다.

어젯밤에는 뒤통수 언저리가 몹시 아파서 거기에 물주머니를 댔는데, 간호사는 그렇게 하면 안 된다고 말했습니다.

여기선 약은 그렇게 많이 주지 않습니다. 대개 크리스천 사이언스로 고치는 모양입니다. 그럼 이만 필을 놓아야겠습니다—— 잠을 못 자게 되므로. 간호사가 8시 15분이 되면 근무시간이 끝나기 때문에 그때까지 나를 자게 합니다.

내 눈은 점점 나빠집니다.

되도록 빨리 나를 방문하시길 바랍니다. 식사 때면 콧물이 나와서 죽겠습니다.

기차소리, 오리소리, 수도 파이프의 물소리가 밤이 되면 몹시 시끄럽습니다.

애니 올림

추신—— 나는 이 편지를 어머님께만 보낼 만큼 편파적이 아닙니다. 이 편지를 집안 사람들에게도 보여주십시오.

아래에 제시된 것은 다른 편지의 일부분이다. 이 환자는 위스콘신 병원에 입원하고 싶어서 자기의 증상을 기록한 것인데, 이것들은 신경쇠약증의 전형적인 증상이다.

배꼽 언저리의 심한 아픔
위장의 맨 위가 아프다.
뒤쪽으로 넘어진다.
몸 전체가 심한 병의 덩어리이다.
배 밑이 부어오른다.
노곤하다──초조하다──그런 지가 오래다.
허무맹랑한 꿈──실존한 적이 없는 것을 꿈꾼다.
몸의 내면상의 신경질과 근심
숨을 쉬면 입김이 모두 내게로 되돌아온다.

어느 다른 도시에서 온 훌륭한 생김새의 한 상인이 몇 해 전에 퍽 특색있는 신경쇠약 증상에 대해 나에게 상의하러 왔다. 그를 괴롭히는 고통은 두 가지였다(대부분의 신경쇠약증 환자는 열두 가지 이상의 증상을 가지고 있다). 과거 18년간 그는 끊임없이 눈이 아팠는데, 그것은 심한 두통과 두 눈을 파내는 듯한 아픔이라고 말했다. 그 고통이 너무 심하고 계속돼서 그는 독서, 연극, 운동 등 눈을 쓰지 않으면 안 될 일은 모두 그만두어 버렸다. 그가 각종 다른 사정 아래서 고통에 변화가 생기는 것을 스스로 관측, 기록한 것이 노트 4장이나 되었다.

그의 또 한 가지 고통은 아내의 무관심이었는데, 그것을 어떻게 좀 고쳐 보려고 했다. 그는 아내가 우둔하여 그의 고민에 대해 조금도 동정이 없으며, 사회문제, 정치문제에도 전혀 관심을 가지지 않고, 어떤 일을 시키더라도 실수만 한다고 하였다. 그런데 그 중에서도 가장 중요한 것은 그녀가 그의 성욕을 만족시켜 주지 못하는 점이었다. 그녀는 단지 의무라고 생각하고 할 수 없이 그와 부부생활은 하지만, 그것도 그가 요구하는 정도도 응해 주지도 않으며 또 성행위가 있을 적마다 서로 새로운 증오와 불만을 느끼는 것이었다.

그는 실제로 수십 명의 의사를 찾아보았고, 그때마다 의사의 말

이 모두 달랐다. 그 중 몇몇 의사는 그의 병을 신경증적이라고 말했
는데, 그런 말을 듣자 이 환자의 경우, 다소 이상하지만 참고가 되
는 결과를 얻었다. 나는 그에게 아내와 당분간 성생활을 중단하라
고 충고하였다. 그의 두 가지 고민은 서로 아무 관계도 없는 듯이
보이지만 결국 거기에는 어떤 연관성이 있을지 모른다고 설명해 주
었다. 나는 그를 다시 만났는데 그는 몹시 기뻐했다. 그는 몇 해 동
안 이렇게 기분이 좋아진 적이 없다고 말했다. 하지만 치사하게도
그는 청구서의 일부분만을 치렀다.

　얼마 동안 그로부터 아무 소식이 없었다. 나의 경리원이 잔액청
구서와 주소변경을 알리는 편지를 보냈는데, 그 답장이 실로 말 못
할 욕설을 가득 늘어놓은 것에 놀랐다. 그는 하느님이 친절하게 나
를 저 세상으로 아주 보냈다면 별 문제이지만 그렇지 않는 한 주소
가 변경되건 말건 무슨 상관이 있느냐는 내용이었다.

　그는 내가 죽어 버리면 캔자스 주로서는 하느님의 혜택인 줄 확신
한다는 것과 또 캔자스 주 전체에 걸쳐 우리들이 얼마나 엉터리이
며, 도덕도 아무것도 모르는 인간들의 모임이라고 매도했다. 내 병
원의 직원들이 얼마나 서로 반목하고 있는지 그리고 해주는 것도 없
이 엄청난 액수의 진찰료를 청구했는지를 광고하였더니 참으로 통
쾌했다는 것이다. 그는 나의 연구소가 파산되면 얼마나 시원할까.
그것도 빠르면 빠를수록 좋다고 썼다. 또한 길에서 만나는 일이 있
더라도, 제발 말을 걸지 말아 달라고 덧붙여 있었다.

　"지옥의 불도 소박맞은 여인만큼은 뜨겁지 않다"라는 말이 있는
데, 신경증적인 환자가 자신이 소중히 여기고 있는 병이 완치되었
을 때의 섭섭한 느낌은 이에 비등한 것이라는 점을 이 환자로부터
배웠다. 사무엘 존슨은 "혹시 어떤 사람이 자기의 불행한 일에 대하
여 말한다면, 거기에는 그가 즐기는 어떤 것이 있는 것으로 생각해
도 무방하다. 왜냐하면, 진실로 비참한 것밖에 없다면 그 사람은 그

런 것을 입에 올리고 싶지 않을 것이기 때문이다"라고 우리에게 경고하고 있다.

히스테리증——대개의 경우 어떤 육체상의 증상이 있으며, 환자 자신은 고통을 말하지 않는다.

c) 히스테리증의 발작과 그 변화

아나벨 아킨슨 양은 15세로 고등학교의 상급생이며 어디를 가든지 평판이 좋은 소녀였다. 어느 날 그녀는 배가 아프다고 말했는데, 의사가 맹장염일지도 모른다로 생각하였으므로 그녀를 외과로 데리고 갔다. 이 의사는 수술을 하기 전에 잠시 두고 보자고 말하였으며 그러는 동안에 아픔이 가라앉았다.

2,3주일 지나자 또 배가 아프기 시작했다. 이번엔 그밖에도 여러 증상이 나타났는데, 집안 식구들은 그것을 셰이커스(shakers) 증상이라 불렀다. 즉 침대에 누워 있다가 벌떡 일어나거나 반사적으로 몸을 움직이는데, 그것이 점점 악화돼서 나중에는 누가 꼭 잡지 않으면 침대에서 뛰어내리기에 이르렀다. 여러 의사들에게 보였더니 '무도병'일 것이라고 말했다.

이렇게 떨거나 뛰는 증상이 열 가지가 넘었다. 얼마 후에 그런 증상이 없어졌는가 했더니, 이번에는 웃다가 울다가 어쩔 줄을 모르고 있었다. 그녀는 30분 동안 웃더니 다음에는 1시간이나 우는 것이었다. 그 다음엔 전신이 뻣뻣해져서 움직이지 못하게 되었으므로, 의사는 류머티즘 발작이라고 생각했다.

그녀는 이 병원, 저 병원으로 진찰을 받으러 다녔다. 몇몇 의사들은 그녀의 부모에게 이것은 신경증적인 것 —— 히스테리컬한 것 ——이라고 말했지만 그들은 그것을 믿을 수가 없었다.

그러는 동안에 그녀의 증상은 점점 심해 갔다. 그녀는 어떤 사람들에게든지 얼굴 보이기를 무척 싫어했다. 어느 날 그녀는 갑자기

흥분해서 어머니에게 의자를 내던졌다. 그것도 다만 어머니가 자기를 바라보았다는 이유에서였다. 그녀는 몇 주일이나 아무와도 말을 하지 않았다. 그런가 하면 1주일 동안 쉬지도 않고 떠들어댔다. 그렇게 반복하더니 어느 날 갑자기 그런 증상이 전부 없어지고 그녀는 완쾌(?)되었다.

d) 히스테리성 절름발이

9세 된 귀여운 소녀의 병에 대하여 의사들 사이에 논쟁이 벌어졌다. 이 소녀는 한쪽 다리를 저는데, 허리 근처에 무슨 원인이 있는 것 같았다. 그녀는 창백해지고 체중이 감소되었다. 허리 근처가 아프다기에 X선 촬영을 했더니 골격구조에 어떤 이상이 생긴 듯했다. 엉덩이의 마디에 결핵이 생긴 모양이었다. 이런 이유에서 어떤 의사는 석고의 틀을 대기를 권했다.

이 소녀의 병은 아무래도 이상한 점이 있어 어떤 의사는 전혀 다른 의견을 갖기도 했는데, 말하자면 이 아이는 여기저기가 아프다는 것이었다. 어머니가 조금만 손을 대어도 그렇게 아플 것 같지 않은데도 천지가 무너지는 듯한 소리를 질렀다. 또 전혀 기력이 없어지는 때가 있었는데, 그런 경우에는 어머니에게 안겨 가만히 있었다. 어떤 때에는 어머니에게 몹시 화를 내며, 상을 찡그리며 무엇을 내던지기도 하였다.

어머니는 어떤 의사가 말한 것처럼 그 아이의 허리에 결핵이 생긴 것으로 알고 있었지만 우리는 결코 그렇지 않다고 설명하였다. 이 아이는 나의 치료를 받은 지 1주일 만에 완전히 다리가 나았다.

지면 관계상 이 치료에 쓴 방법은 소상히 말할 수는 없지만, 나는 먼저 이 소녀의 신뢰를 얻도록 힘쓴 다음에 무엇이고 그녀가 묻고 싶었던 것을 묻게 했다. 그녀는 여러 가지 질문을 했는데, 처음에 물은 것 중에는 '창녀'가 무엇이냐는 것이었다. 이 아이의 부모가 아이들 앞에서 가끔 부부싸움의 극적인 단면을 보인 것이 원인이 있다. 그때에 아버지가 어머니에게 그런 말을 써서 욕한 적이 있으며, 게다가 아버지는 이 말의 뜻을 아이들에게, 너희 어머니가 치마를 너무 짧게 입는데 그것은 결국 자기의 다리를 뭇 남자들에게 보이고 싶어하기 때문이라 말하고 그런 여자를 '창녀'라고 부른다고 얘기해 준 때문이었다. 그리하여 이 소녀는 자기의 다리에 관심을 가지게 되었던 것이다.

e) 히스테리성 몽유병

내가 지금까지 보아 온 병 중에서 히스테리의 실례로서 가장 흥미 깊은 것은 30년을 넘은 보험회사원의 경우였다. 그는 자기의 직업에서 성공했다. 10남매가 모두 살아 있는데, 그 중에 그는 막내아들이었고 다른 9남매는 모두 집을 나가서 그가 부모를 모시고 있었다. 부모는 그와 사이가 좋았고 그도 부모를 잘 모셔 모두가 만족할 만한 상태에 있었다.

그는 부모의 금혼식에는 가족들을 모두 모이게 하려고 마음먹고 형님과 누님들에게 편지를 보냈다. 그의 이 열성적인 노력의 결과 가족들이 모여서 1주일 동안 축하연을 베풀기로 하고, 기념일 전에 남매들이 미국 각 지방으로부터 모여들었다. 그들은 모두 각자 처자를 데리고 왔으며 누구든 모두 기뻐했는데, 누구보다도 이 계획을 생각해 낸 우리 환자가 제일 기뻐하였다.

큰 잔치가 끝난 지 얼마 안 되서 그가 조금 이상해졌다. 특별히 어디가 아프지도 않은데 일하러 가기가 싫어지더니, 잠결에 걸어다니기도 하고 말하기도 해서 부모는 물론 아내를 깜짝 놀라게 했다. 침대에 누운 지 얼마 안 돼서 그는 일어난다. 어떤 때는 옷을 입기도 하는데, 대개의 경우는 입지 않은 채로 밤새도록 걸어다니기도 하고 자기 방에 앉아 있기도 하고 노래도 하는데 마치 잠을 깬 사람 같았다. 그리고 바로 곁에 누가 있어 그 사람과 얘기하고 있는 것 같았다. 이런 상태가 여러 주일 계속되었다. 다음날 아침에 그에게

밤에 한 일을 물어보면 그는 그럴 리가 없다고 완강히 부정하였다. 그는 그런 일이 일어날 가능성조차 없다고 말하면서 자기는 잘 잤으며 기분도 매우 좋다는 것이었다.

가족들은 저녁마다 하는 그의 몽유증상을 유심히 관찰하여 알아보았더니 그가 얘기하는 것은 전부가 그가 어릴 적 친구들과의 사건들이었다. 분명히 그는 부모가 자기를 기를 때──지금은 그가 부모를 모시고 있지만──의 생활을 다시 한번 해 보는 것이었다. 그가 이렇게 어릴 적으로 돌아가서 자기도 모르게 그때의 일을 연출한 까닭은, 그의 형들과 누나들이 돌아와서 그간 자기에게만 있던 부모의 관심이 형과 누나들에게로 옮겨 간 것같이 느껴져 자기도 모르게 무의식중에 질투가 났기 때문이었다.

f) 히스테리성 마비──산업상의 셀 쇼크

군인, 노동자, 그 외의 사람들이 어떤 장애를 일으켜 임무를 수행할 수 없게 되면 히스테리 탓으로 돌려서, 이 문제에 대해 중대한 법률상의 논쟁을 일으키는 경우가 흔히 있다. 다음에 쓴 경우가 이에 해당되는데, 그것은 40세 되는 보통 노동자에게 일어난 사건으로 나는 이 사건의 원고, 피고의 양쪽 변호사의 부탁을 받아 그 남자를 조사했다.

문제의 이 남자는 수천 볼트의 전류가 통하는 스위치를 돌리려고 하였다. 어쩌다──자세한 것은 전부 조사했지만 여기선 생략하기로 한다──그는 충격을 받았는데, 바로 전류가 그의 왼쪽 팔로부터 왼쪽 다리로 통한 것 같았다. 그는 그 자리에서 쓰러졌다.

그러나 그는 일어나서 약 반 마일 정도 걸어가서 친구의 자동차를 얻어 타고 집에까지 돌아왔다. 그는 배에 힘이 빠지고, 병이 난 것을 느꼈고 등도 아팠다. 갑자기 그는 왼쪽 다리를 쓸 수 없게 되었다. 맥박이 몹시 빨라지고 온몸이 아프고 왼쪽 반신의 감각이 없어졌다.

2개월 동인 그는 병석에 누워 있었으며, 대소변도 받아내야 할 형편이었다. 그의 다리와 넓적다리는 완전히 마비되어 버렸고, 그 후 6개월인가 8개월 동안 지팡이를 짚고 설 수 있게 되었으며, 후에는 비싼 가죽띠를 사용했다. 그는 전기치료 기구를 사서 모든 종류의 마사지와 척추요법을 시험해 보았다.

내가 그를 진찰한 것은 1년 이상이나 그의 소위 마비상태가 계속된 후였다. 그는 자기의 병이 어떻게 하면 치료될 수 있는지를 알기 위해 나에게 진찰을 부탁했다. 그는 이 사건이 생긴 후, 계속 일을 안 했기 때문에 회사에서 받는 수당금만으로는 지내기가 어려웠다. 그는 몹시 낙심하고 우울한 상태에 있었다. 그가 생각하기에는 전기가 자기의 다리를 통하여 어떤 신경조직을 파괴시켰으므로 다리가 마비된 것이며, 이 사고가 근무중에 생긴 것이므로 회사로부터 보상받을 권리가 있다는 것이었다. 그는 5만 달러를 요구했다.

이것은 산업상의 셸 쇼크 또는 산업상의 히스테리의 전형적인 것이다. 그것은 한눈에 알 수 있는 중대하고도 불행한 장애를 다리에 받은 것이었다. 그러나 좀더 조사해 보기로 하자.

첫째, 그가 다루었던 스위치의 전류는 그가 상상하고 있던 정도로 강력한 것이 아니었다.

둘째, 설사 그것이 그처럼 강력한 것이었다 하더라도 그가 그것으로부터 충격을 받는 일이 일어날 수 있다는 것은 생각할 수가 없다. 그것은 거의 불가능이라고도 할 수 있다.

셋째, 이런 점을 전혀 고려하지 않는다 하더라도 전기란 것은 결코 신경을 마비시키는 것이 아니다. 전기는 육체를 태울 수는 있지만 신경을 아프게 하는 일은 없다. 전기가 그의 다리를 마비시켰다는 것은 있을 수 없는 일이다.

넷째, 설사 전기가 이 환자가 믿는 것과 같은 방법으로 그의 다리를 마비시켰다 하더라도 이것은 위축마비라고 부르는 결과를 일으켜, 한쪽 다리 전체가 힘이 없어지고 도리깨처럼 되어서 반사운동이 전혀 없어질 것이다. 그런데 이 환자의 다리는 힘이 없어지지도 않고 근육 반사운동에서 이상이 없었다.

다섯째, 감각과 동작은 다른 두 신경에 의하여 전해진다. 이 남자가 호소하는 것에 따르면 한 신경이 두 가지 작용을 하는 셈이 되는데 그런 일은 있을 수 없다. 왜 그런가는 이 책에서 말하기엔 지나치게 전문적이므로 그대로 받아들이길 바란다.

여섯째, 이 환자가 믿고 있는 바와 같은 종류의 마비상태가 생겼다고 가정한다면── 신경의 장애로 말미암아 생긴 것이라면 ── 거기에는 반드시 어느 정도 근육의 쇠퇴가 따라야 할 것이다. 그러나 엄밀한 검진 결과, 그런 근육 쇠퇴가 생기지 않은 사실이 판명됐다.

바꿔 말해 의학적인 진찰에 의하면 이 환자는 신경장애를 받았을 까닭이 없으며, 다리도 그가 상상한 것처럼 마비되지는 않았다. 그렇기는 하지만 이 남자의 증상을 전혀 가상적인 것이라고 보는 것도 옳지 못하다. 그에게 있어서는 아픈 것도 마비상태도 움직일 수 없는 것도 모두 사실이기 때문이다. 30년 전에는 히스테리란 꾀병과 과장과 기만을 혼합한 것이라고 생각하였지만 현대의 교육을 받은 의사들은 그런 생각을 갖지 않는다. 히스테리컬한 환자는 남을 속이는 동시에 자기 자신도 속인다는 것을 우리는 알고 있다. 그는 절대로 의식적으로 남을 속이는 것이 아니라 단순히 무의식적으로 속인다.

지금 실례로 든 남자는 성공한 적도 없고, 또 자기의 직업이나 출세할 기회에 대해서도 만족을 느낀 적도 없이 갑자기 매우 충격을 받은 형의 인간이다. 눈 깜짝할 사이에 그는 엄청나게 강한 전류에 감전되었다고 상상한다(흔히 신문에 나는 남자나 여자가 바로 자기 옆에서 권총이 발사되어, 놀라서 병원으로 달려가 치료를 받아보면 아무데도 상처가 없었다는 부류의 사람들을 우리는 잘 알고 있다). 그는 전기에 감전되었다는 상상을 사실로 믿고는 큰일났다고 야단법석하면서 이런 일이 생길지도 모른다, 또 저런 일이 생길지도 모른다고 머리 속에서 상상해서 재빨리 자기 자신에게 증상을 보이게 된다. 그리고 이 증상이라는 것은 대단히 편리한 것이어서 그는 힘들여 일할 필요가 없어지고 편안한 방법으로 돈을 벌 수 있게 해준다.

산업보험회사들이 거의 모든 신청자들을 개별적으로 정신병학적인 검사도 해 보지 않고 사건을 처리한다는 것이 어떻게 가능한지 나는 모르겠다. 신경증적인 요소가 전혀 흔적도 없는 사건이란 거의 없다. 내가 다룬 이 사건에서 이 남자는 5만 달러 대신에 3천3백 달러를 받았다. 2, 3개월 지나서부터 그가 완전히 건강을 회복했다는 보고를 받았다.

이 사건으로 돈이 히스테리컬한 병의 주요한 목적이라는 그런 결론을 내릴 수는 없다. 그것은 절대로 그렇지 않다. 신경증적인 병의 경우, 그것이 유리한 것임을 분명히 알더라도 그 중요성은 항상 제2차적 의도인 것이다. 이를테면 다음과 같은 사건을 살펴보자.

g) 히스테리성의 장님

헬렌 D는 14세 되는 고수머리의 예쁜 소녀였는데, 그녀는 사내 아이들만 득실거리는 집에 태어난 외동딸이었다. 그래서 집안의 귀찮은 일은 전부 그녀가 해야만 했다. 그녀는 접시 닦는 일이나 청소하는 일이 진절머리가 났지만 매일 학교에서 돌아오면 어쩔 수 없이 해야만 하는 입장이었다. 어느 날 그녀의 어머니에게 꾸중을 듣자 그녀는 날카롭게 말대꾸를 했다. 그러자 그 어머니는 화가 나서 그녀의 뺨을 때렸고, 그녀는 그 자리에서 장님이 되어버렸다. (J. 페터민 씨 보고)

일하기가 싫고, 그것을 피하고 싶은 욕구가 그녀를 장님으로 만든 것은 아니다. 그러나 이것은 그 아이에게 있어서는 제2차적 의도의 이득인 동시에 성미가 괄괄한 어머니에 대한 복수의 한 수단이기도 하다. 하지만 진짜 원인은 더 깊은 곳에 있는데, 이 문제는 앞으로 다시 연구하기로 한다.

h) 히스테리증의 전염성

히스테리 증상이란 것은 암시에 의하여 생기며, 치료 가능한 대단히 감수성이 강한 것이다. 이런 이유로 군대와 같은 치밀한 조직을 가진 집단에서는 히스테리컬한 발작이 전염하는 경우도 있고, 때로는 여러 사람들이 모조리 셀 쇼크에 걸리는 경우도 있었다. 나는 한번에 14명의 전화교환수가 차례로 히스테리컬한 실성 등을 일으킨 경우를 본 적이 있다. 마술할멈의 요술과 같은 이 공포는 어쩌면 같은 성질의 것이라고 생각된다. 100여 년 전에 어떤 유명한 의학계의 역사가가 전형적인 히스테리의 전염에 관한 기록을 했다.

랭카셔의 호덴 브리지에 있는 어떤 방적공장에서 1787년 2월 15일에 한 여공이 평상시에 몹시 쥐를 무서워하는 어떤 여공의 가슴 속에 쥐 한 마리를 넣었다. 순간 그녀는 굉장한 발작을 일으켜, 24시간 동안 경련이 멈추지 않았다. 이튿날 다른 여공 3명이 같은 증상의 발작을 일으켰고, 17일에는 또 7명의 여공이 그렇게 되었다. 그러는 동안에 소동이 커져서, 2,3백 명이나 사람을 쓰는 이 공장은 일을 계속할 수 없게 되었다. 그리고 이런 병은 솜을 담은 부대를 벌릴 때에 감염되는 것이라는 소문이 떠돌았다.

일요일인 18일에 프레스턴으로부터 세인트 클레이 박사를 초청해 왔다. 그가 오기까지 3명의 여공이 또 발병하였고, 19일 아침에는 또다시 11명의 병자가 생겼다. 그리하여 병자는 합계 24명이 되었는데, 그 중 21명은 젊은 여자들이었고, 2명은 11,12세의 소녀, 1명은 남자였다.

이 남자는 여공들을 돌보아 주느라고 몹시 피로하였다. 그 중의 3명은 5마일이나 떨어진 클리데로의 다른 공장에서 일하고 있었는데, 이 3명과 나중의 2명은 그런 증상을 본 적도 않은 적도 없이 다만 이야기만 듣고서 발작을 일으킨 것이다.

그러나 이 사람들은, 다른 사람들과 그 지방 전체가 믿고 있듯이 이 전염병은 속에서 전염되는 것으로 굳게 믿고 있었다. 이 증상이란 우선 불안감이 생기고 숨이 차서 죽을 것만 같고, 다음에는 심한 경련이 일어난다. 이 발작은 매우 격렬한 것이어서 15분 내지 24시간을 조금도 쉬지 않고 연속으로 일어난다. 그리고 환자는 머리를 쥐어뜯고, 자기의 머리를 벽에 부딪치려고 하므로 4,5명이 꼭 잡고 있어야 한다. 이들은 이 병이 순전히 경련에서 오는 것이며 간단히 고칠 수 있고, 솜에서 감염되는 것이 아니라는 말을 듣고 안전이 보장되자 더 이상 병자가 생기지 않았다.

그들의 걱정을 없애 주기 위해 여러 사람들에게 유쾌하게 한잔 마시고 춤을 추게 했더니 대단히 좋은 결과를 얻었다. 20일 화요일에도 그들은 춤을 추고 다음날에는 누구나 모두 일을 했다. 다만 23명이 발작 끝에 쇠약해져 일하지 못했을 뿐이다."(J.F.C. 헤커, 1832, 《흑사(黑死)와 댄스매니아》에서)

(4) 알콜과 약품의 탐닉

정신상태가 안정되어 있지 못한 사람으로서, 그 성생활이 순조롭지 못한 사람은 병으로 도피 —— 병에 걸린다 —— 함으로써 세상의 모든 문제로부터 피한다. 그와 마찬가지로 같은 성격을 가진 사람은 알콜과 모르핀을 사용함으로써 도피한다. 알콜과 모르핀은 일시적이기는 하지만 그 사람이 자기의 문제에 직면하지 않아도 좋도록 멀리해 준다. 잠시 동안 그는 자기의 번민을 정지시킬 수 있다. 알콜과 모르핀은 자기 자신에게 제공하는 마취제이다. 이런 종류의 것은 그밖에도 여러 가지가 있는데, 예를 들면, 니코틴, 영화, 휴가, 난잡한 파티 등이다.

마약을 사용하는 것은 특히 모르핀의 경우, 현실로부터 도피하는 수단으로서는 몹시 불리하다. 그것은 그 약품을 쓰는 사람을 각종 값비싼 분규에 휩쓸어 넣으며, 또 자기의 문제에 대처할 능력이 약품을 사용하기 전보다도 오히려 감소되기 때문이다. 그러므로 그는 별수없이 점점 더 많이, 더 자주 그 약품을 사용하지 않으면 안 되게 된다. 이것이 탐닉의 정체이다.

정신병 전문의는 모두, 알콜이란 것이 조금도 완화되지 않는 저주라고는 생각하지 않는다. 그러나 그들은 모르핀을 습관적으로 사용하는 것은 아무에게도 유익을 주지 못하는 나쁜 습관이라고 믿는 점에 의견이 일치하고 있다. 모르핀을 사용하는 사람과 그 중독에 대해서 조금이라도 안다고 생각하는 사람은 누구나 이것을 사용하는 자체가 궁극의 목적인 것으로 믿기 쉽다.

그러나 실은 그렇지 않으며 그것은 항상 어떤 목적에 도달하기 위한 수단이다. 모르핀은 고통을 없애기 위해 사용되지만, 이 고통이 발을 삐어 생긴 것이라면 발이 나으면 모르핀은 필요없게 된다. 그렇지만 이 고통이 사람의 마음이 상한 데서 발생한 경우에는, 더 자세히 말해 사람의 성격의 비뚤어짐이나 결함에서 온 것이라면 고통이 정지할 때가 없으므로 모르핀은 계속 필요하게 된다. 모르핀 중독자를 고치지 못하는 이유가 여기에 있다.

세상 사람들은 마약중독에 대해 여러 가지 그릇된 견해를 가지고 있다. 사용하는 사람이 무척 많은 것으로 상상하고 있지만 사용자의 수효는 그다지 많지 않으며 오히려 줄어가고 있다. 범죄자들 중에서도 마약중독자는 극히 적으며 또 마약중독자 중에서도 비교적 소수의 사람들이 범죄를 저지른다. 그들은 위험하지도 않으며 몸서리나는 존재도 아니지만 엄청난 거짓말쟁이들이다.

알콜이 일으키는 문제는 약간 성질이 다르다. 이것은 참으로 쓸모있는 정신의 마취제로써 너무나 효과적이므로, 특히 강한 무의식적인 고민을 가진 사람은 자칫하면 과음하는 경향이 있다. 따라서 정신병적인 탐닉의 상태로 빠지기 쉬운데, 이쯤되면 이것은 상당히 우려되는 상태이며, 더욱이 뇌세포가 알콜에 의해 받는 제2차적인 손상도 거기에 있다.

알콜 탐닉자의 심리는 만족할 줄 모르는 욕구를 가진 사람의 그것이다. 갓난아이는 어머니의 젖과 애정 없이는 살 수 없는데 이 갓난아이는 도무지 만족을 모른다. 알콜 탐닉자의 심리를 이 갓난아이의 목마름에 견주지 않고서는 이해하지 못한다. 알콜 중독자는 대개의 경우, 사랑스럽고 애교있는 자들로서, 아무리 나이를 먹어도 어른스럽지 못한 인간이다.

이들은 어머니가 어린애를 달래 주는 애정을 기울여 주는 것처럼 관심을 가져 주지 않으면 살아갈 수가 없다──때로는 이성들로부터 그런 애정을 받기를 원한다. 그것을 거절당하거나 어느 정도 제한을 받으면 어린애가 자기의 소원을 풀어 주지 않을 때에 보이는 고통과 같은 반응을 보이며, 어린애가 제 손이나 장난감을 아무렇게나 닥치는 대로 입으로 가져가듯이 알콜 탐닉자는 술로 향한다.

그렇게 하면 그는 만족할 수 있는 대용품을 손에 넣게 될 뿐만 아니라 알콜의 마약적인 효과가 그의 애정에 주린 마음을 위로해 주며, 또는 다른 형식으로 그것을 경험시켜 준다(동성애적인 교섭과 창녀 등). 그뿐만 아니라 그의 소원을 거절한 사람에 대한 복수도 된다. 우리는 술꾼들의 아내와 부모들이 얼마나 고충을 받는지 잘 알고 있다.

이론적으로는 알콜 탐닉자도 다른 신경증과 마찬가지로 고칠 수 있지만, 실제로 이 치료는 대단히 어렵다. 술꾼들은 자기의 이 탐닉 상태를 중대하게 생각하는 일이 극히 드물며 또 그들의 낙관적인 의견은 몹시 전염되기 쉬워서, 술을 마시고 주정할 때나 그 직후에는 가족들이 몹시 화가 났더라도 다시는 입에 술을 대지도 않겠다고 말하면, 그 티끌만큼도 신뢰감이 없는 약속을 믿고 가정은 다시 원만해진다. 그러나 알콜 탐닉이란 것은 매우 중대한 병으로서 정신병에 견줄 수 있다.

요즘 알콜 탐닉자가 정신분석에 의해 연구되고 치료되어, 그 결과 그들의 특수한 신경증적인 고민을 매우 잘 이해하게 되었다. 보통 완전한 시설의 병원은 정신분석 치료시설도 병행되어 있어야 한다. 격려가 될 만한 결과가 더러 나오기는 했으나 이 형식에 의한 치료, 즉 사람의 성격을 재조직하여 탐닉으로 향하는 신경증적인 마음의 고민을 해소시키려는 시험의 성공을 평가하기에는 아직 그 시기가 이르다.

(5) 치료법

이론적으로는 신경증을 완전히 고칠 수 있다지만, 실제로는 완쾌되기가 쉬울 수도 있고 어려울 수도 있다. 이 점에 대해서는 〈치료편〉(제Ⅱ권에 수록되어 있음)에서 더 자세히 설명하기로 한다.

늘 기억해야 할 사항은 신경증적인 환자는 자기가 번민하고 있는 것으로부터 도피하고 있으며, 자기의 소원을 그 증상을 통해서 표현하고 있다는 사실이다. 또 이런 증상은 무의식중에 맹렬한 투쟁이 벌어지며 그 투쟁은 외부에 대한 고려, 초조감, 그리고 발병할 것 같은 상황에 의해 더욱 촉진된다. 그리하여 필연적으로 도달한 타협점이라는 사실도 잊어서는 안 된다. 병을 고치려고 의사를 찾아오는 환자의 50퍼센트는 신경증에 걸려 있다. 대개는 외부로부터 도움을 받을 수 있으며, 낫는 사람들이 많지만 어떤 일이 있더라도 치료받고 싶지 않다든가 치료하지 못하게 하는 사람들도 의외로 매우 많다. 이런 사람들은 자기의 병 덕분으로 생명을 유지하고 있다.

7 반사회적 유형(사악한 퍼스낼리티즈)

아직도 또 하나의 유형이 남아 있는데, 그것에는 여러 가지 이름
이 붙어 있다. 그 중에는 '정신병적 퍼스낼리티, 허약체질, 도덕적
광증' 등이 있으나 어느 것이고 적절하다고는 못하겠고, '사악한'이
란 말이 다른 어떤 말보다도 정확하게 표현한다고 하겠다. 그들은
경기를 하면 규칙을 전부 무시한다. 대개의 경우, 그들은 훌륭한 체
격을 가지고 있으며, 얼굴도 잘생겼으며, 행동도 바르고, 지성에도
이해력에도 조금도 부족한 점이 없다. 그들의 결함은 정서적, 의지
적인 면이 원만하게 그 기능을 발휘하지 못하는 데에 있다. 그들은
말썽을 일으키지 않을 수 없다. 그들은 세상에 유익한 일을 성취하
는 경우도 있지만, 세상은 그 때문에 비싼 대가를 치르게 된다. 인
간으로서의 대차대조표를 만들어 보면 그의 경우는 적자이다.

반사회적 유형의 성질이 정신분석에 의해 어지간히 알려지게 되
었는데, 특히 그들에게 신경증적인 성격자라는 정의를 내린 프란츠
알렉산더의 업적은 빛난다. 그는 이 정의에 의해 신경증적인 퍼스
낼리티와 구별하고 있다. 이 구별은 영어로는 그 말의 참뜻을 잃
는다. 독일어를 영어로 직역하면 ' character '로 되지만 우리가 '캐
릭터'라는 말에 주는 뜻이 좀 다르기 때문이다. 그러나 명칭은 그다
지 중요하지 않다. 알렉산더가 이 사악한 퍼스낼리티즈의 심리에
관해 설명할 수 있었던 점은 그들은 여러 가지 병적 증상을 갖지는
않지만, 그 대신 보통 상식 외의 행동을 한다는 것이다.

지금까지 설명해 온 신경증적인 유형에 속하는 사람들의 특징으
로는 어떤 공포심을 가졌고, 무슨 생각에 사로잡혀 있고, 등이 아프
고, 뱃속이 거북하고, 여러 가지 걱정을 가지고 있었다. 그런데 사
악한 사람들은 똑같은 동기에서 출발하고 있으며 똑같은 정신병적
인 행동들을 보인다. 그것은 분명히 외계에 대하여 보이는 것이기
는 하지만 결국은 그 본인이 슬퍼할 결과가 된다. 이 사람들은 말썽

을 일으키며 위험인물처럼 행동하는데, 그 때문에 가장 손해를 보는 사람은 그 본인이다. 그리고 그들의 행동을 연구해 보면, 그들은 미리 그렇게 되도록, 자기가 손해를 보도록 무의식적으로 준비하고 있다. 그들은 자기가 하고 싶은 것에 대하여 모순된 계획을 가지고 있고, 패배주의적인 공격 계획을 실행하는 것처럼 보인다.

역사상 이런 종류의 성격을 가진 사람들을 찾아보면, 카사노바나 프랑수아 뷔옹 등이 특히 뚜렷한데, 우리들 가까이에 더 좋은 실례가 있으므로 그것을 더 상세히 연구할 수 있다.

이 사람들 중에서 나쁜 의미로 가장 이름난 자들 중의 하나는 8, 9세 때에 뉴욕 시에서 불량소년으로 붙들린 사람인데, 그는 여러 수용소를 전전하다 탈출한 후 유럽에서 떠돌다 돌아온 가난한 귀족 행세를 했다. 그는 수없이 붙잡히고 폭로되고 협박당하고 투옥당했는데도 불구하고 많은 사람들을 속였다. 속은 사람들 중에는 전국적으로 유명한 사람도 있었다. 그의 전기는 실로 진기한 사건의 연속으로 여러 면을 채울 수 있는데, 그 전체를 통해 보면 그는 악한으로 성공하기도 하고, 또 순식간에 불명예스런 가난과 투옥으로 전락하기도 한다. 이것이 여러 번 되풀이되어 사람을 속이는 데 능란한 그가 믿기 어려운 정도의 서투른 짓을 하는 것을 보면, 그는 자기가 필연코 벌받도록 무의식적이긴 하겠지만 노력했을 것이다.

예를 들면, 그는 비싼 융단을 훔쳐 팔아먹고 붙잡혀서 투옥되었는데, 형무소에서 나오자 일부러 자기가 전에 융단을 훔친 집에 가서 고용해 달라고 하다가 거절당하자 그럼 돈을 좀 꾸어 달라고 천연덕스럽게 말했다. 한번은 그가 신변이 위험해서 피해 다닐 때, 어떤 수입담배를 특히 좋아한다는 것으로 일반에게 알려진 곳에 일부러 가서 체포되었다. 몇 해 후에 그는 다시 담배를 사러 그 상점으로 갔다가 그 때문에 또 잡혔다.

a) 또 하나의 예

해롤드는 아버지가 목사이며 어머니 역시 신앙심이 깊은 여자로, 교양있는 부모의 슬하에서 특별한 교육을 받은 대단히 종교심이 강한 소년이었다. 그는 선교사가 되겠다고 생각했고 또 벌써 교회의 기둥 역할을 하고 있었다. 이런 종교적인 교육을 받았음에도 불구하고 그는 무엇이든 손에 닿는 대로 물건을 훔쳤다. 그는 남에게 의심을 사는 일이 거의 없었다. 그가 도둑질을 하리라고는 아무도 생각지 않았기 때문이다. 그리고 사람들은 크리스천 엔더버회의 회장이 헌금상자에서 돈을 훔쳐내거나 예배드리는 사람들의 목걸이, 장갑, 지갑을 훔치리라고는 상상조차 하지 못했다.

주일학교의 지도자로서 그는 각종 모임과 파티에 참석했다. 그런데 그는 그때마다 자기 동급생의 보석과 돈을 가지고 돌아왔다. 대학에 들어간 후 그는 실내체육관에서 운동기구 한 벌을 훔쳐냈으며, 다른 학생들이 잃어버리고 간 책들을 줍곤 했다. 그는 대학의 YMCA 모임에도 나갔는데 거기서도 번번이 물건이 없어졌다.

그 대학의 총장이 그에게 흥미를 가지고 그를 집으로 초대했다. 그날 밤 해롤드는 설합에서 돈을 훔쳐내는 현장을 들켰는데도, 자기는 이제까지 도둑질을 한 적이 한 번도 없다고 변명했다. 이 사건에 대해 그는 유감의 뜻을 표시하였는데 그 태도는 놀라우리만치 천연덕스러웠으며, 마치 조금도 떠들 것이 못 된다는 태도였다.

다그치는 바람에 그는 여러 곳에서 여러 가지를 훔친 사실을 자백했으나 이 사건에 대해 별로 뉘우치는 기색도 없었다. 그는 왜 자기가 도둑질을 하는지 모르지만 쉽게 할 수 있을 것 같아서 했을 뿐이라고 말했다. 그는 오랜 세월을 두고 도둑질을 해왔다. 그의 어머니는 그의 선조들——할아버지, 증조부, 큰아버지 및 사촌형들—— 중에는 좀도둑과 도둑이 여러 명 있었다고 증언하였다.

대학을 쫓겨난 지 3년 후에 그는 어떤 교회의 강단에서 설교를 하고 있었다.

b) 부인의 경우

뉴욕 시의 어떤 백만장자의 딸은 돈으로 살 수 있는 것은 무엇이든지 다 소유하고 있었다. 가족들은 딸이 사회에 잘 순응해 주기를 바랐지만 그것만은 마음대로 안 되었다. 그녀는 태어나면서부터 계속 부모의 두통거리였고 슬픔의 원인이 되었다.

"저 애는 왜 그런지 다른 아이들과 다르답니다, 선생님" 하고 늙고 조용한 그녀의 아버지가 어두운 낯빛으로 말했다. "저 아이는 태어날 때부터 잘못된 인간입니다. 저 아이는 제 고집대로 자라서 무엇이든 제가 하고 싶은 대로 안 하고는 못 견딘답니다. 더구나 저 애가 하고 싶은 것은 모두 말썽을 일으키는 것이 아니면 반역적인 것입니다. 아무리 타이르고 엄하게 하고, 위협을 하고, 애원해 보고, 벌을 주어도 아무 효과가 없습니다. 내가 아는 것, 들은 것, 충고받은 것들을 전부 시도해 보았지만 모두 효과가 없었습니다.

나는 그 아이를 위해 학교와 병원을 찾아 전국을 다녔습니다. 저 아이에게 말해서 저 아이가 몇 번이나 눈물을 흘리고, 후회하고, 용서를 받고, 약속했는지 이루 헤아릴 수가 없습니다. 그렇지만 결과는 늘 마찬가지입니다. 저 아이로 해서 어미가 죽었습니다. 저 아이는 내 마음에도 커다란 상처를 입혔습니다. 그러나 나는 죽기 전에 한 번만이라도 저 아이를 바른 방향으로 돌리도록 끝까지 노력을 기울여 보려고 합니다."

그러면 이 아버지가 이렇게 한탄하고 있는 그 딸은 과연 어떤 여자인가를 보자. 내가 그녀를 처음 만났을 때 그녀는 24세였으며, 용모가 아름답고 몸매도 좋았다. 그녀는 상당히 비싸고 잘 어울리는 옷을 입고 있었다. 행동은 숙녀다웠고, 아름답고 고상한 태도를 지니고 있었으므로 어디를 가든 남의 시선을 끄는 인물이었다.

한 가지, 그녀의 목소리만은 전혀 어울리지 않아 남의 환심을 못 살 것 같았다. 그 목소리는 좀 쉬고, 귀에 거슬리고, 피곤한 목소리였다. 무심히 이 목소리에 지나쳐 버렸을 터이지만, 그녀가 한 말이 너무 의외였던 까닭에 그 목소리를 주의하게 되었다. "당신이 나를 진찰하겠다는 겁니까? 의사이십니까?"라고 그녀는 조롱투로 말했다. "그 경칠 놈의 늙은 등신이 자기는 왜 진찰을 안 받고 아무렇지도 않은 나를 진찰받게 하지? 정작 진찰받을 사람은 자기인데 말이야." 이 소리를 듣고 나는 이 젊은 여자가 저 조용한 백발의 신사——나와 방금 얘기한——를 두고 하는 말이라는 것을 도저히 상상할 수 없었다. 그러나 나는 이 상스러운 말이 그래도 그녀로서는 극히 부드러운 표현이라는 사실을 나중에 알았다.

그녀가 지닌 악덕 중에서 욕쯤은 아무것도 아니었다. 그녀는 사회악이란 사회악은 모조리 경험해 왔고, 그 경험의 어느 하나를 보더라도 소설의 비극적인 파멸의 최고 기록이 될 사건이 얼마든지 있었다. 모험적인 결혼, 급속한 이혼, 인공유산, 강간, 술로 인한 타락, 상류사회의 스캔들, 성병 감염, 경찰의 손에서 벗어나기, 암흑가의 사람들과의 도망, 그리고 그밖에도 참 여러 가지 일을 했다. 장기간에 걸쳐 그녀는 하루에 1파운드(약 0.54리터)에서 2파운드의 진이나 위스키를 마셨다. 더구나 어떤 때에는 그보다 두세 배를 마셨다.

지금 여기 말한 그녀의 행동이 전부 사실이라는 것을 나는 알았다. 다른 사람이 얘기해 주지 않은 것은 그녀 자신이 말해 주었다. 그러나 그런 줄 알면서도 그리고 조금도 의심할 여지가 없는 사실이라는 것을 알면서도 나는 이 엄하고 늙은 아버지 옆에 조용히 앉아 있는 예쁜 여자를 보고, 그럴 수가 있을까 하고 생각하지 않을 수가 없었다.

c) 신문기사에서

만약 도둑사회에서 로맨스를 찾는다면, 러셀 스코트가 바로 그 주인공일 것이다. 그는 20세에 배우가 되고, 30세에 갑부가 되고, 캐나다의 윈서에서 디트로이트에 이르는 지역에 다리를 건축할 목

적으로 설립된 자본금 2천만 달러의 회사의 사장이었다. 1년이 지나
서 그는 값싼 강도로 몰락하였고, 시카고의 루프 매약상을 털었다.
교량건축으로 파산하고 재계 공황의 여파에 휩쓸린 이후로는 스코
트와 그의 형제 로버트는 급격히 전락하여 죄의 굴레로 깊숙이 들어
갔다. 러셀은 사기꾼, 주류 밀매, 아편 밀매로 전전했고, 드디어는
어떤 작은 도난사건에 관련돼 한 사무원을 죽였다는 이유로 사형선
고를 받았다.

그러나 스코트는 세 번이나 집행유예를 받았다. 그 중 두 번은 그
가 정신이상자라는 이유에서였다. 그를 변호하기 위해 사교계의 부
인들이 기금을 모았다. 거기에는 미남인 살인범을 싸고도는 달콤한
시럽 같은 애정이 엿보였다——그는 미남자였다. 그가 주립 정신
병원에 수용된 지 여섯 달 만에 그곳의 전문의는 스코트는 주정부
를 속인 것이며, 그가 미친 적은 한 번도 없었다고 발표했다. 그것
은 스코트가 죽기 2년 전의 일이며, 죽을 때조차 그는 법의 제재를
속였다. 그는 선사받은 가죽 허리띠로 감옥의 독방에서 목을 매어
죽었다. (밀튼 맥케이, 1929년 2월 6일, 《Outlook and Independent》지에서)

d) 반사회적 유형 중 방랑성이 있는 사람들

방랑생활을 하는 사람들——트램프, 호보, 배가본드, 집시
등——이나 무엇을 하든지 착실하게 일하지 못하는 사람들은 대개
이 유형에 속한다. 그들은 인생의 현실로부터 도피하기 위하여 사
회에서 도피하며, 간혹 사회와 어떤 교섭을 갖게 되면 사회에 해를
끼친다.

나는 코네티컷에서 라일락 꽃향기를 맡을 것이다.
틀림없이 내가 죽기 전에, 저 나의 청춘시대의 하얀 모습으로
무심히 서 있는 작은 예배당을 볼 것이다.
온갖 풀 무성하고 물푸레 만발한 뜰도,

내가 부수고 도망한 목장의 울타리도,

또 곡식을 거두어들인 적이 없고, 보습이 들어간 적이 없는
저 미지의 벌판에
꿀벌의 나무와 내버린 사슴뿔 사이에 드러눕기——이것이 나
의 소원이었다.
사슴조차도 찾아내지 못할 은밀한 곳에
누구도 생각해 내지 못할 만큼 고독한,
시냇가에 드러눕기——이것이 나의 상상이었다.
그것은 꿈——그러나 지금은 아무래도 좋다.
빛이 여린 별 아래,
패전한 병정이 묻힌 곳에
나를 묻어다오.
다시 대지에 맞대어,
도망하던 신하들이 쓰러진 곳에,
나를 묻어다오
울타리가 둘러싸고, 태양이 그 너머로 지는 곳에,
나를 묻어다오
황야의 돌뿌리에 부딪쳐 넘어지지 않도록

그래도 나는 도망해 버렸다, 좌우간.

스테펜 빈센트 베네

e) 예외적인 성공자
사악한 성격을 가진 사람들 중에는 그들이 반사회적인 특수한 버
릇이 있음에도 불구하고 어떤 종류의 성공을 거둔 사람도 있다. 다

음에 말하는 사람들은 아마 사악한 퍼스낼리티즈로 생각된다.

프러시아의 유명한 육군 원수 케하르트 폰 블류텔은 어릴 적에 언제나 모험과 결투를 즐겼는데, 군대에 들어간 후에는 그의 난폭한 생활 때문에 초기에는 도무지 승진이 되지 않았다.

앤드류 잭슨은 15세에 도박, 경마, 음주, 투기 등에 골몰했다.

오스트리아의 유명한 장군 발렌슈타인은 중학교뿐만 아니라 대학교 때에는 항상 장난꾼들의 대장이어서 도저히 손댈 수 없을 만큼 왈패였으며, 가끔 남의 집에 손해를 끼쳐 형무소에 들어갔다.

벤 존슨은 다른 배우와 결투를 하다가 그를 살해했기 때문에 투옥되었다.

리처드 와그너는 어려서부터 장난이 심하고 모험을 좋아했다. 16세 때부터 젊은이들이 할 수 있는 온갖 난봉을 다 피웠다.

볼테르는 17세에 인생의 쾌락을 마음껏 즐겼다. 그의 아버지는 한때 그를 쫓아냈지만 파리로 돌아온 후로는 전보다도 한층 더 방탕했다.

사악한 성격을 가진 사람들은 자기의 죄를 속죄할 만한 재능을 한가지 또는 여러 가지 갖기도 했다. 그런 사람들은 때로는 그릇된 일이기는 하지만 천재라고 불리워지고 있다.

그들은 때로는 위대한 사업을 완성하지만 그것은 큰 희생을 치르고서 되는 일이며, 그런 패들은 형무소, 양육원 및 화차(무전여행을 위한)들을 만원으로 만들고 있다.

f) 사악한 퍼스낼리티즈의 치료

정신분석학이 등장하기까지는 이런 사람들을 치료할 만족할 만한 방법이 없었다. 정신병 전문의는 전부 별 도리가 없는 것으로 생각하였으나, 알렉산더와 그밖의 사람들의 임상실험의 결과로 우리는 이 종류의 사람들의 회복에 대해 이때까지보다는 더 밝은 생각을 갖게 되었다. 정신분석의 결과, 이 종류의 사람들의 성격에 놀랄 만한 변화가 일어난 것이 관측되어 있다. 이 방법으로 치료를 받으면 환자는, 그들의 공격적인 행위가 본시는 남의 주목을 끌고 사랑을 받으려는 동기에서 출발하고 있지만 동시에 그런 짓을 해서는 안 된다고 생각하므로, 그 때문에 자기가 처벌을 받아야 한다는 것을 깨닫는다.

공격하는 힘, 반격, 침략, 벌에 대한 복종 따위의 여러 종류의 힘이 생겨서 그 사람의 성격 속을 번갈아 돈다. 그것은 민족 반란이 일어나서 군중들이 시내를 뛰어다니며 생업을 방해하는 따위의 일이다. 이런 원한의 심정과 공격의 발생 원인을 환자에게 바로 똑똑히 인식시켜서 성장한 뒤의 현실상태와의 차이를 비교시킨다. 이렇게 하면——또 이렇게 하는 길만이——사악한 성격을 가진 사람은 그의 유치한 방법으로 사랑을 얻거나 발산시키며, 또 자기의 죄에 대한 벌을 가하는 것을 중지하게 될 가능성이 있다. 이런 성격을 재건하려면 여러 달 걸리지만 환자나 가족들이나, 그의 경비를 댈 사람이나 친구들이 이 일에 협력해 주면 때로는 이 환자를 완쾌시킬 수도 있다.

8. 요약

결론적으로 요약하면, 이 장에서는 인생에서 흔히 실패하게 되는 일곱 가지 퍼스낼리티의 유형에 대해서 설명하였다.

물론 그들이 인생에 실패하지 않는 편이 더 많으며 또 실패할 것 같이 보이거나, 금방 실패할 것만 같거나, 다만 막연한 가능성이 있을 뿐인 경우도 있을 것이다. 이런 퍼스낼리티의 유형들 중에 어느 하나라도 반드시 실패한다고는 정해져 있지 않다. 그리고 어떤 이들은 굉장히 큰 성공을 거두는 경우도 있다. 나는 각 유형에 관해 각 분야에서 성공한 경우의 유명한 사람의 예도 들었다.

한편, 금방 실패할 듯이 보이는 사람들도 항상 실패한다고는 반드시 말할 수 없다. 이 장의 첫머리에서 건설적인 타협에 대해 말했는데, 이 사람들이 이 타협에 이르게 되는 경우가 있다.

가령 자기의 약점을 반대로 이용하여 자기가 도피해 가는 방향을 유리하게 인도하거나 사회를 공격하는 대신 사회의 적을 공격하는 사람들이 여기에 포함된다.

뉴멕시코의 알바카키에는 사람들이 폐결핵으로 죽는 것을 살림으로써 자기도 그 병으로 죽을 것을 방지하는 의사가 많이 있다. 절름발이가 된 사람도 이처럼 훌륭히 구제되고 있다.

나는 바보의 표본이 될 만한 사람이 사회에서 어떤 무시받는 층의 사람들을 위해 학교 세우기를 자기 일생의 사업으로 삼고 있는 것을 알고 있다. 그는 그리하여, 수천 명의 사람들에게 사랑받고 세계가 그에게 갈채를 보내고 있다.

내가 아는 범위에서 가장 성공한 어떤 사회사업위원회의 회장은 남들과 접촉하기를 꺼려하고, 고독하게 있기를 원하고 있다. 그것은 그가 천한 계급에서 출세했으므로 어떤 실수라도 저질러서 자신의 과거의 모습이 드러날까 두려워하기 때문이다.

분열증의 사람들이 은행을 경영하고, 책을 쓰고, 박테리아를 발견하고, 그림을 그리고 있다. 이 사람들에게는 그것이 생명이다. 그들은 이 세상에는 사람들이 많이 있다는 것은 알지만 그 사람들과 가까이 지내지는 않는다. 왜냐하면, 그렇게 할 수가 없기 때문이다. 그렇지만 그들은 은행을 경영하며, 책을 저술하며, 박테리아를 발견하며, 그림을 그릴 수가 있다. 그리고 실제로 그 방면으로 이름을 떨치는 사람이 많이 있다.

변덕스런 사람들은 자기의 감정에 몸을 맡기고 있으므로 우리는 아이들에게 흥미를 가지듯이 그들에게 마음이 끌린다. 그들은 유쾌하게 놀며, 즉석에서 동정심을 나타내며, 무엇이든 척척해 내며 빛나는 존재이므로, 인생의 색채와 매력과 변화에 이바지한다. 사람들은 누구나 그들을 알고 있으며, 누구든 그들을 사랑하게 된다. 실상 그들은 너무나 신선하며 인기가 좋으므로 그들이 어린아이들처럼 남에게 의지해 지낸다는 사실이 드러나지 않아 세상에서 모르는 경우가 있다. 왜냐하면, 변덕쟁이들은 남의 애정을 얻기 위해서는 아무 짓이라도 하지만 일단 그것이 거부되면 세상을 원망하고 슬퍼하기 때문이다.

신경증적인 사람들이라 하면, 거의 우리 전부──적어도 신경증적이라고 구별되어 있는 사람들 이외의 전부에 가까운 사람들──가 이 유형에 든다. 신경증적인 사람들이 어떻게 하여 그들의 비탄을 다만 신음과 걱정거리로만 표현하지 않고 다른 방면으로 전환하는가에 대해서는 이미 설명했다. 그렇지만 그들도 역시 타협하고 고민한 끝에 성공한다.

때로는 윌리엄 엘러리, 레오나드와 에밀 졸라처럼 자기의 증상을 소설로 쓴다. 또한 제임스 조이스와 셔우드 앤더슨처럼 남의 병의 증상을 쓰기도 한다. 오스월드 케리슨 발라드와 유진 오닐처럼 세계의 증상을 쓰는 사람도 있다. 그러나 항상 설사 그것이 소설이란 제목이 붙는 경우일지라도 신경증적인 사람은 늘 자기의 일을 쓴다. 그는 또 우리 자신이기도 하므로 우리는 그것을 좋아한다. 그 소설은 우리의 고민상태를 반사해서 보여준다. 그래서 우리는 그것을 읽으면 기분이 편안해지게 마련이다.

사악한 성격을 가진 사람들도 뭔가 좀 하기는 한다. 나는 몇 사람의 실례를 이미 들었다. 여러분은 더 많이 알 것이다.

"가령, 빌 찰슨이란 사람이 있는데 그는 부자이기는 하지만 온 시내의 골칫거리이며, 약한 사람을 못살게 굴며, 무슨 일을 시켜도 제대로 못한다. 세상이 상대하지 않는 그 사람! 그러나 지금의 그를 보면 영웅이다. 프랑스에서 전사한 것이다. 전국적으로 그의 용감성을 찬미하는 기념비가 서고 꽃다발이 바쳐졌다. 그는 그의 갈 길을 간 것이었다."

그러나 우리는 많은 사람들이 실제로 실패한다는 냉엄한 사실로 되돌아온다. 이미 설명한 바와 같이, 그들은 실패할 때에는 자기를 손상하지 않는 도피의 형식을 취하거나 사회를 손상하는 공격의 형식을 취한다. 어떤 성격의 사람들은 어떤 특수한 상황에 부딪치면 그것에 순응하지 못한다. 더구나 타협마저 못하게 되면, 마침내 그들은 '파괴된 사람'이나 파괴하는 사람'이 된다. '파괴된' 사람들은 '신경증'이라 불리우며 '정신이상자', '신경쇠약', '육체적으로 파손된 사람' 등으로도 불리운다.

그들은 병자이지만 반드시 의사에게 진찰을 받으러 가지는 않는다. 그들의 병이 육체적인 것이 아니라 정신적인 발작이란 것을 발견하는 사람은 대개의 경우 단골 의사이다. 어리석은 인간은 우선 심리학자들이 감별해 낸다. 고독한 성격을 가진 사람들은 보통 사람들과 색다른 행동을 하며, 그것은 선천적이 아니라 후천적인 것이지만 대개의 경우, 세상 사람들이 좀 이상하게 보게 된다. 이상한 사람──분열증──이나 변덕쟁이, 순환증, 감정교대증 등이 되면 가족들이나 경찰의 손에 의해 비로소 세상에 알려지며, 때로는 정신병 전문의에게로 간다.

신경증적인 사람들은 자기의 고민으로부터 도피하려고 아무 곳이든 가며 또 아무 곳에서나 쉽게 발견할 수 있다. 정형외과 의사들은 수없이 이런 종류의 사람들을 만난다. 개업의는 누구든 그들을 치료하는데 성공하는 경우도 많다. 소수의 운좋은 사람들만이 정신병 전문의에게로 간다.

끝으로 예전에는 정신병적 성격자라고 불리우던 사악한 성격의 무리가 있다. 이들은 누구든지 무엇이든지 부수어 버린다. 그러나 자신은 그다지 손상을 받지 않고 또 고민하지도 않는다. 이에 대해서는 경찰이 잘 알고 있다. 그 외에 형사, 간수, 보석관, 검사, 신문기자 등이 모두 그들을 잘 알고 있는데, 그렇다고 이 유형의 사람들 모두가 범죄인이라는 말은 아니지만 범죄인 중에 이런 성격의 소유자는 25퍼센트 내지 50퍼센트에 불과하다.

이처럼 세상에 처세해 나가는 노력이 보람이 없어 '파괴된' 인격이 된 사람들은 대체 어떻게 될까? 이런 파괴된 인간들은 어떻게 생겼을까? 내가 이미 설명하려고 했던 바와 같이 그들은 이런 실패가 일어날 퍼스낼리티의 소지를 몸에 지니고 있는 것처럼 보인다.

1920년을 전후해서 우리는 어떤 중요한 발견을 했다고 생각했다. 그것은 '정상적인 사람(대체 어떤 사람인지는 모르지만)' 중에는 고전적인 정신병형의 사람들(광인)과 좀 비슷한 점이 있는 인간을 발견했다고 생각한 것이다. 그 후 매우 집약적인 연구가 계속되어 어떤 과학자들은 정상인과 병자 사이에 어떤 정신적인 유사점을 비교 대조하여 그들의 육체적인 척도와 비례를 증명하였다. 연구를 할수록 우리는 더욱 뚜렷이 정신병자의 한계 안에 있는 사람들이 낱낱의 경우에 들어맞는 퍼스낼리티즈가 있다고 확신하게 되었다.

그러나 오늘날에는 우리는 그것이 정반대라고 믿고 있다. 즉 정신병자——정신적으로 혼란한 사람들—— 중에 여러 가지 퍼스낼리티즈의 온갖 경향과 버릇을 극단적으로 발휘하는 이가 있다는 점이다.

정신의학 사상의 진화에서 보아 이 점은 매우 중요하다. 그것은 중점을 정신상 침해를 최후의 단계로부터 성격의 구성요소의 연구로 이동시킨 것이 된다. 이 점은 마귀할멈이나 악마가 우연히 만난 인간을 공격한다는 말을 우리가 오늘날 믿지 않는 것과 마찬가지로, 병이 심술궂게 개인을 공격하거나 침략한다고 생각지는 않는다는 것을 뜻한다. 우리가 '병'이라고 일컫는 것은 어떤 특정한 퍼스낼리티가 어떤 종류의 문제——또는 몇 가지의 문제——를 해결하려고 애쓰는 동안에 이 퍼스낼리티 자체가 지나치게 성장한 것이다. 정신병은 그의 일부이며, 그것은 외부로부터 들어온 것도 아니며 침략해 온 것도 아니다.

인간의 마음이 이런 불행을 가져오며 그렇기 때문에 인간의 마음에 문제가 있는 것이다. 그리고 우리가 위와 같은 일반 원칙을 배웠으므로 이런 상태 아래의 모든 현상을 연구하는 것은 마땅히 이 부문에 속하는 일이다. 그러면 '파괴된' 인간의 마음이 드러내는 증상이란 자세히 말해 어떤 것일까? 다음 장에서 알아보기로 한다.

제3장
증 상

분석편

해체된 정신의 각 부분에 대하여

많은 사람들이 정신장애로 고생하고 있다. 그러면서도 친구들로부터는 다만 저 사람은 대단히 이상하다, 모델(모범적)이다, 불쾌한 사람이다, 극단적이다, 아주 딱딱한 친구다, 이 세상 습관에 완전히 무관심할 수 있(해방된)는 사람이다라는 정도로밖에 생각되지 않는다.

박애사업에 열중하는 것이, 어떤 경우에는 그 사람의 건전한 도덕적 우월성을 보인다기보다는 오히려 병적이라고 말할 경우가 있을 수 있을까? 사람이 자기의 사용인에 대해 의심을 가지며 사회악을 규탄했었다고 해서, 그것이 그 사람의 경제적인, 또는 사회적인 관련성을 계발적인 의미에서, 또는 공평무사하게 파악하고 있다는 표현이 아니라, 도리어 일종의 병이라고 생각될 경우가 있을 수 있을까? 귀에 거슬리는 애국주의나 이른바 평화주의라는 것도, 이것을 세밀히 조사해 보면, 똑같은 말을 할 수 있지 않을까? 생체해부

반대주의라는 것도 결국은 지독한 그리고 근거없는 비난을 남에게 퍼붓는 사람들에게 이익을 도모하기 위하여 열성을 다하는 종류의 인간인 친절한 마음씨가 너무도 많다는 것에 의해 설명이 되지 않을까?

표면에서 보면 추상적인 진리의 추구에 몰두하는 것처럼 보이는 집약적인 지적 활동이 실은 원만한 인격을 가진 이의 건전한 활동이 아니라, 그것은 병이 시키는 짓이다라는 경우가 있을 수 있을까? 조금도 비난할 데가 없는 모범적인 개인이 부모가 살아온 길을 그대로 태연히 계승하고 있는 것이 실은 그 사람의 개성 속에 내재하는 생산적인 요소를 억압하고 싶다는 병의 희생자라는 경우가 있을 수 있을까?

해방되어 인습에서 벗어난 개인이 그의 주위 사람들을 깜짝 놀라게 할 만큼 자기 생각대로 행동하는데, 그러고도 그 사람이 실은 환상의 희생자이며 가벼운 정신병에 걸려 있다라는 경우가 있을 수 있을까? 우리가 믿는 것, 우리의 태도, 습관, 표준——이런 것들의 대부분이 실상은 우리가 생각하고 있는 정도로 형식과 내용에 확실성이 있는 것이 아니라, 도리어 정신의 혼란을 구성하는 것과 공통된 재료에 불과하다는 경우가 있을 수 있을까?

—— C. 맥피 캬프벨 박사, 《정신장애의 현대적 관념》에서 —— (캠브리지, 하버드 대학 인쇄소, 1924년판, 14-16페이지)

1. 증상

인간의 마음의 각부분은 자동차의 부품들처럼 각각 분리되어 있지는 않다. 그것은 오히려 인체의 각부분과 매우 흡사하다. 가령, 지각과 이해작용 사이에는, 마치 손목과 팔목이 어디서부터 어디까지라는 뚜렷한 구별이 없듯이 이들 관계에서도 그런 구별이 없다. 사실 우리가 그런 구분을 한다면 논리적인 죄를 범하는 셈이 된다. 이를테면, 이해작용, 정서, 또는 행동 등을 떠나서 지각이란 것이 따로 존재하고 있지는 않다.

그러나 실제로는 이런 구분은 소중한 것이다. 특히 디스오더(혼란, 장애, 병)의 증상을 연구할 때는 이런 구분은 대단히 편리하다. 우리는·손목을 삐었을 경우와 팔목을 삐었을 때가 어떻게 다른가를 똑똑히 알고 있다. 마음의 각부분과 심리적인 경과에 대해서도 마찬가지로 잘 알 수 있다.

인간의 모든 행동은 분류상 S - R 공식이라는 것으로 귀납할 수가 있다.* 이 경우의 S는 자극으로서, 여러 가지 형으로 외부로부

---
*퀘러, 코프카, 베르하임, 그밖의 게슈탈트파의 이론가들이 연구를 거듭하

터 흘러들어오는 에너지의 모든 것을 뜻하며, 이것은 육체에 의하여 변화된다. R은 반응이며, 이렇게 하여서 생긴 에너지의 새로운 형을 표시한다. 이 반응이 바로 인간의 행동이며 생활이다. 이 인간이라는 기계가 어떤 모양으로 산소, 당분, 지방 및 수분을 이 반응의 방향으로 소비하는가는 생리학의 영역이다. 또한 어떤 모양으로 광파나 음파 등을 받아들이며, 그것에 의하여 행동하며, 그렇게 함으로써 일종의 본능적인 욕구를 만족시키는가는 심리학의 영역이다.

우리는 듣고 보고 냄새를 맡아서 우리 주위에 있는 세계를 알게 되는데, 그 감각이라는 우리의 공중선은 텔리비전의 안테나처럼 잡아서, 전화선에라도 비할 수 있는 신경조직을 통하여 뇌에 전달한다. 이 '전화선'은 신경원(neuron)이라는 가늘고 긴 세포이다. 그 자세한 것은 신경병학 교과서라면 어느 책에도 씌어 있다. 이것에는 세 가지가 있다. 즉 들어오는 지각신경—— 이것은 리셉터스(receptors)라는 수신장치로 유도된다—— 커넥터스(connectors)라 불리우는 접속신경 그리고 이펙터스(effectors)라는 선(분비선) 또는 근육에 전달하는 것으로서 밖으로 나가는 것, 즉 운동신경이다.

뇌는 육체의 내부 또는 외계로부터 수신장치를 통해서 들어오는 수백만이라는 자극에 의하여 끊임없이 공격받고 있다. 그렇지만 눈에 보이는 결과에서 판단하면 뇌는 이 자극의 대부분을 무시하고 있다. 그렇지만 뇌의 인식을 받을 만한 중요한 자극이 있으면 이것은 지각이라 불리운다. 이런 갖가지의 자극을 받아, 그것을 분간하고 인식하는 과정이 지각이다.

여, 심리적인 행동은 하나하나의 자극 및 하나하나의 반응의 가산과 상호관계로는 설명할 수가 없다는 점을 철저하게 해명했다. 그러나 서술적인 술어가 이론이나 개념과 보조를 맞추어서 함께 진보하는 경우는 결코 없다. 그러므로 S-R이라든가 P-I-E-V 따위의 명칭은 교수용의 해설을 하는 데는 매우 편리하다.

어떤 종류의 자극은 그것이 뇌에 의하여 지각되기 전에 반응을 일으킨다. 즉 근육 또는 선활동(腺活動)을 직접 일으킨다. 이런 것들을 반사작용(reflexes)이라 한다. 자극은 지각신경의 척수로 들어가서 직접 운동신경에 인계되며, 후자가 그 목적지에 나른다.(그림 2 참조)

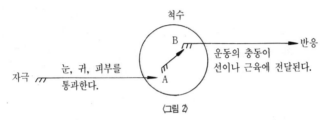

〈그림 2〉

척수 속에는 무수한 접속점들(synapses)이 있어, 거기에서 다른 신경섬유와 연결된다. 지각자극(sensory stimulus)이 감지(perceived)되려면, 척수 속에 있는 입구의 점(A)으로부터 뇌에 접속되지 않으면 안 된다. 따라서 운동반응이 일어나려면 밖으로 나가는 신경에 접속하여 그것이 뇌로부터 척수로 내려와서 출구, 즉 B점까지 이 자극을 전해서, 거기서 근육과 선(腺)에 연결하지 않으면 안 된다. (그림 3참조)

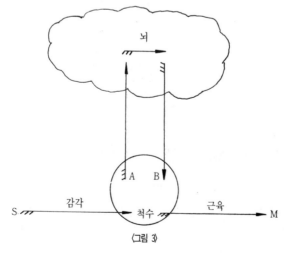

〈그림 3〉

　실제는 S(지각자극)와 M(운동) 사이에 뇌가 개제하는 그 상태는
그림 4에서 보는 바와 같은 간단한 것이 아니라 극히 복잡한 것이다.
지각자극의 정신적인 영향은 감각이다. 이 감각은 지각작용
(perception)을 가능케 하기 위하여 저장된 기억과 비교한 다음 인식
되어야 한다. 그런 비교는 인식하기 위해 필요한 정도 이상으로는
되지 않을 것이다. 그러나 그 비교는 관념(기억)의 어떤 새로운 배
합을 형성하는 일이 포함되어 있을지도 모른다. 그리고 부수적으로
이 새로운 감각 자체도 거기에 기록되지 않으면 안 된다. 이 비교작
용, 재편성작용 및 기록작용을 '사고(thinking)' 또는 인식이나 지
적 작용이라 부른다.

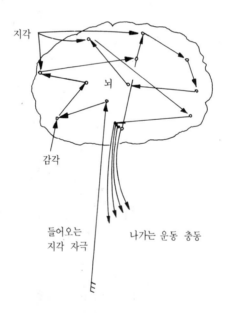

〈그림 4〉

여러분은 그것을 지각작용과 분간하는 것이 상당히 어려울 거라고 생각할 것이다. 실제로도 똑똑히 분간할 수가 없다. 이것을 그림으로 나타내면 대단히 복잡하게 보인다. 그렇지만 이것을 실제로 일어나는 것과 비교하면 매우 간단한 것이라고 할 수 있다.

인간이 느끼거나 의식하거나 하는 것은 실제로 진행되고 있는 것의 극히 작은 부분에 불과하지만, 자기가 알고 있는 부분을 '의식'이라 부른다. 그러나 그것은 몹시 얇은 껍질뿐이어서, 사과껍질의 그 과일 전체에 대한 비례와 비교할 수 있을 것이다. 그것은 또한 눈이 거울 속의 영상을 보는 것과 같아서, 모든 시각장치의 작은 일부분이다.

그렇지만 의식적이나 무의식적인 지적 작용은 일종의 메시지를 근육에도 선(腺)에도 전하게 되어, 그 결과 그런 활동들을 증진시키기도 하고 감소시키기도 한다. 이 전달되는 메시지는 여러 사람들이 모여서 푸시 볼(pushball : 지름 6피트의 공을 각각 11명으로 된 두 편이 서로 밀어서 상대편 골에 넣는 경기)을 할 경우에, 이 공을 움직이는 힘과 같은 형식으로 대개 결정된다.

즉 어떤 사람은 이 공을 잡아당기고 있으며 어떤 사람은 반대쪽으로 밀고 해서, 그 종합적인 결과가 이 공이 결국 어디로 움직이는가를 결정하는 것과 같다. 우리는 동시에 몇몇 기회에 당면하게 될 때, 유쾌하게 놀아버릴까, 일을 할까 하고 망설일 때 이런 감정을 경험한다. 실제로는 무엇 한 가지를 결정하기에도 문제가 있다. 다만 한쪽의 힘이 다른 쪽의 힘보다도 훨씬 크면, 우리는 이것이 문제임을 의식하지 못하게 마련이다.

여러 가지 충동을 하나의 또는 다수의 밖으로 향하여 흘러가는 자극으로 변형시키면 이 자극은 근육에 전달되어 운동이 일어나며, 이 운동들이 그 사람의 행위를 구성하며, 이 행위들이 행동을 만들어낸다——그리고 이 변형과 초점으로 가져 오는 것이 '의지'이며 '의지력'이며 '의욕'이다. 그것은 습관이라고 불리우는 어떤 일정한 형에 든 경로를 밟아서 이루어는 것이 보통이다. 따라서 어떤 심리학자들은 의지는 습관이라고 말한다. 다른 심리학자들은 의지는 소원이라고 말한다. 다시 말해서 우리가 무엇을 하고 싶다고 생각하는 것은 우리가 한다——하려는 의욕을 가진다고 말한다. 이것은 비록 그렇게는 보이지 않더라도 그렇다는 것이다.

그러나 소원을 가지는 것은 변형의 과정의 깊은 속에 들어 있다. 이 속에 있다는 것은, 우리의 조직 전체를 움직이는 본능적인 에너지를 변형시키는 urge(몰아내는 힘) 속에 있다. 우리가 무엇을 하는 것은 우리의 기억, 편견, 신조, 이상, 습관, 약점 등 여기에 활약하는 모든 힘들이 우리를 그렇게 만든다. 의지라는 것은, 이 여러 가지 힘의 집성한 것과 여러 가지 힘을 변형해서 직접 운동성 반응을 일으키는 것을 기록하기 위하여 사용되어야 할 성질의 것이다. 우리는 얼마 후 알게 되겠거니와, 이 의지의 뒤에 주요한 방향과 목표를 결정하는 에너지의 추진과 경향이 있다.

지금까지 말한 것은 〈그림 5〉와 같이 나타낼 수 있다.

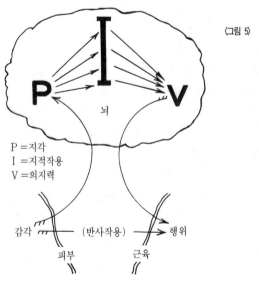

〈그림 5〉

P =지각
I =지적작용
V =의지력

뇌

감각 ——— (반사작용) ——→ 행위

피부   근육

대뇌의 작용에는 또 다른 것이 있다. 우리의 기억에 연결하여
── 따라서 우리의 지각작용 및 결심의 작용에도 ── 거기에는 일
종의 제2차적인 감각이 있으며 육체적인 변화가 있다. 이것을 정서
또는 정조(emotion)라고 부른다. 이 전체의 조직 속에서, 정조의 반
응이 어디에 속하느냐에 대하여 심리학자와 생리학자 사이에 많은
의견의 차이가 있다. 그렇지만 우리로서는 정조반응이 어느 정도
육체의 내분비선에 의존하는 것인가를 잘 알고 있다. 그러므로 실
제문제로서 정조반응을 뇌와 육체를 연결하는 것으로서 그림으로
나타낼 수 있으며, 이렇게 하여 마음은 두개골 속에만 있는 것이 아
니라, 온몸의 기능에 관계가 있다는 점을 다시 강조할 수 있다. (그
림 6 참조)

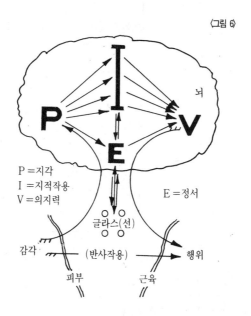

〈그림 6〉

P =지각
I =지적작용
V =의지력

E =정서

글라스(선)

감각   (반사작용)   행위

피부   근육

중요한 '부품' 이름의 음미는 대체로 이 정도로 하여 둔다.
그러면 이 '부품'에 어떤 일이 생길 수 있는가라는 문제가 생

긴다. 심리학자인 동시에 정신의학자 겸 철학자로서 재능을 가진
베르니케는 만약 그 기능을 바로 운영할 수 없는 일이 일어난다면
그것은 모두 양의 문제——너무 많거나 너무 적음——또는 질의
문제——비정상——로 가를 수 있다고 말하고 있다. 이론적으로
는 이것은 그릇된 것이지만, 그럼에도 불구하고 이 분류는 소중한
것이다. 그것은 지금까지 알려져 있는 요소를 대부분 다 망라하고
있다. 한 예로서, 부품의 하나로서의 '기억'을 살펴보면, 이것이 모
자라는——잊어버림——경우가 있고, 너무 많은——기억이 너무
좋다, 세세하게 기억한다——경우가 있다.

이런 것들을 표로 만들어 한눈에 알게 하기는 쉬운 일이다. 이 표
에는 이상한 심리의 증상에 대해 우리가 아는 바를, 말이 포함하는
뜻을 통해서, 거의 전부 묶어 넣을 수가 있다. 따옴표 속의 말들은
모두 다 희랍어에 어원을 가진 같은 의미의 말이며, 괄호 안의 말은
전문적 술어이다.

〈표 2〉

구분 / 상태	퍼셉션 지 각 ("Aesthesia")	인텔렉션 지적작용 ("Gnosis")	이모션 정 서 ("Thymia")	볼리션 의지력 ("Bulia")
불충분 "Hypo"	불충분한 지 각 (Hypoaesthesia)	불충분한 지적작용 (Hypognosis)	불충분한 정 서 (Hypothymia)	불충분한 의지력 (Hypobulia)
과 잉 "Hyper"	과 잉 지 각 (Hyperaesthesia)	과 잉 지적작용 (Hypergnosis)	과 잉 정 서 (Hyperthymia)	과 잉 의 지 력 (Hyperbulia)
왜 곡 "Para"	왜 곡 된 지 각 (Paraaesthesia)	왜 곡 된 지적작용 (Paragnosis)	왜 곡 된 정 서 (Parathymia)	왜 곡 된 의 지 력 (Parabulia)

　다음에 우리는 '불충분한 지각'이라든가 '불충분한 지적 작용'이
란 일반적인 개념 대신, 아래 표의 각 난에 그 범주에 속하는 증상
중에서도 일반인에게 널리 알려져 있는 것을 하나씩 넣어 보자.

〈표 3〉

구분 상태	지　각	지적 작용	정　서	의 지 력
불 충 분	귀머거리	우　둔	냉　담	무 기 력
과　잉	민　감	천　재	의기양양	활동이 과함
왜 곡 됨	환영을 봄 (환 각)	망　상	공 포 증	강　박

　그러면 지금부터 우리는 더욱 앞으로 나가서, 이런 여러 가지 증
상들을 연구하여 해설해 보기로 하자. 때로는 이런 사례는, 개인의
순응이 적정하게 행해지지 않으므로 병으로서 의사의 치료를 받고
있는 이들의 경우에 가장 알기 쉬운 꼴로 나타나 있지만, 그 많은
사례들은 우리 동료들이나 다른 사람들 중에, 세상에서는 별로 이
상한 데가 없다고 인정되어 있는 사람들에게서도 발견된다. 대부분
의 교과서에는 우선 지각이 정상이 아닌 경우를 들고, 다음에 지적
작용에 장애가 있는 경우, 다음에 정서가 혼란된 경우, 끝으로 의지
력에 결함이 있는 경우의 차례로 설명하고 있다. 내가 실제로 사람
을 가르친 경험을 바탕으로 앞의 두 도표에 대해서 말하면, 앞서 말
한 요소가 불충분한 경우, 너무 많은 경우, 왜곡된 경우의 순서로
설명하는 편이 공부하는 사람의 머리에 들어가기 쉽다는 점을 발견
했다.

2. 불충분한 경우

① 지각의 결여

우리가 외계와 접촉을 유지해 가기 위한 안테나에 고장이 생기면, 당연히 그것은 우리가 외계에 대하여 적응하는 능력을 손상한다. 안테나가 좋지 않은 텔리비전, 잠망경이 파손된 잠수함, 그리고 지각을 담당하는 기계에 고장이 생긴 인간은 하나같이 다 비슷하게 불리한 입장에 서게 된다.

따라서 시각, 청각, 기타의 감각의 예민성이 줄어들면, 그것은 우리가 실생활을 원활히 해나가는 데 있어서 현실적으로 중대한 장애가 된다. 이런 결함들은 다만 과도적인 경우도 있을 것이다. 병이 나거나 졸립거나 술이 취하거나 하면, 일시적으로 이런 장애가 일어난다. 그러나 하나 또는 몇 개의 이런 종류의 지각의 결함에 의하여 장애를 받고 있는 사람들이 많다.

1928년에 행한 학생조사에 의하면, 미국에는 귀가 들리지 않는 아이들이 3백만 명 이상이나 있었다. 이 사실은 이 3백만 명의 아이들은 청각장치가 충분히 그 기능을 발휘하지 않거나 병신이라는 원인으로 그 두뇌의 활동, 인생의 요구에 대응하는 능력이 애당초부터 결정적으로 손상을 입었다는 결론이 된다.

지각의 장애 —— 예를 들면, 귀가 들리지 않는 사람의 경우 —— 는 세 가지의 다른 면에 문제가 생긴다.

첫째로, 그 사람은 어떤 종류의 자극, 어떤 종류의 신호, 그리고 어떤 종류의 정보를 놓치게 되는 원인이 된다. 둘째로, 이 불리한 조건을 극복하려고 상당한 양의 에너지를 헛되게 소비하게 된다. 그 결과 눈이 나빠지거나, 두통이 나거나, 귀가 나빠지는 경우가 가끔 있다. 그리고 셋째로, 이런 장애는 모두 다른 모든 인간적인 결함과 마찬가지로 그 개인에게 어떤 정서적인 반응이 나타나는데, 그 반응은 대개 불행한 것이다. 다음의 사례는 이 점을 해명하고 있다.

a) 시각 결함에서 오는 우울증

자넷은 어디를 가든지 인기가 있었다. 미술학교를 졸업하고 실내장식 회사에 근무하게 된 그녀는 이내 성공하여 시내에서도 제일 인기있는 실내장식가가 되었다. 그 여자는 항상 부유한 단골손님의 초대를 받았고, 그녀의 생활은 참으로 행복했다.

28세 때 그녀는 갑자기 발병하여 시력이 몹시 나빠졌다. 그렇지만 자기의 일을 계속할 수는 있었다. 다만 눈이 더 나빠져서, 결국에는 경제적으로 독립하지 못하고 남의 신세를 질 지경에 이르지 않을까 하는 공포심이 끊임없이 마음을 괴롭혔다. 마침내 그녀는 무엇을 하든지 눈에만 정신이 쏠렸다. 영화감상도 그만두고, 독서도 중단하고, 신문의 표제만 읽어 넘기는 것조차도 그만두었다. 그리고 어두운 곳에 있어도 자기의 눈이 피로한 것처럼 생각하게 되었다.

그녀는 심히 우울해지고 낙심했다. 친구들이 즐기는 일을 다시금 즐길 수 없을 것이며, 결혼도 못할 것이다──반 장님을 아내로 삼을 남자가 어디 있겠는가──하고 근심하며, 그녀는 누구의 초대도 거절했으며 또 친구를 만나는 일도 피했다. 그녀는 스스로 세상과는 멀어진 존재로 느꼈다. 세상 사람들은 행복한 세계에서 생활하고 있다. 그리고 자기도 전에는 그런 세계에서 살았던 적이 있었지만, 이제는 그런 기회는 다시 오지 않을 것이라고 생각했다. 그녀로서는 이 세상에 살아나갈 이유가 아무것도 없었다.

이 환자는 주로 자기의 병의 제2차적인──부작용적인──영향으로 불구자가 되었지만, 이 사실을 증명하기 위하여 그녀가 4년 동안이나 이와 같이 병으로 고생한 끝에 정신치료를 받고 완쾌하여 인생을 재출발한 사실을 덧붙여 둔다.

b) 청각의 결함에서 오는 우울증

가이 레이놀드가 자기의 귀가 점점 어두워지는 것이 아닌가 하고 걱정하게 된 것은 30세 때부터였다. 그는 남과 얘기하고 있을 때, 한두 마디 중요한 말을 빠뜨리고 들어서, 다시 한번 되풀이하지 않으면 무슨 말인지 알 수 없음을 알게 되었다. 남이 하는 말을 알아듣기가 점점 곤란하게 됨에 따라, 그는 친구들이 창피를 줄 셈으로 고의로 목소리를 낮춰 그가 어쩔 수 없이 다시 한번 물어보게 만드는 것이 아닌가 하고 생각하게 되었다. 그래서 그는 조심스럽게 주위의 사정을 살피기로 결심했지만 자기가 못 들어서 이해하지 못했을 때에는, 누가 자기의 등 뒤에서 웃고 있는 것을 여러 번 들은 것 같았다.

가끔 남들이 무엇인지 소곤거리고서는 큰소리로 유쾌하게 웃을 양이면, 이것은 틀림없이 자기를 보고 웃는 것이라고 생각하였다. 물론 그것은 그가 상상한 바와 틀림이 없었다. 사람들이 그를 거리에서 웃음거리로 만들려고 한 것이었다. 어쩌면 이 사람들은 그의 눈앞에서 그를 조롱하면서도, 그에게는 딴 얘기를 했다고 부정하는지도 모른다.

아마 시내의 사람들이 그에 관하여 별별 소문을 퍼뜨려서 그를 바보로 보이게 만들려는 흉계를 꾸미고 있는지도 모른다. 그래서 그는 아무데도 가지 않기로 작정하였다. 세상 사람들은 다만 그의 귀가 잘 안 들리는 것을 놀려 줄 셈으로 그를 초대할 뿐이므로……

c) 시각의 결함에서 오는 열등감

찰스가 아직 갓난아기였을 때 그의 눈에 이상이 생겼는데 그것은 몹시 심했다. 네 살 때까지 그는 네 번이나 수술을 받았다. 그 결과, 다소 좋아졌지만 대단히 두꺼운 렌즈의 안경을 일생 쓰지 않으면 안 되게 되었다. 그는 다른 아이들과 놀아도 시력이 나빠 잘 보이지 않았기 때문에 누구와 무엇을 하더라도, 어떤 게임이나 스포츠를 하더라도 이길 수 없었다. 결국 그는 친구들과 놀기를 그만두고 외톨이가 되었다. 따라서 자기의 공상의 세계에서 자기가 상상한 친구들과 놀기로 했는데, 거기에서 그는 항상 누구보다도 위에 있었다.

소년시절을 그는 이처럼 줄곧 혼자 지내왔다. 그는 자기의 시력이 약하다는 이 사실을 도저히 넘을 수 없는 장애로 생각하고, 그로 인해 다른 아이들과 친구가 되지 못하리라고 생각하고 있었다. 대학에 입학한 후부터의 그는, 남 앞에서 자의식이 강하고 수줍고, 누구에게 멸시받으면 그것을 대단히 민감하게 느꼈다. 그는 혹시 아는 사람을 만날 때에 그 사람을 알아보지 못하고, 인사도 안 하고 지나가는 일이 없을까 하고 몹시 걱정했다. 그는 또 남들은 자기가 그들과 같지 않기 때문에 그들 틈에 넣어 주지 않는 것으로 느끼고, 또한 그도 "나는 눈이 나빠서 남들처럼 할 수 없다"라는 이유로 그 틈에 들지도 않고 늘 먼 구석에서 그들이 하는 광경을 바라보고만 있었다.

한편, 자기 지각이 부족하므로 생기는 결함을 깨닫지 못하는 사람들도 많다. 이 사람들은 자기가 남들을 따라가지 못함을 알면서도 왜 그런지는 모르고 있다. 이 사람들은 그것을 날씨 탓으로 삼거나, 배의 고장 탓으로 돌리거나 조상의 탓으로 돌린다.

한번은 어떤 젊은 부인이 내 친구의 소개로 나에게 왔는데, 이 부인은 빈틈없는 인텔리였다. 그럼에도 불구하고 그 여자는 신문과 소설 이외의 글에는 도무지 흥미를 가질 수 없다는 이유로 나에게 온 것이었다.

이 부인의 '흥미가 없다'——알고 싶지 않다——는 현상에 대하여, 정조상의 이유는 아무것도 없었다. 그런데 눈을 검사하여 본즉, 그녀는 시력이 거의 90퍼센트나 장애를 받고 있는 사실을 알게 되었다. 그녀는 그때까지 시력검사를 받은 적이 한 번도 없었다. 안경을 쓰게 했더니, 그녀의 시력 장애는 25퍼센트로 줄었다. 그리고 그녀는 금방 기분좋게 책을 읽게 되었다.

이 부인은 자기가 거의 장님에 가까운 것을 몰랐다. 그리고 많은 사람들은 자기의 귀가 잘 안 들리는 것을 모르고 있다. 그것만으로도, 학교에서 정기적으로 아이들의 신체검사를 행하는 것에 정당한 이유가 있다는 결론이 된다. 그러나 이 아이들은 청각은 두뇌활동의 일부분이라는 견지에서 검사를 한 것이며, 다만 그 아이의 자리를 앞으로 옮기거나 뒤로 옮기는, 또는 편도선을 잘라 버리는 수술을 하느냐 안 하느냐를 정하는 표준을 결정하기 위해 하는 것이어서는 안 된다.

이외에도 감관장치나 온감기나, 이런 기관들을 척추와 연결하는 신경이나 척수 그 자체 및 뇌 속의 여러 가지 연합소 또는 뇌의 인식중추에 대해 구조상의 손해에서 생기는 지각작용의 결함이 참으로 기지각색의 임상적인 형으로 되어 존재해 있다. 이런 사항은 본래 신경병학의 범위에 든다. 신경병학은 과학상으로 두 가지를 뜻한다. 즉 신경해부학과 임상신경병학이다. 전자는 중추신경의 해부학적인 연구로서, 그 자체 및 온갖 연결부분과 연장부분을 현미경과 육안으로 보아서 연구하는 것이다. 이런 뜻에서, 이것은 해부학 중의 가장 복잡한 부문이다.

임상신경병학은 같은 구조상의 병을 다루는 의학상의 한 갈래이다. 이 부문은 참을성 많은 양심적인 임상가들이 여러 대에 걸쳐 실험생리학자, 해부학자, 신경병리학자들과 손을 맞잡고 연구한 결과, 고도의 정밀성에 도달하였다. 신경병학자는 전인격의 순응과 그 순응의 실패——병적 순응——등은 정신병학의 영역에 속하므로, 이에 대해 그들은 이론상으로는 별로 특별한 흥미를 갖지 않은 것으로 알고 있지만 실제는 대단한 흥미를 가지고 있으며 대부분 신경병학에 크게 이바지하고 있다. 프로이트도 실은 정신병학자로서 출발했다.

정신병학과 신경병학을 확실히 구분할 수는 없다. 정신병학을 이해하려면 신경병학에 관해서 근본적인 기초가 튼튼한 지식이 필요하다. 이런 의미에서 본서의 제Ⅱ권의 부록 〈참고문헌〉속에 추천할 만한 책의 이름을 수록해 놓았다.

겉으로 보아서도 확실히 알 수 있는 지각기능의 결함 중에 우리가 정서적인 간섭이라 부르는 것에서 생기는 경우가 있다. 가령 사람은 화로 인해 장님이 되는 수도 있다. 아이는 걱정한 나머지 바로 듣지 못하게 되거나, 바로 보지 못하게 되는 경우가 있다. 이런 종류의 모든 현상은 대단히 중요한 것이므로 이 책에도 뒤에 여러 가지 관점에서 철저히 검토하기로 되어 있다.

그러나 지금 여기서는 지각작용의 결함이 본질적(organic ＝ structural)인 원인 —— 기질상의 또는 인체의 구조상의 원인 —— 에서 오는 경우가 있고, 또 그런 이유로부터 온 것같이 보이는 경우도 있고, 또한 구조상의 이유에서 생긴 것과 똑같은 반응에서 오기도 한다고 가정해 둔다. 그 어느 경우에서도 성격은 그 자신 속에 일부러 적응의 실패를 하도록 의식하고 그 실패를 돕지 않고는 못 견디는 자원 —— 원인이 되는 것 —— 을 가지고 있는 것으로서, 이 적응의 실패는 외계의 변화에 즉시 순응할 수 있도록 외계의 움직임을 올바로 지각하지 못하는 데서 생긴다.

② 보정(보상)

다행히도 인간의 마음의 깊숙한 곳에는 한 기계장치 같은 것이 있어서, 이것이 어떤 종류의 결함에 대해서도 —— 그것이 지각작용이든 생리작용이든 또는 사회적인 것이든 —— 그 모든 부족한 곳들을 자동적으로 메우도록 힘쓰게끔 되어 있다. 이 보정작용은 자동적으로 무의식중에 이루어지는 경우가 있다. 또 때로는 자발적으로 의식하고 행하는 경우도 있다. 그 어느 경우에도 지금까지 인용한 두 세 가지 사례의 경우보다도 더욱 만족할 만한 순응이 행해지는 경향이 있다.

이런 보정작용들이 지각의 결함에 적용되는 경우를 해설함에 있어서, 우리의 주의를 귀가 어두운 사람과 눈이 안 보이는 사람의 경우로 한정해 본다. 그 이유는 이런 종류의 사람들의 경우가 가장 많으며, 또 가장 중대하기 때문이다.

귀가 전혀 안 들리는 경우, 이 지각작용의 결함을 조절하려고 어떤 다른 기능을 의식하고 일부러 심하게 발달시킨다는 형을 취하는 경우가 있다. 예컨대 구화술과 같은 것이다. 이 구화술은 귀가 들리지 않는 이에게는 누구에게든지 가르쳐야 할 것으로서, 더욱이 아이들의 경우에 그런 결함이 있음을 발견했으면 되도록 빨리 시작할 필요가 있다. 또 촉감이 보통 우리가 필요로 하는 이상으로, 또 도저히 믿을 수 없을 정도까지 발달되는 경우도 있다. 그리하여 어떤 눈먼 소녀는 대단히 예민한 촉각을 발휘하여 손끝의 촉감으로 신문의 표제를 읽는 훌륭한 재능을 보여, 학술적인 연구의 대상이 되었다.

지적인 전환도 보정의 한 방법이다. 이것은 여러 가지 철학적인 태도와 공격, 즉 청력은 최종의 목적이 아니라 어떤 목적에 도달하기 위한 수단이므로, 그 목적이 다른 방법으로 얻을 수 있는 것이라면 그것(청력)은 별로 대단한 값이 나갈 만한 것이 아니라는 견해 등을 가리킨다.

어네스트 엘모 캘킨스 씨는 뉴욕의 실업가로서 대성공을 이룬 사람인데 귀머거리였다. 이 캘킨스 씨가 언젠가 열변을 토하기를, 보통 귀가 들리지 않는 사람들도 향락을 즐길 수 있는 세상의 오락 대차대조표를 만들어 보면, 그의 경우에는 대단한 흑자라고 말했다.

이런 종류의 처세철학이 가지는 난점은, 실제로 부자유를 느끼고 있는 사람들이 그 말을 듣고 그다지 반대하지 않는다는 점에 있다.

이것을 바꿔 말해 보면, 신경증에 걸린 사람은 그의 친척들과 친구들로부터, 기운을 내서 자신을 조절하고 병이 생기지 않도록 노력하면 그런 신경증은 없어져 버릴 것이라고 격려해 주는 것을 참고 들어야 하는데, 그것과 이것은 비슷한 것이다. 신경증의 기본적이고 심리적인 특질에 관하여 다소라도 이해성이 있는 사람이라면, 위에 말한 바와 같은 격려의 말은 대양의 한복판에 빠진 사람에게 "여보! 해안까지 헤엄을 쳐오면, 되지 않소"라고 말해 주는 것과 같다는 사실을 누구든지 알고 있다.

이 결함에 대한 지적인 조정에 또 하나 다른 형의 것이 있는데, 이것은 도피의 성격을 띤 것이기는 하지만 값있는 도피이다. 즉 부업적인 일 또는 취미로의 도피이다. 독서 등은 가장 좋은 방법의 하나이다. 치료법으로서도 예방법으로서도 이것은 대단히 훌륭한 것으로서 추천할 만하다. 원예 같은 것은 더욱 좋다.

정서적인 보정 중에는 구조의 혜택을 주는 익살을 이해하는 능력 (sense of humour)을 첫째로 꼽아야 하겠다. 만약 그 당사자가 여러 사람과 함께 웃을 수 있는 기질이라면, 그리고 그 경우 자기의 일에 대해서까지도 웃을 수 있다면 그는 자기의 고민이 많이 경감될 것이며, 웃는다는 그 자체가 인생전반에 대해 자기를 순응시켜 가는 데 있어서 도움이 될 것이다. 불행하게도 그런 일은 당사자들로서 도저히 할 수 없는 노릇인 경우가 많다. 그런 사람들은 더 한층 상처를 받고, 아무것도 듣기 싫다는 소원이 기질적인 결함을 더욱 복잡하게 만든다. 귀가 어두운 사람들은 누구든지 유쾌한 말을 듣는 편이 싫은 말을 듣는 편보다 좋다는 것을 알고 있다.

a) 과잉보정(over-compensation)

어떤 사람들은 결함이 있음에도 불구하고——또는 결함이 있기 때문에——실제로 성공한다. 이런 것을 과잉보정이라 한다. 때로는 그것은 거의 무의식중에 이루어진다. 가령 모차르트의 경우나 베토벤의 경우 또 부르크너의 경우인데, 이들은 모두 귀가 안 들리는 사람들이었다. 그런데도 그들은 위대한 음악가가 되었다. 아들러파의 학설에 의하면, 그들에게는 귀머거리가 된다는 경고가 무의식이기는 하지만 이미 예고되어 있었으며, 그것이 아름다움에 대한 그들의 흥미를 자극하였다고 말한다. 마찬가지로 시각의 변조와 결함을 미술가 사이에 많이 볼 수 있으며, 또 가수와 배우 중에 폐질환이 많다고 아들러는 보고하고 있다. 혹 그럴지도 모른다.

그러나 그것은 그렇다 하고, 지각작용의 장애가 있음에도 불구하고 위대한 사업을 이룩한 사람들이 많다. 코넬리라는 조각가는 20세에 장님이 되었으나, 그는 그 후 사람의 얼굴을 만져 보기만 하고도 그 사람과 매우 비슷한 흉상을 붉은 흙을 구워서 만드는 명인이 되었다. 니콜라스 샌더슨 박사는 낳은 지 돌도 안 되어서 실명했다. 그러나 그는 캠브리지 대학의 수학과 광학 분야의 교수가 되었다. 기록에 의하면 그의 감촉은 참으로 놀라운 것으로서, 언젠가는 고대 로마의 화폐를 모아 놓은 곳으로 가서 손으로 만져만 보고서도 가짜와 진짜를 분간하였다. 그런데 그 가짜 화폐는 전문가의 날카로운 감식안까지도 속인 것이었다고 한다. 또 그의 청력도 촉감에 못지 않게 예민하였다. 그는 처음으로 들어간 방의 넓이를 알았으며, 어디에 있어도 자기의 위치에서 벽까지의 거리를 측정할 수 있었다. (로버트 킹맨, 《변화의 연구 : A Stuty in Variation》에서)

서 조슈아 레이놀즈는 그 당시에 가장 인기있던 화가로서, 초상화를 그리기 위해 1년에 육백 번이나 사람이 모델대에 앉을 정도였는데, 27세 때에 청력을 잃었다. 체스터필더 백작은 아일랜드의 총독으로서 한때 사무엘 존슨의 후원자였던 적이 있었는데, 그는 일평생 귀머거리였다. 후일 노경에 이르러서는 눈마저 못 보게 되었다. 귀가 안 들리거나, 눈마저 안 보이는 사람으로서 옛날부터 유명해진 위인은 이밖에도 많이 있는데, 그 중에는 철학자인 동시에 경제학자이며 또 저술가였던 하리에트 마르티노, 15세기의 위대한

화가 핀추리치오, 줄리어스 시저, 조지 워싱턴, 그림성경으로 이름
난 키토 등이 있으며, 현대에 와서는 시어도어 루스벨트, 이스멧 파
샤, 캐롤린 웰스, 그레이스, 엘러리 차닝, 도로디 캔필드 피쉬크,
토머스 A. 에디슨 등이 있다.

   뉴욕 시에서 유명한 인사 중에 귀먹은 사람을 60명 뽑아 보았는
데, 그 중의 13명은 의사였다. 그런데 그 대부분이 이과(耳科) 전문
의였으며 다른 11명은 변호사였다. 이 두 직업은 다 청력이 특히 중
요한 것인데, 이 둘을 합치면 60명의 40퍼센트에 달한다. 이 이외의
사람들 중에서 7명은 은행가, 7명은 실업가, 6명은 신문·잡지 기
자, 4명은 소설가, 3명은 제조업자, 2명은 종교가, 그리고 다음의
직업에 각각 1명씩 있었다. 즉 건축, 만화, 농업, 정치, 교육, 일반
과학 및 음악, 육체상의 상해, 결함, 또는 병에 대한 과잉보정의 실
례는 대단히 많다. 나로서는 테드 쇼운은 참으로 특별한 경우라고
생각된다. 쇼운은 소아마비를 앓았으면서도 매우 우수한 무용가가
되었다.

   찰스 리 쿠크라는 남자는 태어날 때부터 한 발짝도 걸어 본 적이
없었다. 그러나 그는 자기의 이 결함을 반대로 이용하여 1년에 4만
달러의 수입이 있는 일자리를 마다할 만큼 큰 재산을 장만했다. 그
는 어려서부터 다리병신이라 도저히 회복될 희망이 없었으므로 7세
때에 학교를 자퇴시켰는데, 그것은 그의 부모가, 그는 어차피 오래
살지 못할 것이니 교육을 시켜도 헛수고일 것이라는 이유에서였다.
그러던 그가 불구이면서도 국제적으로 유명한 실업가가 되었던 것
이다.

   쿠크는 지금까지 여러 가지 큰 사업을 완성했는데, 그 중에서 유
명한 것은 자동급유 장치를 고안한 것이다. 이것은 그 후에 만든 엔
진의 거의 전부에 이용되고 있다. 그는 또 30명의 숙련된 기계공이
필요한 일을 단지 1명의 경험도 없는 사람이 해낼 수 있는 기계를
만들었다. 그는 언어사(言語史)의 권위자로서 3만7천 개의 어휘를 가

지고 있었다. 그는 또 렘브란트의 〈야경〉의 축소판을 그렸는데, 그 것은 매우 정확한 것이어서, 그 그림을 확대해서 스크린에 비춰 보 면 그림 속의 건물, 기타 모든 것이 전부 4분의 1인치 이상이 원화 의 비례, 위치와 틀린 것이 없었다. 그렇지만 그는 2,3온스 이상 되 는 무게의 물건을 손으로 들지 못했다.

그는 조지아 주 브런즈윅에 크레오소트 공장을 설계하고 이것을 건축했는데, 이것은 그 외관과 건축기술로 볼 때 몹시 우수한 것이 었다. 그가 만년에 완성한 일 중에 구식의 하천 운행선의 모형이 있다. 그가 설계해서 만든 이 배는 삼백 내지 오백 마력의 동력을 갖추었고, 한 시간에 20마일의 속력을 냈고, 3천 톤의 짐을 싣고, 그 러고도 만재했을 때에 수심이 겨우 7피트밖에 안 되는 곳을 항해할 수 있는 것이었다. (1920년 4월호 《아메리칸》지에서)*

b) 보정실조(補正失調)

몇몇의 사람들은 위에 말한 바와 같이 성공하고 있지만 대부분의 사람들은 그렇지 못하다. 결함이 있다는 이 사실을 보정치 못하고 있다. 그리고 이 둘 사이의 전투——결함을 보정하느냐 못하느냐 의 투쟁——는 끊임없이 계속되는 투쟁이다. 그리고 지금까지 우 리가 보아온 바와 같이, 어느 정도 보정이 된 사람, 대대적으로 보 정이 된 사람 등 여러 가지 단계의 성공자들이 있다. 마찬가지로 실 패한 경우에도 여러 단계가 있다.

---

*지각작용의 부족에 대한 보정뿐만 아니라, 다른 모든 결함에 대한 보정 이 과도하게 되고 그것이 이상적인 것인 경우에는, 그런 일은 언제나 영 감을 일으키므로 대중적인 심리학에 관한 학술적이 아닌 신문, 잡지 등에 대서특필되게 마련이다. 캔자스의 글랜 커닝햄이란 남자는 소년시절에 다 리에 지독한 화상을 입어서 다시는 걷지 못하리라고까지 의사가 말하였는 데, 세계에서도 제일 빠른 달리기 선수가 된 것은 너무나 잘 아는 사실 이다. (1934년 11월호 《리더스 다이제스트》 및 1934년 8월 4일 《리버티》지 참조)

지면의 제한도 있고, 또 이것은 다른 장의 문제이기도 하므로 후
자를 지금 여기서 충분히 해명할 수는 없지만, 그것을 생략하고서
는 이 장의 기술이 병신이 되므로 실패의 경우의 중요한 사례에 관
하여서 그 정도 및 각종의 형을 열거하고, 그것에 간단한 설명을 붙
이기로 한다. 경증에서 중증으로, 순서를 따라 열거하면 다음과
같다.

(i) 억제(suppression)의 단순한 실패 콤플렉스를 의식하고 있으
며, 그것을 대단한 고통으로 느끼는 경우──── 이를테면, 눈이 약간
나쁘다든가, 귀가 좀 어둡다는 정도의 사람으로서, 그것으로 인해
신경과민이 된 경우.

(ii) 억압(repression)의 경도의 실패 : 이것은 무의식중에 해결될
성질의 정신상의 알력을 자기가 의식하고 있으며, 그로 인해서 몹
시 고통을 느낀다는 형으로 나타난다. 예를 들면, 눈이 안 보인다든
가, 귀가 안 들린다는 데에서 생기는 열등감에서 정신적인 고통을
느끼는 경우.*

(iii) 위에 말한 바와 같은 고통에 대한 방어로서 보정을 하려고
애써 보아도, 그것이 임의대로 안 되는 경우──── 가령 실패하지 않
을까, 남에게 지지 않을까, 남이 비웃지 않을까 따위의 공포에서 출
발하여 사회적으로 존경을 받아 보려고 노력하는 것으로서, 그것에
는 여러 가지 정도의 긴장감, 공포, 치욕, 증오, 경쟁 및 폭로에 대
한 공포, 의심, 그리고 갖가지 육체적인 증상 등이 따른다.

───────────

* suppression , repression , inhibition 을 늘어놓고, 그 각각에 '억압' '억제'
라는 역어를 붙여 보아도 구별이 뚜렷하지 않다. 서프레션은 다만 무리로
제압하는 것이며, 리프레션은 개인이 과거에 가졌던 쓰라린 경험을 생각
해 내는 것을 머리 위의 검열관이 억눌러서 생각해 내지 못하게 하며, 그
사람을 보호하는 작용을 말한다. 인히비션은 어떤 정신적인 또는 신경적
인 동작을 거의 동시에 일어나는 반대과정에 의하여 그치게 하는 것으로,
때로는 반사운동으로 어떤 행동을 하려는 것을 갑자기 막아 버리는 의지
의 힘이라고도 말한다.

(ⅳ) 순응에로의 퇴행현상이 더욱 얕은 정도의 것, 즉 이와 같은 여러 가지 노력에도 불구하고 보정을 할 수가 없으면, 정신적인 기구를 전면적으로 좀더 빠르고, 좀더 편안하고, 무책임한 방법에 빠지게 하여 그것에 의해 구원을 가져오게 한다.

그런 사람들은 자기 나이보다 훨씬 어려져 '정신적 아성소질(兒性素質) 억압의 발생 전의 상태'로 알려져 있는 상태로 퇴행한다. 이런 사람은 해야 할 일을 안 하고, 책임을 회피하며, 능률을 떨어뜨리며, 무관심해지는 경향을 보이고 특히 우울해진다.

(ⅴ) 조정하려는 노력으로부터 더 멀리 도피하여 보정을 전혀 할 수 없게 되어, 그 사람이 자기의 의지로서는 어찌 할 도리가 없는 무의식적인 요소에 지배받게 되면, 이것은 분열이다. 그렇게 되면 완전히 비현실적인 것, 가령 착각과 환각이 마치 현실의 것과 같이 나타난다. 이런 것들은 한 마디로 말하면 일반적으로 '미쳤다'는 증상이다. 이런 일은 이론적으로는 있을 수 있는 것이지만, 실제로는 귀가 안 들리거나, 눈이 안 보이거나, 기타의 지각작용의 상실에서 생기는 경우는 극히 드물다.

③ 지적 작용의 결여

현실의 상황 변화에 따라서 끊임없이 자기를 새로 조정하여 나갈 필요성을 이해하는 것이 양적으로 부족한 경우가 있다는 것을 우리는 알았다. 그 결과로서 그런 사람의 사고, 감정 및 행동반응은 당연히 장애를 받는다. 그 경우에 수신장치에는 아무런 결함이 없을지도 모른다. 그렇지만 수신된 메시지(외계의 자극)를 처리하는 면에 결함이 생기는——지적 작용(intellection)의 과정 또는 그 성과인 지능에 생기는——경우도 있다.

심리학자와 철학자는 '지능이란 무엇이냐'라는 문제에 정의를 내리려고 많은 시간과 종이를 낭비해 왔지만, 국민학생이라도 그것은 사물을 배울 수 있는 능력이며, 또 배운 것을 적당히 사용할 수 있는 능력이라고 대답할 수 있을 것이다. 지식은 저장된 자료다.

지능은 그것을 이용하는 능력이다. 그러므로 지식은 인간이 사는 동안 얼마든지 추가할 수 있지만 사물을 배우는 능력, 즉 지능은 인생의 초기, 대개의 경우에 20세 이전에 한계점에 달하며 그 이후에는 본질적으로는 변하지 않는다는 점을 우리는 이해할 수 있다. 지식의 결함은 곧 무지가 되며, 지성의 결함은 어리석음이 된다.

a) 지능검사

지능이 사람의 호기심을 끄는 점은 지능과 시간적인 요소, 즉 개인의 나이와의 사이에는 직접적인 관계가 있다는 점이다. 정상적인 경우에는 시간이 경과하면 사람의 생리적인 성장도 늘어간다. 그와 마찬가지로 정상적인 경우에는 시간의 경과에 따라 지적인 성장도 늘어간다. 여기서 주의해야 할 것은 모든 개인이 반드시 같은 비례로 자라지는 않으며, 또 생리적인 성장과 지능 성장의 비율도 한결같은 것이 아니라는 점이다.

그러나 대다수의 사람들의 생활조건이 상당히 비슷하므로, 그들의 일생 중 어느 일정한 기간에 성장하는 비율도 대개 비슷하다. 따라서 개인의 일생을 통하여 이런 지능성장의 비율들은 변하지 않는 것이라고 옛날에는 생각하고 있었다. 그러나 근년에 와서 여러 가지로 연구한 결과, 주위의 조건이 변화하면──가령 지금까지 돌보아 주지 않고 내버려 두었던 아이가 훌륭한 가정으로 입양될 경우──앞서 말한 비율도 변화한다는 사실이 결정적으로 밝혀졌다.

현세기의 초기, 비네와 시몬이 프랑스의 각처에 있는 학교에서 두뇌의 발달이 더딘 아이들의 수효와 그들의 어리석은 정도를 반지능(智力이 반밖에 없음)이니, 4분의 1 지능, 4분의 3 지능이라고 부르는 편보다는 좀더 정확하게 측정하는 방법을 연구하기에 골몰하였다. 비네와 시몬은 연령을 기초로 하여 그들의 지능을 측정하는 기준을 우리에게 제공했다. 그들은 여러 가지 그룹으로 나눈 질문을 해 본 결과, 10세의 아이라면 대개 누구든지 통과할 수 있는 시험문제, 11세의 아이들이 통과할 수 있는 시험문제, 12세의 아이가 통과할 수 있는 시험문제, 이런 식으로 여러 가지를 만들었다.*

한 아이가 위의 시험에서 받은 성적을 그 아이의 실제 나이와 비교해 보면, 대체로 다 비슷한 결과를 보여야 할 것이다——다시 말해서 12세의 아이는 12세의 아동용 시험에 합격해야 할 것이므로, 연대적인 나이로 득점연령 또는 지능연령을 나누면 그 답이 지능지수(I. Q.：intelligence quotient)가 된다. 편의상 지능지수라고 부른다. 보통은 백분율의 형식으로 표현되므로 실질적으로는 백분율과 같은 것이 된다.

가령 10세의 소년이 6세의 아동용 시험밖에 합격치 못했다면, 그는 6을 10으로 나눈 것을 백배한 60이란 지능지수를 가졌다고 말한다. 이 소년의 I. Q.는 60이다. 즉 이 소년은 그와 동갑의 정상적인 아이의 60퍼센트의 지능밖에 갖지 않았다는 말이 되는데, 이런 표현은 결코 사용되지 않는다. 정확하게 말하면, 그렇게 말하는 것은 잘못일 것이다. 다음 표에 나타난 대학 1년생과 미 육군 사병들의 지능의 분포상태를 비교해 보라.

다음 표를 보면, 대학에는 거기에 모인 사람들의 반수가 지능의 최고 범위의 사람들이다. 한편 일반인의 한 단면이라고도 말한 육군에서의 결과를 보면 전체의 4퍼센트의 사람들이 최고의 지능층에 있다. 또 오른쪽 끝을 보면, 인구의 70퍼센트——100분의 2의 예외를 제외하고——는 대학의 필수조건에 응할 수 없다는 사실을 알게 된다. 이 표는 지능층의 분포가 현재 어떻게 되어 있는가를 암시

---

*이 연구는 20세기 초기에 행해졌다. 그 후 수백 명에 달하는 심리학자들이 더욱 연구를 쌓아 간혹 다른 결과도 나오기는 했지만, 원안보다 그다지 더 나은 진전은 보이지 못했다.

한다.

⟨표 4⟩

알파득점	미국육군사병 (1917)	위시번 대학1년생 (1927)	대체의 지능연령 *1)
135-212	4 %	46 %	18세 이하
105-134	9 %	35 %	16 1/2-18
75-104	17 %	17 %	15-16 1/2
45-74	25 %	2 %	13-15
25-44	20 %	0 %	11-13
15-24	15 %	0 %	9 2/2-11
0-14	10 %	0 %	9 1/2 이하

지능 테스트에 대하여 이상한 점은 아무것도 없다. 그러나 지식 계급의 어떤 사람들을 당황케 하고, 몹시 화나게 하는 모양이다. 그러나 화가 난 사람들은 그것이 어떻게 행해지는 것인지 그 내용도 모르면서 자기의 편견만이 강한 사람들이다.*2)

지능은 퍼스낼리티가 아니다──지능은 사람 그 자체가 아니다──지능은 다만 지능일 뿐이다. 그리고 사람들이 쌀의 분량을 계산하거나 물건의 높이, 전기의 전압을 측정하듯이 지능도 역시 측정할 수 있다. 오직 한 가지 다른 점은, 지능의 경우에 사용되는 척도에는 그다지 정확한 저울눈이 없을 따름이다. 뒤주 속에 들어 있는 쌀도 무게가 줄어드는 경우가 있을 것이며, 전압도 역시 전선을 통하는 동안에 감소할 것이다. 그와 마찬가지로 지능의 나타

━━━━━━━━

*1) 앞서도 설명한 바와 같이 정신연령은 인위적인 것으로서, 실제로 사용된 테스트 북에 따라 다소 달라진다. 일반적으로 받아들여지고 있는 최고는 16세로부터 20세까지다. 이 인위적인 숫자들은 Alpha test에 의한 득점과 같은 결정적인 숫자에 상관시키기는 불가능하다.

*2) 월터 리프만은 1922년 12월 27일의 《뉴 리퍼블릭》지에 다음과 같이 말했다. "인간이 타고난 인생에 대한 적응성은 불과 50분 정도의 사이에 판단할 수 있다고 공언하는 따위의 방약무인함을 우리는 미워한다. 나는 그런 것을 창조하는 우월감을 미워한다. 또 그런 것이 강요하는 월등감을 미워한다."

남도 역시 변화한다. 그렇지만 일반적으로 말해서 지능은 측정할
수 있다.

이 지능측정의 효용은 대개의 경우 악용되고 있는데, 이것은 그
특정한 가치와 한계에 관한 이해 부족에서 온다. 한편에서는, 이것
은 시험을 치르는 사람의 전 인격을 테스트하여 진찰하는 것으로 인
정되고 있다. 그러나 이것은 사람의 퍼스낼리티를 시험하기 위한
것이 아니다. 오로지 그 사람의 퍼스낼리티의 일부분인 지능을 테
스트할 뿐이다. 그런데 한편에서는, 어떤 이들은 시험의 득점은 그
것이 원래 지능에 관한 것이므로 정서적 불안, 내분비장애, 피로,
불안 등의 퍼스낼리티 요소의 영향을 받는 일은 전혀 없다고 상상되
어 왔다. 그렇지만 상식으로 생각해도 알 수 있듯이 어떤 걱정거리
가 있거나, 피로하거나 병을 앓거나 하면, 누구든지 충분히 사물을
생각할 수 없게 마련이다. 이로써 지능 테스트를 추구하는 가장 어
리석은 일이 일어났던 것이다.

즉 I. Q.는 절대로 확실하며 불변의 것이라는 그릇된 확신이 그
것이다. 그런데도 다른 어떤 분야의 측정——측정용의 기계가 훨
씬 정밀한 물리상의 측정——결과에 관해서도 이만한 신뢰를 두고
있지는 않다. 교육상의 프로그램, 법정의 판결, 의학상의 진단, 그
리고 아동들을 위한 공공기관의 설립 등과 같은 것까지도 지능검사
의 결과만을 기초로 하여 결정을 내리는 경우도 있다. 그러나 정신
과 전문의들 사이에서는, 지능 테스트의 결과는, 그 테스트를 했을
때의 본인의 건강상태, 사회적 및 정서적인 상태에 따라서 여러 가
지로 다르다는 것이 널리 알려져 있다.

나는 정신분석치료를 받은 11세 소년의 I. Q.가 3년간에 65에서
90으로 올라가는 것을 본 적이 있다.

지능테스트에 의하여 얻게 되는 몇 가지 정보 속에서, I. Q.는
아마 가장 가치가 작은 것인지도 모른다. 그것은 시험을 치른 사람
의 득점이 걱정과 불안으로 인하여 감소될지도 모르기 때문이다.

익숙한 심리학자는 테스트 그 자체의 기술적인 상세, 모순, 불일치 등을 이 시험들의 결과를 왜곡하는 모든 원인의 진단적인 감정의 실마리로 이용하고 있다.

b) 그밖의 심리적 검사

과거 10년 동안 심리학은 지능 이외의 퍼스낼리티의 모든 양상의 연구에 주의를 기울여 왔다. 그리고 이 사실은 몇몇의 퍼스낼리티 검사에 실제로 나타났는데, 그것은 또한 임상적인 정신병학상 대단히 유용한 것이었다.

이 새로운 테스트들 중에서 퍼스낼리티 질문서——미네소타 대학의 번로이더 씨와 벨 씨, 기타——는 한 그룹을 구성한다. 이 검사에는 피검자는 자기에게 관계있는 것으로서 상당한 수효의 직접적인 질문에 대답해야 한다. 이 질문들을 요약하면 표준화된 회견을 자기가 자신에게 하는 것이라고 말할 수 있다. 그것은 통계적인 경험을 기초로 하여 채점되는데, 그것에 의하여 신경쇠약증, 내향성, 외향성 등의 여러 경향들을 어느 정도 측정할 수 있다. 이런 개념들은 양쪽이 다 그다지 구체적인 것은 아니지만, 이 검사들은 경험을 쌓은 검사자에게는 지극히 유용한 것이다. 그러나 이 검사들을 기계적으로 하거나, 전문가가 아닌 사람이 장난삼아 행하면 커다란 오해를 일으키는 경우가 있어 백해무익의 결과가 된다.

'투영법'이라 불리우는 테스트는 과학적으로도 훨씬 신빙성이 있다. 이 검사는 어떤 사람이 낯선 문제에 대하여 반응을 일으키거나 그 문제를 해석하기 위하여 아주 많이——또는 적게——유기적으로 계통을 세운 경우, 그의 특징이 그 태도에 나타나며 또는 그것이 그의 반응의 전반을 특징짓는 것이라는 한 가정을 기초로 삼아 행하는 것이다. 여러 가지 문제——그것은 비조직적인 상황이라 부른다——가 이런 검사를 행하기 위해 사용되고 있다. 그것은 객관적인 채점체계를 만들어내기 위해서이며, 또 어떤 특정한 피검사자가 따로 유례가 없는 특징을 보이면 그것을 어떻게 해석해서 그의 퍼스낼리티를 설명하는가의 원칙을 세우려는 시도였다. 이 종류의 테스트 중에 중요한 것을 아래에 들어 놓았다.

(ⅰ) 유희기술법(Play Techniques) : 이 방법으로는 아이가 장난감을 가지고 놀 때 그 노는 방법과 노는 형식을 관찰해서 진단적 방면에 이용——뷰러, 애커맨——할 뿐만 아니라, 치료의 방면에도 이용된다. (에릭슨 레비)

(ⅱ) 로샥 테스트(Rorschach Test) : 이 테스트는 피검사자에게 잉크의 얼룩을 보이고, 그것이 '무엇으로 보이는가'라는 질문에 대답케 하여, 그의 지각적인 구성의 반영을 본다. 이 테스트는 오늘날에는 투영법 검사 중에서 가장 일반적으로 알려지고 또한 사용되고 있다. (본서 제Ⅱ권 〈참고문헌〉 참조)

(ⅲ) 주제통각 테스트(Thematic Apperception Test) : 이 테스트에서는 피검사자에게 여러 가지 상황의 사진을 보이며, 그것에 관하여 어떤 이야기를 만들기가 요청된다. 그리고 그 이야기 줄거리의 구성, 거기에 표현된 투쟁 및 등장인물의 설명 등에 의하여 피검사자의 마음 속에 감추고 있는 동경과 그의 인생관 등을 보게 된다.

자유화를 그리게 하거나, 주제를 주어 그리게 하거나, 색칠을 하게 하거나, 손가락으로 그리게 하거나, 기타의 여러 가지 종합기법을 사용하는 것은 널리 실시되고 있다(W. 울프, 슈미들봐너). 그렇지만 이것은 앞서 말한 것만큼 명확한 형식을 갖춘 것이 아니며, 또 그만큼 유효하지도 않다. 그래프 법은 나쁘다고 흔히 말하는데, 그래도 진단 테스트로서는 어떤 쓸모가 있을지도 모른다——하기는 과학적인 분석은 아직 지지부진한 실정이지만.

직업을 선택할 때에 그 지침으로 삼을 목적에서 심리학적인 검사도 행해지고 있다.

그것에는 물론 지능과 성격 테스트가 사용되는데, 대개의 경우 이것만으로는 충분하다고 할 수 없다. 직업에 대한 흥미와 적성도 조사되지 않으면 안 된다. 피검사자가 여러 가지 활동, 취미——또는 오락——직업 등에 대하여 이것은 좋다, 저것은 싫다고 자기의 기호를 말하면, 그 해답을 대조해서 채점하는 방법——스트롱 씨의 방법이 가장 좋다——도 고안되어 있다. 이 방법은 한눈에 몹시 기계적인 과정을 밟는 것 같지만, 그 결과는 역학적 심리학의 견지에서 보아 놀랄 만큼 확실한 때가 종종 있다.

적성검사는 그 사람이 택하려는 직업상 필요하게 될 동작의 교묘함도 질서성 및 기계적인 파악 등에 대해 검사가 실시된다.

학업성적 테스트(Achievement Test)에 대해서도 한 마디 해야겠다. 이것은 그 사람이 어느 정도의 지식을 가지고 있으며, 어느 정도 잘 알고 있는가를 어떤 일정한 표준에 의하여 나타내는 것으로서, 어느 정도의 학교에서 어느 학년 정도의 학업을 연마했는가를 검사하기에 편리하다.

④ 특수 무능력

지능의 양적인 확정은 질적인 연구의 도움을 받아 보충되지 않으면 안 된다.

어떤 종류의 사람들에게는 지능의 '특수한 무능력'이란 것이 있다는 것이 알려져 있다. 세상 사람들은 심리학자들이 그것을 인정하게 되기 훨씬 전에 그것을 알았다. 무엇이나 다 할 줄 아는데 산수만은 못하는 사람이 있으며, 또한 훌륭한 운동선수이면서도 축구만은 못하는 사람이 있다.

정확한 글을 제대로 못 쓰는 것은 읽기를 제대로 못하는 정도만큼 흔하지는 않지만, 그것은 무엇을 시켜도 제대로 못한다는 것의 징후인 경우가 종종 있다.

리타 S. 홀링워드는 《특수 능력과 결함》이란 책에서 "일반적인

〈표 5〉

낱말 \ 대상 정신연령	소녀 7년 4개월	소년 14년
할 수 없다 갈 바 람 탄생했다 지　붕 가 운 데 취학아동 쉰(50) 가 족 들 씩씩하게 점 잖 게	할 쑤 업 다 갈 바 람 탄생했다 지　붕 가 운 데 치학아동 쉰 가 족 들 씩씩하게 점 잖 케	할 수 없 다 갈 빠 남 탄생해따 집　봉 가 온 대 ── 신 가 족 덜 식식카게 ──

능력과 맞춤법을 바로 아는 능력 사이에는 커다란 차이가 있는 아이들이 대단히 많다는 것이 발견될 것이다. 맞춤법을 제대로 쓴다는 것은 문학을 읽는 것보다도 더욱 기계적인 일이다. 따라서 우둔한 아이는 끈기있게 그것을 연습하여 완전히 외우려고 노력하는 반면, 영리한 아이는 그런 일에는 그다지 흥미도 갖지 않으며, 또 그렇게 열심히 연습도 하지 않는다"라고 말하였다. 홀링워드는 일반적인 지능의 발달정도와 맞춤법을 바로 쓰는 능력 사이에서 생기는 차이에 대하여 두 가지 실례를 인용하고 있다.

（ⅰ）소년. 14세 2개월. 6세에 입학. 지능발달은 정상. 그러나 맞춤법을 바로 쓰는 능력은 1학년 정도도 못 된다.

（ⅱ）소녀. 12세 6개월. 6년간 재학. 정신연령 7년 4개월. 맞춤법을 바로 쓰기는 5학년 정도의 능력이 된다.

이상의 예에 표시한 소년과 소녀가 쓴 글자들을 비교표에서 비교, 참조하길 바란다.

이와 같이 글자를 쓰기와 읽기가 어려운 아동들의 연구에 관련하여 흥미있는 일이 최근에 발견되었다. 그들 중에는 무언가를 할 때에도, 글을 읽을 경우에도 오른쪽에서 왼쪽으로 나가는 선천적인 경향이 있는 아이가 있어, 그 아이들은 이것을 극복할 수 없는 모양이다. 따라서 글자는 왼쪽부터 오른쪽으로 읽고 쓰게(영어의 경우) 마련인데, 그들은 CAT(고양이)라는 글자를 보면 TAC로 보인다.

그와 마찬가지로 dog는 god로, come은 emoc으로, here는 ereh, now는 won으로 보인다. 그런가 하면 때로는 왼쪽부터 오른쪽으로 읽다가 오른쪽에서 왼쪽으로 읽기도 하여 이랬다저랬다 한다. 이것은 고대 희랍에서 소로 밭을 갈 때 사용했던 방법이므로, 사무엘 T. 오르톤은 희랍어의 boustrophedon에서 strephosymbolia 라는 말을 만들어냈다(bouz는 황소, strepho는 나는 돈다, strephe는 '돈다'는 말의 진행형이다).

이 연구는 흥미가 있으며, 동시에 가치가 있는 것이기는 하지만 지능의 발육과정에서 볼 수 있는 정서적인 혼란에 대한 억압의 영향이 훨씬 더 중요하다. 그것이 더 중요한 이유는 그것은 더욱 일반적인 원칙을 보이며, 훨씬 많은 어린이들에게 영향을 끼치고 있으며, 그 중에는 더욱 효과있는 치료의 가능성까지 포함하고 있기 때문이다.

이 이론에 의하면──그것은 이미 이론적인 단계를 훨씬 넘고 있는 것이기는 하지만──아이들의 학습능력은 선생 및 세상의 현실에 대한 정서적인 태도에 의존하는 부분이 상당히 많고 또 만약 이 정서적인 태도가 커다란 방해를 받으면 학습과정도 또한 혼란에 빠진다는 것이다. 열렬히 연애하는 대학생에게 학습과정을 제대로 진행하기를 기대해 봤자 무리한 노릇이며, 고등학교에 다니는 딸이, 그 아버지가 사고로 변사한 경우, 그 해에 라틴어 시험에 낙제했다고 해서 그 학생을 저능이라고 할 수는 없다.

그렇지만 이런 외부로부터 일어나는 비극적인 사고가 전혀 없이

유년기에 있는 아이의 마음에 정서적인 폭풍이 불어 온다면 그것은 훨씬 더 큰 장애를 일으키는 원인이 되며, 그 아이는 그것을 견디어 낼 힘이 더욱 적어진다.

현재는 고심해서 연구한 결과, 어떤 특수한 학습불능이 어떠한 정서적 혼란에서 생기는가에 대하여 분명한 원인을 파악했다는 특별한 경우가 많이 보고되고 있다. 이 문제에 대해서는 제Ⅱ권 제6장에서 다시 자세히 말하고자 한다.

⑤ 기억력의 장애

어떤 요소가 모여서 인간의 지능을 구성하는지 그 전모를 우리는 모른다. 그렇지만 기억력이 그 중에서도 대단히 중요한 것이라는 점은 잘 알고 있다. 지능이 발달된 사람들은 모두 훌륭한 기억력을 가지고 있다──혹시 그 중에는 그것을 잘 활용할 줄 몰라서 기억력이 없다고 생각하는 사람이 있을지도 모르지만.

"나는 참 잘 잊어버린다", "나는 무엇이고 외울 수가 없다"라고 말하는 사람들이 있다. 그러나 그런 것은 잘못된 판단이다(잊어버린다는 것이 그 사람의 기억력의 정도가 얕다는 증거가 되지 않는다).

진성기억력의 장애에는 다음과 같이 세 가지가 있으며 그것은 기억력의 과정의 세 시기에 상응하는 것이다.

a) 기록장애(기록을 뜻대로 못한다)

밖으로부터 오는 자극을 받아들이는 기능장치가 정상이라고 가정하면 주의 부족이 기록장애의 주요한 원인이다. 경험이나 자극을 기억하고 있지 않다는 것은, 우선 처음에 그것이 충분하게 감수되어 있지 않기 때문이다. 이것이 학생들 사이에 보는 기억력 결함의 표준형이다. 물론 대개의 경우, 왜 주의를 집중시키질 못하는지 거기에는 여러 가지 이유가 있을 것이다. 정서적인 경우가 있고, 생리적인 경우도 있고, 환경이 나쁜 경우 등 여러 가지가 있다.

귀가 잘 안 들리는 아이는 특별한 노력 없이는 들을 수가 없으므로 금방 피로하며, 그의 주의력은 줄고 그의 기억, 기명(記銘)은 그 영향을 받으며, 그리고 그의 진보는 느리게 된다.

헬렌 스미스 양의 경우를 보기로 하자. 그녀는 대학에 들어가서 3년 동안은 우수한 성적을 올렸다. 1년 만 하면 졸업인 주니어반의 후반기에 그녀는 열렬한 연애를 하였다. 그 여름에 연애는 절정에 달하고, 가을에 개학을 하였을 때는 결혼을 하여 학업을 계속할까, 학교를 그만두고 결혼생활로 들어갈까 망설였다. 그녀는 교실에 출석하여 질문을 받으면 되는 대로 대답하곤 했는데, 막상 최종시험이 닥치고 보니 자기가 공부한 과목의 내용이 전혀 생각나지 않음을 알았다. 그녀는 10시간이나 공부한 과목에서 무참히 낙제했다. 자기의 신변 문제로 인해 주의가 산만해지고, 또 결혼생활의 백일몽 때문에 그녀는 학과마다 출석하여 그 복습을 다 듣기는 했지만 도무지 생각해 낼 수가 없었다.

때로는 기명의 장애로 보이는 것은 다만 그것에 그치지 않고, 지난 것을 생각해 내는 과정에서도 장애가 일어난다. 최면술에 걸려 있거나, 감각탈출의 상태에서 오랫동안 잊어버리고 있던 자질구레한 애기를 장황하게 말하거나, 친구가 어떤 옷을 입었다는 것에 대하여 세세한 설명까지 하거나, 그가 우연히 흘깃 본 주위의 형세를 상세히 설명하는 실례가 기록에 많이 올라 있다.

이론상으로는 사람이 신문을 한 번 보면, 그것이 그 사람의 머리 속에 사진을 찍은 듯이 기억되어 있어 최면술에 떠오르거나 읽을 수 있게 보일 텐데, 다행히도 일상의 실제 생활에서는 이런 기억력 증진증——과잉기억——은 사람의 의식에 오를 만큼 활발하게는 되지 않는다.

b) 기억보존장애(보존할 수가 없다)

이것은 언제나 기질적인 또는 기구상의 변화에 의해 뇌에 상처를 입을 때에 일어난다. 뇌진탕이라든가 두개골절 등의 경우나, 노년에 일어나는 위축과정처럼 급격하게는 오지 않지만 서서히 진행하는 경우에도 일어난다. 이런 경우에도 기억력의 감퇴가 자발적으로 회복되거나, 최면술로 회복되는 것을 보면 거기에 심리과정 (mechanism)이 참견하고 있음을 확실히 알 수 있다.

버트 앤더슨은 3년간 계속 대학의 축구선수로 있었다. 어느 날 몹시 격렬한 경기중에 넘어져 머리를 심하게 부딪쳤다.

그는 즉시 일어나서, 잠깐 쉬는 동안 다른 선수들의 격려를 받고, 얼마 후에 다시 경기에 참가하였다. 15분 가량 경기를 하는 동안에 그는 몹시 초조해 하고 다른 선수들과 싸우는 바람에 그 경기에서 퇴장당했다. 그는 자기가 속해 있는 플래터니티 하우스로 가게 되었는데, 거기서 몇 시간 동안이나 헛소리를 하는 증상을 보였다.

그는 나를 보자 즉시 내가 누구라는 것을 알고, 자기가 병상에 눕다니 그럴 수가 있는가, 도대체 왜 자기가 병상에 눕게 되었으며, 왜 그곳으로 데려왔는지 그 이유를 알고 싶다고 말하였다. 그 다음 날이 되어도, 그는 왜 병상에 눕게 되었는지 전혀 생각하지 않았다. 그는 또 자기가 참가한 축구시합에 대하여 부상당하기 전의 일도, 부상당한 후의 일도 전혀 기억이 없었다. 그리고 이 부상 때문에 그는 이 사건이 일어난 앞뒤 사정의 기억상실——전문어로는 후속성 건망증 및 역행성 건망증——이 일어난 것이었다.

52세 정도의 상인인데, 사업에 성공하고 보기에 건강한 듯한 사람이 자기의 단골손님인 동시에 여러 해 동안 거래한 사람들의 이름을 도무지 생각해 낼 수가 없다고 몹시 걱정하기 시작했다.

그 사람들이 그의 상점에 왔을 때, 그는 그들이 누구이며, 지금까지 그 사람들과 어떤 거래를 해왔는지 도무지 생각나지 않았다. 그리하여 그는 난처함을 감추기 위해 한 가지 농담 비슷한 짓을 하는 버릇이 생겼다. 그는 그들의 등을 툭툭치고 악수를 하며 한참 농담을 해서 자기가 누구와 얘기하는 것인지, 또 무슨 용건인지 전혀 모르는 것을 어물어물 넘겨 버리려고 했다. 이 경향이 점점 좋지 않은 쪽으로 발달되어 그에게 커다란 고통이 되었다.

이 늙은 상인과 거래를 시작한 사람들은 2, 3주일 지난 후에 다시 그를 찾아와서 전에 말했던 것을 끝장내려고 했으나, 상대편에서는 까맣게 잊어버리고 당황하는 것을 발견했던 것이다. 그의 기억력 상실은 서서히 악화되어, 마침내는 자기의 전화번호도 주소도, 이웃사람이나 친구의 이름도 모조리 잊어버리고, 자기 동네 이름까지도 잊어버리게 되었다.

2, 3년 지나는 동안에 자기 주위의 일들을 기억하기가 전혀 불가능하게 되었고, 그가 일생을 살아온 동네의 길마저 모르게 되어서, 아내의 안내로 가게에 출근하게 되었다. 그리고 일을 시작하게 되면, 그가 하는 일이란 주로 서명하거나 목전의 대수롭지 않은 일에 관하여 의논하는 정도에 불과했다.

이 이상적인 기억상실 때문에 이 가련한 남자는 딱한 신세가 되기는 하였지만, 그는 우스운 소리를 곧잘 하고 붙임성이 있어 그런대로 자기의 사회적 지위를 유지하여 갈 수가 있었다.

그는 유력한 런치온 클럽의 회원이었으며 그 모임에도 빠지지 않고 참석했다. 거기에 모이는 대부분의 사람들은 그의 그런 현상을 전혀 몰랐다. 그는 날씨라든가, 서로의 건강상태, 또는 그날의 프로그램 등——그는 얘기를 들으면 5분이나 10분 동안 기억할 수가 있다——에 대하여 그다지 중요하지도 않은 얘기를 떠벌이므로 친구들은 그를 친절하고 재미있는, 그러나 약간 어린아이 같은 노신

사라고 생각했다.

이 병례는 아마 뇌의 동맥경화가 일어난 결과, 뇌세포에 영양을 공급하는 혈액의 분량이 줄어서 뇌세포가 말라 버리고, 그 기능을 정지한 것이라고 추측된다. 이와 비슷한 것으로서, 이처럼 심하지 않은 증세가 노인들 사이에 자연발생적으로 일어나는 경우가 종종 있으며, 또 노인은 다소 잊어버리게 된다. 이런 기억력의 감퇴는 때로는 중년들한테서도 일어난다. 그러나 그 원인을 아무도 정확히 모른다.

가령 어떤 부인——우리는 여기서 브라운 부인이라고 부르기로 한다——은 43세이며, 토피카 주립병원에 입원이 허락되었다. 그 여자는 미인이었다. 건강도 퍽 좋아서 처음 만난 사람들은 누구든지 좋은 인상을 받는다. 대단히 조용하며 침착하고, 태도도 훌륭하므로 그 여자의 영리하게 생긴 얼굴만을 보고서는 놀랄 만한 정신의 공허가 그 뒤에 숨어 있는 줄은 누구도 믿기 어려웠다. 그러나 실상은, 그녀는 2년 이상이나 자기의 기억을 완전히 잊고 있었다. 그녀에게는 세 자녀가 있었는데, 자녀들의 이름을 잊어버리고 더구나 자기에게 아이가 있는지 없는지조차도 전혀 기억할 수 없었다.

그녀는 자기 남편의 이름, 주소, 자기 남편의 직업, 왜 자기가 이 병원에 입원하게 되었는지 또한 자기 자신에 대한 것과 주위 사람들에 대한 일조차도 아무것도 몰랐다. 이름을 물었더니, 그 여자는 다소 민망스러운 듯이 웃으면서 망설이다가 자기 이름을 말하였는데, 그것마저 자신이 없는 모양이었다. 이것은 학술적으로는 알츠하이머씨 병(Alzheimer's disease)으로 알려진 병례이다.

기억의 장애는 일반적인 것만이 아니라 군데군데 장애를 받는 경우도 있다. 그 가장 일반적인 예는 뇌의 병이 전체를 범하지 않고

이곳저곳 국소적으로 침범한 경우──이를테면, 매독의 경우
등──에 일어난다.

프랑크 X는 학교를 그만두고 전신기사로 근무해서 크게 성공하
였다. 그는 기차의 발착을 관리하게 되고 퍽 많은 여객과 승무원의
생명을 맡게 되었는데, 모두 안심하고 그에게 자기들의 생명을 맡
기고 있었다. 여러 사람들이 알기에는, 그는 특별히 대단한 실수를
저지른 적이 없었다.

그가 32세 되던 어느 여름날, 펙카드 자동차를 몰고 집으로 돌아
왔으므로 아내는 깜짝 놀랐다. 세상 사람들은 모르는 일이었는데,
이 부부는 행복한 생활을 하고 있었지만 펙카드를 살 만한 여유가
아직 없다는 것에 대해 아내가 누구보다도 잘 알고 있었다. 그녀는
남편을 나무랐다. 그랬더니 그는 태연히 자동차값은 수표로 전부
치르고 왔다고 말했다. "은행에 1만 달러 정도 예금이 있는 걸 알
지? 그러니까 조금 써도 좋다고 생각했지"라고 그는 말했다. 그러
나 실제로 은행에는 일천오백 달러 정도밖에 예금이 없었고, 그것
도 당좌예금은 아니었다. "당신이 말하는 1만 달러라는 것은 어머님
이 돌아가시면 우리들이 받게 될 돈이지, 아직은 우리 것이 아니잖
아요?"라고 아내가 따졌다.

아내의 말에, 그는 간단히 계약을 취소하겠다고 말하였다. 그 후
1개월 가량은 열차의 발착을 관리하였다.

그러던 어느 날 저녁에 그는 어디론지 자취를 감추어 버렸다. 그
다음날 아침에 그는 자기 집으로부터 10마일이나 떨어진 소도시에
서 발견되었는데, 그곳까지 걸어갔던 모양이다. 그는 도대체 거기
에 뭐하러 갔는지, 왜 밤중에 복장도 안 갖추고 거기까지 갔는지 자
기도 모르고 있었다. 그는 입원하여 주의깊게 검사받았다. 그는 병
원에 있을 동안에 그곳 의사들에게 자기의 경력에 대하여 아주 자세
한 보고를 했다. 그 이력서를 그의 아내가 말한 것과 비교해 연구해

보면, 그는 아내가 벌써 오래 전에 잊어버린 것을 세세히 기억하는 반면에, 아내가 말하는 그의 일생에서 빼놓을 수 없는 두세 가지의 중요한 사건을 잊고 있었다. 그리고 그는 집을 뛰쳐나간 일에 대해서는 아무런 기억도 없었다.

그는 자기의 임무에 대해서는 실로 완전한 설명을 했지만, 자기의 소속장의 이름이나 특급열차의 발착시간은 도무지 생각해 내지 못했다. 그는 100에서 7을 빼면 86이 되고 86에서 7을 빼면 67이 된다고 대답했다.

이런 기질적 뇌손상에서 오는 기억보존장애의 병례들의 많은 경우, 그 기구상의 손상은 어느 정도 감각결함을 일으키며, 그것은 주의집중 부족을 일으켜 기억력의 감퇴를 촉진시키게 된다. 바꿔 말하면, 기억작용이 장애를 받을 뿐만 아니라 기억에 앞서는 감각기능도 손상을 받게 마련이다.

c) 기억재생장애(기억의 건망증)

이것은 우리 일상생활에도 흔히 있는 일로서, 누구나 아는 것을 잊어버리(생각해 내지 못하)는 경우다. 그리고 지금까지 말해 온 amnesis —— 건망증 또는 기억상실(기명장애) —— 와 대조해 보면, 지금 여기 말하는 증상은 뇌의 장애에서 오는 경우는 퍽 드물다. 신경세포는 아무런 이상이 없다. 기억은 거기에 있다. 그러나 무엇을 생각해 내려고 할 때는 어떤 것이 그 재생을 방해한다. 대관절 무엇이 방해하는 것일까?

프로이트가 처음으로 우리에게 보여준 것을 오늘날에는 거의 모든 정신병 전문의와 심리학자들이 믿고 있는데, 그것은 '생각해 내고 싶지 않다'라는 소원으로서, 그것이 생각해 내려는 소원을 탈선시키거나 방해한다. 니체는 이 사실의 과정과 심리적인 기초의 틀을 《선악의 피안》이란 책에 요약해서 다음과 같이 말하고 있다.

"나의 기억은 '나는 했다'라고 말한다. 그러나 나의 자존심은 '내가 그런 짓을 할 까닭이 없지 않은가'라고 말하며 냉정하게 나온다. 마침내 기억은 물러서고 만다."

이 일은 여자들이 잘 알고 있다——그녀의 애인이 그녀와 만날 약속을 깜빡 잊고 못 왔을 때에 그는 여러 가지로 변명을 할지도 모르며, 그리고 때로는 솔직하게 잊어버렸다고 바른말을 할지도 모른다. 그러나 그것은 아무 소용도 없다. 즉 그는 무의식적으로——의식적으로는 아니라 해도——실은 오고 싶지 않았다는 것을 그 사람 자신보다도 그녀가 더 잘 알고 있다. 그녀는 이상심리라는 어려운 것은 조금도 몰랐다 하더라도 그녀는 그것을 느낀다. 그리고 그녀의 직감은 틀림없다.

마찬가지로 우리는 부채를 잊는다——친구에게 10달러 빚을 진 일이며, 지난 주일에 내기에서 진 빚이며, 식당의 외상 등 우리는 기억해 두고 싶지 않은 것은 모조리 잊어버린다.

과학의 세계에서도 이런 일은 끊임없이 일어난다. 다윈은 그의 《자서전》에 다음과 같이 썼다. "나는 오랫동안에 걸쳐 하나의 금과 옥조를 지켜왔다. 그것은 어떤 발견한 사실 또는 새로운 발견이나 나의 머리를 스친 사상으로서, 지금까지 내가 일반적으로 믿어 온 결론과 반대되는 것이 있는 경우에는 반드시 그 자리에서 그것을 메모지에 적어 두었다. 왜냐하면, 경험의 결과, 그런 사실과 사상은 나의 마음에 든 것보다도 훨씬 쉽게 기억에서 사라져 버린다는 점을 깨달았기 때문이다."

어네스트 존스 박사에게 그의 친구인 의사가 다음과 같은 얘기를 했다.

그의 아내가 원인이 분명하지 않은 복부의 병으로 중태에 빠졌는데, 그것이 결핵일지도 모르므로 그 병의 원인에 대하여 여러 모로 걱정하다가 남편은 "당신 집안에 결핵에 걸린 사람이 하나도 없는

것은 참 다행한 일이오"라고 말했다. 그랬더니 아내는 기가 막히다
는 듯이 그를 향하여 말했다. "우리 어머니가 결핵으로 돌아가신 것
을 잊어버리셨나요? 그리고 우리 언니도 결핵으로 의사도 포기했
던 것이 겨우 낫지 않았어요." 원인이 뚜렷하지 않은 아내의 병이
결국 결핵이나 아니었으면 하는 그의 불안감이 자기도 잘 알고 있는
그 사실마저 잊어버리게 한 것이었다. (어네스트 존스, 《정신분석》에서)

한 기억을 잊어버리고 다른 것이 그 대신 들어서는 연상의 과정을
명확하게 해부할 수 있는 때도 있다——이것은 환자를 정신분석할
때 언제나 있는 일이다. 그렇지만 대개의 경우, 그것은 너무도 복잡
하고 너무도 상세해서 한 실례로 인용할 수는 없다. 그렇지만 호머
프링크 박사가 자기 자신이 경험한 다음의 실례는 훌륭한 것으로서
repression amnesia(생각해 내기 싫으므로 무의식으로 기억을 잃는다)의
현상뿐만 아니라 '자유연상법(free association)'이란 과정에 의한 기
억의 재생 및 잊어버리게 되는 동기를 확인하는 것의 사례가 된다.
언젠가 나에게 한 친구가 "사고 싶은 물건이 있는데, 그것을 파는
상점을 아느냐"라고 물었다. 나는 그 물건을 파는 상점——그것은
상가의 큰 빌딩 안에 있다——을 알았으므로 알려 주려고 했지만
그 상점이 있는 장소는 생각이 나는데 그 이름이 도무지 생각나지
않았다.
2,3일 후에, 우연히 그 빌딩 앞을 지나게 된 나는 안으로 들어가
서 거기에 사무실을 가진 사람들의 일람표를 보고서야, 내가 생각
해 내지 못했던 그 이름이 폰드 상회라는 것을 알았다. 그 후에 나
는 왜 이 이름이 생각나지 않았는가를 분석해 보았는데, 그 기록은
다음과 같다.

우선 처음에 떠오른 연상은 폰드라는 의사가 볼티모어의 야구팀
의 투수였다는 것이었다. 다음에 나는 인디언 폰드(연못의 이름)로

소년시절에 곧잘 낚시를 하러 갔었는데, 내 보트의 닻으로 쓰는 큰 돌을 연못에 던졌던 일이 떠올랐다. 다음에 나는 현재 뉴욕, 아메리칸 야구단의 투수로 있는 피셔라는 남자를 생각했다.

계속 연상해 가는 동안에 나는 폰드 상회 제품의 하나인 추출액을 생각하고, 또 그 속에는 '위치 헤셀(약초 이름)'이 들어 있다는 것을 생각해 냈다. 이것으로부터 나는 소년시절에 학교에서 야구 투수를 볼 때, 이 위치 헤셀을 나의 팔에 발랐던 생각이 났다. 다음에 나는 같은 팀에 뚱뚱보 소년이 있던 것이 생각났는데, 이 소년은 언젠가 도루를 하다가 머리가 물웅덩이에 빠져 얼굴이 흙투성이가 되고 말았다. 원래 이 소년은 얼굴이 토실토실했으므로 어찌도 우스웠던지, 꼴이 돼지 같았던 것을 생각하고 웃음을 터뜨린 일이 있었다. 다음에 나는 그 당시 '돼지'라는 별명을 가진 소년을 알았고, 그 후에 나 자신도 '돼지'라는 별명을 듣게 된 것을 상기했다.

여기까지 와서 얼마 동안 나의 기억은 그쳤다. 그리고 다시 이 분석을 계속하니, '폰드'라는 말은 다음과 같은 연상을 가져왔다. 즉 Ponder sickled o'er with the pale cast of thought ……《Hamlet》에서 읽은 구절(폰드가 폰더로 연상되면서 햄릿이 연상됐음) 때문에 어떤 village 를 hamlet(Village 보다 작은 마을)라고 내가 말했던 기억—— 이 마을의 어떤 농부가 자기 집 이웃에 있는 얄미운 사람이 자기 돼지를 두 마리 잡아서 이 농부집의 우물 속에 집어넣었다고 얘기해 준 기억이다. 여기까지 왔을 때, 나는 갑자기 7학년(중학 1년생) 때의 한 사건이 내가 폰드라는 이름을 잊은 원인이 되었다는 것을 생각해 냈다.

그 당시 나는 개를 기르고 있었는데; 그 개를 몹시 귀여워했다. 어느 날 동생과 둘이서 집 근처의 조그마한 연못가에서 놀았다. 그리고 그 개는 연못에서 헤엄을 쳤다. 우리는 개가 헤엄쳐 가는 앞에 조약돌을 던지기 시작했다. 돌이 떨어져서 물이 튀면, 개는 뛰어올라서 그것을 물려고 했다. 그리고 유쾌한 듯이 짖었다. 그러는 동안

에 나는 그 개를 조금 놀래 주고 싶은 심술궂은 생각이 들어 4파운
드쯤 되는 돌을 집어던졌다. 내 생각으로는, 개의 바로 앞에 떨어뜨
려서 물을 크게 튀어오르게 하려고 한 것이었다. 그러나 불행하게
도 나의 겨냥이 빗나갔다. 그 큰 돌은 개의 코에 정통으로 맞아 개
는 기절하여 연못에서 죽고 말았다.

이 사건이 나의 소년시절에 있었던 최대의 슬픔이었던 것은 말할
나위도 없었다. 여러 날을 두고 나는 도무지 그 생각을 잊을 수가
없었다. 그리고 오랫동안 슬픔과 후회로 눈물을 흘리다가 피로한
나머지 잠이 드는 일이 가끔 있었다. 그러나 지금 생각해 보면 그때
의 나의 슬픔은 실제의 서글픔보다도 더했다고 생각된다. 즉 내가
충동적으로 한 잔인한 짓으로 말미암아, 나의 개가 불시의 죽음을
당했다는 몹시 쓰라린 지각에 대한 보상과 참회의 구실을 시키기 위
하여 나의 슬픔이 과장되어 있었다.

어쨌든 이 사건은 내게 참으로 쓰라린 추억임이 분명하다. 따라
서 나는 이 사건만이 아니라, 이 사건을 다시 나의 의식의 표면에
재생시키게 할지도 모르는 그런 말──가령 '폰드'──을 전부
잊어버리고 싶다는 이유가 충분했다.

이 분석에 관련하여 더욱 흥미있는 것은 먼저 이 사건에 아무 관
련성도 없는 듯이 생각되었던 일이 실은 깊은 뜻이 있었다는 것
이다. 예를 들면, 맨 처음에 떠오른 야구투수 폰드라는 의사이다.
이 연상에는 억압된 사상이 관련되어 있다. 즉 의사는 나 자신이다.
폰드는 사건이 발생한 장소이다. 투수는 물론 물건을 던지는 사람
이다. 나의 제2의 연상──즉 인디언 폰드에서 내가 큰 돌을 보트
의 닻으로 삼아 연못에 던졌던 일──이것도 역시 똑같은 관련성
이 있다. 이 인디언 폰드는 나의 개가 죽은 연못이 있는 곳과 같은
줄기에 있다. 내가 보트에서 닻을 던진 일에 관한 기억은 내가 다른
큰 돌을 물 속에 던져서, 그 때문에 개가 죽은 것에 연관되어 있다

는 점이다.

이 분석의 끝무렵에 PIG에 관한 것이 여러 번 나오는데 이것은 얼핏 생각하면, 숨겨져 있는 기억과 아무 관계도 없는 것처럼 보인다. 그러나 실제는 관계가 크다. PIG를 거꾸로 쓰면 GIP가 되는데, 그것은 죽은 개의 이름이었다. 다음은 돼지 같이 생긴 소년과 흙구덩이의 연관이 생긴다. 즉 '돼지', '야구(던짐)', '물'로 연결된다. 그리고 앞서 말한 농부와 돼지의 경우도 역시 그렇다. 즉 돼지, 죽음, 던짐, 물, 이것들은 모두 완전히 관련성이 있다. 햄릿과 그 구절의 인용은 오필리아의 익사를 매개로 삼고 간접적인 연결이 있었다.

⑥ 둔주

기억력장애 중에서 어떤 기묘한 예외스런 것이 있어, 신문 등에 가끔 실어증이라고 그릇된 표제가 붙어 나오는 경우가 있다. 그러면 그것은 어떠한 것인가? 어떤 건강하고 행복스럽게 사는 사람이 갑자기 자취를 감추어 버렸는데, 후에 발견하고 보면 자기가 누구인지도 모르고, 전에 무슨 짓을 했는지도 전혀 모른다. 적어도 '둔주(fugue)'의 기간 동안은 그렇게 된다는 에피소드를 가리킨다. 이 둔주라는 것이 바른 술어로서, 그것은 1시간 정도일 수도 있으며 10년 정도 계속되는 경우도 있다. 지금까지 이런 사례가 많이 있다. 나의 서류철에서 전형적인 것을 뽑아서 간단히 말하고자 한다.

어떤 청년이 오하이오 주의 큰아버지의 농장에서 일하고 있었다. 어느 토요일 오후에 일을 마치고 월요일 아침까지 쉬게 되므로, 집에 갈 작정으로 농장을 떠났다. 그 후의 일은 그는 아무것도 기억에 없었다. 어느 날 아침에 잠에서 깨어 보니 자기가 캘리포니아 주의 어느 호텔에 누워 있었다. 알아본 결과 3주일이나 지나 있었다.

여행상인이란 명함이 양복 주머니에서 나왔다. 여기서 힌트를 얻어 이 청년의 주소로 편지를 해 보았더니 뜻밖의 답장이 왔다. 그 사람이 이 청년을 만나 명함을 교환할 때에는 전혀 아무 이상이 없는 청년이었으며, 자기의 일을 힘 안 들이고 자신만만하게 하는 남자처럼 보였다는 것이다. 그리고 자기는 누구며, 가는 곳은 어디며, 지금 어떤 계획을 가지고 있다는 것까지 말했다는 것이다.

여기 말한 사례는 히스테리의 부류에 들어갈 것인지도 모른다. 그렇지만 똑같은 현상을 다른 병에서도 볼 수 있다. 가령 간질병, 편두통 등이 그것이다. 또 몇 장을 넘기면 나올 매니아의 경우도 그렇다. 그런데 훨씬 더 극적이고 비참한 경우도 있다. 예를 들어 보자.

18세 되는 성격이 쾌활한 처녀가 자기보다 21세나 나이가 많은 농부와 연애를 시작했다. 그들은 결혼하여 아들을 하나 낳았고, 두 명의 딸을 낳았다. 그녀는 남편과 금슬이 좋았으며, 자녀들을 몹시 사랑했다.

약 15년쯤 결혼생활이 계속된 뒤에, 그녀는 이 농장에 장사차 오는 어떤 남자와 바람을 피우기 시작했다. 그래서 남편은 그녀를 꾸짖었고, 그들은 가끔 이 문제로 싸움을 하게 되었다.

어느 날 두 사람은 심하게 싸웠지만 곧 서로 화해하고 앞으로는 좀더 화목하게 살기로 합의했다. 다음날 아침, 남편과 맏아들이 우유를 짜고 있으려니까 총소리가 연달아 들렸다. 그들이 집으로 달려가 보았더니, 두 딸이 심장을 맞고 피를 쏟으며 쓰러져 있었다. 그녀는 저쪽 침대에 누워 있었는데 손에 엽총을 쥐고 있었고, 그녀도 옆구리에 부상을 입고 피를 흘리고 있었다. "내가 무슨 짓을 했나요?" 하며 그녀는 신음하다가 그대로 기절해 버렸다.

그녀는 여러 날 혼수상태에서 깨어나지 못했다. 그녀가 깨어났을 때는 그 일에 대한 기억이 전혀 없었다. 나는 그녀에게 "어린 딸들이 죽었습니다"라고 전했더니, 그녀는 갑자기 울음을 터뜨리며 도대체 어떻게 된 일이냐고 물었다. 나는 그녀에게 까닭을 말해 주었다. "그런데 내가 어떻게 그런 일을 할 수 있어요!"라고 그녀는 외쳤다. "어떻게 그런 일을 할 수 있어요! 아, 하느님. 어떻게, 왜, 내가 그런 짓을 했겠어요!" 그러면서 그녀는 전혀 아무 기억도 없다고 주장했다.

검사는 물론 부부싸움이 이 범죄의 근본 원인이라고 생각했다. 그러나 여러 가지로 조사해 보았더니, 그녀는 심한 두통을 앓은 적이 있으며 이 두통이라는 것이 편두통의 일종으로서 그럴 때마다 건망증이 계속되는 적이 종종 있었고, 그리고 이 병을 여러 해 동안 앓았다는 사실이 입증되었다. 이런 두통의 발작이 일어나면 그녀는 가끔 이상한 짓을 하며, 그리고 그 후에는 전혀 아무런 기억도 없다는 경우가 있었다. 어느 날 오후에 그녀는 애써 짠 우유를 말 구유에 부어 버렸다. 또 언젠가는 거두어 들였던 달걀을 다시 둥우리에 넣었다. 그녀가 두 딸을 죽이기 며칠 전에도 두통으로 고생했는데, 그것은 지금까지의 어떤 두통보다도 한층 지독한 것이었다. 오늘에 이르기까지 그녀는 이 비극에 대하여 아무것도 생각해 내지를 못하고 있다.

a) 판단의 장애

각종 기억력의 장애에 대해서는 이쯤 해 두기로 한다. 그러나 기억력이 확실한 사람이라고 해서 누구든지 두뇌가 명석하다고 할 수는 없다. 이른바 '백치의 학자(Idiot Savant)'란 것이 있는데, 그들은 기억력만은 실로 사람들을 놀라게 하는 재주를 연출하지만, '매우 주책없는 얼간이'라 불리우는 사람들이다.

'지적 작용'은 다만 바로 수신되고 기록되어 재생되는 기억력만

이 아니다. 거기에는 그 이상의 무엇이 있다. 즉 지적작용이라는 것은 어떤 상황이 요구하는 바에 대해서 모든 성격이 응해 나가도록, 이 기억을 적용해 가는 능력이다. '정신의 기계' 중에서 어떤 특정한 순간에, 어떤 적당한 기억들을 택하는 일을 하는 부분품을 판단——썩 적당한 말은 아니지만——이라고 한다.

이 판단이라는 말은 법률가가 쓸 때와 심리학자가 쓸 때에 그 내용이 전혀 다르다. 심리학자는 그것에 정의를 내려——이 정의의 실상도 그다지 의미가 뚜렷하지는 않지만——"주어진 것에 대한 뜻의 귀속"이라고 했다. 정신병학자는 매우 실질적인 의미로 이 말을 사용한다. 그 용례는 다음 예문에서 여실히 해명하고 있다.

올리버 골드스미스는 자기 재산이라고는 몇 푼 되지는 않아도 갚을 빚은 엄청나게 많았다. 하지만 지나가는 거지에게는 자기에게 소중한 동전을 몇 개 또는 가진 것 모두를 주기가 예사였다. 그리고 조금이라도 형편이 좋아지면, 그는 얼마 안 되는 소중한 돈을 필요 이상으로 사치스럽고도 우아한 옷을 구입하는 데 전부 써 버렸다고 한다.

그것과 거의 똑같은 판단의 결함이 체호프의 희곡 《벚꽃 동산》에 나오는 라네브스키 부인의 특징이다. 가령 여자는 은전이 없다고 금전을 지나가는 방랑자에게 던져 준다. 그리고 나서는 "그렇지만 별수 없지"라고 말한다. 그녀는 또 악사들에게 줄 돈도 없으면서 무도회를 연다. 그러는 동안에 그녀는 소중한 벚꽃 동산을 영영 잃어 버린다.

메이 톰슨은 대학의 졸업반이었는데 동급생들은 누구든지 "그녀는 좀더 정신을 차려야지"라고 말했다. 그녀는 학교에 오는데 야회복을 입고 왔다. 무도회에서나 신는 구두를 신고 운동장을 걸어다녔다. 1주일에 두 번 손톱 화장에 필요한 돈을 마련하기 위해서 점

심을 굶기도 했다. 그녀는 불건전한 짓을 하여 뭇 남성들에게 유혹
의 손길을 뻗치고 다녔다.

조지 데이비스는 훌륭한 인물이다. 누구든지 그는 결코 악의있는
사람이 아니라고 말했다. 그러나 그는 버릇없기로 유명했다. 그는
해서는 안 될 말을 가장 나쁜 때를 찾아서 한다. 그는 무얼 하든지
버려 놓는다. 그는 친구의 감정을 상하게 하고, 모르는 사람에게 모
욕을 주고, 엉뚱한 짓을 해서 남에게 폐를 끼치고, 여러 사람들에게
짜증을 내게 한다. 그렇지만 그 어느 하나도 악의를 가지고 하는 것
은 없다. 그러다가 그는 스스로 뉘우치며 미안해 한다. 그는 친구들
이 평한 것처럼 '바보짓 하는 데 선수'였다. 그러나 그는 결코 바보
가 아니다. 단지 '어리석은 판단'의 소유자일 뿐이다.

어떤 종류의 뇌장애를 가지고 있는 환자에게는 어떤 독특한 조잡
성이 있으며, 때로는 이상한 짓을 하는 특징이 있다. 나는 종잡을
수 없는 한 병례를 기억한다. 그 병자에 대한 올바른 진단이 처음에
는 아무래도 이상하게 생각되었다. 그것은 그 환자가 철저하게 예
법에 벗어난 짓을 했기 때문이다. 그 환자는 교양이 많은 훌륭한 노
부인이었다. 보통 때에는 정숙하고 얌전한 사람이었는데, 괴상한
형의 국소 마비의 증상을 앓고 있었다.

나는 신경학적인 테스트를 하다가 그녀에게 혀를 내어 보이라고
말하였다. 그녀는 곧 혀를 길게 내밀어 보여주었다. 내가 조심해서
조사하고 있는데 갑자기 그녀가 느릿느릿 말을 했다. "주의하세요.
깨물지 마세요. 당신은 퍽 시장하신 것 같군요!" 그렇게 말하고 나
서, 그녀는 허리를 뒤로 젖히며 유쾌하게 웃었다. 한편 함께 따라
온 딸들은 무안해서 그 자리를 수습해 보려고 몹시 당황해 했다. 그
러나 그 때문에 우리는 진단의 ── 진행성 마비성 치매증 ── 힌트
를 얻었다. 그리고 그 후에 더 세세한 검사를 한 결과, 그 진단이

옳은 것이 확인되었다.

프랭크 스미스 부인은 결국 정신병으로 입원하게 되었지만, 그녀의 발병의 징후는 다음과 같은 에피소드에서 시작된 것이었다. 그녀는 흰 페인트를 5갤런이나 사서 석탄을 담는 양동이와 부엌의 난로를 하얗게 칠했다. "부엌이 너무 지저분해서"라는 것이 그 이유였다. 그녀는 가족들을 위해서 얼마만한 분량의 식사준비를 해야할지 대중을 못하게 되었던 모양이다. 한번은 큰 사발로 네 사발의 밀가루와 세 개의 작은 감자를 섞어서 식사준비를 했다. 그녀는 손님을 초대해 놓고 부엌에서 입는 앞치마를 입은 채 접대했다. 그녀는 10센트 스토어에서 수백 개의 조화를 사들여다가, 부인용 모자와 장신구 장사를 시작하겠다고 말하기도 했다.

⑦ 정서결함

인식기능 및 지적 작용의 결함은 사람의 정서반응이 양이 많거나 적거나, 질적으로 강하거나 약하거나에 관계없이 존재하기도 한다. 또는 그와는 반대인 경우도 있다. 실생활에서는 인간은 한 개의 단위이며 부분품의 집합체는 아니므로 거기에는 언제나 관련성이 있는 것이지만, 다만 그것이 뚜렷이 눈에 보이지 않기도 한다. 앞으로할 우리의 연구에서는 잠시 이 점을 무시하고 정서능력의 결함만을들어 보기로 한다.

어떤 일정하게 주어진 자극에 대한 정서반응의 당위성은 다만 보통, 보통 이상, 보통 이하로 대강 나타낼 수밖에 없다. 그리고 보통이라고 해도 그것은 역시 대강 계산한 것으로서, 우리의 주관적인 경험에 의해서 강하게 영향을 받은 것에 불과하다. 사람에 따라 어떤 것에 대하여 강하게 느끼든가, 똑같은 것이라도 사람에 따라 그다지 고통으로 알지 않는다든가, 또 사람마다 여러 가지 다른 정세 아래, 다른 시간에는 각각 다른 반응을 보인다는 것은 일반적으로 알려져 있는 사실이지만 이것도 극단적인 경우에만 그것을 인식할 수가 있다. (그림 10, 11 참조)

가령 전시와 같은 때에 공적인 모임에서 국가를 연주하면, 우리는 감동되어 곧 차려자세를 취하며, 연주하는 동안 서 있는 것으로써 우리의 감정을 나타낸다. 그러나 어떤 이들은 우리보다도 더 감동되어 경례를 하고, 머리를 숙이고, 또 열광적인 박수를 보낼 것이다. 그러나 그 중에는 우리보다도 감동되지 않은 이도 있을 것이다. 그들은 하찮은 듯이 일어서든지 아예 일어나지 않을지도 모른다. 그들은 싫증을 내기도 하고, 무관심하기도 하고, 그 중에는 귀찮아 하는 사람도 있을 것이다.

귀찮아 한다——원망스럽게 여기는——는 것은 하나의 정서 표현이다. 그것이 우리들의 것과 같지 않다거나, 청중의 대다수의 표정과 일치되지 않는다 하더라도 정서의 표현임에는 변함이 없다. 그러나 대다수의 사람들의 동감과 열정의 표현을 몸짓이나 태도에 전혀 보이지 않던 사람들은, 적어도 그 경우에는, 정서반응에 결함이 있는 것으로 추정할 수 있다.

이런 종류의 사람들과 함께 사는 사람들이나, 또는 그런 반응이 있을 것을 예기하고 관찰하거나 추측하기에 익숙한 정신병 전문의는, 남들이 대체로 보통 이상의 감정의 흥분을 일으키는——감동의 징후를 보이는——자극에 대한 이런 무관심한 태도가 과연 습관적인 것이 일반적인 정서반응의 결여인지, 또는 국가주의적인 것처럼 특정한 자극에 대한 정서적인 '억지'인지 그렇지 않은지 등에 대해서 설명해 줄 수가 있을 것이다.

이러한 습관적인 무감각은 정서상의 결함을 만든다. 그런데 이런 경우가 상당히 많다. 이런 것은 국민학교에 갓 들어간 아동들한테서도 볼 수 있다. 그들은 아무것에도 흥미를 가질 수가 없다. 좀 나

〈그림 9〉

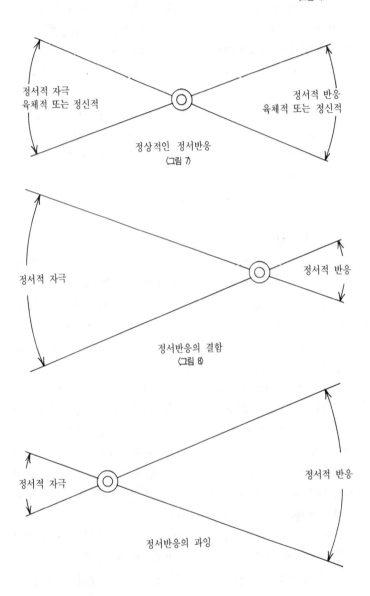

정서적 자극
육체적 또는 정신적

정서적 반응
육체적 또는 정신적

정상적인 정서반응
〈그림 7〉

정서적 자극

정서적 반응

정서반응의 결함
〈그림 8〉

정서적 자극

정서적 반응

정서반응의 과잉

이 먹은 아이들의 경우에도 있다. 그들은 사물에 열중하거나 흥분하는 일이 없다. 또 이것은 아무 목적도 없는 산만한 고교생들 사이에서도, 놀이에 싫증이 난 대학생들 사이에서도 볼 수 있다.

사람이 무기력하다는 것도 형태가 다를 뿐이지 똑같은 종류이며, 특히 부인들에게 많다. 냉담하다는 것은 남자들에게 많은 형이다. 정신병 전문의들은 "정서가 평면적이다"라는 표현을 써서 이 종류의 환자를 설명한다.

이것은 앞 장에서 말한 분열증적 성격을 가진 사람과 이미 분열증의 병에 걸린 사람들 사이에 공통적인 것이다. 왜냐하면, 이 종류의 사람들은, 세상 일이나 세상 사람들이 뭐라고 하든지 무관심으로 있을 수가 있기 때문이다. 그렇지만 이것은 아메리카 인디언들이 자랑으로 생각하는 것과 같은, 문화적으로 한정된 스토아 주의(극기, 허무, 염담)와는 구분하여 생각하지 않으면 안 된다.

좌우간 현대의 아메리카 문화에 있어서 젊은이가 이런 반응을 보였다고 하면, 그것은 정상적인 것이 아니다.

한 환자가 그의 침대에 조용히 앉아서 창 밖을 내다보고 있었다. 그 얼굴의 표정은 거의 망연한 것이었다. 의사가 곁에 가도 모르고, 그런 것은 생각도 하지 않는 모양이고, 보통 습관적인 인사에 대해서도 그는 다만 고개를 끄덕일 뿐이었다. 병, 입원, 튀니스 전쟁에 참가했던 것, 식사에 대한 희망 등에 대하여 질문을 받더라도 그는 조금도 억양이 없는 애매모호하고 짤막한 말로 대답하였다. 의사가, 집에 돌아가고 싶으냐, 어머니를 다시 만나 보고 싶으냐, 어쩌면 제대하게 될지도 모른다. 또는 제대가 안 되고 현역으로 다시 복귀할지도 모르겠다는 등, 좌우간 무슨 말을 하여도 그는 그저 아무렇게나 생각나는 대로 대답하였다. 거기에는 아무 느낌이나 생각도 없고, 기쁨도 없고, 노여움도 없고, 그리고 후회도 없었다.

그는 과거, 현재, 미래에 대하여 완전히 무관심한 태도를 가진 듯이 보였다.

이런 경우, 이 결함이 어느 정도까지 유기체의 생리적인 기구——즉 뇌 기저중추, 내분비선, 자율신경계통——가 받은 상해에 기인한 것일까, 또 어느 정도까지 그것이 정서의 알력——서로 융합하는 정서의 흐름——에서 생긴 것인지 그냥 보아서는 모른다. 확실하게 다른 두 가지 형이 있다. 조사해 보면, 어떤 이의 천박함, 냉담함, 무기력함에는 아무 근거도 없는 것처럼 보이는 경우가 있다. 즉 겉가죽 두세 장만 벗기면 속에는 아무것도 없다. 그러나 한편으로는 무지무지한 전장의 철조망으로 단단히 몸을 무장하고 있는 것이 있다.

"나는 걱정입니다"라고 대학에 다니는 여학생이 말했다, 그 학생은 "왜냐하면, 나는 좀더 걱정을 해야 할 텐데, 걱정이 안 됩니다. 걱정할 것은 많습니다. 그러나 무엇이든 별스런 문제가 아니라는 생각이 듭니다. 어떤 일에 대해서도 열중할 수 없으며, 이 세상에 재미있는 것이라고는 아무것도 없습니다. 또 별로 크게 걱정되는 일도 없습니다. 인생 그 자체에도 뚜렷한 흥미가 없습니다. 더구나 세상 사람들이니 사상이니 장소(경치 기타)니 물건 같은 것이야 말할 나위도 없습니다. 나는 특별히 좋아하는 사람이 없습니다——부모도 자매도 학교 클럽의 친구들도 나, 자신까지도……"라고 말했다. 이 여학생이 어렸을 때 그녀의 부모는 서로 반목하여, 오랫동안 아이들을 자기 편으로 만들려고 애써 왔다.

"어머니가 뭐라고 말씀하시면, 이번에는 아버지가 그게 아니라고 말씀하십니다. 그러면 또 어머니가 아버지를 비방하며 공격하십니다. 그러면 다음에는 아버지가 왜 어머니와는 원만히 지낼 수 없는지를 말씀하십니다. 우리들은 늘 이리로 기울어졌다가 저리로 끌리면서 지내왔습니다. 그러는 동안에 나이를 먹어서, 그런 것을 아주 무시해 버릴 수 있게 되었습니다. 아마 이런 것이 내가 세상 전반에 대해서 무관심하게 된 원인이 되었을지도 모르겠습니다.”

　사람에 따라서는 대단히 심각하게 느끼는 자기 정서의 표현을 위장시키는 일은 없을까? 그것은 확실히 있다. 그들은 표현하려는 노력을 억압의 노력과 바꿔 놓는다. 그렇지만 본질적으로는 제임스 랑게의 학설에 신빙성이 있다. 우리는 우리가 표현하는 것을 느끼며 동시에 우리가 느끼는 바를 표현한다. 그 표현은 위장되어 있을지 모르나 그것이 전혀 없다고는 할 수 없다.

　무표정을 간판으로 삼고 있는 포커의 명수라도 다섯 장 중 두 장을 갈아 놓는 two card draw 로 스트레이트 플러시(다섯 장이 모두 똑같은 패들이고, 숫자의 순서가 맞는 것. 좀체로 맞추기가 어렵다)가 되거나 하면, 눈동자가 아무래도 달라지는 것을 숨길 수 없는 법이다. 프로이트는 다음과 같은 표현을 썼다. “만약 우리가 사람의 온갖 징후 및 암시를 알아낼 수 있다면, 누구도 자기의 비밀을 감출 수 없을 것이다. 그리고 이것은 다만 의식계의 일 뿐만 아니라, 무의식의 비밀——및 그것에 뒤따르는 정서——에도 적용된다.”

⑧ 의지력의 결함

　이론적으로는 우리는 이미 의지 같은 것은 인정하지 않게 되었다. 그러나 실제로는 정신과정이 전환 또는 분리점에 와서, 거기서 행동으로 변하는 것으로 생각하기는 편리하며, 그리고 이 점을 ‘의지’라고 부르는 것도 편리하다.

　메리는 누가 깨울 때까지 일어나지 않는다. 공부도 재촉하지 않으면 하려고 들지 않는다. 모임에도 가자는 사람이 없으면 가는 일이 없다. 그녀는 자발적으로 하는 일이 전혀 없다.

넬리는 주립병원의 환자다. 그녀는 이미 여러 해째 입원하고 있다. 떠밀지 않으면 결코 움직이지 않는다. 누가 그녀에게 손, 팔, 다리를 움직여서 어떤 자세를 취하게 하면 그것이 제 아무리 고통스러운 자세라도 몇 시간이라도 그대로 있고, 자기의 의지에 따라 더 편안한 자세로 바꾸어 보려고 하지 않는다.*

감각 및 수신장치에는 아무 고장도 없는 것 같고, 대뇌의 작용도 정확하고 신속하며, 정서반응도 남들과 비교해서 그 종류에 있어서나 강약의 정도에 있어서나 조금도 다른 데가 없는데, 그러면서도 어딘가 결함이 있어 뜻대로 인생에 처세를 못해 가는 사람들이 있다. 이 결함은 지각작용에 있지 않다. 그렇다고 지능과 정서의 문제도 아니다. 실로 이 기능을 행동으로 옮기는 점에 있다. 기술적으로는 의지가 약한 사람이란 어떤 것인지 설명할 수 있다. 여기서 말하는 의지란 인간이 조심성있게 행하는 마음의 기능이 아니라, 그것은 선행하는 지각, 인식, 정서과정이라고 생각하는 것이다. 그리고 어떤 사람의 경우에는 퓨즈가 타고 있으며, 화약이 말랐는데도 폭발이 일어나지 않는다. 우리는 흔히 다음과 같은 것을 목격한다.

(ⅰ) 일을 시키면 일에 따라서는 할 수 있고, 또는 무슨 일이든지 할 것처럼 보이며 능히 할 수 있을 사람이, 실제로는 그 하는 태도가 시원치 않거나 전혀 못하거나 한다. 그런 사람들은 자기가 먼저 나서서 무슨 일이든 시작하는 경우가 없다. 또 자기가 시작한 일을 완성하는 경우도 없다. 그는 공격적은 아니다. 대개의 경우, 귀염성이 있으며 인기가 있다. 그러나 그는 적극적인 존재가 못 되고 빈 자리를 메우는 존재에 불과하거나 충돌을 완화하는 완충물과 같은 존재에 불과하다.

---

*이것은 cerea flexibilites 라는 것인데, 분열증이 심해진 경우의 전형적인, 그러나 드문 예다.

(ⅱ) 같은 형의 사람으로서, 이 사람은 자발적으로 어떤 이바지가 될 일을 하거나 안 할지도 모른다. 하지만 누가 말하면 그것을 거부하지 못하거나 어떤 일이든 남의 말대로 한다. 특히 어떤 특수한 사정 아래서는 그렇다는 사람이 있다. 그는 '싫다'라는 말을 못하는 인물이다. 그는 환경에 좌우된다. 그 대상이 되는 것이 술이라면, 술이 과하게 되어 몸을 망치게 되는 경우도 드물지 않다. 그러나 그에게 해독을 주는 대상이 '근면'일지도 모르며, 또는 아내의 권고대로 하는 것일지도 모르며, 또 딸을 사치시키는 일일지도 모른다.*1)

이것이 의지가 약한 사람의 표본이다. 그러므로 우리는 이제 다음 것을 가정하자. 결국 의지란 다만 여러 가지 힘의 집합이라고도 할 수 있으므로, 행동은 내부정신 메커니즘——이것은 정서적 및 지적인 것으로서 일반 관찰자들에게는 보이지 않는다——에 관련해서 설명되어야 할 것이다. 이런 것들이 존재하고 있다고 일반적으로 인정되고 있지만, 당사자는 그것을 이해하는 경우도 있으며 못하는 경우도 있다. 대개의 경우, 당사자는 외부로부터 원조가 없으면 이것들을 변화해 갈 수 없는 것이 보통이지만, 이 종류의 결함은 재교육으로 고칠 수 있다.*2)

3. 과잉

대개의 사람들은, 인간의 두뇌 작용은 돈과 같은 것이라서 부족한 것은 알 수 있지만, 많은 것은 상상하기 어렵다고 생각하고

---

*1)여기에 든 두 형의 사람들의 실례로서는, 제2장 끝의 〈사악한 성격의 여러 가지〉의 갈래를 참조.
*2)정신요법에 관한 초기용으로 중요한 문헌은 《의지의 교육》이란 것인데, 저자는 줄스 페이요트.

있다. '과잉'이라는 것은 평형을 잃는다는 뜻을 갖는다. 그리고 그것은 돈의 경우와 같이 인간의 두뇌 작용의 경우에도 일어난다.

① 지각 과민(감각과민)

지각작용이 지나치게 예민하다 하더라도, 그것이 믿어지지 않을 만큼 먼 거리의 것이 보인다는 평원에 사는 인디언들이나, 걸리버의 난쟁이 나라의 주민 릴리푸티안들이나, 7리그(1리그는 약 3마일) 앞까지 내다본다는 거인의 경우와 같은 형으로 존재하는 것이라면 참으로 좋은 일이겠지만, 그러나 불행히도 그렇게 되지 않는다.

어떤 종류의 감각이 보상적인 의미로 지나치게 발달한 경우(뒤에 나옴)를 제외하고서는 주로 신경과민이라는, 병원에 가야 되는 사태가 발생한다.

제클린은 여러 날 잠을 이루지 못했다. 날씨가 추워져서 그런지, 어머니에 대한 걱정 때문인지 혹은 무슨 다른 까닭이 있어서 그런지 그녀로서도 몰랐다. 그러나 그녀는 매우 괴로워했다. 만사가 그녀를 초조하게 했다. 기숙사에서 쾅하고 문 닫히는 소리가 나면 깜짝깜짝 놀랐다. 창으로 들어오는 햇빛도 보통 때 같으면 좋아했을 것인데 햇빛이 너무 눈부셔서인지 싫어했다.

같은 방 친구들이 보통 때보다 큰 목소리로 떠들며 쿵쾅대고 돌아다니는 것 같았다. 자기의 살갗이 쑤시고 거칠어진 것 같음을 느꼈다. 입은 옷은 무거웠고 그 옷이 스치는 소리도 듣기 싫어했다. 그리고 복도를 걸어가면 자기의 발소리가 머리에 울려왔기 때문에 고통스러워했다. 만사가 너무 과민하게만 느껴졌다.

그녀는 자기 방에 돌아와서 침대에 누워 버렸다.

조지 라이멜은 셸 쇼크*를 받았다. 굉장히 큰 포탄이 터진 뒤에
그는 실신상태가 되어, 말도 못하고 멍하니 있었다. 전우들이 그를
기지병원으로 데리고 갔다. 내가 그를 만난 것은 그 일이 있은 지
몇 주일 후였는데, 그는 덫에 걸린 토끼와 같은 인상을 나에게 주
었다. 누가 부드럽게 말이라도 걸면, 그는 천천히 몇 마디씩 말
했다. 그러나 문이라도 요란하게 닫히거나, 자물쇠 여는 소리가 딸
가닥 나거나, 누가 뚜벅뚜벅 걷거나 하면 그는 종아리라도 맞은 듯
이 깜짝 놀라며 긴장했다. 그리고 나서 그는 얼마간 부들부들 떨다
가 멈추었다. 그러나 누가 큰 기침이라도 하거나 재채기라도 하면
그는 곧이어 그것을 되풀이했다.

입원한 상당한 전우들은 그가 흥분하며, 소리를 지르며, 부들부
들 떠는 모양을 보고는 재미있어 박수를 쳤다. 그는 보통 소리도 마
치 대포소리만큼 큰소리로 들린다고 말했다. 그에게는 30피트나 떨
어진 곳에 있는 손목시계의 째깍째깍하는 소리까지도 들렸다. 보통
사람이라면 20피트만 떨어져도 들을 수 없다(이런 상태를 신경과민이
라 한다).

누구나 병을 심하게 앓으면 위에 말한 바와 같은 일을 경험하게
마련인데, 실은 육체적인 병이 대개의 경우 그 원인이 된다. 이 종
류의 병은 정상적인 감각의 억지——즉 자극과잉이 되지 않도록
수신(감각)장치를 보호하기 위한 완충물——의 감퇴에서 온다. 인
식되어 있거나 않거나를 관계하지 않고 육체적인 병이 이런 사태를

---

*셸 쇼크(shell shock)라는 것은 제2차 세계대전 때, 전쟁에서 일어난 정신
 적인 병을 설명하기 위해 만들어낸 뜻이 애매한 신생어다. 여기에 소개된
 바와 같이 징후는 흔히 일어나는 일이기는 하지만 항상 그렇지는 않다.
 제2차 세계대전중에 생긴 일을 우리 눈앞에 보이기 위해 묘사한 것으로서
 E. 로저스 스미스 해군소령의 과달카날로부터 돌아온 정신병적 환자들의
 기록이 있으니, 그것을 참조하길 바란다.(1943년 7월 호《American Journal of
 Psychiatry》)

자아낸다. 사람이 몹시 피로한 때도 그렇거니와 또 여러 가지 정신적 질환, 말하자면 히스테리라든가 히스테리성 상태 같은 것도 그 원인이 된다. 정서적 긴장의 여러 가지 경우에도 일어나는데, 당사자가 그것을 의식하는 경우도 있고, 의식하지 못하는 경우도 있다.

② 지적 작용 과잉

인간사회를 위하여 다행하게도, 그리고 통계학자들 덕분에—— 왜냐하면 그것은 수치상으로 불가피한 결론이기 때문에—— 보통 이상의 지능을 가진 사람과 보통 이하의 지능을 가진 사람의 수는 대체로 같다. 무엇이든지 과장해서 말해 위험을 설명하려는 사람들은 계산에 어두워서, 인류의 3분의 2는 보통 이하의 지능밖에 갖지 않았다고 떠드는 일이 종종 있는데 그들은 그런 이야기의 자기모순을 인식치 못하고 있다.

지능의 과잉은 학대받고 매일 일정한 일을 되풀이하는 학교 선생에게는 푸딩(디저트로 쓰이는 서양식 생과자)에 약간의 향료가 들어간 것과 비슷하다. 영리한 소녀와 스마트한 소녀들은 조금도 힘이 들지 않는다. 그들은 다른 학생보다 무엇이든지 빨리 깨닫는다. 선생이 설명하려는 것을 곧 이해한다. 싫증이 날 만큼 단조로운 하루의 일을 참을 수 있을 만큼 명랑하게 해준다. 대부분의 선생은 새로운 칠판을 달아 주는 것보다도, 또 새 양복을 한 벌 받는 것보다도 자기 학생들 중에 지능지수 125 정도의 아이들이 2,3명 있는 편이 낫다고 생각할 것이다.

이런 뜻에서 교육계는 우수한 아이들을 등한시하고 있는 현상에 대하여 부끄러워해야 할 것이다. 선생들은 아무래도 못하는 아이들은 깨우쳐 주기에 신경을 쓰게 되므로 필연적으로 잘하는 아이들을 낙심시키거나, 그 뻗어나려는 싹을 돌보지 않게 되는데, 그것은 지능에 결함이 있는 아이들을 올바르게 다루지 못하는 경우보다도 더 나쁜 결과가 된다.

제인은 극히 평범한 사무원인 부모를 가진 8세 되는 소녀다. 이 소녀의 부모들은 제인이 집안의 다른 아이들이나, 그 아이가 함께 노는 다른 아이들과는 좀 다른 점이 있다는 것을 전혀 몰랐다. 그들은 제인이 동급생 중에서 제일 나이가 어리고 또 '나이보다는 좀 숙성하다'는 정도밖에 몰랐다. 그러나 그렇다고 특별히 그것을 달리 생각하지는 않았다. 그렇지만 선생으로부터 제인이 같은 또래의 아이들의 평균지능보다도 50퍼센트가 높다는 말을 듣고야 비로소 놀랐다.

그녀는 5세 때에 글 읽는 것을 배웠는데, 항상 정확한 뜻과 숫자의 관계를 배우기에 특별한 흥미를 보였다. 그녀는 달력과 연감류를 모아서 날짜와 주에 표를 하기도 하고 상표를 붙이기도 했다. 그녀는 추상적인 질문에 대해서는 한참 깊이 생각한 후 대답하는 습관이 있어서, 그런 것의 복잡한 관계를 이해하고 있음을 드러냈다. 가령 그녀는 "글쎄, 그것은 경우에 따르겠지만……"이라고 종종 말했다. 때로는 대답을 늦게 하기도 했는데 그것은 다만 어떻게 대답하면 가장 정확할까 생각하기 때문이었다. 그녀의 남동생이 시계를 흘금 보고 나서 "지금 7시 30분쯤 됐어"라고 말하면, 그녀는 시계를 똑똑히 들여다보고 나서 "내가 시계를 보고 났을 때가 7시 36분 15초였어"라고 말하는 것이었다. *

─────────────

*이 소녀의 대답이 정확하고 지나치게 꼼꼼함은, 전부는 아니라 하더라도 조숙한 사람들에게 좀 다른 점이 있다는 것의 암시를 준다. 그것은 neurotic compulsion ── 즉 이런 아이는 자기가 의식하고 있지 않은 공포 때문에 커다란 노력이 강요된다. 이 공포는 자기는 어리석다, 부정확하다, 남에게 용납되지 않는다, 귀염성이 없다라는 따위의 공포가 대부분이다. (《신동은 누구인가》아동연구지》 1927년 11월호)

홀링워드 부인이 지적한 바와 같이, 신동들은 대관절 어떻게 될까? 그것은 우리로서도 진실로 알 수 없는 노릇이다. 그들이 자라감에 따라서 평범한 인간이 되는 사실을 알고 있다. 아마 그들은 대학에서도 우수한 성석을 보이는 사람들을 구성할 것이다. 장차 뛰어난 의사, 변호사, 교사, 실업가, 또는 당대의 유명인들이 될 것으로 생각된다.

우수한 아이가 교육을 받을 때, 그는 보통 정도의 아이들이나 보통 정도 이하의 아이들과 똑같은 정도로 느리게 나아가야 하는 데서 생기는 여러 가지 문제성 이외에도, 그가 우수하다는 까닭으로 다행히 어느 정도 극복할 수 있는 어려움이 또 있다. 그런 우수한 지능을 가진 아이에게는 불균형으로 인해 생기는 위험이 매우 크다. 정서, 감수성 및 의지력이 어느 것이나 다 같이 우수하면 그 아이는 천재라고 할 수 있다.

그러나 우수한 지능과 감수성이 결여된 정서와 의지력 등이 합쳐서 네이던 레오폴드* 같은 남자를 만드는 경우가 너무나 많다. 레오폴드의 지능이 부러울 만치 우수한 것임은 의심할 여지가 없다. 어떤 사람에게 있어서는 그와 같은 찬란한 다재다능의 재주가 그와 같은 냉혹성과 판단의 난잡성과 어울려서, 그 결과 아이를 죽이게 될 것이라고는 도저히 상상도 못할 일이다.

---

*보비 프랭크스가 이웃사람 네이던 레오폴드와 리처드 로브에게 살해된 사건은 1924년에 많은 사람들의 큰 주목을 끌었다. 이 사건에는 정신병학자들이 법정에 불려가 그 살해범들의 심리상태에 관한 증언이 요구되었다. 그들이, 인간은 이른바 광인이 되지는 않더라도, 아무 이유도 되지 않는 범죄적인 충동을 받을 수가 있다는 말을 함으로써 세상 사람들의 주목을 끌었으며, 이 사건은 유명해졌다. (모림 맥커낸의 저서를 참조)

③ 기억력의 과잉

사람의 기억력이 부분적으로 또는 전면적으로 감퇴하는——결함이 생기는——경우가 있는 것과 마찬가지로, 세상에는 또한 기억력이 너무 좋아서 무엇이든 모두 기억하고 있는 사람들도 있다. 일반적으로 믿고 있기는, 사람의 뇌는 특별한 이상이 없다면 그 사람이 경험한 것은 무엇이든지 모두 어떤 한곳에 기록하여 두는 것이므로, 기명된 기억의 과잉이란 있을 수 없다고 믿고 있다. 기억이 유난히 우수하다는 것은 추상력(재생력)의 우수성에 관련이 있을 것이다. 이런 것은 다음의 사정 밑에서 일어나는 수가 있다.

a) 삽화적으로(심한 자극을 받음으로 일어나는 경우)

사람이 물에 빠졌을 때와 같은 경우에, 그 사람 일생의 사건들의 기억이 믿어지지 않을 만큼 빠르고 정확하게 머리 속을 스쳐간다. 이런 사건들의 세세한 것은 여러 해 동안 생각해 낸 적도 없었고, 보통 쓰는 말로 잊어버리고 있었다.

해군소장 서 프랜시스 뷰포드의 그런 경험담이 하리에토 마르티노에 의해서 기술되어 있다. 그가 세 번째의 해난을 당했을 때, 극히 단시간에 그의 과거에 일어난 모든 사건이 한가지 한가지 회상되는 것 같았다. "그때 내가 생각해 낸 대부분의 것을 다시 한번 더듬어 볼 수 있습니다"라고 그는 마르티노 양에게 말하였다.

"극히 최근에 일어난 일, 그리고 그 사건이 일어나게 된 하잘것없는 사정, 그로 인해 큰 소동이 날 듯했던 것, 그 사건이 인정 많은 아버지에게 주었으리라고 생각되는 영향, 아버지가 어떤 태도로 그것을 식구들에게 알렸을까, 그밖에 집안일에 관계있는 참으로 여러 가지 사정이 먼저 일련의 감상으로 나타났다. 그 다음에 이 회상의 범위가 넓어져, 그 전의 항해, 그리고 그 전 항해시의 해난, 학교시절에 있었던 일, 진급했던 일, 시간을 허비했던 일, 소년시절의 일,

모험했던 일 등. 이처럼 인생을 반대로 거슬러올라, 과거에 일어난 일이 전부 나의 회상 가운데 반대의 순서로 전개되는 것 같았다. 그리고 그것은 지금 내가 얘기하는 것 같은, 다만 얘기의 줄거리만이 아니라 세세한 점까지 빼놓시 않고 그려신 완선한 그림으로서, 부대적인 특징까지도 들어 있었다.

요약하면, 내가 살아 온 생활의 전부가 파노라마가 되어 눈앞에 펼쳐지며, 그 하나하나의 행위에 대하여 잘하고 잘못한 의식이 따르며, 또는 그 원인과 결과에 대한 반성이 나와 있었다. 참으로 오랫동안 잊어버렸던 대수롭지 않은 작은 일까지도 내 상상 가운데 가득 차 있었고, 더욱이 극히 최근에 일어나기라도 한 것 같은 친근한 감정을 가지고 나타났다."(에드거 제임스 스위프트, 《심리학과 일상의 일》에서)

b) 체질적으로(대뇌의 작용이 선천적으로 우수한데다가 노력이 가해져 규칙적, 습관적으로 일어나는 경우)

옛날 유대의 법률학자들은 성경이나 그 외의 종교서적편을 외우고, 그것을 생도들에게 구전하는 것이 습관으로 되어 있었다. 마찬가지로 많은 분량의 것이 사람들에게 암기되어 다음 세대로 전해졌다. 그러나 이런 일은 인쇄술이 발명되고, 도서관이 세워지고, 여러 가지 정기간행물이 발행되어 보급되고, 또한 근대에 와서는 텔리비전과 비디오가 발명되어서 특별히 그럴 필요가 없게 되었다. 따라서 그렇게 하는 일이 드물게 되었다.

캐더린 모리스 콕스는 저 유명한 3백 명의 천재들의 정신적인 특징 연구에서 불과 20명만을 특히 우수한 기억력을 간직한 사람으로 기록했다. 그 중에는 발자크, 에이브러햄 링컨, 장 폴 마라, 에드먼드 버크, 대커리, 제임스 와트, 프랜시스 베이컨, 큐비에르, 콜리지 등이 들어 있다. 그리고 다음의 사람들은 특별히 언급되어 있었다.

독일의 철학자 피히테는 8, 9세에 마을 목사가 베푼 설교를 그대로 외웠고, 표제들을 붙이며, 예화까지도 모두 되풀이해서 들려줄 수가 있었다. 에라스무스는 10대에 호레이스와 테렌스를 외웠다. 프랑스의 시인 라신은 여러 가지 극을 전혀 보지 않고 외울 수 있었고, 교회의 사환이 그가 가진 희랍어의 장편소설 두 권을 태워 버린 뒤에, 그는 그 중의 1권을 어디서 구해 가지고 그것을 외워 버렸다고 한다.

과학적인 고전언어학자의 창시자 프리드리히 볼프는 겨우 5세에 한 번 읽고 나면 10행이나 15행 되는 시구를 줄줄 외울 수가 있었다. 12세 때는 타소의 시를 전부 외웠다. 같은 해에 그는 영어를 배웠는데, 영어사전을 1개월밖에 안 가졌지만, 그 동안에 3분의 2를 그대로 외웠고 나머지 3분의 1은 보고 적었다. 그는 희랍어사전도 전부 외웠다고 한다. 그는 호머의 광상곡을 여러 가지 외울 수 있었다. 그리고 그 의미도 아직 제대로 모르면서 그 비극의 각본을 전부 그대로 외웠다. 프랑스의 저술가이며 정치가인 샤토브리앙은 별로 정신을 집중해서 듣지 않은 설교라도 거의 한 마디도 틀리지 않게 외울 수가 있었다. 그는 또 대수표를 힘들이지 않고 외웠다. *

c) **편심적**(괴벽스러운 : 비범한 천재가 어떤 특수한 방면에 기명력이나 재생력을 보이는 경우)

모차르트는 알레그리의 〈미래〉의 연주를 한 번 듣기만 하고서, 기억을 더듬어 그 악보를 써냈다. 시저와 사일러스는 자기 군대의 병정들의 이름을 전부 외웠다고 한다. 그리고 테미스토클레스는 아테네 시민 2만1천 명에게 한사람 한사람의 이름을 부르면서 얘기할 수가 있었다고 한다.

나에게 왔던 환자 중에 엄청난 급료를 받는 사람이 있었는데, 이

---

*마르셀 프루스트는 그의 자전적 소설 《과거의 회상》 속에서 참으로 놀랄 만큼 그의 기억력이 좋음을 보였다.

사람이 왜 그런 대우를 받았는가 하면, 그는 한 번 만난 적이 있는 사람이면 아무리 오래 되었더라도 어디서 언제 만났는지, 대개 그 사람의 이름을 생각해 내는 능력이 있었기 때문이었다. 물론 이런 기억력 덕택에 그는 대단히 칭찬받는 판매원이 되었다. 내가 다닌 의과대학교의 동급생 중에 과목마다 거의 낙제한 학생이 있었는데, 그가 퇴학하기 전에 우리들 모두가 발견한 것은, 이 학생은 어떤 과목에 대해서도 그 문제가 어느 책의 어느 페이지에 있다든가, 그 병례의 번호가 몇 번이라는 것을 기억으로 척척 알아맞추었다는 사실이다. 그래서 동급생 전부가 이 불쌍한 학우를 색인표 대신으로 이용했다.

우리는 앞서 어떤 특수한 방면에 무능력──가령 수학을 못한다, 맞춤법을 모른다, 음악을 모른다는 등──한 사람들이 있다는 사실을 알았으며, 그와는 반대로 어떤 특수한 방면에 특기를 가지며 천재적인 경우가 있는데, 그 특기 중에는 굉장한 기명력과 재생력에 관련이 있는 것이 있다. 수학은 이것을 설명하기에 가장 좋은 방법이다.

제데디아 벅스톤(1702년 출생)은 근래에 있어서 최초의 계산의 명인으로 인정받고 있다. 그는 영국 엘름톤에서 살았다. 그는 살림을 꾸려나가기 위해 삽을 들고 힘든 노동을 하였다. 계산 이외의 것에는 그는 어리석은 사람 같았다. 1754년에 그는 런던에 가서 왕실협회에서 시험을 치렀다. 그때 그는 연극 〈리처드 3세〉를 구경하러 갔다. 댄스 공연이 있었을 때, 그는 댄서들이 몇 번 스텝을 밟는가 그것만 세고 있었다. 캐릭 씨의 이야기를 들었을 때에는 그 사람이 하는 말의 수효를 세고 있었다. 연극이 끝난 후, 재미가 있었느냐고 물었더니, 그는 어느 배우는 몇 번 무대에 드나들었다느니, 그 배우는 대사를 몇 마디 말했다느니, 다른 배우들은 몇 마디를 했느니 따위의 대답을 했다. 그는 자기가 사는 마을로 돌아간 후, 그의 능력을 아무에게도 인정받지 못한 채 가난한 일생을 마쳤다. 그는 12세부터 공짜로 맥주를 얻어먹은 잔의 수효가 얼마이며, 그것은 어떤 경우에 먹은 것이라는 자세한 얘기를 할 수 있었다고 한다. (홀링워드, 《특수재능과 결함》 참조)

　'버지니아의 계산의 귀재'라고 불리던 톰 플러(1712년 출생)도 역시 굉장한 특수기능을 가졌던 모양이다. 그는 14세 때에 아프리카에서 아메리카로 노예로 팔려 왔다. 그가 계산의 명인으로 유명해진 것은 70세 때부터였다. 그는 1년 반을 대략 2분간에 초로 환산했다. 그리고 70년 17일 12시간을 초로 환산하기를 1분 30초에 마쳤다. 더구나 그의 시험관의 답이 윤년을 계산에 넣지 않고 있었으므로 시험관이 틀렸다고 고쳐 주었다. 그는 또 간단히 기하급수를 암산했다. 또 두 개의 억자리 수 곱셈도 암산으로 했지만 글자라곤 전혀 몰랐다.

　비네와 모이만은 이나우디와 디아만디라는 두 사람의 '번개와 같이 빠른 계산가'를 연구했는데, 그것이 스위프트가 쓴 책의 〈기억〉 편에 짧고 재미있게 소개되어 있다.

　계산에 관해서 놀랄 만한 기억력을 보인 사람의 기록은 많지만, 그 중에도 가장 유명한 것은 기센의 실험심리학회에서 실연한 류클이라는 대학생이다. 그는 13분 동안에 204개의 숫자를 외우고, 그것을 다시 되풀이할 수가 있었다. 류클은 이나우디, 디아만디와는 달리, 숫자만이 아니라 다른 것에도 이상적인 기억력을 가지고 있었다. 그는 보통 소요시간의 반 이내에 아무 의미도 없는 음절의 연속을 외울 수 있었다. 류클의 경우는, 이밖에도 그런 사람들이 있지만, 다시 생각해 내기 위해서 다만 기억에만 의지하고 있지 않았다. 그는 수학에 여러 가지 뜻을 주는 각종 수단을 사용했다. 가령 그는 숫자를 두 난으로 나눴는데, 그 각각의 난이 한 단위로 되었다. 그리고 길게 계속되는 숫자를 기억하는 경우에는 숫자를 간단한 요소로 분해한 후, 자기가 들은 것을 눈에 보이는 것 —— 시각상 ——

으로 고쳐 놓았다. 그러면 그는 숫자가 마치 칠판에 써 있는 것처럼 똑똑히 눈으로 보듯 기억할 수 있었다.

나 자신도 한 번 계산이 굉장히 빠른 사람과 얘기한 적이 있다. 그는 오르피움 순회공연에 출연하고 있었다. 그 사람은 백만 단위부터 억 단위까지 엄청나게 큰 숫자를 암산으로 덧셈을 하는데, 웃기도 하고 얘기도 하고, 또한 질문에 대답하기도 하면서 이 덧셈을 해 보였다. 그러나 그는 그것을 어떤 독특한 방법으로 할 필요가 있었다. 즉 그는 어떤 숫자는 앞에 쓰고, 어떤 숫자는 뒤에 쓰며, 또 어떤 숫자는 거울에 비친 모양(거꾸로)으로 쓴다. 그는 어떻게 해서 답이 나오는지 자기도 전혀 모른다. 그냥 머리 속에서 답이 저절로 나오는 것이었다——그가 사용하고 있는 특이하고 묘한 방법을 쓰기만 한다면.

d) 정신병리학적으로(mania 라는 이름으로 알려져 있는 병에 나타나듯이 장기간 정신흥분의 형으로 나오는 경우)

"거기서부터 우리들은 제인의 숙소로 갔습니다. 브로드웨이 4137 번지, 전화는 ⑧ 4521번의 W. 2층에 올라갔습니다. 가보니 그녀는 외출하고 없었습니다. 그러나 나는 기다려 보자고 말했습니다. 시간이 3시 30분 아니 정확하게 말하면 3시 27분이었기 때문에 시간에는 틀림없었습니다. 나는 제인의 탁상시계를 보았으니까요. 그녀에게는 조지가 시카고에서 그녀에게 사준 시계가 있거든요. 시카고의 미시간에 있는 상회……아, 그 이름이 뭐더라. 가만히 있자, 생각이 날 텐데……그래, 서트 상회! 그렇지 틀림없지, 미시간 근처지. 그거야 어찌 되었든 하여간 아주 시간이 정확한 시계지요. 그런데 오늘에 한하여 30분이나 늦었어요. 이렇게 빠를 리가 없다고 생각하고 교환대를 불러서 물어보았지만, 교환수가 시간을 가르쳐 주지 않았어요. 그런데요, 우리는 제인이 돌아올 때까지 기다렸습

니다. 4시쯤, 아니 4시가 지나서 그 스멜서 씨가 직장으로 출근하는
걸 내가 보았으니까요. 그리고 또 제인이 5시에는 직장에 도착해야
하므로, 그는 항상 4시에 집을 나선다고 말했거든요. 그는 우체국에
다닌다는군요……."

이 이야기를 하는 사람은 22세의 여자인데, 정신이상으로 입원중
이었다. 그녀는 2개월간이나 이런 상태로 혼자서 계속 얘기했다.

④ 정서의 과잉

기분이 지나치게 의기양양하게 되거나 반대로 의기소침해하는 것
은, 그것이 지금 진행중인 기분이든 직접적인 감정반응이든 그 어
느 경우든지 본질적으로 서로 상관적이다. 즉 한쪽은 다른 한쪽에
대해서 현저한 대조를 이루는 것으로서, 흔히 그것이 시간적으로도
원인적으로도 다른 한쪽과 밀접한 관계가 있는 법이다.
 공포(이것은 육성된 것)와 격노(이것은 대개 나쁜 습관이나 또는 기계
상의 뇌손상의 결과다)와는 달라, 의기양양하게 되거나 의기소침해지
는 것은 아무래도 선천적이거나 체질적인 것처럼 생각된다.* 그러
므로 이런 경향이 '기분적(tempermental)'이라는 말과 어울려서 음악
가, 시인, 예술가 등에 적용된다.
 기분적이나 무드에 대해 연구해 보면, 거기에는 두 개의 기둥이
서 있어 그 사이를 인간의 정서가 시계추처럼 왔다갔다 흔들리는 것
같이 보인다. 그렇지만 이런 생각은 불완전하다. 왜냐하면 이처럼
좌우로 규칙적으로 움직이는 것이 규칙이 아니기 때문이다. 기분

*우리는 실제로 그런지 그렇지 않은지는 확실히 모르지만 아무래도 그런
 것 같다(앞장 참조). 과학들 사이에도 이 점에 관해서는 명확한 지식보다는
 다만 '그러려니'라는 편이 많다.

314

(mood)의 변화에는 여러 가지 형이 있는데, 도표로 나타내는 편이 가장 알기 쉽다.(그림 10부터 13까지 참조)

임상적인 경험에서 말한다면, 기분적인 경향은 다음 도표의 곡선에 많은 정정을 가할 필요가 있다. 가령 사람에 따라서는 여러 가지 차질, 실망, 불안을 가져오는 온갖 원인이 있더라도 그것과는 관계 없이, 그 사람의 정서곡선이 그림 11에서 보여주는 바와 같이 정상의 선보다 위에 있다.

이런 형의 사람들과 대조적인 것에, 체질적으로 또는 습관적으로 항상 우울한 기분으로 있는 사람들이 있다.(그림 12 참조)

또 기분이 비교적 규칙적으로 뒤바뀌는 형이 있는데, 이런 종류의 사람들에게는 그런 이유 때문에 특수한 이름이 붙어 있다. 도표에서 말한다면 그림 12의 형이다.

이런 형의 사람으로서 조금 도가 지나치면 그 사람의 정서적인 앙양이 뚜렷이 보이며, 정신병 전문의의 치료영역에 속하므로 입원이 필요하게 된다(멜랑콜리아 및 매니아).*

기분의 변화가 그다지 심하지 않은 정도의 사람은 일상생활에서 줄곧 보고 있다.(그림 10 참조)

빌 보트맨은 지나치게 근엄한 남자였다. 그 때문에 대부분의 학생들은 그를 피했다. "참 좋은 사람이며 스마트하긴 하지만, 그가 오면 모임이 재미가 없어져"라고 그들은 말하였다. "그는 차라리 책이나 읽든지, 종교를 토론하든지, 하이킹이라도 나가는 편이 좋아." 그런데 이 남다른 특성이 다른 그룹의 사람들의 마음에 들어, 전체적으로 말한다면, 오히려 그는 인기가 있는 편이었다. 그는 의사의 아들로서 용돈을 넉넉히 가지고 있는 편이었다. 그는 신간서적은 모조리 샀으며, 빌려 가려는 사람이 있으면 인색하게 굴지 않았다. 성적도 모두 우수한 편이었으며, 육상경기부원이었고 극연구회 회

*제2장의 현재 상태로 〈순환적 유형〉 참조.

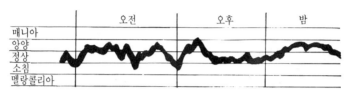

일반 정상인의 평상시의 정조적 활동범위
〈그림 10〉

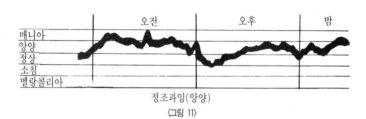

정조과잉(앙양)
〈그림 11〉

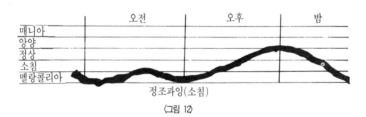

정조과잉(소침)
〈그림 12〉

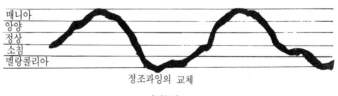

정조과잉의 교체
〈그림 13〉

원이었다.

그럼에도 불구하고 그는 가끔 발작적으로 우울해지곤 했다. 그럴 때면 그는 친구들과 떨어져서 외롭게 자기 방으로 들어갔다. 그는 책을 읽어 보려고 노력해 보지만 그것도 잠시뿐이며, 창 밖을 내다보면서 무슨 생각에 잠기는 일 이외에는 하는 일이 없었다.

그 생각이란 것이, 나는 도대체 왜 거리에 앉아서 생각에 잠기는 것인지 모르겠다, 나는 불쌍한 인생의 패배자다, 나는 조금도 쓸모 없는, 어머니를 실망시키기나 하는 인간이다, 그리고 그런 것을 생각한들 무슨 소용이 있는가 따위로 이런 생각을 계속 되풀이하여 머리 속에서 되씹어 볼 뿐이었다. 밤중같이 우울해지면 친구도 없고——또 친구를 원하지도 않는다. 아무 흥미도 희망도 없다. 그러다가도 조금 있으면, 그 우울증이 어디론지 사라지고 다시 쾌활해진다.

비애는 우리가 누구나 경험하는 것이지만, 그 정도가 지나쳐서 이처럼 멜랑콜리하게 되거나 우울증으로 되는 경우가 있다.

조지 홀은 낙제가 틀림없다는 생각으로 학년말 화학시험을 치르러 갔다. 그는 이번 학기 동안은 좋은 성적을 유지해 왔기 때문에, 시험을 치른다는 것은 그에게 있어서는 단지 형식적인 행사에 불과할 것이라고 생각했어야 할 것이었다. 그러나 그는 불안한 감정을 느끼고 있었다. 마음을 안정하기 위하여 아침식사 때 커피 석 잔을 마셨다. 그래도 마음이 가라앉지 않아 시험시간을 기다리지 못한 나머지, 15분이나 빨리 시험장에 들어가 자리에 앉아서 안절부절 못하고 있었다.

기다리던 시험시간이 되어 시험문제지를 받게 되자, 그는 공포감이 이는 것을 새삼 느꼈다. 오한이 나고, 이마에 식은 땀이 흐르고, 입이 마르고, 심장은 1분간에 천 번이나 뛰는 것 같았다. 그렇지만 시험문제를 한 번 보면 안심이 되리라고 생각했다. "결국 나는 이 문제를 다 알고 있다. 조금도 무서워할 것이 없다"라고 속으로 생각했다. 그러나 그의 공황상태는 계속될 뿐 아니라 오히려 악화됐다. 현기증이 나는 것 같았다. 시험장이 빙글빙글 돌고, 참을 수 없이 답답해졌다. 그가 여러 사람들 앞에서 망신을 당하지 않기 위한 오직 한 가지 방법은 그 자리에서 멀리 피하는 것이었다. 결국 그는 제자리에서 일어나서, 어리둥절해 하는 선생에게 일언반구도 없이 시험장에서 휙 나가 버렸다. 그리고 다시 돌아오지 않았다.

지금 말한 것은 극단적인 예다. 시험을 치른다는 것이 어느 정도의 공포를 일으키는 것은 상상할 수가 있다. 그렇다 하더라도 공황상태까지 일으킬 것은 없다.

아넷은 언제나 유월 아침처럼 기분이 좋았다. 그렇지만 그녀는 가끔 12월의 폭풍의 밤을 연상시키는 격노를 폭발시키기로 유명했다. 그 원인이라는 것이 실로 대수롭지 않은 하찮은 것이어서 이상하게 생각했다.

어느 날 저녁에 자기와 함께 속해 있는 솔로리티 클럽의 여자친구가 아넷과 함께 남자친구 둘을 데리고 영화구경을 가기로 약속했다. 그런데 그 약속한 시간이 가까워 오자, 그 여자친구는 격심한 두통으로 아무것도 못할 지경이 되었다. 그녀는 자기를 만나러 오는 남자친구와 둘이서 집에 남고, 아넷에게 그녀의 남자친구와 영화구경 가는 것이 어떠냐고 제안하였다. 그런데 이 제안이 그 친구의 입에서 떨어지기가 무섭게 생각지도 못한 일이 일어났다.

아넷은 새파랗게 질려, 손을 꼭 쥐고 발을 동동 구르며, 격노한 나머지 입에 거품을 물고 "너 그러기야?"라고 놀라서 멍하니 있는 그 친구에게 말했다. "나를 떼어버릴 작정이지? 무슨 흉계를 꾸며 놓고서, 너는 슬쩍 빠져 버릴 셈이지? 내가 왜 진작 몰랐을까? 너를 비겁하다는 사람이 있더라. 머리가 아픈 체하지만, 너는 하느님의 저주를 받은 겁쟁이야!"

이렇게 아넷은 거의 30분 동안이나 분을 가라앉히지 못했다. 그녀는 머리카락도 옷도 흩어지고, 얼굴은 땀과 눈물로 더럽혀졌고, 눈은 충혈됐다. 그리하여 이 발작의 희생자는 조용히 자기방으로 돌아갔으며 두 남자친구는 초조한 마음으로 아래에서 기다리고 있었다.

물론 그 정도의 자극에 그렇게 화를 낸다는 것은 전혀 이해가 안 가는 것이었다.

지금까지 말한 바와 같은 것이 정서과잉의 실례다. 그것은 항상 표면에 나타나지 않는 심리과정에 관련되어 있으며, 지나가는 사람의 육안에는 보이지 않으며, 당사자로서도 보이지도 않고 알 수도 없다. 그러므로 표면에 나타난 원인과 이유가 보잘것없는 대수롭지 않은 것이며, 때로는 전혀 아무것도 없는 것처럼 보이기도 한다. 그러나 원인은 확실히 거기에 있다. 다만 숨겨져 있을 뿐이다. *

화학시험 때에 도망친 학생은 어린 시절을 재현한 것이었다.

---

*표면적으로는 전혀 대수롭지 않은 원인에서 생긴 정서과잉(후회, 노염, 증오)의 비극적인 예로서는, 신문에 보도된 것이 사실이라면, 캔자스 시의 존 G. 베넷 부부의 특수사건에 견줄 것이 없다. 신문보도에 의하면 이 사건이란 다음과 같다. '베넷 부부는 친구들과 점심을 함께 들고 나서 골프를 치고, 저녁에는 브리지(트럼프 놀이의 일종)를 하는데 1점에 1센트씩 걸고 내기를 했다. 베넷 부부는 조금 잃었다. 그들은 솜씨가 서툴렀기 때문이다. 그들 부부는 잃은 것 때문에 말이 곱게 나오지 않았다. 그런데 이제 베넷 씨가 물주가 되어 카드를 나누어 주고 선수로 스페이드에 내기를 걸었다. 그러자 베넷 부인은 슬그머니 스페이드 넉 장을 들어서 보여주었으나 베넷 씨는 이기지 못했다. 그러자 아내는 "당신은 참 정신 나간 브릿지 플레이어군요"하고 뾰로통하게 말했다. 베넷 씨도 지지 않고 대꾸했다. 말은 점점 거칠게 되고 마침내 베넷 씨는 일어나서 아내의 빰을 여러 대 갈겼다. 베넷 부인은 약이 올라서 새빨개지며 "더러운 개새끼 같은 놈이나 친구들 앞에서 제 아내를 치지"라고 말하고는 침실로 가서 권총을 가지고 나와 세 방을 쏘아 남편을 즉사시켰다. (1925년 9월 30일 자 캔자스 시 발행《저널 포스트》및《스타》두 신문에서 자료를 얻었음)

그의 어머니가 극도로 걱정을 하고 극도로 공포심을 가지고 있었으므로, 아들에게서 그의 자신을 빼앗은 것이다. 또는 완고하고도 곧잘 성내는 그 아버지의 탓이었을지도 모른다. 이 아버지는 무슨 악의가 있었기 때문은 아니고, 아들을 위해 한 일인지도 모르겠지만 아들에게 공포심을 품게 하였다. 어떤 부모들은 잠자코 아이의 하는 일에 반대의 뜻을 보이고 어떤 부모들은 어떤 실례를 보여주고, 또 다른 부모들은 때려서 아이들에게 공포심을 갖게 한다. 공포는 우리 마음 속에 뿌리박은 것이다. 따라서 우리가 노력만 하면 이 공포감을 다시 쫓아낼 수도 있다.

그와 마찬가지로 화를 내는 것도 어렸을 때 하던 반응을 청년기 또는 장년시절까지 끌어들인 것이다. 그것은 원래 자기가 원하는 것을 손에 넣는 수단이었다. 그러나 나중에는 그런 작은 목적——원하는 것을 얻거나 못 얻거나——을 위해서 되풀이하는 것이 아니고, 그 사람의 정서적인 습관이랄까 버릇이 된 것이다.

문화의 진전은 사람이 화를 겉으로 나타내거나 격분한 마음을 발산시킬 기회를 매우 적게 만들었다. 사회의 안녕을 위하여 이런 종류의 격정은 억압될 필요가 생겼다. 그것이 공공연히 발산되는 것은 정당한 이유가 있는 '공중의 분노'의 경우만으로 한정되었다. 그것이 때로는 무서운 폭발을 하여 살렘——이교도——의 마법박해, 미국 흑인에 대한 집단습격, 일본인 2세의 박해, 독일 나치들의 유대인의 살륙 등의 형태로 나타난다. 이 감정의 배출구 중 가장 큰 것이 전쟁이다. 전쟁은 적을 비방하고 학살할 수 있다. 또 사회질서를 문란케 하는 자(범죄자)에 대한 지나친 학대행위도 이 속에 들어간다. 전쟁을 없앨 수 없다고 믿는 사람들은, 인간의 이 원시적인 정서반응인 '노여움'을 전혀 억압할 수는 없다는 가정 아래에서 그들의 믿음을 정당화시킨다.

인간이 '노여움'을 조절하는 것——즉 정서를 이 형으로 헛되이 발산시키기를 억압하는 것——은 문명의 목적 및 그 성취의 하나

에 들어간다. 또한 그것이 인간의 기구상 뇌의 최고중추의 발달에
의존하는 것으로서, 이 점은 이 최고도로 발달된 것은 또한 가장 다
치기 쉬운 신경세포라는 사실을 잘 설명하고 있다. 그러므로 만약
이것들이 다치면, 그 결과로서 '노여움'이 발생하는 것이 보통 증상
이다. 성미가 급하고 초조하다는 것이 그 특징이 된다. 이런 증상은
매독, 알콜——다소 술이 들어가면 함부로 싸우기를 좋아하는 사
람이 있는 것은 누구든지 아는 바이다——뇌종양, 졸도 및 유사한
병에서 생기는 뇌손상에 의해 일어난다. 가장 뚜렷한 병례의 원인
을 다음과 같이 예를 들어 설명하려고 한다.

a) 혈관경화증의 경우(이것은 약한 뇌세포를 죽게 한다)

나에게 치료받고 있는 환자 중에 한 상인이 있었는데, 그는 다정
한 배빗(싱클레어 루이스의 소설《배빗 : Babbit》에 나오는 속인의 이름에
서 따서, 그런 사람을 '배빗'이라 일컫는다)이었다. 이 남자는 화가 나
서 발작이 일어나면, 상점에 온 손님을 전부 몰아냈다. 그것도 별일
도 아닌 일에 화를 내는데, 화가 나면 얼굴이 새빨개져서 발을 구르
고 책상을 치며, 벽을 치고 소리를 지르며, 저주를 퍼부으며 제 머
리를 쥐어뜯었다.

친구들은 그가 무슨 염병 환자나 되는 듯이 그를 피했다. 그것은
누구든지 그의 그런 발작의 희생자가 되기를 원하지 않았기 때문
이다. 그는 자기를 조절하여, 공손하고 쾌활한 인간이 되고자 무던
히 애썼다. 그렇지만 남이 보기에는, 언젠가는 그 화가 또 터져나올
것 같았다. 사실 그는 화를 종종 터뜨렸다. 낮이나 밤을 가리지 않
고 터뜨렸다. 그의 처자들은 도대체 그가 왜 이렇게 이유없이 초조
해 하는지 종잡을 수 없어, 떨기만 했다. 그에게는 가족들이 하는
행동과 말이 모두 마음에 들지 않았다. 그는 고함을 치며 정신없이
떠들면서 접시와 세간을 부수고, 집안 사람들을 죽이고 자기도 죽
겠다고 협박하였다. 이것은 혈관경화증의 전형적인 병례로서, 동맥

이 경화되어 뇌를 자극한 것이다.

b) 뇌매독의 경우

어떤 특급열차의 차장은 화를 잘 내기로 유명하였지만, 그의 오랜 경력과 능률적인 사무처리 덕분에 해고되지 않았다. 그의 이런 발작은 비교적 최근에 시작된 것 같았다. 그리고 그는 아직 50세이므로, 노망으로 보기에는 일렀다. 그가 사소한 일에도 너무 화를 내므로, 차장과는 전통적으로 사이가 좋지 못한 기관사들도 그를 건드리지 못했다.

언젠가 승객들 중의 한 노신사가 얘기에 열중한 나머지 내릴 정거장을 지나쳤다. 이것을 발견한 문제의 차장은 불같이 화를 내며 열차를 급정거시키고, 그 신사에게 내리라고 명령했다. 그때는 이미 해가 저물어 어두웠으므로 이 노인은 2마일이나 걸어서 되돌아가지 않으면 안 되었다. 그런데 도중에서 개울에 빠지게 된 노인은 그 차장을 대상으로 손해배상을 청구해서 승소하고야 말았다.

1년이 지나도록 이 철도회사가 무관심한 탓으로 이 차장의 고질인 화증의 원인을 조사하려고도 하지 않자, 그의 가족들이 반드시 무슨 병일 것이라고 생각하고 정신병 전문의에게 그를 데리고 갔다. 의사가 진찰해 보니, 이 남자는 '진행성 마비성치매증'이란 이름으로 알려져 있는 뇌병에 걸려 있음이 밝혀졌다. 앞서도 검토했지만, 이 병은 철저히 치료하지 않으면 환자는 '미치광이'가 되어 사망한다. 상당히 강력하게 치료해도 그런 결과가 일어나는 경우도 있다. 거기까지 이르는 동안에 그런 환자는 판단상의 심한 실수를 하거나 몹시 화를 내게 되는 법이다. 이런 남자가 열차에 근무한다는 것은 위험천만의 일이다.

c) 경련의 경우

한 병사가 어느 날 아침에 잠을 깨보니 '몸이 노곤하여 못 갇디겠음'을 깨달았다. 그는 어디가 아픈지 꼬집어 설명할 수는 없었지만, 의사에게 진찰을 받기 위해 휴가를 청했다. 그는 줄을 서서 진찰의 차례를 기다리는 동안에, 그 자리에 쓰러져서 5시간이나 인사불성 상태에 있었다. 얼마 후 그가 잠을 깨보니 병원의 침대 위에 누워 있었다. 그는 약간 어지러운 것 외에는 아무렇지도 않았다. 그는 70 일쯤 입원해 있는 동안에 이런 발작이 매일같이 일어났다. 어떤 날은 하루에 두세 번씩이나 일어났다. 1분 정도로 끝날 때도 있었고, 30분 정도 걸릴 때도 있었다. 그런 발작은 대개 밤중에 일어났는데 때로는 낮에 일어나기도 했다. 발작이 일어나면, 그는 혀를 깨물고 입에서 거품을 뿜어냈다.

어느 날 밤에 그는 자는 것 같았는데, 갑자기 일어나서 외출을 시켜달라고 말했다. 그는 주먹을 쥐고 문을 두드리며 모든 그림, 휘장, 깔개 등을 방 한복판에 끌어내서 수선을 피우고 야단을 쳤다. 겨우 진정시켜서 재웠는데, 다음날 아침에는 간밤의 일을 전혀 기억조차 못하고 있었다.

그 후부터의 그의 발작은 지금까지와 같은 경련을 일으키거나, 화를 내고 기절하는 것과는 달리 갑자기 심히 화를 내는데, 그것은 별로 화낼 이유도 없이 그러는 것이었다. 그는 식구들이 도저히 감당할 수가 없을 만큼 펄펄뛰며 가구, 칼, 옷, 무엇이든 손에 닿는 대로 내던져서, 옆에 있는 사람이면 친구, 가족을 가릴 것 없이 벌벌떨게 하고 쩔쩔매게 만들었다. 그런데 2,3시간 지나면 그는 조용해지며, 일단 가라앉으면 자기가 부린 난동을 전혀 모른다는 것이었다.

⑤ 의지력의 과잉

정신과정이 행위로 옮기는 그 변형(결심)의 작용이 과도한 경우,

그것은 실로 여러 가지 형으로 나타나는 법이다.

a) 충동과잉(갑자기 엉뚱한 짓을 맹렬히 하는 경우)

메임 윌슨은 평상시에는 평온하여 단조로운 생활을 하고 있었다. 그러나 어느 때, 어느 찰나에, 어떤 '생각'이 그녀의 머리 속에 떠오를지 아무도 몰랐다. 그런데 일단 생각이 떠오르면, 으레 어떤 사건이든지 일어나고 만다. 메임에게 새로운 생각이 솟아오르면 누구든지 곧 알 수 있었다. 즉 대학생이 가만히 그녀와 그녀의 일대가 지나가게 길을 비켜야 하는 것이었다. 그녀의 행동은 일정치 않았다. 무슨 짓을 할지 모르지만, 아무튼 일단 시작하면 기어코 해버리고 만다. 그것도 지체없이 한다. 그녀는 갑자기 예술에 열중한다. 그러면 밤을 새워 정진한다. 다음은 소극장에서 연극을 한다.

다음에는 대학의 부인부장과 특히 친밀하게 된다. 다음에는 훌륭한 '애인'이 되어 나타났다.

상냥하고 착실한 23세의 환자가 병원의 침대에 앉아서 친구와 함께 차가운 레몬 주스를 마시고 있었다. 그 친구도 입원환자였다. 갑자기 말 한 마디도 없이, 이 환자는 자기가 마시던 레몬 주스가 반 가량 남은 잔을 자기를 찾아온 친구의 머리에 내던졌다. 손님은 깜짝 놀라서 날아오는 잔을 피했지만, 그때 자기가 가졌던 잔을 떨어뜨렸다. 그러자 그녀는 잠자코 그것을 집어서 그것마저 친구에게 던져 버렸다. 그리고 다시 침대에 앉아서, 언제 그랬냐는 듯 편물 얘기를 하고 있었다.

b) 지나친 결의

세상에는 일단 결심하면 '아무리 어려울지라도 기어코 그 목적을 달성하고야 마는 사람들이 있다는 것을 누구나 알고 있다. 어떤 한 가지 생각이 떠오르면, 그것이 어떤 수단과 목적이라도 좋다. 거기에 아무리 큰 방해가 있을지라도 겁내지 않는다. 옆의 사람들이 아무리 설득해 보아도 아무 소용이 없다. 자기가 생각한 대로 안 하고는 못 견딘다. 때로는 그런 목적이 훌륭하여 칭찬받는 경우도 있다. 그렇지만 그들이 하려는 바가 아무 소용이 없는 것인 경우도 있고, 또 달리 더욱 좋은 수단, 방법이 있는 경우도 있다.

워윅 더핑이 쓴 《소렐과 아들》에 나오는 아버지 소렐은, 자기 아들을 출세시켜 보려고 무조건 목적을 고집했다. 듀 보스 헤이워드가 쓴 《맘바의 딸들》에 나오는 맘바도 역시 마찬가지로 고집쟁이였다. 우리는 또 대학에서 공부하는 학생들 중에 초인간적인 노력을 하여 갖은 역경을 극복해 졸업까지 하는 사람이 있는 사실을 안다.

보통의 경우에 있어서, 이런 사람들은 천재적인 면이 있다. 그러나 누구든지 전부 그럴 수는 없다. 때로는 그들은 결심뿐이고 실행이 없는 경우도 있다. 이런 사람들이 그다지 찬성할 수 없는 목적을 달성하고자 하면, 거기에는 여러 가지 말썽이 생길 가능성이 있다. 그들 중에서 극히 소수의 사람들만이 존 브라운이나 잔 다르크나 플로렌스 나이팅게일처럼 된다.

c) 거절증

길버트 노파는 요양소의 의자에 조용히 앉아 있었다. 그 노파는 아무 일도 안 하고 있었다. 오직 바라는 것은 아무도 자기를 방해하지 말고, 자기가 가만히 있도록 놔두는 것뿐이었다. 그러나 누가 그 노파에게 식사를 들게 하거나, 산보시키려고 하거나, 잠자게 하려고 하면 당장에 큰소리로 반대하며, 그녀에게 무슨 일을 시키더라도 완강히 그것을 거절했다. 여러 달 동안 위 유도관을 사용하여 영양을 섭취시키지 않으면 안 되었으며, 밤에는 잠을 재우기 위하여 강제로 옷을 벗겨 침대에 눕혀야 했다. 그런데 한 간호부가 용하게 속여서, 그 노파로 하여금 어떤 일을 자진해서 하도록 하는 방법을 터득했다.

어떤 음식물을 그 노파의 옆에 놓고 그것을 먹으면 안 된다고 경고하면, 간호부가 그 자리를 뜨자마자 그것을 먹어 버렸다. 또 간호부가 절대로 자면 안 된다고 말하면, 그 노파는 어느새 옷을 벗고 침대로 들어가지만 이런 수단을 쓰지 않으면 며칠이라도 의자에 앉은 채로 있었다. 그 대신 아무에게도 폐를 끼치는 일도 없었다(Negativism).

d) 소극성 공격증

극단적인 소극성이 실제로는 심한 공격으로 되는 경우도 있다. 그것은 무서운 의지력의 소극적인 표현인데, 그런 경우의 표본이 될 만한 예를 신문기사에서 발췌하여 보았다.

아내가 보기 싫어서 눈을 가리고 7년을 누워 있었던 남자

인디애나 주 J시 11월 26일 발──이 시의 해리 헤븐스는 아내에 대한 불만으로 자기의 눈을 가린 채로 침대에서 7년간 지냈는데, 오늘 그가 침대에서 일어나기로 마음을 고쳐먹자 그 사실이 알려지게 되었다.

헤븐스는 벽에 그림을 건다든가, 접시를 닦는다든가, 집안일을 돕고 싶어하는 성품을 가진 남편이었다. 그런데 어느 날, 그가 해 놓은 일이 마음에 안 든다고 아내가 잔소리를 한 적이 있었는데, 그 말을 듣고 그는 격분하였다. 그 당시에 그는 다음과 같이 말했다고 한다.

"좋아. 당신이 그렇게 하면 나는 가서 자겠소. 누워서 죽을 때까지 일어나지 않겠소. 다시는 당신과 그 누구도 다시 보지 않을 것이오."

왜 이 남자가 눈을 가렸는지는 이 마지막 한 마디가 충분히 설명하고 있다.

7년 만에 침대에서 일어나서 이 남자는, 침대에 누워 있기란 불편

하기 짝이 없다고 말했다. (《시카고 헤럴드 이그재미너》1930년 11월 17일)

다른 유명한 병례도 있다. 그것은 33세의 부인이 남편과 여러 번 싸움을 하고 여러 가지 실망을 한 끝에, 또 남편과 시아버지에 대해 극도로 분개한 나머지, 그들을 공공연하게 모욕하고자 침대에 누운 채 죽을 때까지 40년간을 그대로 지냈다. 이런 동기 때문에 정신병적인 병과 보통 일반적인 병으로 발병하는 예를 많이 볼 수 있다. 위에 말한 바와 같이 뚜렷이 그 동기가 인정되고 공공연하게 행해지며, 극단적으로 울분을 푸는 복수적인 사례는 그렇게 많지 않다.

e) 일반적인 과잉활동(활동의 강제)

엘리자베스는 언제나 바쁘게 돌아다니고 수선을 떨며, 대학내에서 행하는 십여 가지의 행사에 참가하고, 또 십여 종류의 새로운 기획에도 협조하고 있다. 그녀는 많은 에너지를 낭비하고 꽤 많은 일도 하지만, 제대로 완성하는 일은 없다. 그녀는 한 자리에 오래 있지를 못한다. "나는 언제나 무슨 일이라도 안 하고는 견딜 수가 없습니다"라고 그녀는 말한다. 다른 여학생들은 그녀가 정력적인 것을 부러워하고, 무능함을 개탄하고, 수선을 비웃고, 고운 천성을 사랑했다.

이 정도로 심하진 않지만 같은 증상의 사람은 많이 있다. 동네일에 참견을 잘 하는 사람, '모임의 중심인물', 응원단장 따위. 그렇지만 이런 징후는 본래 조용한 사람들에게서 보게 되며, 극단으로 발전하는 경우도 있다. 다음에 한 예를 든다.

예쁜 여선생이 크리스마스 휴가를 보내기 위해 집에 돌아왔다. 기차에서 내리기가 무섭게 그녀는 신이 나서 떠들며 웃기 시작했다. "여러분 안녕하셨어요?"라고 그녀는 말했다. "얘기할 것이 너무도 많아서 기다릴 수가 없군요. 여러분 안녕하신가요? 어머니, 어머니는 어떠세요? 저는 아버지 때문에 몹시 걱정했어요. 지난 주일에는 콜럼버스에 갔었지요. 그때 버스 안에서 어떤 사람을 보고 아버지 생각이 나서, 그 후 계속 아버지 생각만 해왔어요. 그건 그렇고, 작은 새를 파는 상점에 가신 일이 있어요? 제가 하고 싶은 얘기는 말이죠…….” 이런 식으로 시작하여, 그녀는 밤이 깊도록 얘기하였다.

다음날 아침에 그녀는 식당으로 뛰어들어왔다. “안녕히 주무셨어요? 참 날씨도 좋아라! 전 하얀 눈을 참 좋아해요. 어머니, 어디가 편찮으신가요? 이 계란을 더 잡수시면 좋아요. 아, 집에 돌아온다는 건 참 즐겁군요. 집을 잃었던 새끼고양이가 간신히 집으로 돌아온 것 같아요. 참, 깜빡 잊었군요, 타우서에게 밥을 줘야지!” 라고 말하고서 뛰어나갔다.

그녀는 개에게 고기를 먹일 생각으로 간 것이었지만, 무엇 때문에 뛰어나왔는지를 잊어버리고 눈사람을 만들기 시작했다. 그러는 동안에 그녀는 아침식사를 마치지 못한 것이 생각났다. 식당으로 다시 돌아와 얘기를 하면서 두세 숟갈 먹은 후, 신문이 왔나 보러 가기 위하여 또 뛰어나갔다. 그 도중에서 그녀는 자기의 잠자리를 그대로 둔 생각이 나서 2층으로 올라가다가, 빗자루를 보고 다시 아래층으로 내려와 거기서 청소를 시작하였다. 그러나 금방 또 딴 데로 정신이 가서 그 일도 완성할 수가 없었다. 온종일 이렇게 보내고, 그것이 밤까지 계속되었다.

다음날도 마찬가지였다. 그 다음날도, 또 그 다음 다음날도 여전히 그랬다. 마침내 그녀의 부모들은 걱정이 되어, 의사에게 데리고 갔다. 그 의사는 정신병 전문의에게 그들을 소개하였다. 전문의는 이것은 극히 전형적인 병(매니아)이므로, 곧 회복되리라고 말하며 입원시키기를 권했다. 그러나 그들은 입원시키지 않았다.

1개월 후, 어떤 접골사가 젊은 여자의 병을 완전히 고쳤다는 기사가 여러 신문에 났다. 그 후에 그녀의 부모들은 편지에 이 접골사는 "실로 기적을 보였다. 우리 딸은 옛날의 사랑스런 딸로 회복했다"라고 썼다. 그리고 2,3개월 후에 이 부모들은 또 한 통의 편지를 보내서, 자기 딸은 마지막으로 척추안마사의 치료로 완쾌되었다는 소식을 알려 왔다. 그런 후 그녀는 전과 똑같은 상태로 주위 사람들을 귀찮게 굴고 있었다.

4. 왜곡

지금까지 우리는 각종의 정신과정(mental process)에 대하여 그 양적인 변화를 연구하여 왔다. 우리는 이제 비로소 양의 부족과 과잉을 지나서 질적 변화, 즉 왜곡(distortions)의 부문으로 들어간다.

만약 내 친구가 내 이름을 불렀는데 내가 귀가 어두워서 듣지를 못한다면, 그것은 지금까지의 연구에서 이해한 바와 같이, 지각작용의 결함으로서 이것도 일종의 결함이다.

만일 또 그가 나를 부를 때 내 기분이 나쁘거나, 신경이 다소 흥분되어 있기 때문에 그의 목소리가 유달리 크게 들려서 나를 놀래 주거나 불쾌하게 만든다면, 그것은 이미 알고 있는 지각작용의 과잉이다.

그러나 만약 그가 나를 부를 때 내가 그것을 잘못 안다면 —— 나를 부르는 것이 아니라 나의 형제를 부르는 줄 안다든가, 나를 거짓말쟁이라고 말하는 줄 안다든가, 또는 그가 프랑스어를 하고 있는 줄로 생각한다든가, 또는 그의 목소리를 인식하지 못하고 그것이 권총 소리, 닭이 우는 소리로 듣는다면, 그것은 양적인 부족도 아니며 과잉도 아니다. 그것은 받아들인 가치(귀에 들려 온 것) 및 의미의 치환으로서, 그 양에는 관계가 없다. 그것은 지각작용의 '왜곡'이다.

이런 문제들을 이제부터 연구하겠다. 다음에는 차례로 사고의 왜곡, 정서의 왜곡, 그리고 우리가 의지력이라고 하는 것의 왜곡을 연구하겠다. 주로 이런 것들이 '파괴된 머리'의 일반적인, 그리고 더욱 중요하며 뚜렷한 징후라고 할 수 있다.

1 지각 작용의 왜곡

지각작용의 왜곡에는 착각, 환각, 분간력 상실의 세 가지가 있는데, 착각과 환각을 한데 묶어 연구하기로 한다.

a) 착각과 환각

베리라는 노부인이 있었다. 그녀는 그다지 노인도 아니었다. 그녀는 67세이긴 하였지만 고양이처럼 민첩하며, 남편 조지의 뒤를 잘 거들어 주었다. 그들은 농업지대의 작은 마을에서 조용히 살고 있었다. 이미 40년간이나 거기에서 살아왔다. 그녀는 마을의 장례식에는 으레 참석했으며, 마을사람이 아기를 낳게 되면 대부분 돌보아 주었다. 또 오랜 친구들이 아프다든가, 무슨 어려운 일이 생겼다면 수십 리 되는 곳이라도 위문하러 갔다.

어느 날 밤, 그녀는 남편과 난로 앞에 앉아서 남편은 담배를 피우고, 그녀는 편물을 부지런히 짜고 있었다. 그런데 갑자기 일어서더니 대문으로 가서 문을 열었다. 그녀는 바깥을 둘러보고 나서, 가벼운 놀란 소리를 외치며 문을 닫고 자기 자리로 돌아왔다. "아마 내가 잘못 들었나 봐요"라고 그녀는 말했다.

얼마 후, 그녀는 같은 행동을 반복했다. 그리고 어리둥절한 얼굴로 남편에게 "누가 와서 문을 두드린 것 같은데……"라고 말했다. 남편은 "상상이겠지"라고 대답하고 다시 졸기 시작했다.

그런지 불과 몇 분 후 베리 할머니는 갑자기 똑바로 앉아 부르짖었다. "저것 좀 봐요, 조. 당신은 저 소리가 들리지 않나요? 나는 아까도 확실히 들었다고 생각했어요. 이번에는 틀림없이 들려요. 당신 좀 나가서 누가 이런 장난을 하는지 봐 줘요." 그래서 조 노인 이 나가 보았으나 아무것도 없었고, 아무 소리도 듣지 못했다. "난 아무 소리도 안 들리는군. 당신이 잘못 들었을 게야. 바람 소리겠 지. 만약 무슨 소리가 들린다면, 당신이 그렇게 상상하니까 그런 것 이고. 어서 잠이나 잡시다."

그들은 자리에 누웠다. 그러나 잠이 오지 않았다. 베리 부인은 자 꾸 누군가가 와서 문을 두드린다고 우겨댔다. 그리고 그때마다 침 대에서 일어나서 직접 나가 보았다.

저녁마다 이런 일이 되풀이되었다. 그러는 동안 그녀는 그 장난 꾼의 모습을 언뜻 보게 되었다. 그녀가 문을 갑자기 홱 열자, 무슨 사람 모양 같은 것이 모퉁이를 돌아서거나, 길 건너편으로 사라지 는 것을 선명히 본 것 같았다. 그러나 아무리 얘기해도 남편은 믿지 않았다. "당신이 날쌔게 몸을 놀려서 재빨리 보면, 틀림없이 볼 수 있어요, 여보. 그리고 당신은 이런 못된 장난을 못하게 하셔야 할 게 아녜요? 우두커니 앉아서 동네 녀석들이 이렇게 심하게 장난을 해도 그대로 내버려 두다니, 당신도 참 딱해요."

그렇지만 남편은 들은 체 만 체했고, 이 고약한 '장난'은 여전히 계속되었다. 베리 부인은 자기가 문을 열었을 때에 먼 곳에서 누군 가가 마구 조롱하면서 낄낄대는 것을 확실히 들은 것 같았다. 그리 고 어떤 때에는 누군가가 똑똑히 그녀의 이름을 부르며 무엇이라고 말하는 소리를 들었는데, 뭐라고 말했는지는 제대로 안 들렸다고 생각하였다. 그리하여 저녁마다 그녀는 대문까지 나가 보기를 수없 이 되풀이하였다.

하지만 그녀를 귀찮게 구는 자들은 그것만으로는 만족치 않았다. 어느 날 점심을 먹고 있는데, 그녀는 돌연 식탁에서 일어서 나가더 니 먹던 수프를 토했다. 그녀의 눈에서 눈물이 났다. "참, 이럴 수가 있나! 그놈들이 나에게 독약을 먹이려 들다니! 수프에는 확실히 양잿물이 들어 있어요. 여보, 이 수프는 한 방울이라도 잡수면 안 되요. 큰일나요. 아, 써라! 이건 분명히 악마나 악마의 스파이의 짓이야.”

이런 갖가지 일이 꼬리를 이었다. 몹시 불쾌한 악취와 질식할 것 같은 가스가 그녀의 방안에 퍼졌다. 그녀의 정원의 꽃들까지도 어떤 조화를 부렸는지, 장미꽃에선 마늘냄새가 났고, 튤립에서는 썩은 고기냄새가 났다. 집안의 가구들이 제멋대로 바꿔지기도 했고, 그녀의 침대덮개가 구겨지기도 했고, 세탁한 옷이 더럽혀지기도 했다.

이런 일이 여러 달 계속되었다. 때로는 그녀를 못살게 구는 놈들이 잠시 장난을 멈추고 쉬는 것처럼 보였다. 그러나 얼마 안 있어 다시 장난을 시작하는 것이었다. 남편은 결국 어찌해야 좋을 지 몰라 머리를 흔들었다. 처음에는 그도 아내의 말을 믿었다. 그렇지만 그럴 리가 없다는 증거가 차차 늘어가는 동안, 그는 아내의 정신이 이상하다고 의심하게 되었다. 그리고 그는 슬픔과 걱정 때문에, 어떻게 해야 좋을지를 몰랐다.

베리 부인의 고뇌는 마침내 마지막 고비에 이르렀다. 자기를 못살게 구는, 눈에 보이지 않는 놈들이 자기를 슬쩍 찌르기도 하고, 차기도 하고, 따귀도 갈기는 것을 확실히 ‘느끼게’ 되었다. 꼬집고 간지럽히고 비틀기까지 하였다. 그런 꼴을 당해서 자기의 몸에 멍이 들어 까맣게 또는 퍼렇게 된 것을 발견하고, 그녀는 그것을 친구들에게 보였다. 그렇지만 애초에 그런 것을 곧이듣지 않는 친구들에게 그런 흔적을 보여도 그들에게는 보이지 않았으므로, 보이지 않는다고 하면 그녀는 화를 내며 울면서 돌아앉는 것이었다.

이상의 병례는 지각작용의 왜곡이 여러 가지 형으로 나타나는 것을 설명하기 위해 제시한 것이다. 지각작용의 왜곡은 착각과 환각으로 알려져 있다. 만약 현실적으로 어떤 지각의 대상이 있고, 그 대상이 오인된 경우——베리 부인은 바람 소리를 사람 소리로 들었다——이 오해는 착각이라고 부른다. 그러나 실제로 아무런 외부대상도 자극도 없는 경우에, 이 그릇된 지각을 환각이라고 부른다.

착각은 물론 보편적인 것이다. 우리는 일상생활에서 누구나 많은 착각을 경험한다. 오늘날, 우리는 해가 뜨고 지는 것이라 생각했던 것이 우리들의 착각이라는 것을 이해하게 되었다. 다른 착각은 우리가 때때로 정정하기도 한다. 예를 들면, 우리는 브라운 씨를 스미스 씨로 잘못 알거나, 스미스 부인이 미소짓는 것을 비웃는 것으로 잘못 생각하는 따위이다.

보통 사람들은 대단히 많은 착각을 정정하지 않고 그대로 둔다. 교육 목적의 하나는, 일반적인 착각을 지적해서 학생에게 그런 착각을 스스로 정정하는 기술을 가르치는 데 있다. 다만 불행하게도, 현재의 교육은 한쪽에서는 착각을 없애면서 다른 한쪽에서는 없앤 수만큼 지속시키고 있다.

한편 환각은 일상생활에 나타나는 일이 극히 드물다. 대개의 사람들은 환각을 경험하지 않는다. 하기야 내가 가르치고 있는 2백 명의 학생 중 20명이 경험한 적이 있다고 말하지만, 보통의 경우, 환각을 본다는 것은 정신이상 중에서도 상당히 중증이라고 할 수 있다.

조지 헨리는 보스턴 시에서도 유명한 흑인 이발사였다. 그는 어느 추운 겨울날 구두도 양말도 신지 않고, 상의도 입지 않고, 모자도 쓰지 않은 채 트레몬트 거리를 달리고 있었으므로, 아는 사람들은 모두 깜짝 놀랐다. 지나가던 수많은 사람들은 이 광경을 재미있게 구경하고 있었다. 컴먼 근처의 전주에까지 와서는 마치 무슨 짐승한테라도 쫓기고 있듯이 이 전주로 기어올라갔다. 그는 맨 꼭대기까지 올라가더니 횡목에 매달려 벌벌 떨고 있었다.

경관은 도대체 무엇이 그를 쫓고 있는가 살펴보아도 아무것도 없었으므로, 그에게 내려오라고 말했다. 그러나 그가 말을 듣지 않았으므로, 이번에는 내려오라고 위협을 했으나 아무 효과도 없었다. 마침내 전공들을 불렀다. 그들은 조지가 재빨리 올라간 전주를 힘들여 올라가서 억지로 그 남자를 끌어내렸다. 그는 경관들에게 둘러싸여서 비로소 안심한 듯이 1천만 대의 작은 시꺼먼 꼬마 자동차들과, 5만 마리의 진딧물과, 17마리의 붉은 코끼리에게 쫓기던 판이었다고 수다스럽게 설명하였다. 그는 땀을 흠뻑 흘렸음에도 불구하고 추운 것처럼 벌벌떨고 있는 것으로 보아 중태라는 것을 쉽사리 알 수 있었다.

이 병례는 전형적인 시각성 환각으로서, 그 전부터 흔히 알려져 있는 알콜 중독 섬망증 환자에게서도 볼 수 있다.

알콜 중독에서 오는 뇌병 중에 또 한 가지 다른 형이 있다. 그것은 청각성 환각이 일어나는 것만이 그 특징이다. 환자는 그 이외에는 생리적으로 아무 이상이 없는데 이 병이 모르는 사이에 들어와서 귀찮게 군다. 예를 들어 보자.

어떤 회사의 회계원이 계산에 바쁜데, 옆방에서 두 남자가 자기를 죽이고 돈을 빼앗을 계획을 꾸미고 있는 말소리가 똑똑히 들려왔다——그는 그렇게 생각했다. 그는 깜짝 놀라서 기절할 지경이었다. 그래서 창을 넘어 비상계단을 타고 내려왔다. 그는 자기집 근처까지 와서야 겨우 안심하고 있는데 근처의 숲에서 "그놈이 집으로 들어갔을 때를 노려서…… 시체를 골목으로 끌고 간다. 그러면 아무도…… 결코……"라는 말소리가 들렸다. 그는 다시금 공포에 떨었다. 그러나 그는 이 계략으로부터 귀신같이 벗어날 생각으로 택시를 잡아타고 구원을 요청하며 경찰서로 뛰어들어갔다. 그렇지만 그가 경관들을 기다리고 있을 동안에도 "…… 아직도 그놈을 잡을 수 있지"라는 나직한 목소리를 분명히 들은 것 같았다.

촉각성 환각의 증상은 극히 드문 것이지만, 다음과 같은 병례가 있다.

어떤 상냥한 노부인이 하루에도 여러 시간이나 자기 몸을 꼬집거나 뻣뻣한 솔로 문질렀다. 그녀는 자기 몸에 기생충이 들끓고 있는 것을 똑똑히 의식할 수 있다고 주장했다. 다음에는 이(곤충) 같다고 말했다. 그러나 다음에는 기다란 실뱀을 집어들어——자기 생각에는 실뱀을 집어든 것으로 생각하고 있지만 실제로는 아무것도 없었다——보이게 되었다. 그 후 이번에는 새끼줄과 같은 뱀이 벌레가 되어, 길이가 몇 피트나 된다고 말했다. 그녀는 태연스럽게 옷을 벗고 자기의 살을 꼬집어서는 그릇에 무엇을 옮기는 시늉을 되풀이하는데, 그 그릇에 아무것도 안 들었다는 사람들은 고의로 못 본 체하는 것이라고 우겼다.

"그리고 당신들은 나를 미쳤다고 생각할 필요도 없어요"라고 그녀는 계속해서 말했다. "왜냐하면, 내가 나이에 비해서 기운이 좋고, 지금까지 일어난 중요한 일은 무엇이나 다 잊지 않고 있으니까요. 그리고 그런 것은 다들 아시지요? 내가 그 증거로 종이에 써 보이지 않았어요? 그리고 당신들은 누구 한 사람도 나를 당해 내지 못하지 않았어요?"

착각도 여러 가지의 것으로 분류할 수는 있지만, 그렇게 나누어 보더라도 별로 신통하지 못하다. 여러 종류의 감각——청각, 촉각, 미각, 통각, 후각, 운동감각, 성감각——들을 각각 관련시키고 있는 착각과 환각이 여러 가지 있음은 물론이거니와, 그 중에서도 가장 일반적인 것은 청각과 시각에 관한 것이다. 무슨 소리가 들린다——그 소리는 귀에 익은 것일 때도 있고, 듣지 못하던 소리인 경우도 있고, 또 자기 몸의 내부로부터 들리기도 하고, 밖으로부터 들리기도 하고, 조리있게 말하는 경우도 있고, 조리없게 말하는 경우도 있다. 때에 따라서는 자기가 머리 속에서 생각하는 것이 소리로 되어 들려 오기도 한다.

시각에 관련해서 일어나는 환각의 경우에는 사람이 보이거나, 허깨비가 보이거나, 네 발 짐승이 보인다. 때로는 날조된 상징이 보이고 신, 악마, 요정 같은 것이 보인다. 미각과 후각에 관련되는 것은 대개 불쾌한 것이다. 가령 음식물 속에 독이 들었다든가, 방 안에 나쁜 냄새가 가득하다든가, 또 사람에 따라서는 뜨끔뜨끔 쑤시는 고통을 느끼거나, 환자에 따라서는 공중을 날아다니는 것처럼 느끼기도 하고, 질질 끌려다니고, 억눌리고, 강간당하고, 병신이 된 것처럼 생각하기도 한다.

감수성이 예민한 사람이 어떤 암시를 받으면 환각적인 경험을 하게 되는 경우가 있다. 이들은 또한 착각은 기계적인 것, 때로는 자동적인 트릭으로 조성되는 경우가 있으며, 또 존재한다고 믿어지고 있는 초자연적인 현상을 대단한 것으로 인정하기 때문에 기적과 정신적인 강신술의 모임, '이심전심' 등을 연구해 보면 참으로 많은 착각과 환각의 견본이 거기에 즐비하다. 그 중에도 어떤 사람의 내면적으로 목적이 있어 일부러 착각을 일으킬 것을 꾸미기도 한다. 후디니는 굉장한 지혜를 발휘하여 이런 종류의 것을 모조리 부수고 폭로하였다.

b) 분간력 상실

다음에 분간력을 상실한 사람의 몇 가지 증례를 제시해 놓았다. 참고하여 연구하길 바란다.

로친바 브란덴버그 부부는 당당하게 대문을 나서서, 기다리던 자

336

동차에 타고 조지 스미스 씨의 집으로 갔다. 그것은 오후 4시였고, 그들은 정장을 입고 있었다. 브란덴버그 씨는 결혼식의 사회를 맡게 되어 있었다.

그곳에 가서 놀란 것은 아무 준비도 되어 있지 않은 사실이었다. 더구나 스미스 부인도 없었다. 그들은 얼굴을 마주 쳐다보고 헐떡거리면서 "무슨 큰 변이 생긴 모양이군"이라고 말했다.

그런데 어떤 큰 사건이 일어났느냐 하면, 그들이 예정보다 꼭 24시간 일찍 왔다는 것뿐이었다. 이 부부는 서로 그날이 혼인날인 줄로만 알았던 것이다.

조지 브라운은 대학 졸업반이었다. 그는 다른 것은 물론이고, 학업 또한 아주 게을리했다. 어느 날 아침, 그는 역사교실로 느릿느릿 들어갔다. 수업이 막 시작된 때였다. 그는 늘 하는 대로 뒷줄에 자리를 잡고 강의를 듣는 둥 마는 둥 앉아 있었다.

수업이 끝난 다음, 선생이 그에게 와서 왜 여기 앉았느냐고 이유를 물었다. 그제야 비로소 그는 자기가 317호실에 들어온 것을 깨달았다. 그는 417호실에 들어가야 했던 것이었다.

내가 사는 동네에 서로 비슷하게 생긴 세 사람이 살고 있다. 한 사람은 음악가이고, 한 사람은 은행가이고, 한 사람은 나 자신이다. 3년 전에 어떤 클럽에서 점심을 먹을 때, 나는 같은 클럽의 아는 사람 바로 옆에 앉게 된 적이 있었다. 약 30분 동안 나는——그는 내가 연주한 줄로 생각하고 있었으므로——음악회의 비평을 듣고 있었다. 식사 후에 그 얘기를 나와 비슷하게 생긴 음악가에게 얘기했더니, 그는 웃으면서 "그건 그래도 나은 편일세. 나는 요전에 경제 이야기를 들려주는 데는 그만 질렸네"라고 말했다. 이 얘기를 얼마 후에 그 은행가에게 전했더니, 그는 그 주일에 세 번이나 "의사 선생님" 소리를 들었다고 투덜거렸다.

　이런 것들이 분간력 상실의 실례다. 이것은 주위에 대한 우리의
관련성을 오인하는 데서 오는 지각작용의 장애다. 그것은 보통 공
간적, 시간적, 인간적 분간력 상실로 나누어진다. 그 각각의 경우를
우리의 일상생활에서 위의 세 가지 예를 들어서 설명했다.
　우리는 다소의 차이는 있지만, 끊임없이 이 세 가지의 세계에서
분간력 상실을 실제로 행하고 있다. 우주 가운데서 그가 누구이며,
그가 어디 있는지 아무도 모른다. 그러면서도 시간에 대한 관념은
모두 관련성이 있다.

　　때로는 피곤한 나머지 깊은 잠에서 천천히 잠이 깰 때에
　　그는 잠시 멍하니 누워 있다.
　　자기 자신이나 휴식을 얻은 자기 몸에 대해서는 알면서도,
　　자기가 어디 있는지 모르고 당황한다.
　　보이는 것, 들리는 것, 그것이 무엇인지 모르고 있다.
　　왜냐하면, 기억이란 성의 파수병들은 아직도 자고 있어서,
　　도개교를 내리고 문을 열려고 해도
　　그의 명령은 당장에 실행되지 않고 있다.
　　그러나 미구에 그들의 구출과 함께
　　그는 여느 때처럼 신변의 일과 인생, 그리고 잘 알고 있는 가정
　　의 개념도 인식하게 된다.
　　그리하여 이 세상에 나온 인간의 아이는
　　집안의 이것저것에 놀라며
　　천천히 무의식중에 회상을 한다.
　　오랜 습관의 안이한 기분으로 폐는 공기를 마신다.
　　그를 둘둘마는 이불과 주름으로 장식한 커튼이 드리운
　　침대.
　　그리고 재물을 자랑하는 비단옷들은,
　　거친 접촉으로부터 그를 보호하는 것으로 생각되는

그 접촉보다도
더 이상한 것이라는 것을……
그 옛날의
영원히 변함없는 우정이여.

—— 로버트 브리지스의 《미의 유서》에서 ——

임상적으로 말하면, 분간력 상실은 여러 가지 원인에서 오는 것
이며 그 나타나는 상태도 천차만별이다. 어떤 것은 주의를 다른 데
로 분산시키고 있거나, 억압된 기억 —— 리프레이션 —— 및 지각의
장애 등에 관련되어 있다. 그러나 더 중증인 병자의 경우에는 분간
력 상실은——세 가지의 일반적인 상태와 관계가 있다.

（ⅰ） 섬망(譫妄)상태인 경우의 분간력 상실(급성 뇌손상이 인격분열
　　　을 가져오는 경우)

막스 씨는 착실한 중년 은행가였다. 그는 독감에 걸려 몇 주일 동
안 심하게 앓았다. 열이 최고도에 달했을 무렵에는 헛소리를 계속
했다. 그는 기차를 타고 뉴욕으로 가는 길인 줄 생각하는 모양이
었다. 가끔 그는 기차가 그랜드 센트럴 종점에 닿았다고 말하면서
일어나려고 했다. 그리고 승객들은 어서 다 내려야 하며, 꾸물거려
승무원에게 폐를 끼쳐서는 안 된다고 말했다. 그는 매킨리와 세계
박람회에 대해서 말하고 있었다. 그 이외의 것을 종합해 보면, 그는
1918년을 1898년으로 생각하는 모양이었다. 그는 의사를 '짐꾼'이라
고 불렀다.

（ⅱ） 건망성 분간력 상실(비교의 표준을 잃은 급성 또는 우성의 뇌손
　　　상)

나와 친한 어떤 친구는 심한 건망증에 걸려서 내 이름, 내 직업, 내가 지금까지 그와 그의 가족들과 교제해 오던 것을 생각해 내지 못하였다. 그는 우리가 살고 있는 시의 이름과 오늘이 몇월 며칠인지도 모르는 것이었다. "아마 시카고가 아닐까요, 틀립니까? 그리고 1922년 같은데……."

이 장애는 소동맥의 일반적인 경화 때문에 국소망각이 일어나서, 거기에서 오는 뇌의 연상영역의 진행성 파괴에서 생긴 것이었다.

(ⅲ) 섬망(譫妄)상태에 있어서의 분간력 상실(이것에는 여러 종류의 형이 있으며, 분간력의 상실은 이상사고 —— 장애사고 —— 에 의하며, 또는 그것에 이용되어서 생긴다)

브라우닝 부인은 카톨릭 교도와 메이슨 회원들은 전부 악마의 스파이라고 생각하고 있었다. 그녀는 이런 그룹의 사람들은 모두가 악당들이고 음모를 꾸미는 자들이며, 그들의 주요한 목적은 나라를 망치고 모든 선량한 메도디스트파 교도들을 —— 그녀 자신도 포함하여 —— 파멸시키려는 데에 있다고 굳게 믿었다. 그녀는 얼음 배달부가 우연히 '나이트 오브 콜럼버스'의 휘장을 달고 있는 꼴을 보고, 대단히 거친 목소리로 야단을 쳐서 이웃사람들을 놀라게 했다. 로마 교황과 그의 신도들을 너무나 통렬하게 저주하고 욕하므로, 그녀의 남편은 아내를 진정시키지 않을 수가 없었다. 결국 그녀는 병원에 입원하여 정신병자로서 감시받게 되었다. "여기는 감옥이다, 틀림없다"라고 그녀는 되풀이해서 말했다. "더욱이 이것은 카톨릭 교도들에 의하여 경영되는 감옥이다. 그리고 그것도 나를 좀더 못살게 굴려는 생각에서 한 짓이다. 놈들로서는 할 만한 것이다. 구교의 수녀들이 간호사로 변장하고, 신부가 의사노릇을 하고, 입원환자인 체하는 자들은 모두 스파이로서 모든 일을 밀고하고 있다. 그런데 나를 속이려고 해! 천만에."

모턴 프린스는 《저널 오브 앱노멀 사이콜로지》에 재미있는 병례
를 실었다.

그녀는 민첩했다. 굉장히 민첩했다. 애기하는 모습도, 행동하는
모습도, 움직이는 모습도 누구 못지 않게 잘했다. 그녀는 웃고 농담
하고 추리하고 질문에 대답하고, 남들과 애기하는 것도 누구에게도
뒤떨어지지 않았다.

그러나 그녀의 경우에 있어서 지금 말한 것들——청각과 시력——
이외에는 모든 감각이 완전히 소실되어 있었다. 그녀는 미각, 후
각, 촉각이 전혀 없었다. 또 운동성 감각도 협동감각도 없었다.
그녀는 자기의 육체에 대하여 전혀 지각이 없었다.

그녀는 자기를 '공간에 존재하는 사고'에 불과하다고 묘사하
였다. 그녀는 자기가 서 있는지 앉아 있는지 몰랐다. 또 방안의 어
디에 있는지도 몰랐다. 그녀 지식은 공간 속의 어딘가 있을 뿐이라
고 생각되는 모양이었다. 즉 공간 속에는 사고작용만이 있고 육체
와는 아무런 관련성도 없었던 것이다. 그녀는 자기에게 육체가
있다는 것이 실감이 나질 않는 모양이었다……

그녀에게 일어나 보라고 말했더니 그녀는 일어났다. 그리고 "제
가 섰습니까?"라고 물었다. 손을 들라고 말했더니 그대로 했다.
"당신은 손을 들고 있습니까?"라고 물었더니 "모르겠습니다. 내가
손을 들고 있습니까?"라고 반문했다. "앉아요." "나 앉아 있습니
까?" "난 모르겠습니다." 요컨대 그녀는 하라는 대로 움직였다. 그
녀는 자기의 근육과 육체를 완전히 자기가 지배하긴 했지만 그것을
자각할 수가 없었다. 왜냐하면 그녀에게는 운동감각이 없고, 자기
몸에 대한 감각이 전혀 없는 관계로 그야말로 기관감각이고 무엇이
고 없었다. 그녀는 앞서 내가 말한 바와 같이, 모두 '공간에 존재하
는 사고'였다.

② 지적 작용의 왜곡

생각을 곧게 한다는 것은 수월치 않은 노릇이다. 그것은 사람들
이 입에 올릴 뿐이지 실은 이상에 지나지 않는다. 그렇지만 '왜곡'
이 심해서 정신상태가 비정상의 실례가 될 만한 것은 서너 가지 형
으로 분류가 되는데 이것들을 차례로 연구하기로 한다.

(1) 강박관념(obsessions)

미시간 대학의 최상급생 2백 명에게 다음과 같은 질문을 하였다.
"여러분은 어떤 일정한 관념이 별로 생각하지도 않았는데 저절로
솟아나서, 그것을 아무리 없애려고 애썼지만 없앨 도리가 없었던
경우가 있었습니까?" 이 2백 명 중에서 25퍼센트 정도의 학생이
"경험이 있다"고 대답하였다. (C. S. 베리,《정상적인 사람들의 강박관
념: Obsessions of Normal Minds》에서)
같은 질문을 위쉬번 전문학교의 학생 2백 명에게 했다. 그랬더니
총수의 29퍼센트의 학생이 "있다"고 대답했다.
우리 인류의 —— 적어도 대학생의 ——4분의 1을 습격하며, 그리
고 도저히 몰아낼 수가 없는 이 관념이란 대체 어떤 것일까?* 여기
2,3개의 실례를 보이기로 한다. 이 실례라는 것은 C. S. 베리 교
수의 학생들과 내 반의 학생들 중에서 얻은 것인데, 이 학생들은 모
두 '정상적'인 사람들이라는 것을 언제나 염두에 두길 바란다.

어떤 학생은 다음과 같이 대답했다.
"약 2년 전의 일인데, 남을 해칠지도 모르는 행동을 자기는 결코

*세상에는 이보다 더 많은 사람들이 일생 동안에 강박관념의 경험을 가질
지도 모른다. 내가 모든 인간들의 50퍼센트가 그렇다고 말하면, 혹시 그
것이 더 사실에 가까운 것일지도 모른다.

342

안 하기로 특히 주의할 것에 이상한 관심을 가진 적이 있었습니다. 기차의 선로를 횡단할 때마다 항상 나는 몇 번이고 뒤로 물러서서, 혹시 선로 위에 큰 못이나 돌 등이 놓여 있어 기차가 탈선이라도 하지 않을까 걱정하여 늘 확인했던 것입니다. 선로를 횡단한다는 것이 여간 고통이 아니었습니다. 어떤 때는, 선로를 횡단할 때면 눈을 감고 어떤 장애가 되는 것이 있어도 안 보려고 했습니다. 한때는 길에 돌맹이가 굴러다녀도 그것을 그냥 둘 수가 없었습니다. 나는 자전거를 타고 있었는데, 일부러 내려서 그 돌맹이를 길 옆으로 걷어 찼습니다. 그것은 누군가가 혹시 그 돌을 못 보고 걸려서 사고라도 일으키는 일이 없도록 하기 위해서였습니다.”

다른 학생은 이렇게 썼다.

“내가 8세 때에 나는 하나의 일정한 생각을 가지고 있었습니다. 나는 할머니의 부엌에 있는 큰 식칼로 귀에서 귀까지 자기의 목구멍을 잘라 보려고 생각했습니다. 나는 이 생각을 지울 수가 없어, 식칼있는 근처에 가기가 무서웠습니다. 그것이 약 2주일 동안 나를 괴롭혔습니다. 요즈음은 피로해지면 어떤 종류의 말과 맞춤의 결합한 것이 되풀이해 머리 속에 떠오릅니다. 이것이 도대체 어디서 오는 것인지 전혀 종잡을 수 없는 경우가 종종 있습니다. 가령 ‘SY’라든가 ‘CIP’ 같은 글자가 지난 며칠 동안 여덟 번 떠올랐는데, 내가 언제 어디서 그런 걸 보았고 들었는지 전혀 기억이 없습니다.

밤에 피곤해 쓰러지기 전에, 나는 두꺼운 잡지를 여러 페이지 내리읽는 때가 종종 있습니다. 무엇을 읽는 것인지 아무것도 모릅니다. 오직 낱말들이 뒤범벅으로 나열되어 있을 뿐입니다. 그렇지만 나는 조금도 초조하지 않고, 나의 머리는 이 뒤범벅에 완전히 만족하고 있는 것입니다. 나는 한 페이지를 읽고 다음 페이지로 넘깁니다. 거기에 무슨 강판의 삽화가 있다는 것을 알고는 있지만, 그 그림이 무슨 그림인지 똑똑히 본 적은 없습니다.”

또 다른 학생은 이렇게 썼다.

"지난 10년 동안에 내가 무심히 낙서를 하면, 언제나 '클라우디어스'라는 사람의 이름을 쓰고 있습니다. 나로서는 왜 그런지 그 까닭을 모르겠습니다. 그렇지만 이 이름은 늘 나에게서 떠나질 않습니다."

"나는 어떤 새로운 일을 하려고 하면, 반드시 있을 것 같지도 않은 어떤 극악무도한 결과를 초래할 것만 같습니다"라고 47세의 환자가 피에르 자네 의사에게 고백했다. 그는 이어서 이렇게 말했다. "내가 새 와이셔츠를 사면, 그것은 내 두 아이를 죽일 준비를 위해서라는 생각이 듭니다. 아파트를 새로 얻으려면, 그것은 그 아파트의 문이 커서 아내의 관을 놓아두기에 알맞다는 생각이 듭니다. 내가 그 아파트를 택한 이유는, 오직 아내가 죽으면 관을 운반하기에 편리하기 때문이라는 생각말입니다. 내가 이 책을 펼치면, 그것은 파리 시 전체에 대변동을 일으킬 준비를 하기 위해서라는 생각이 듭니다. 그래서 나는 겁이 나서, 모처럼 산 새 와이셔츠를 그 상점으로 가지고 가서 몸에 맞지 않는다는 핑계를 대고 무릅니다. 나는 아파트를 또 옮깁니다. 그리고 책을 덮어버립니다……."(피에르 자네, 《행동의 공포 : The Fear of Action》에서)

다른 부인은 다음과 같이 고백했다.

"국을 끓이려고 하면 어쩐지 도덕상의 죄악을 범하는 것 같은 생각이 듭니다. ……옷을 입으면 그것은 정절을 자랑하기 위해서다. ……나는 언제나 하지 말라는 짓을 한다. ……이 책은 분명코 부도덕한 것임에 틀림없다. 왜냐하면, 학교 기숙사에 있었을 무렵에 안 된다는 책이 있었는데, 그런 책을 지금 몰래 읽고 있는 것처럼 느껴지므로……내가 식비를 치렀던가? 왜냐하면, 내가 조반을 먹는 것이 어쩐지 가난한 사람의 것을 훔치는 것 같은 기분이 들기 때문에……마치 내가 국에 독약을 타고, 빵 속에 작은 바늘을 집어넣은 것 같은 생각이 들고……또 화약을 잔뜩 넣은 폭탄을 굴뚝 속에서 떨어뜨려서 집을 폭파시키려는 작정인 것처럼 생각되어서……."
(ibid.)

병적인 사람의 강박관념은 머리가 건전한 사람의 것보다는 더 정교하고 생생하므로 예로 들기가 좋다.

방안에 파리 한 마리가 날아다녀서 귀찮기 짝이 없으므로, 어떤 사람이 그 파리를 죽였다. 그러자 그 순간, 어떤 한 생각이 떠올라 심한 공포감에 떨게 되었다. 그 관념이라는 것은 "아, 하느님, 만약 내가 파리를 죽이듯이 사람을 죽이면 어떻게 될까요"라는 것이었다. 그는 그때까지 살인하고 싶은 생각을 가졌던 기억은 없었다. 그는 자기가 살인하는 일이 있으리라고는 전혀 생각해 본 적이 없었다. 그렇지만 "만약 살인을 하게 되면, 그야말로 큰일이다"라는 생각이 여러 날 머리에서 떠나지 않고 괴롭혔다. (H. W. 프링크,《병적 공포와 강제 : Morbid Fear and Compulsions》에서)

결혼한 젊은 부인이 길 건너편 집의 창에 앉아 있는 다른 여자를 정신없이 바로 보는 동안에, 문득 자기는 그녀의 생각을 자기 뇌리에서 몰아내지 못할 것이라는 생각이 들었다. 그런 후 그 부인은 그녀에 관하여 여러 가지로 생각하게 되었다. 그녀는 왜 그리고 무슨 목적으로 그렇게 하는지 이해할 수 없었다. 그러나 이 젊은 부인은 그녀를 생각하지 않고는 견딜 수 없었다. 이런 생각이 불안과 우울감과 합쳐져서 4,5년간을 그녀의 머리에서 떠나지 않았다. (ibid.)

a) 강박관념의 설명과 해석
근대심리학의 여명기보다도 훨씬 전부터 강박관념이란 것은 그 자매관계에 있는 공포증(phobias) 및 강박행위증(compulsions) 등과 함께 대리현상이라고 생각되어 왔다. 사람들은 '내가 가스의 밸브를 잠그었을까 ? '고 생각하기 시작하면 몹시 걱정이 되는 경우가 흔히 있는데, 이 걱정이란 것이 어떤 전혀 다른 불안과 문제를 대리 (치환)하고 있다. 이를테면, '내가 이 일을 고백해야 할 것인가 ? '라든가 '그 일로 내가 책임을 지게 되지 않을까 ? '라는 생각이 앞의 가스를 잠그었나 안 잠그었나의 걱정과 치환되어 생겼다.

때로는 이런 치환——대리——은 알기 쉽다. 가령 맥베드 부인이 자기 손을 씻는 것은, 단순히 피를 씻는다기보다는 자기가 범한 죄를 씻어 보려는 소원의 상징임을 즉시 알 수 있다. 그러나 대개의 강박관념은 더 미묘한 것이어서 좀체로 해석하기 어렵다. 어떻게 해서, 또 왜 이런 치환이 생기는가는 프로이트의 정신병리학이 발견되기까지는 사람들은 쉽사리 이해할 수가 없었다.

'강박관념'이라는 것은 우리들의 정신활동에 무의식적인 부분이 있다고 가정하지 않고는 충분히 설명할 수가 없다. 이 강박관념이라는 것은, 사람이 생각해 내기가 몹시 쓰라린 관념——그런 것을 사람들은 Limbo(지옥의 변방, 망각)로 몰아넣어서, 눈에 보이지도 않고 인식되지도 않게 해버리는——의 대리를 행하는 것으로서, 비교적 해가 적은 것이다. 그리고 어떤 것을 대리——치환——로 삼느냐라는 채택을 다스리는 법칙, 그때에 어떤 형을 취하게 하느냐라는 상징형성을· 지배하는 법칙, 그리고 어떻게 요약할 것인가——긴 것들을 짧고 간단하게 축소하는——그렇지 않으면 그와 반대로 하느냐 등의 법칙에 관해서는 다음 장에서 설명하기로 한다.

공포증도 역시 바꾸어 놓은 것으로——이것은 관념의 치환이 아니라 정서의 치환이다. 가령 천둥이 무섭다는 사람은, 전에 그 사람이 경험한 것으로서 지금은 무의식에 불과한 공포가 위장한 것일 수가 있다. 그리고 공포는 어떤 다른 무섭다고 생각한 소리——이를테면, 음행, 꾸지람, 또는 구체적이 아닌 어떤 생리적인 것 등에 관계된다.

강박행위증도 마찬가지로 치환된 것인데, 이것은 '행위'의 치환이다. 이것도 강박관념과 같은 경로를 밟아 일어나는 것이지만, 강박관념보다는 훨씬 그 원인을 밝히기 쉬울 뿐만 아니라 설명할 수도 있다. 이에 대해서는 이 장의 마지막 부분에 다시 한번 이 문제가 나올 때 다루기로 하겠다.

(2) 기억의 왜곡

기억의 왜곡은 술어로 paramnesia 라고 한다. 중요한 것을 다음의 네 가지 형태로 나눌 수 있다.

a) 틀린 기억(false memories)

어떤 심리학 교실에서 다음과 같은 연극이 실연되었다(출연자는 그다지 많지 않았다).

교실에서는 보통 때처럼 수업이 진행되고 있었다. 한 여학생이 자기가 연구한 것에 대하여 일련의 보고를 하고 있었다. …… 이 보고가 시작된 지 얼마 안 되었을 때 복도에서 심한 말다툼 소리가 났다. 그 순간에 교실의 문이 홱 열리면서 4명의 학생——2명은 남자, 2명은 여자——이 갑자기 이 교실로 뛰어들어왔다.

여학생 R은 교실에 들어오자, 고동색 종이에 싼 꾸러미를 마룻바닥에 떨어뜨렸다. 그 꾸러미 속에는 벽돌이 들어 있었는데, 이는 사건을 사람들이 기억하도록 하기 위하여 그랬던 것이다. 남학생 K는 누런 빛의 바나나를 권총이나 되는 것처럼 휘둘렀다. 학생들은 모두 문 반대쪽으로 피하느라고 교실 안은 야단법석이었다. (선생님이 일어서서) 마룻바닥에 작은 폭탄을 떨어뜨렸다. 남학생 H는 쓰러지면서 "나는 맞았다!" 하고 부르짖으며 여학생의 부축을 받았다. 그리고 4명은 열려 있는 문으로 급히 교실을 나갔다. 이때, 여학생 T는 앞서 여학생 R이 떨어뜨린 고동색 종이에 싼 꾸러미를 주워 가지고 갔다. 이 연극은 처음부터 끝까지 불과 30초 사이에 끝났다. 교실에 있던 학생들은 모두 놀라서 급히 뛰어 교실의 벽 쪽에 몰려 피신했다. 그들은 이 연극을 정말 폭동으로 생각했던 것이다.

목격자 29명 중 이 교실에 뛰어들어온 사람이 4명인 것을 안 사람은 겨우 3명뿐이었다. 이 3명은 남자 2명, 여자 2명이라는 것도 알고 있었다. 다른 사람들은 몇 명인지 확실히 알지 못했다. 소수의 사람들은 4명 이하라고 생각하고 대부분의 사람들은 4명 이상이라고 생각했다. 어떤 학생은 '군중'이니 '폭도'니 하는 표현을 썼다. 이 연극에 참가한 사람이 누구였나를, 그리고 어떻게 생긴 사람들이었나를 설명하는 상황에 이르러, 앞서의 3명이 4명의 학생이 행한 일임을 확인했을 뿐 그 외에 아무것도 모른다는 것이 다시금 입증되었다.

4명의 참가자는 전부가 이 교실에 있는 다른 학생들에게 잘 알려져 있으며, 어떤 변장도 하지 않았는데, 이 사람들이 누구누구라고 알아맞힌 사람은 한 명도 없었다. 이 29명의 '목격자'의 확인 결과는 다음과 같은 것이었다. 즉 7명은 3명을 확인했다. 11명이 2명을 확인하고, 7명이 1명을 확인하고, 4명은 1명도 확인하지 못했다.

8명은 이 연극에 전혀 참가하지 않은 사람들이나 또는 그 자리에 없었던 사람들을 그 속에 "있었다"고 했다. 그 자리에 있었던 사람들도 현장에서 멀리 떨어진 곳에 앉아 있었던 것이다.

입은 옷에 대한 설명은 퍽 일반적인 것이었으므로, 그것으로써 들어온 사람이 누구누구였다는 것을 지명하기는 어려운 것 같았다. 29명 중 13명만이 간신히 자기가 확인한 사람이 입은 옷을 설명하려고 했다. 거우 2명만이 일반적으로 눈에 잘 띄는 붉은 넥타이──남학생의 1명이 매고 있었다──를 기억하고 있었다. 한 학생은 자기가 '본 남자'의 구두가 흙투성이였으며 얼굴도 더럽더라고 말했지만, 그것은 이 사람이 전혀 잘못 본 것이었다.

이런 설명들이 명확하지 않다는 것은, 이 사람들이 여러 가지 질문, 신문 보도, 재판소 공판의 형식을 취한 각종의 암시에 의해서 몹시 흔들리기 쉬운 정신상태에 있다는 것을 뜻한다——취조를 받거나 반대 심문을 받는 경우는 더욱 그렇다. 본래 이런 경우에 하는 질문의 성질이 암시적인 것이므로, 이런 영향을 받기 쉬운 정신상태에 있는 사람으로부터 여러 가지 상상적인 결론을 뽑아내기는 정말 쉬운 노릇이다.

여러 목격자들 앞에서 분명히 연출된 것 중에서 사람들의 눈에 보이지 않았거나, 잘못 관찰된 것이 많았다. 6명이 두 여학생 중의 1명이 무슨 물건을 떨어뜨린 것을 알고 있다. 그러나 이 중 1명만이 그 물건이 고동색 종이로 싼 것이었음을 자신있게 말했다. 그런데 5명의 학생은 그것이 여학생 T였다고 말했고, 한 명은 그것이 남학생 H였다고 말했다. 이 사실은, 사람이 어렴풋한 기억을 뒤에 추가보정해 가는 경향이 있다는 사실을 증명하고 있다.

5명의 학생이 권총이 발사되는 것을 듣고 보았다. 그 중의 3명은 그때 번쩍하는 것을 보았다. "나는 그때 발화하는 것을 보았습니다"라고 한 남학생이 말했다. "나는 누군가가 권총을 쏜 것을 알고 있습니다. 나는 그 번쩍하는 것을 보았습니다"라고 또 다른 여학생은 말했다. 이것은 물론 암시에서 생긴 결과다. 누런 빛의 바나나를 휘두르며 H를 겨누었을 뿐이다.

많은 보고서 중에서 다섯 통은 정말도 거짓말도 써 있지 않았다. 그들은 다만 폭도들이 교실로 뛰어들어온 것과, 그 후에 일어난 혼란밖에는 보지 못하고 있었다. 6명은 이 4명 중의 1명의 이름을 말했을 뿐, 그밖의 것은 아무 증언도 할 수 없었다. 이 사람들에게 있어서는 다른 것은 모두 공백이었다.

Identification*¹(동일인이라는 증명)은 형사사건에는 결정적인 요소로서, 선의의 제3자가 확인하면 본인의 부재증명(alibi)이 충분하지 않는 한, 대개는 그 증언을 받아들일 수밖에 없는 법이다. 그런데 앞서의 연극의 결과를 보면, 그 자리에 있던 목격자들은 이 연극에 참가한 인물들을 잘 알고 있었음에도 불구하고, 이 사건의 증인으로서는 놀랄 정도로 미흡하다. 가령 이 연극이 실제의 범죄였다면, 이 증인들은 누구를 '보았다'는 자기들의 확인을 뒷받침할 만한 자료만 있다면 그 사람에게는 불리한 증언이라도 한다는 정신상태에 있었다. 이 '목격자'들은 실제로 일어난 사건의 내용을 거의 아무것도 몰랐다. 앞의 연극이 실제의 범죄행위였다고 가정한다면 그들의 증언은 아무런 가치도 없는 것일 것이다. 그럼에도 불구하고, 그들의 증언이 인정되는 것은 그들이 '목격자'였기 때문이다.

강요된 기억은 25퍼센트 또는 그 이상의 잘못——틀린 기억——을 가져오게 마련이라는 점은, 지금까지 되풀이하여 실증됐다. 그리고 이것은 '정상'인 사람들 사이에 있어서의 이야기다. 변호사와 재판관은 이 사실을 잘 이해하지 못한다. *²⁾

---

*1)에드거 스위프트, 《심리학과 일상사 : Psychology and the Day's Work》. 약 30년 전에는 이러한 종류의 실험(앞의 연극을 말함)은 변호사나 그 이외의 방면으로부터 대단한 주의를 끌기는 하였지만 오래 계속되지 못하고, 현재는 거의 알려지지 않고 있다.

*2)이런 종류의 실험은 베를린 대학의 형법학자 본 리스트에 의하여 1901년쯤에 비로소 사용되었다. 그 후 여러 가지 다른 방법이 시험되었다. 그러나 사람들의 기억이란 믿을 수 없다는 것에 관한 이 실험 및 다른 해설적인 것이 미국에서는 하버드 대학의 유고 문스터버그 교수가 유명한 저서를 내어, 비로소 무리하게나마 일반의 주목을 끌게 되었다. 그 저서는 《증언대에 서서 : On Witness Stand》라는 것인데, 〈심리학과 범죄에 관한 논문집〉이라는 부제가 붙어 있다.

b) 작화증(作話症, confabulation)

이것은 예를 들면, 콜사코프 증후군(Korsakoff's syndrome)과 같은 정신병과 연관성을 가진 것인데, 말할 것도 없이 목적도 아무것도 없는 기억의 허위다.

J. K. 씨는 몇 주일간에 걸쳐 중병으로 누워 있었다. 열이 심하고 헛소리를 하였다. 헛소리는 심하게 할 때도 있었고, 조금 할 때도 있었다.

"안녕하십니까? 오늘은 좀 어떠하십니까?"라고 내가 물었다

"아주 좋습니다. 고맙습니다. 아침에 집을 나올 때, 식구들도 다 잘 있었습니다. 나는 전차로 왔습니다. 실은 간밤에 극장에서 돌아오는 길에 좀 놀러갔는데, 참 재미있었습니다."

"오늘 아침에는 상가에서 무얼 하셨습니까?"

"저, 나는 회사에 잠깐 들러서 짐 호치슨과 인부감독을 만났습니다. 그 다음에는 잠깐 은행에 들렀고, 그리고 메이 씨 상회에 가서 아내의 물건을 샀습니다. 뭐, 극히 평범한 아침이었습니다. 아! 참, 조금 다른 일도 있었습니다. 하마터면 잊어버릴 뻔했습니다. 베이커 노인도 아마 마지막인 모양입니다. 내게로 졸도하려고 했습니다. 내 생각으로는 누가 독약을 타 준 것 같았습니다. 확실히는 모르지만, 나는 달려가서 레이니(의사)를 불렀습니다. 그러나 의사도 별 도리가 없는 모양이었습니다."

"그래서, 어떻게 되었습니까?"

"글쎄올시다. 죽지 않았을까요? 병원으로 데리고 갔는데요. 내가 지금 막 거기에 다녀오는 길입니다. 병원에서는 중태라고 말하더군요."

"조금 전에는 그가 죽었다고 말씀하신 것 같은데……."

"그래요. 그는 죽었습니다. 잠시 후에 또 가서 어떻게 됐는지 보아야겠습니다."

이 얘기를 하는 당사자는 몸이 극도로 쇠약했으며, 침대에 누워서 거의 1개월 가까이나 일어나지 못하고 있었다.

C) 기시현상(Déjà vu Phenomenon : 그릇된 인식의 착각)

사람이 어떤 현재의 일을 보고 있거나 누구와 얘기를 하고 있는 중에, 문득 바로 지금 자기가 보고 있는 것이 전에 본 적이 있다든지, 지금 듣는 말이 전에 들은 적이 있든지, 지금 자기가 얘기하는 것은 전에 얘기한 적이 있다. 그것도 지금 있는 바로 이 장소에서 또한 같은 사정 아래서, 똑같게 느끼며, 똑같게 예견하고 생각하며, 그리고 자기의 생각을 결정한 적이 있다. 즉 전에 한 것과 같은 일을 다시 되풀이하고 있다는 확신이 일어나는 경우가 있다. 그 착각이 너무나 완전하므로, 지금 진행중인 일의 결과가 어떻게 되는지 언제라도 예언할 수 있을 것 같은 생각이 든다. 이처럼 자기가 아는 것 같은 생각이 드는데, 자기가 전에는 몰랐을 이유가 없지 않은가 라는 생각마저 생긴다.

이런 생각에 빠진 사람에게 있어서는 마치 꿈 속에서처럼 외계의 일을 보통과는 달리 특수한 각도에서 보는 경우도 드문 일이 아니다. 그는 자기에 대하여 '남'이 된다. 또는 같은 자기가 두 명 생긴 것처럼 되어서, 한 사람의 자기가 말하거나, 일하는 것을 또 한 사람의 자기가 옆에서 구경하는 셈이 된다. 이인증(離人症 : 자기 자신이 자기가 아닌 것처럼 느껴지는 상태)은 반드시 그릇된 인식과 동일하지는 않으며, 그 징후도 아니다. 그러나 그것은 그릇된 인식과 어떤 관계가 있다. 그뿐만 아니라 그런 증상의 정도에 여러 층이 있다. 그 착각의 환영이 완전한 그림이 되지 않고, 단지 하나의 스케치로서 나타나는 경우도 종종 있을 것이다. 그렇지만 스케치로든 완전한 그림으로든간에 본래의 성격은 남아 있다.

그릇된 인식에 관해서 많은 서술이 기록되어 있다. 그런 것은 서로 매우 비슷비슷해서, 똑같은 것으로 제공되는 경우가 자주 있다.

나는 어떤 소설가가 특히 나를 위하여 해준 그의 자기관찰의 보고서를 가지고 있다. 그는 자기관찰을 잘하며, 그릇된 기억의 착각 등에 관해서 아무 예비지식도 없는 이로서, 그런 경험을 하는 것은 자기 밖에는 없다고 믿는 사람이다. 그의 설명은 24행 정도의 문장으로 되어 있으며, 그 전부가 한 자도 틀리지 않을 만큼 지금까지 발표된 적이 있는 다른 병례의 기록과 같다.

나는 적어도 지금까지 없던 새로운 것을 얻을 것으로 기대하고, 실은 마음 속으로 몹시 기뻐했다. 왜냐하면, 이 문인은 이 현상을 지배하는 것은 '피할 수 없는 것'이라는 감각이며, 그 감각은 지상의 어떤 힘도 바로 지금 하려고 하는 말이나, 방금 하려고 하는 행동을 제지할 수가 없는 그런 종류의 것이라고 얘기해 주었기 때문이다. 그런데 나는 버나드 르로이 씨가 기록한 사례집을 읽는 동안에 그것과 거의 같은 표현이 사용되어 있음을 발견했다. 즉 '나는 자기의 행동의 방관자였다. 그것은 피할 수 없는 일이었다.' 이처럼 전면적으로 일치를 보게 되는 착각이 이 밖에도 존재할까, 나는 참으로 의문으로 여긴다. (앙리 베르그송, 《Le Souvenir du Present at la Fasse Reconnaissance》에서)

이 현상은 정신알력 때문에 일어나는 것인지도 모르겠지만, 때로는 뇌의 어떤 부분에 —— 관자놀이엽(葉) —— 종양이 생기고 있거나, 또는 그것이 이미 발육되고 있는 환자에게서 보게 되는 경우가 있다. 내가 직접 관찰한 사람은 뇌종양의 증거가 나타나기 몇 달 전에 기시현상을 호소했다. *

———————————

*《버클레이 광장》이라는 극은 데자 부 현상이 기초가 되어 있으며, 헨리 제임스의 '과거감'에서 암시를 얻어 쓴 것인데, 레슬리 하워드의 뛰어난 연기(1930년)로 유명해진 것이다. 그것은 1928년대의 남자가 1784년으로 돌아간다고 가정한 얘기인데, 그는 그 당시의 자기의 조상으로 거슬러 올라가서 다시 태어난다. 그는 1주일간 그 당시의 사람들과 함께 생활을 했는

d) 위사허언증(mythomania)

실제로는 일어나지 않았던 것을 일어난 것으로 기억하고 있다는 것도 일종의 기억의 왜곡이다. 이것에는 병적 허언증(pathological lying)이니 위사허언증 등 여러 가지 병명이 붙어 있다. 보통 거짓말 쟁이와 다른 점은, 첫째, 그 거짓말이 아무 필요도 없는 것이라는 점이며 또한 그 거짓말을 하는 본인이 자기의 거짓말을 정말로 믿기 때문에, 진실을 말할 수가 없다는 점에 있다.

나이는 16세이며 몹시 귀염성이 있고, 상당한 생활비도 벌 능력이 있는 소녀가 시카고의 소년심판소에서 힐리 박사의 진찰을 받은 적이 있었다. 그녀는 신문에 한동안 문젯거리로 오르내려 세상의 주목을 끌게 되었다. 그녀는 부흥회에도 잘 나갔는데, 언제인가 매춘부가 그 주제가 되었다. 그러자 그녀는 대단히 흥분해서 주일학교 여선생과 함께 목사에게 가서, 실은 자기는 몰래 매춘행위를 하였다고 고백하고 제법 정말인 것처럼 주변 지리를 설명했다.

이 설명을 그대로 믿고 경찰서에서는 그녀가 가리킨 소굴을 습격하기로 했다. 이 습격에 이 소녀도 형사들과 동행해서, 먼저 말한 그 집을 안내했다. 그런데 현장에 가보니 그 집이 갑자기 없어져 버렸는지, 그런 집이 보이질 않았다. 그리고 이 소녀는 구체적인 사실을 무엇 하나도 실증할 수가 없었다.

이렇게 되기까지는 그 소녀의 희망에 따라, 이런 이야기는 그 소녀의 계모에게는 비밀로 붙이고 있었다. 그런데 이 소녀가 먼저 거짓임을 자백하고 나왔으므로 경찰에서는 그 소녀를 구속했다. 그렇

데, 자기 집안의 가계도 잘 알고 있으며 그때의 사람들이 꿈에도 생각하지 못한 그 후의 세상의 추이(推移)도 잘 알고 있으므로 굉장한 예언자가 되었다. 그것은 그렇다치고, 과학적인 연구를 위해서는 S. A. K. 윌슨의 《Modern Problems in Neurology》 또는 풀링스 잭슨의 《Medical Times and Gazette》와 《Brain》(1889-9)에 기고한 것을 참조하길 바란다.

지만 집안 사람들이 경찰에 와서 얘기한 바를 들으면, 그 소녀는 앞서 여러 가지를 자백하기는 했지만 외박은커녕 해가 진 후에는 외출한 적도 없다는 것이었다. 그 소녀가 지조 없는 짓을 했다고 믿을 만한 아무런 흔적도 없었다.

그 소녀가 최초에 경찰에서 말한 것이 신문사에 누설되어 신문에 보도되었다. 식구가 말하는 것을 들으면, 그 소녀는 전도회에 출석하여 거기에서 뉴욕의 빈민굴 얘기를 듣고 히스테리 상태가 되어 집에 돌아왔는데, 그런 후에 앞에 말한 주일학교의 선생과 목사에게 가서, 그 소녀 자신의 생활에 관해서 깜짝 놀랄 얘기를 '고백'한 것이었다. 가족들의 말을 들으면, 그 소녀의 기억은 심히 이상한 데가 있어서, 때로는 자기가 듣고 온 설교의 대부분을 되풀이해서 들려주는가 하면, 어떤 때는 극히 최근에 일어난 일을 모두 잊어버린다는 것이었다. (윌리엄 힐리, 《The Individual Delinquent》에서)

1927년, 1928년의 두 해에 걸쳐 캘리포니아 주의 영 지사는 조지 워터스라는, 사회적 존재도 없으며 한 푼 없는 흑인에게 세 번이나 사형집행유예를 주었다. 워터스는 자기 아내를 죽였다는 혐의로 기소되어, 주로 9세된 딸의 말을 증거로 삼아 재판을 받고 유죄로 교수형 언도를 받았던 것이다.

이 사건은 대법원까지 상고되었다. 그러나 그는 여기서도 역시 유죄 판결을 받았다.

지사의 부탁을 받은 정신병학자인 아니타 M. 뮬 박사가 이 사건을 신중히 조사하여 워터스가 살인을 안 했을 뿐만 아니라, 아예 살인사건 따위는 없었음을 지적했다. 사체가 발견되지 않았으며, 살해되었다는 그 '죽은 사람'이 그 후에 로스앤젤리스의 거리를 걷고 있는 것이 발견되었다. 이 사건의 중요한 증인이 된 9세의 계집아이는, 그 후 조사하여 보니 히스테리증이고, 암시에 걸리기 쉽고, 대단한 자기모순이 있어 아마 위사허언증일지도 모른다는 점이 판명되었다.*

(3) 연상작용의 장애

사람들이 어떤 말을 듣고, 그 반응으로 최초에 머리에 떠오르는 생각이나 말을 그대로 말하도록 1천 명의 사람들과 정해 두고 '킹'이라는 말을 한다면, 약 354명은 '퀸'이란 말을 생각하고, 150명은 '통치자', 50명은 '군주', 50명은 '왕관', 20명은 '권력', 그리고 20명은 '영국'을 연상할 것이다. 그리고 그 이외의 '킹'에 관계있는 여러 가지 말이 나올 것이다. 마찬가지로 '다크(dark : 어둡다)'라는 말을 하면, 대부분의 사람들——적어도 반수——이 '라이트(light : 밝음)'를 생각하고, 다음에 많은 사람들이 '나이트(night : 밤)'를 생각할 것이다.

이런 것들이 어떤 자극을 주는 말에 대한 보통 연상이라고 말할 수 있다. 그러나 어떤 이들은 이 보통 연상으로서 떠오르는 말 이외의 것을 생각한다. 가령 '어둡다'라는 말을 듣고 '밤'이라고 대답하는 대신 '살인'이라는 사람도 있고, 여자의 이름을 말하거나, 의미도 없는 음이 비슷한 말, 가령 '도크'나 '쇼크'라고 말한다. 또는 음률이 똑같은 전혀 다른 말, 가령 Hark , hark , the lark (들어 보아라, 종달새 소리)라고 한다. 그런가 하면, 잠시 동안은 아무것도 안 나오다가 아무 관계도 없는 말——가령 '레터(편지)'——이 튀어나온다.

당장에 대답이 안 나오는 것은, 우리 머리 속에 떠오르는 여러 가지 생각과 우리 머리 속에 있는 '검열관' 사이에 일어나는 투쟁을

---

*16세 된 하녀의 엉터리 고소 때문에 24명의 사람이 교수대에 오르고, 14명이 화형주에 묶여서 타 죽고, 71명이 추방을 당했다. 이것은 1741년에 뉴욕 시에서 일어난 사건이다. (〈1741년의 노예의 모반〉, 1930년 8월 23일 《뉴욕》지 기사 중에서)

뜻한다. 그것은 여러 개 나오는 연상 중에서 어떤 하나를 발표할 때 그것을 내도 좋을지 어떨지를 망설이고 있는 것이다.

가령 보통 연상이 '밤'이라는 말이었다고 하자. 그러나 이 '밤'이라는 말 그 자체가 어떤 공포, 수치, 그밖에 생각해 내기 싫은 어떤 사정을 내포하고 있으면, 이 싫은 말이 나오지 못하도록 머리 속에서 투쟁이 일어난다. 그리하여 어떤 다른 말이 대신 튀어나온다. 그런데 그 대신 나오는 말을 검열관이 재빨리 막아내지 못하면, 용이하게 폭로될 말이 연달아 나온다. 그리고 검열되어 버리면 전혀 무의미한 말이 되어 버린다. 그것도 듣는 경험을 쌓은 사람이 들으면, 곧 "아 그것이로군"이라고 알게 된다(어떤 표준화된 말과 그 반응으로 나오는 회답이 일람표로 되어 있어, 심리학자는 시험용으로 언제나 이 표를 쓰게 마련이다).

이상 보인 것은 연상의 장애다. 이것은 우리의 일상생활에 여러 가지 형을 취하여 나타난다. 정식의 회식석상에서 어떤 사람이 '헤어(hare : 산토끼)'를 화제에 올린다. 그러면 몸에 대한 말에 특별히 민감한—— 싫어하는—— 정서를 가진 이는 '헤어(hair : 머리털)'로 잘못 듣는다. 그리고 그녀는 자기가 먹던 음식을 흘끔 보고 별안간 구토증을 일으킨다. 어떤 이가 '가난'이란 말을 한다. 그러면 은행에 예금 이상으로 수표를 끊고 온 사람은 대단히 불쾌해져서 아무 말도 안 나온다. 젊은 여자가 간밤에 무슨 양심에 찔리는 행동을 하고 그것을 잊으려고 무던히 애쓰고 있는데, 어떤 사람이 ' petting party '라는 말을 한다. 그러면 그녀는 온몸에 찬물을 끼얹은 것 같고, 남들과 함께 웃는다는 것이 지나치게 큰 웃음 소리를 내거나 아니면 반대로 꿀먹은 벙어리가 되어 버린다.

이런 이들은 A라는 관념에 B나 C가 따라오지 않고, 전혀 다른 M이나 S가 따라온다—— 즉 특수한 경험연상의 서열을 어지럽힌다.

연상이 극단으로 나가는 경우에는 그 사람은 질문에 대답할 수가 없게 되거나, 전혀 말을 못하게 된다. 또는 자유롭게 말하다가도 도중에서 말이 막혀서 뒤를 계속 이을 수가 없게 된다. 혹은 또 어떤 사상의 흐름의 방향을 되풀이하여 빗나가게 하기도 하고 중단하기도 한다.

"그리고 나는 작별 인사를 하고 택시를 타고, 기사에게 말했습니다. 내가 가는 곳은……."
"그리고 나서 뭐라고 했어요?"
"……."
"그리고 나서 뭐라고 했어요?"
"……."
"어서 말해 보십시오."
"그것으로 끝입니다."

"무슨 일을 해서라도, 그들은 당신이 유쾌히 지내도록 대접할 것입니다. 그것은 단순히 유쾌할 뿐만 아니라, 글로리어스(glorious) 한 것일 겁니다. 글로리어스, 글로리어스, 모닝 글로리-어스(morning glory 는 나팔꽃, 글로리어스라는 낱말을 되풀이하는 동안에 '모닝 글로리'가 튀어나왔다), 당신은 꽃을 좋아하십니까? 좋아하다 뿐입니까, 나는 주위를 꽃으로 둘러싸기를 좋아합니다——테이블 위에——선반 위에——천장에도——하하——즉 전등의 장식물로——미슬토(mistletoe)——아시겠습니까? 참 좋아라——그건 나 말입니다. 아마, 무엇이나 다 안다고는 생각지 마십시오. 나는 캘리포니아 특급열차로 여기에 왔습니다. 나는 별로 빠르(fast)지는 않습니다. 파스트(단식), 그리고 마릅니다. 그 편이 더욱 요긴한 일입니다. 'Coolidge'의 경제——그래요, 좋습니다. Cal Coolidge, 칼(Cal) 또는 알(Al)——당신은 알(Al)을 어떻게 생각하십니까?"(조리가 서지 않는 예)

분열이 더 심한 것도 있다.

"지금 막 저녁을 먹고 왔습니다. 산쥐가 무얼 내게 보냈는지 몰랐습니다. 어떻게 언제 푸른, 푸른, 지금 누구든지 할 수 있는 사람이 해 보는 것입니다. 대통령 선거란 그런 것입니다." (분열증 환자가 보낸 편지에서 인용·)

다른 예를 보자.

"나의 친애하는 친애하는 친애하는 친애하는 친애하는 친애하는, 나의 친애하는" (편지를 쓰려고 애쓰는 남자의 노력. 이 남자는 간질병에 걸려, 뇌의 서사(書寫)중추에 상해를 입고 있었다.)

여기 또 하나의 예가 있다(이 사람은 뇌에 상해를 입고 있으나, 다른 정신능력은 말짱하다).

"주님(예수)은 병원이다. 나는 희망하지 않는다.

그는 나의 결혼하는 연두색의 pastors(목사), 패터스(뜻이 없는 비슷한 음일 뿐임). 그는 나를 인도하고 나를 인도하고 인도하고……."

어떤 한 무리의 관념은, 각각 그 수반하는 정서와 함께 주가 되는 퍼스낼리티로부터 여러 가지로 분리되어 별개의 존재로 계속하는 경우가 있다. 이 존재는 언제나 어떤 주장되는 성좌──중심이 되는 것──에 어느 정도 의존하는 것으로서, 그것은 마치 지구나 달과 같은 것이다. 그리고 그 위성의 크기에 따라서 이 분리된 것들에 각각 다른 이름이 붙어 있다.

a) 분류의 다섯 가지 형

다음의 분류는 F. L. 웰스에 의하여 제창된 것이다.

제1형 : 보통은 의식적으로 조절되고 있는 과정 —— 동작, 언어, 감각 —— 이지만, 주의식에서 분리된 것이다.

고등학교에 다니는 귀엽고 인기가 상당히 있었던 여학생이 정신위생요양소에 왔다. 그 여학생은 한쪽 다리를 쓰지 못하였다. 부모들이 말하기를 그 학생은 2년간이나 이 한쪽 다리를 못 쓰고 그 다리로는 일어서지를 못해서, 어디를 가도 가족들이 부축해야만 했다는 것이었다. 그렇건만 침대에 눕거나, 긴 의자에 비스듬히 기대고 앉으면 그 학생은 다리를 자유롭게 움직일 수 있었다. 신경병학적인 진료를 해 보았지만, 신경에는 아무 고장이 없다는 사실이 밝혀졌다(보행불능증).

프랑스 전선의 참호 안에 있던 한 병사가 포탄이 터지는 바람에 기절했다. 그는 즉시 의식을 회복하였으나, 무슨 이상한 일이 생긴 듯한 느낌이 들었다. 처음에는 몸을 전혀 움직일 수가 없는 것 같았는데, 나중에는 전신이 뒤틀리며 경련이 일어났다. 경련은 기지병원에 데리고 간 후에도 계속되었다. 그는 심한 공포를 느끼는 것 같았지만, 자기 자신은 조금도 무서워하고 있지 않다는 것이었다. 신경병학상의 진찰을 해 보았더니, 그는 전혀 무신경상태에 있었으며, 바늘로 피부를 깊숙이 찔러 보아도 아무 감각도 없음이 밝혀졌다.

국민학교에 다니는 9세의 소녀가 갑자기 소리를 고래고래 지르며 머리에 손을 얹었다. 그 소녀 주위에 식구들이 모두 모여들었다. 의사를 부르고, 온갖 방법으로 치료해 보았지만 아무 효과가 없었다. 그 소녀의 악쓰는 소리는 길게 뽑는 울음 소리로 변하기도 하고 엉엉 울기도 하는 것이었다. 그러나 갑자기 울음 소리가 뚝 그치는가 하면, 그 소녀는 일어나서 마치 아무 일도 없었다는 듯이 놀러 나갔다.

40세의 부인은 특별히 짧고 스프링이 없는 침대에 누운 채 되도록
이면 몸을 움직이지 않으려 하고 있었다. 그 부인의 남편은 농업에
종사했는데, 아내를 극진히 위로해 주고 실로 정성스럽게 밥을 먹
여 주고 있었다. 밭에 일하러 나갔다가도 하루에도 몇 번씩 집에 돌
아와서 아내의 시중을 들었다. 그 부인은 수다스럽게 자기의 '참기
어려운 상태'를 자세히 설명했다.

한 번은 5년 전의 일이다. 침대 위에서 몸을 조금 움직였을 뿐이
었는데, 갑자기 심한 두통이 시작돼서 눈앞이 캄캄해지며, 이제는
죽나보다고 생각했다는 말들이었다. 그 후부터 그 부인은, 그런 일
을 되풀이하려고 하지 않았다.

이 환자에게 최면술을 걸었더니, 그 부인은 5년간이나 누워 있던
침대에서 벌떡 일어나서, 저녁상 머리에 앉아서 가족들과 함께 식
사를 했다. 몇 주일 동안 그 부인은 그렇게 할 수 있게 되었다. 그
러는 동안에, 그 부인은 다시 자기는 역시 움직일 수가 없다는 마음
으로 되돌아가게 되었다. 그 후 5년이 지났지만 그 부인은 계속해서
충실한 남편이 먹여 주는 것을 받아먹고 시중을 받고 있다.

어떤 부인이 지금 막 숨이 넘어간다기에 이웃 사람들과 친척들이
모였다. 그녀는 숨쉬기가 어려워 고통을 당하고 있었다. 몸부림을
치며 신음했다. 가끔 그녀는 일어나서는 쓰러지고 악을 쓰며, 경련
으로 몸을 떨었다. 주치의의 부탁을 받고 온 또 한 사람의 의사는
이 부인을 진찰하고 나서 환자에게 들리도록 일부러 큰소리로 주치
의와 의논했다. 그는 주치의에게, 병자는 머리도 몸도 곧 나을 것이
라고 말했다. 다음날 아침에 이 부인은 멀쩡하게 일어났다.*

---

*이상 몇 가지 예는 히스테릭한 병례다. 이것은 저자가 《Hygeia》라는 잡

문학작품 속에도 많은 사례가 나와 있다. 그 중에서도 가장 적당한 예로 생각되는 것은 셀마 라겔뢰프(스웨덴의 여류작가. 1909년 여성 최초로 노벨문학상 수상)의 《예루살렘》이다. 이 소설 속에는, 한 노부인이 전신불수로 여러 해 동안 자리만 차지하고 있었는데, 예언과 돌발사건의 발생으로 회복되었다. 즉 자기의 아들이 불 속으로 뛰어들어가는 바람에 그녀는 벌떡 일어나 구조하러 나섰던 것이다.

제2형 : 보통은 무의식적으로 조절되고 있는 과정──소화기, 심장작용 등──이 중요한 성격의 조절에서 분리된 것이다.

갑상선종, 위궤양, 신경성 소화불량 등의 기능적 신체질환이 이 형에 든다. 알렉산더가 우리에게 주의를 환기시킨 바에 의하면, 인간의 신경계통은 그 구실을 나눠서, 외부환경에 대한 신체의 통계는 보통 중추척수 신경계통이 이것을 맡고, 내부과정의 통제는 자율 또는 식물신경계통이 이것을 관리하고 있다. 그러나 정서적인 장애가 생기면 이 분업에 혼란이 생기는 경우가 있는데, 그 결과 보통 경우에는 외부적인 행동이 되어야 할 충동이 억압되어 그릇된 길을 가게 된다. 그리고 치거나 달리는 의지적 신경계통의 반응이 생겨야 할 것이 식물신경계통의 반응이 되어 버린다. 가령 밉다는 생각이나 무섭다는 생각을 눌러 두면, 그것이 '기관언어(organic speech)'로 변형되어 복부에 고장이 나거나 심장기능이 나빠진다는 신체적인 기능장애가 나타나는 경우가 있다.

알렉산더는 이런 현상을 한 나라가 다른 나라와 전쟁에서 패한 후에 나라 안에 혁명이 일어나거나, 나라 안의 혁명적 기운의 발전을 외국과 전쟁을 터뜨려서 그쪽으로 돌리는 것에 비교하고 있다. '사

지의 1927년 8월호에 기고한 것에서 발췌한 것이다. 이 문제에 대해서는 이 책의 제2장 및 제Ⅱ권의 제5장을 참조하길 바란다.

람은 자기의 정서와 소원을 환경에 관한 행동에 옮겨서 표현할 수
없거나 만족시킬 수 없게 되면, 그 정서와 소원이 몸 안으로 공격의
표적을 옮겨 몸 안의 기관적 과정이라는 이해하기 어려운 무인의 말
로 표현하게 마련이다.'

　어느 학생이 고학으로 대학에 다녔는데, 그는 저임금 때문에 장
시간 일하지 않으면 안 되었다. 어느 날 돌뿌리에 걸려 넘어져서,
한 벌밖에 없는 양복이 수선도 못 할 정도로 찢어졌다. 이 사건 이
외에도 두세 가지 예상 외의 지출항목이 발생하여, 그는 몇 주일 동
안 하루에 25센트로 살았다. 이렇게 절약해도 도저히 졸업할 가망이
없을 것 같았다.

　그는 갑자기 심한 두통으로 고생하게 되었다. 그는 아직까지 두
통을 앓은 적이 없었다. 그러나 이번의 두통은 지금까지 없었던 두
통을 한꺼번에 앓을 듯이 혹심한 것이었다. 그 두통은 그를 결박하
여 꼼짝도 못하게 하였다——일도 공부도 식사까지도. 이렇게 되
고 보니 남은 수단은 하나밖에 없었다. 그것은 학교를 그만두는 것
인데, 그것도 불명예스러운 것이 아니라, 병으로 인한 이른바 장기
휴학과 같은 방법이었다.

　그렇지만 그는 학교를 휴학하지 않았다. 얼마간의 돈을 빌릴 수
가 있었기 때문이다. 그러자 두통은 사라져 버렸다.

　어느 날 나의 사무실에 잘 차려 입은 한 부인이 거만한 태도로 들
어왔다. 그 뒤를 이어 잘생겼지만 수심이 가득 찬, 키가 약간 작은
남편이 따라 들어왔다. 이 남자가 어느 정도 성공한 상인이란 것을
즉시 알 수 있었다. "내가 빨리 왔지요"라고 이 부인은 거만하게 말
했다. "나는 버스 같은 것을 안 탄다고 말했잖아요. 내가 '저것'더
러 여기까지 동행하자고 했어요." 자기 남편을 턱으로 가리키며 아
무 거리낌없이 그녀는 말했다.

"늘 일만 헤서는 안 되거든요. 그는 너무 일만 하니까요. 좀 쉬는 편이 몸에 좋을 겁니다. 그래서 나를 좀 여기까지 데리고 오게 했지요."

"부인은 자랑하시는 겁니까?"라고 나는 물었다.

"원, 천만의 말씀입니다. 대체 내기 무엇을 자랑한다는 말씀입니까? 나는 모욕받으려고 여기 온 것이 아닙니다. 내 남편은 내 시중들기를 매우 좋아합니다. 나는 신경질적이고 생리적으로는 온몸을 못 쓰게 되었습니다. 나의 두 팔, 잔등이, 머리, 아프지 않은 데가 없이 늘 고통스럽습니다. 그리고 신경성 설사, 심장의 이상박동, 신경성 오한으로 꼭 죽을 것 같아요."

"그러나 아내는 결코 죽지 않습니다"라고 남편은 한숨을 쉬며 말했다. "아내는 병을 즐기면서 살아갈 것입니다. 내가 자기가 하라는 대로 해줘서, 자기중심의 생활을 마음대로 하도록 내버려 두면 아내는 당장 기분이 좋아지거든요. 그렇지만 아내를 즐겁게 하고 시중하는 나의 노력을 조금이라도 게을리하거나, 직무상의 약속 때문에 손이 미처 가지 못하거나, 밤에 내가 모임에라도 나가거나 하는 날이면 아내는 금방 또 병이 납니다——이런 말을 지금까지 한 번도 입에 담은 적이 없었습니다만."

내가 아는 한 사람은 장기간에 걸쳐 한 여자에게 구혼하면서도 결혼할 생각이 없었으며, 그녀를 어떤 공개석상에 데리고 가려고도 하지 않았다. 그래서 한번은 그에게 그 까닭을 물었다. 그는 "실은 부끄러운 일이라 말하기 거북한데, 나는 그녀와 함께 극장이나 교회나 사교적인 모임에 가서 앉기가 무섭게 참을 수 없을 만큼 변소에 가고 싶어서 좌석을 뜨게 된다. 참으로 생각만 해도 꼴사나운 일이라, 되도록 그런 기회를 피할 셈으로 결혼도 피하는 것이다"라고 말하는 것이었다. 그의 무의식이 단지 싱거운 장난을 하고 있다고 말해 주어도 허사였다.

이 경우에, 그녀로 말미암아 생긴 그의 자연적인 성충동은 소변을 본다는 것으로 위장되어 나타났다. 그리고 이 소변 보는 일은 어린 시절의 성적 표현방법이다. 이런 사실을 그에게 알려 주어도 헛수고라는 까닭은, 그는 그런 것을 이해하지 못하며, 또 이해하려고도 하지 않기 때문이다.

R부인은 침착하고 우아하고 그리고 지성이 높은 부인이었다. 그녀는 수십 명의 의사들, 주로 심장병 전문의의 진찰을 받았다. 그 이유는 묘하고 심각한 증상이기 때문이었다. 그녀의 심장은 갑자기 급하게 뛰는데, 그것이 무척 빠르고 뚜렷해졌다. 대개의 심장병 전문의들은, 그녀의 심장에는 아무 이상이 없다는 데 의견이 일치했다. 그들은 심장의 이상박동의 원인은 '신경성'일 것이라고 말했다.

이 R부인의 심리 상태를 조사해 보았더니, 그녀의 의식의 입구가 그녀가 억압하고 있는 강렬한 정서——공포, 부끄러움 및 불안——의 회상에 의하여 주기적으로 습격을 받고 있다는 것이 판명되었다. 이 정서라는 것은 어떤 사건에 관한 것으로서, 그것은 이미 잊었어야 하는 것이었다. 그녀의 의식은 결코 그 사건을 생각해 내지는 않았지만, 그녀의 심장이 그것을 생각해 내고 있었다.

　제3형 : 통제되어 있는 연상의 주요집단 또는 흐름에서 한 그룹의
　　　　관념이 분리된 것이다.

두 개의 다른 사고의 흐름이, 서로 전혀 알지도 못하고 의식하지 않고도 존재할 수가 있다는 것을 자동필기(automatic writing)가 충분히 증명한다. 이 실험은 대단히 간단한 것이기는 하지만, 그것을 본 적이 없는 사람이 많으며, 많은 사람들은 도무지 그것을 믿을 수가 없다. 그러나 자동필기를 할 수 있는 사람은 얼마든지 글을 쓴다.

몇 페이지든지 더 나아가 한 권의 책도 가능하다. 그러면서도 그 내용을 전혀 모르고 있다.

사실 이 능력을 실제로 해 보이는 가장 좋은 방법은 쓰는 사람의 주의를 전환시키는 일—— 얘기를 걸든지, 책을 읽히든지 해서——인데, 그러면서도 책상 위에 있는 손은 제 마음대로 글씨를 계속해 쓰게 한다. 이미 널리 알려져 있는 사실이기는 하지만, 전부 이런 자동필기의 방법으로 쓴 책이 여러 권 나왔는데, 그 중에도 세인트루이스에 사는 부인으로 페이션스 월드라는 필명을 가진 이의 것은 유명하다. 부적판과 점판 따위도 이런 방법과 원리에 의한다.

우리는 전부 의식 속으로 무의식적인 것——꿈 같은 것——이 들어오는 것을 안다. 이것들의 분리의 성질은 뒤에 다시 논의하기로 한다. 그렇지만 유명한 예로서는 콜리지의 《쿠블라 칸 : Kubla Khan》처럼 꿈 속에서 시가 나오는 경우가 있다는 사실이 밝혀졌다. 또 에드워드 루커스 화이트의 《안디비우스 헤둘리오 : Andivius Hedulio》처럼 힘들인 장편소설의 대부분이 꿈 속에서 이루어졌다고 저자가 말하는 경우도 있다. 화이트 씨는 그밖에도 많은 저서를 냈는데, 그런 것들은 꿈의 상태의 간섭을 받지 않고서 구상된 것이라고 나는 생각한다.

윌리암 맥듀칼이 보고한 다음의 얘기는 또 다른 실례가 된다.

"증권 브로커를 하는, 어느 성격이 쾌활한 젊은 사람은 사교상에도 스포츠 방면에도 원만한 생활을 하고 있었다. 그의 취미도 역시 이 사회의 일반 사람들과 다른 점이 없었으며, 또 문학에 대해서도 특별한 흥미를 갖지는 않았다. 시는 남자들이 감상할 것이 아니라, 오히려 여자들이나 즐기는 것이라고 생각하고 관심을 두지 않았다. 또 매일 아침 일어나기 전에 꿈과 현실의 경계인, 반 가량 잠이 깨인 상태에 있는 버릇이 있었다.

그러는 동안에, 이런 상태에 있을 때 무슨 시구 같은 것이 머리에 떠오르는 것을 깨달았다. 그래서 호기심에서 그것을 종이에 적어 두었다. 그랬더니 그것들은 훌륭히 연결이 되고 뜻이 통하는 시가 되었다. 더구나 그 시는 지금까지 자기가 신문과 잡시에 발표한 것에 비해 손색이 없었다. 그래서 그는 이 잠재의식적인 작품을 어느 잡지에 투고해 보았다. 그랬더니 놀랍게도 그 시가 채택되었다. 그가 나에게 얘기하였을 때에는 이미 여러 편의 그의 시가──그것은 모두 같은 과정으로 쓰여졌다──유명 잡지에 실렸고 원고료도 나왔다.

그의 시에 대하여 한 가지 흥미있는 특징은, 이렇게 해서 생긴 시는 그의 의식에 완성품으로서 떠오르지만 구절마다 따로따로 나오는 것이어서, 그가 나중에 잠이 완전히 깨었을 때 순서를 골라 놓으면, 한 자도 고치지 않고도 훌륭한 시가 되는 것이었다. 이 사실에 의하여, 몇 행의 시구가 의식의 표면에 우선 나타나기 전에 이미 전부 구성되어 있다는 것을 알 수 있다.

　제4형 : 의식 또는 '퍼스낼리티'가 유기체(인간)를 통제하는 것을 어떤 관념계통이 분리하여 다른 곳에 치환하는 것이다.

이 형에 속하는 것으로는 둔주증(遁走症)──이것은 이미 기억장애의 갈래에서 말했다──자동증, 몽중여행증, 다중인격의 발현 등이 있다.

（ⅰ）정신없이 어떤 일을 하는 자동증

대학교수 같은 이들이 생각에 골몰하다가 어이없이 실패를 하여 웃음거리가 되는 적이 있는데, 그런 것들이 이 장의 표제인 증상을 잘 설명한다. 내가 친구에게 들은 얘기도 같은 종류의 다른 얘기와 별로 다르지 않다.

"어느 날 저녁에, 아내가 오늘 저녁에는 저녁식사 약속이 있다고 이야기해 주었다. 그 약속이라는 것을 나는 전부터 몹시 싫어했다. 그러나 나는 옷을 갈아입기 위해 잠자코 2층으로 올라갔다. 야회복으로 바꿔 입어야 하므로 외출복을 벗기 시작했다. 지금 생각하니, 그때 나는 어떤 어려운 문제 때문에 여러 가지로 생각에 골몰하고 있었다. 아내는 내가 혼자서 중얼거렸다는 것이다. 그것은 그렇다 치고, 아내가 아래층에서 기다려도 내가 내려오지 않기에 웬일인가 하고 2층에 올라와 보았더니, 내가 어이없게도 잠옷으로 바꿔 입고 침대에 들어가 있더라는 것이다."

(ⅱ) 히스테리에 있어서의 자동증

새로 들어온 간호사는 소아과 병동이 근무처였다. 그런데 갑자기 사라졌다. 마침 그때에 회복기의 부인이 입원해 있는 병동에 새로 들어온 간호사가 와 있는 것을 알았다.

이 새로 들어온 간호사는 아무 말도 없이 곧 일을 시작했다. 그리고 모든 일을 자신만만하게 처리해 갔다. 누가 얘기를 걸어도, 그녀는 흘금 쳐다볼 뿐이고 대답도 안 했다. 1시간쯤 지난 뒤에 그녀는 수간호사에게 가서 여기가 어디며, 소아과 병동은 어디로 가느냐고 물었다.

(ⅲ) 간질병인 경우의 자동증

한 우수한 전신기사가 큰일날 행동을 한다 해서, 그가 근무하는 회사로부터 그를 진찰해 달라는 부탁을 받았다. 그는 회사의 연구실에서 세밀한 실험을 하고 있었다. 이 실험실 옆에는 조그만 서기실이 붙어 있었다. 그는 이 방으로 들어가서 깊은 생각에 몰두하고 있었다. 얼마 후, 한 여자 속기사가 큰 비명을 질렀다. 사원들은 웬일인가 하고 뛰어들어가 보았더니, 그는 당황한 표정으로 그 여자와 여러 사람들을 바라보는 것이었다. 그 여자의 말을 들으면, 그는 마치 그녀를 잡으려는 듯이 다가왔다는 것이었다. 그러나 그는 한 사코 그녀의 말을 부인했다. 그렇지만 그는, 그러면 왜 연구실에서 나와서 그 방에 들어갔느냐는 질문에는 대답하지 못했다.

알고 보니, 이 기사는 지금까지 여러 차례나 하던 일을 내던지고 잠시 동안 어떤 이상한, 계획이나 목적도 없는 행동을 했다는 점이 밝혀졌다. 그가 하는 것이란, 한쪽 다리로 의자를 공중으로 치켜서 쓰러지지 않게 하거나, 가느다란 줄로 장난을 하거나, 황급히 정면 현관으로 뛰어가거나, 층계를 올라갔다 내려갔다 하는 것이었다.

b) 몽중여행증

몽중여행증(몽유병)은 자동증과 닮은 점이 있다. 다만 다른 점은, 그 당사자가 자고 있는 동안에 행해진다는 점에 있다. 이것은 또 다중인격이나 둔주증과는 판이하다. 그것은 이 둘의 경우에는 당사자의 퍼스낼리티의 대부분이 분열되어 있어 보통 사람 노릇을 할 수 있는데, 그런 일은 자동증과 몽유병에서는 거의 볼 수 없기 때문이다.

어느 아주 유능한 직업을 가진 부인이 20세 후에 시작된 한 증상에 관해서 나에게 진찰을 받으러 온 적이 있었다. 그녀는 잠결에 자리에서 일어나서 잃어버린 보따리를 방안에서 찾는다는 것이었다. 그런데 그 '보따리'라는 것은 그녀가 아직 한 번도 본 적이 없을 뿐더러 구체적인 모양도 말할 수 없는, 다만 꿈에서만 보았을 뿐인데, 그녀는 이 보따리를 찾아내기만 하면 큰 행복과 만족을 얻을 것만 같다는 것이었다.

정신분석적인 치료를 받는 동안에, 그녀는 이 '보따리'가 무엇을 뜻하는지를 알고부터는 잠결에 돌아다니는 짓을 안 했다.

꿈 속에서, 즉 자면서 돌아다니는 것을 주제로 삼은 문학 작품은 극히 드물다. 미하엘리스의 《에베뢰 : Aebelö》 및 구스타프 프렌센

이 쓴 《외른 울 : Jöm Ulh》은 이 병증이 주요한 테마로 된 현대소
설이다.

  유명한 독일 영화 《칼리가리 박사》는 몽중여행증에 관계있는 많
은 중세기 전설의 하나에 기초를 두고 제작된 것이다. 그런 전설은
중세기에는 보편적으로 퍼져 있었다. 조금이라도 이상한 사건이 일
어나면 그 진상을 설명하지 못하고 신의 조화나 악마의 장난이라고
해석했기 때문이다. 그것은 그렇다치고, 이 영화 《칼리가리 박사》에
는 한 몽유병에 걸린 남자가 살인을 하고 부녀자를 꾀어내서 강간을
하려고 한다. 이 일은 꿈 속에서 걸어다니는 당사자가 생시에
는 —— 억압 때문에 —— 실현하지 못하는 희망을 꿈 속에서 실행하
는 것이라는 점을 보일 셈이었으리라고 추측된다.
  나는 직업적으로도 개인적으로도 그런 사건을 만난 적은 한 번도
없다. 그러나 16세의 소녀가 자기 아버지를 죽인 살인사건이 꿈 속
에서 아버지를 쏘았을 따름이라는 그녀의 변명이 인정되어 무죄가
된 사건이 신문에 난 일은 그다지 오랜 일이 아니다. 이 경우, 그녀
가 무죄석방된 뒤에 정신병 전문의의 면밀한 조사가 있었는데, 그
녀는 몽중여행증 환자가 아닌 것이 확인되었다. 그러니까 그녀가
아버지를 죽인 것은 그런 상태에서 행한 것이 아니라는 것이다.
  이 소녀의 경력을 조사해 보았더니 몇 해 전에 그녀는 재갈이 물
려지고 두 손이 묶여 있었는데, 그때 그녀는 강도가 들어와서 그 일
을 당했다고 말했다. 그러나 그것은 자기가 자신을 그렇게 했다는
사실이 얼마 후에 드러났다. 임상적인 진찰의 결과, 그녀가 심한 정
신병에 걸려 있음이 밝혀져 그곳의 주립병원에 수용되었다. 이 환
자의 젊음, 아름다움, 지혜 등이 동정을 산 이유도 있겠지만, 배심
원이 그녀의 변명을 듣고 범죄의 처벌을 가볍게 했다는 그 사실은,
몽중여행증에 관해 아직 세상이 모르고 있으며 거기에 무슨 신비스
런 것을 느끼고 있다는 사실을 나타내는 것이다.

잠결에 돌아다니는 사람과 분열증 환자의 비현실적인 행위(제2장 참조) 사이에는, 어떤 특수한 면에 있어서 매우 비슷한 점이 있지만, 우리는 이 두 가지 증상 사이에 어떠한 관계가 있는지 알 수 없다. 내가 알기에는, 몽중여행증세가 있는 사람한테서는 분열증이 발병하는 예가 없다. 또 분열증 환자와 달라서 전자는 쉽사리 잠을 깨게 할 수 있다. 또 몽중여행증 환자는 돌아다니다가 위험한 짓을 하지만, 결코 몸을 다치는 일이 없는 줄로 상당히 널리 믿고 있는데, 나는 임상적인 견지에서 절대로 그럴 리가 없다고 대답한다. 우리는 몽유병자가 높은 곳에서 떨어져서 몹시 다친 병례를 보았다. 또 그 중에는 한 번만이 아니라 여러 번 다친 경우도 있다는 것을 알고 있다.

c) 다중인격

지킬 박사와 하이드 씨는 정상적인 사람들 사이에 일어나는 교체성 이중인격의 기본형이다. 이것은 기분이 유쾌한 상태에서 슬픈 상태로 교체한다. 즉 순환성의 기분파인 이들의 특징으로 되어 있는 것과 혼동해서는 안 된다. 이것은 다만 정서가 동요하는 것뿐이다. 퍼스낼리티의 분열은 훨씬 더 포괄적이다.

의학문헌상의 고전적인 병례는 살리 보캄프 양의 경우인데, 이것은 몇 해 전에 미국의 정신병리학자 모턴 프린스가 참으로 근사하게 묘사했다. 이 여자는 여러 해 동안 프린스 박사의 환자였다. 그 동안에 이 환자가 보인 가지각색의 전혀 다른 성격을 그는 세세히 설명했다.

그 후에도 몇 가지의 병례가 더 보고되었다. 대개의 것은 암시 ―― 즉 최면술 ―― 로(계획적인 것은 아니지만) 인공적으로 뽑아낸 것 같다. 최면술에 걸린 사람으로부터 제2의 성격이 임시로 유도될 수 있는 것은 잘 알려져 있는 사실이다. 즉 최면술을 받는 사람은 자기를 백정이라든가 뱃사람으로 믿고, 그 사정에 알맞는 일을 무난히 해낸다.

자기의 성격을 서로 이중화하는 사람의 실례가 H. H. 고다드의 연구결과로 다음의 경우에 잘 표현되어 있다. 원문은 정밀하게 쓴 장황한 것이지만, 여기는 요약한 것을 든다.

노마는 19세의 매혹적인 여성이었다. 그녀의 성격은 가끔 네 살 먹은 폴리(노마의 아명)로 변하였다. 노마로서의 그녀는 몹시 지성이 높고, 품행이 단정하고, 겸허하고 유순하였다. 폴리로 변하면 그 여자는 젖먹이 같은 말을 하고, 읽지도 쓰지도 못하고, 거칠고, 이기적이고, 입바른소리를 잘하고, 고집불통이었다. 폴리로 된 때에 비네의 지능검사를 해 보았더니, 그녀는 4세보다도 못했다.

한 인격에서 다른 인격으로 전환하는 일은 자는 동안에 이루어졌다. 노마의 상태로 있을 때는 자기가 폴리 상태일 때의 기억은 전혀 없고, 그리고 폴리로 있을 때에는 노마였을 때의 일은 아무것도 몰랐다.

폴리의 상태로 있을 동안에 그녀는 자동필기도구로 편지를 썼다. 그것은 깨끗하고 문장도 훌륭한 것으로서, 또 폴리가 전혀 모르는 것에 대해서 정확한 답장을 썼다. 그 여자는 자기는 15세라고 쓰고, 비네의 시험을 해 본 결과 15세 소녀의 지능을 보였다. 그 다음날도 역시 '폴리'의 상태로 있었는데, 자기는 19세로 생각한다고 썼다. 그러나 그녀의 성격에는 아무 변화도 없었다. 그 후 몇 주일 동안 그녀는 폴리로 있었고, 다음에는 변화가 생겨서 노마로 되었다.

폴리로서의 그녀는 거의 무감각하게 되어 갔다. 엄지손가락의 손톱 밑을 깊게 찔러도 그녀는 아무런 아픔도 느끼지 않았다. 또 어느 때에는 그녀는 운동성의 조절을 잊어버렸다.

그녀가 노마 상태에서 폴리로 변한 적이 두 번 있었다. 어느 날 그녀는 보통의 과도기를 거치지 않고 갑자기 폴리에서 노마로 변하였다. 고다드 씨가 여러 가지로 질문해 보니, 폴리와 노마의 두 성격이 뒤범벅이었다. 그녀는 폴리로서 자기가 한 일이나 한 말을 기억하고 있었다. 그녀는 자기가 4세의 어린이로서 한 행동을 진심으로 유감스럽게 생각하고 있었다.

그녀는 얼마 후에 폴리의 상태로 옮겨 가서, 이번에는 전보다도 더욱 다루기가 힘들었다. 다음에 노마로 변하였을 때, 그녀는 전의 노마만큼 얘기하는 데 조심성이 없어졌다. 고다드 씨는 최면술을 사용해서 그녀에게 노마의 상태를 지속시켜 보려고 시도했으나 성공하지 못했다. 그래서 그는 그녀가 한쪽의 성격일 때에 변하기 전의 일을 상기시키도록 유도해 보았더니 좋은 성과가 있었다. 폴리의 상태로 있었을 때 그녀에게 최면술을 걸었더니, 그녀가 잠에서 깨어났을 때에도 이 폴리는 노마로서의 생활을 상세히 기억하고 있었다. 이번에는 노마로 있을 때 같은 실험을 해 보았더니, 그녀는 폴리의 일을 잘 알고 있었다.

제5형 : 몇 개의 관념 중에서 그 하나가 분리한 것이다.

의식은 그 존재를 알고는 있지만 인식을 잘못해서 그 결과 오해가 생기고, 틀리는 상표를 붙이며, 그리고 투영한다(투영이란 말에 대해서는 다음 장에서 자세히 설명하겠다). 이 형에 속하는 것으로는 '환각'이 있다. 왜곡의 갈래에서 이미 연구하였다. 그리고 망상도 이 형에 들어간다. 이것은 사고과정의 왜곡 중에서 가장 특징이 있고 또 전형적인 것인데, 우리는 지금 이 문제를 다루어 보기로 한다.

d) 망상(Delusion)

성 피터 및 그와 같은 시대의 사람들은 세계의 종말이 미구에 오는 줄로 믿고 있었다. 그 후에 여러 사람들이 각각 몇 년, 몇 월, 며칠에 이 지구의 파멸이 오리라고 확신한 적이 있었다. 그렇지만 그들은 언제나 실망했다. 서 A. 코난 도일이나 서 올리버 로지 같은 이들은, 죽은 사람도 말을 할 수 있다고 확신하고 있었다.

버클레이 승정은 타르(나무, 석탄 등을 건류해서 만든 검은 빛의 끈적끈적한 액체)에 물을 타서 인류의 만병을 고칠 수 있다고 믿었다. 우드로 윌슨은 프랑스와 영국의 외교관이 성실하다고 생각했다. 수백만의 사람들은 제1차 세계대전이 '전쟁을 없애기 위한 전쟁'이라고 생각했다. 어떤 이들은 미국이 전쟁에 참가한 것은 매우 도덕적이고 이상주의적인 이유에서였다고 생각하고 있었다. 이런 견해들은 모두 '망상'이다.

우리는 망상을 통속적인 '그릇된 신념'이라는 말을 써서 정의해도 좋을지 모르지만, 정신병학상에서 쓸 경우에는 이 그릇된 신념이란 것은 널리 일반 대중 사이에 퍼져 있는 것이 아니다. 한편 그 그릇된 바를 정정하려는 모든 수단은 전부 이를 거부한다는 종류의 것에 적용한다.

우리는 이 문제에 관하여 철학적인 추상론 가운데서 집 잃은 아이가 될 수 있다. 실용적인 목적에서 말한다면, 망상이란 철저하고 확실히 그릇된 관념이며, 그 유일한 근거가 되는 것은 그 당사자의 마음 속 깊이 숨어 있는 내부감정뿐임을 알아 두길 바란다. 이 내부감정은 물론 깊은 곳에 있는 무의식적인 경향에서 생기는 것이며, 그것에 대해서는 뒤에서 다시 설명하겠다.

섬망(譫妄)이란 것은 성격이 도저히 참을 수 없는 그런 긴장된 장면에 당면할 때에, 달리 순응할 길이 없으므로 특히 그 순응을 가능케 하기 위하여 생긴다. 자아는 이렇게 현실을 변화시켜서, 자아 자체가 현실을 받아들일 수 있도록 힘쓴다. 이런 이유에서 자아가 이 새로운 체계 속의 어디에 위치하는가를 기준으로 삼아 망상을 다음에 말하는 것과 같이 나누는 것이 편리하다. 양적으로 말해서, 망상이 포함하는 비현실성과 손해의 다소에 따라 가를 수도 있다. 한편, 망상에는 그것이 아무리 터무니없는 것이라도 거기에 어떤 다소의 진실성이 있기 마련이다——하기는 그것을 발견하기란 극히 어려

울지 모르지만 그 이외의 것은 그다지 대단치 않은 현실의 왜곡 이다. *

망상의 의의에 대하여 더 연구를 하기 전에, 우리는 비교적 빈번 히 만나는 형의 표본을 들어 보는 편이 좋을 것 같다. 이것은 중증 의 환자와 몹시 현실을 왜곡하고 있는 사람들이 실제로 말한 것은 아닐지라도, 그들이 생각하고 있는 견해의 대표적인 것을 예로 제 시해 보겠다.

e) 원심력의 형(자아가 주관이 되는 것)

(ⅰ) 과대망상형 망상

"나는 세계 제1의 부자입니다. 재산이 만억 달러쯤 됩니다. 이 시 에 지금까지 도서관을 일곱 개나 기부했는데, 당신에게 4백만 달러 를 드릴 작정입니다. 당신이 세계에서 제일 훌륭한 의사선생님으로 내가 믿고 있다는 증거를 보여 드리기 위해서입니다."

"나를 앞으로는 헨리라고 부르지 마십시오. 전에는 나의 이름이 헨리였지만 지금은 승진했습니다——내가 헨리였던 것은 잠시 동 안이었습니다. 지금은 전지전능하신 신 여호와입니다. 그러나 그렇

---

*나에게 온 어떤 환자는 경관이나 형사나 그밖의 사람들의 감시를 받고 있다고 생각하고 있었다. 언제인가 그는 경관이 자기 자동차를 유심히 보 고 있다고 우겼다. 이런 종류의 환상은 정신병 전문의라면 누구든지 다 아는 것이며, 또 이 사람의 다른 환상에도 직접 관계되는 것이기 때문에, 나는 그것을 전혀 문제삼지 않았다. 그런데 2,3일 후에, 이 사람은 증거 물이 될 만한 서류를 가지고 왔다. 적어도 어떤 경관이 그의 자동차를 주 의해 보았던 것만은 사실이다. 왜냐하면, 그의 차 번호가 다른 주의 것이 었고, 또 이 근처에서 쉽게 볼 수 없는 것이었기 때문이다. 더욱이 이 사 람은 세금납부일을 상당히 넘기고 체류하고 있었던 것이다. 그러므로 그 는 이론상으로는 틀리기는 했지만, 그의 걱정은 전혀 근거없는 것은 아니 었다.

게 긴 이름을 말하지 않고, 간단히 신이라고 하시면 됩니다."

"당신들이 만류하지 않았더라면 아침차로 시카고에 갈 생각이었습니다. 나는 시카고에서 그 계획을 실행해 줄 사람들을 만날 예정이었습니다. 그 사람들은 모두 굉장한 인물인데, 머리도 좋고 돈도 많은 사람들입니다. 내가 이 계획을 설명해 주면 반드시 모두 자기가 하려고 달려들 것입니다. 그들은 아마 새 회사를 설립할 것입니다. 나를 이사회의 회장에 앉힐지도 모릅니다. 그리고 무역부도 곧 두어야 할 것 같습니다. 아무리 찾아보아도 이만한 것이 세상에 또 없는 형편이니까요. 당신들은 나를 돌았다고 생각하는지 모르지만 생각해 보길 바라는 것은, 세상 사람들은 플라톤이나 제임스 와트와 같은 사람조차도 처음에는 미쳤다고 말했습니다."

(ⅱ)가난 및 병에 관한 망상(심기증성)

"나는 요즈음 어쩐지 그전 같지 않다. 아마 무엇에 몹시 충격을 받았던 것 같다. 후퇴만 하고 있다. 무엇에나 도저히 대항해 갈 수 없다. 심장에 탈이 난 것만 같다. 심장 언저리가 아무래도 이상하다. 또 가슴 주위도 이상한 듯하다. 혈압이 높을지도 모른다——큰아버지도 고혈압으로 죽었다. 그 병은 변비가 원인이라는데, 나도 변비가 극심하다. 며칠을 가도 변을 보지 못하고 온몸에 독이 가득하다. 나도 이제는 폐인이다. 심장이 없는 인간의 껍질과 같다. 걷고 있는 송장이다. 서서히 썩어가는 상태에 있다."

"나의 겨드랑이 밑에서 아래쪽은 고무로 되어 있습니다——죽은, 생명이 없는 고무로. 나의 간장은 돌덩이 같고, 폐는 이미 굳어버렸습니다. 창자는 썩어 버렸습니다. 당신은 나의 다리가 비틀어진 것을 모르십니까? 혈관이란 혈관은 모조리 말라붙었습니다. 따라서 나는 쭈글쭈글 주름진 주름투성이입니다. 나는 음식물을 도무지 삼킬 수가 없습니다. 목구멍이 막혔습니다. 나에게는 매독이 있고——그밖의 온갖 나쁜 병은 다 가지고 있습니다."

"이제 남은 것은 아무것도 없습니다. 우리는 다 굶어죽을 것입니다. 나는 빈털터리입니다——있는 것은 빚뿐입니다. 빚 천지입니다. 정말이지 완전히 파산했습니다. 사실, 지불할 돈도 없으면서 여기 앉아 하루 세 끼 밥을 먹다니, 나에게는 그런 권리가 없습니다. 나는 자선사업기관의 신세를 지고 있지만 아이들은 어딘가에서 굶고 있습니다. 오, 하느님, 불쌍한 저 아이들을 동정하여 주십시오. 그 아이들은 배가 고파서 울고 있습니다. 그리고 저는 이렇게 병원에 입원하고 있습니다! 저의 돼지들은 모두 달아나 버렸습니다. 가축은 죽고, 밀은 다 타버렸으며, 집은 어디론지 사라졌습니다. 저는 가졌던 마지막 한 푼까지도 낭비해 버렸습니다. 우리는 깨끗이 망했습니다!"

(ⅲ) 죄책감과 자책의 망상

"모두가 저의 과실입니다. 하느님이 생각하시는 대로 저를 처벌하여 주십시오. 세계대전을 시작한 사람도 저올시다. 그리고 이런 공포를 이 세상에 가져온 것도 저입니다. 저는 어느 누구보다도 가장 죄많은 인간입니다. 저는 용서받지 못할 죄를 범했습니다. 하느님, 저의 영혼에 자비를 내려 주십시오."

"한 30년 전의 일인데, 나는 어머니 지갑에서 은전 25센트를 훔쳐낸 적이 있었습니다. 나는 일평생 도둑놈이었습니다. 나라는 인간은 그런 놈입니다. 나는 충실하지 못했습니다——나는 그리스도를 배반한 것입니다. 얘기한들 소용없습니다. 저 같은 놈은 가망이 없습니다."

f) 구심성의 형(자아가 대상이 되는 것)

이런 것들은 '편집병양상태의 망상증(paranoid delusions)'이라고 부른다. 이 병명은 재미있는 말인데, 그 어원은 다음과 같이 만들어졌다. para 는 옆에 있다. 즉 왜곡되어 있다는 뜻이고 noos 는 마음

이란 뜻이다. 여기서부터 '편집병(paranoia)'이란 말이 생겼다. 이
말은 1868년에 칼바움이 쓰기 시작하여 여러 가지 망상, 특히 박해
를 받고 있다는 생각을 가진 것이 그 특징으로 되어 있는 병에 적용
되었다. 이렇게 해서 생긴 'paranoia'라는 말에 'od'——이것은
'비슷하다, 같은 성질을 가진'이란 뜻——를 붙여서 paranoioid(편
집병양)라는 더 새로운 말이 생겼다. 그러나 그 어조를 좋게 하기 위
하여 paranoid로 생략해 버렸다. 그리하여 paranoia에서 생기는 망
상과 몹시 비슷하기는 하지만 같은 것은 아니라는 뜻으로 사용
된다.

（ⅰ） 박해망상

"그것은 말하자면, 서서히 왔지만 상당히 음험하게 숨어다니는
것이었다. 처음에 나는 대단치 않게 생각했다. 단지 운이 사나워서
시기가 안 왔다는 정도로 생각하고 있었다. 그러던 중 갑자기 생각
이 났는데, 우연으로 돌리기에는 너무나 그 횟수가 여러 번이었다.
사무실의 창은 내가 열어놓은 것보다는 언제나 10센티쯤 더 열려 있
었다. 의자를 동쪽으로 향해 놓고 나갔는데, 돌아와 보면 그것이 남
쪽을 향하고 있다. 펜에는 잉크가 말라붙어 있고, 책상 위의 압지에
는 새로 얼룩이 져 있었다. 이런 것을 모두 종합해서 생각하여 결론
에 도달한 것이었다. 나의 상거래는 항상 원활치 못했다. 내 비밀은
모두 누설되었다——나의 실험은 모두 실패했다. 왜냐하면, 나를
망하게 하려는 어떤 조직된 음모가 내게 손길을 뻗쳤기 때문이다.
어떤 사람들이 무슨 계획을 하고 있는데, 나라는 존재가 그들에게
방해가 된다. 그래서 그들은 나를 해치려는 것이다."

"커피에는 독이 들어 있다. 방에는 고약한 냄새가 나는 가스가 살
포된다. 근처의 아이들이 와서 얼굴을 찡그리거나 비웃는다——어
떤 위험이 어디엔가 감춰져 있을지 모른다. 대강 이런 상태에 있다
면, 당신은 어떻겠습니까?"

"공산당이나 사회주의나 평화주의나 그들의 친구가 되는 대학교수들이 모두 한통속이 되어서, 살인범과 기타의 법률상의 범죄인이 당연히 받아야 할 처벌을 받지 않아도 좋게 하려 하고, 또 실제로 받지 않게 한 것은 이번이 처음이 아니다. 2명의 살인범을 석방하려는 운동을 지도한 사람은 놀랍게도 하버드 대학의 페릭스 프랑크플러 교수였다.

공산주의의 범죄인들에 관한 한 미국의 법제는 파괴되어 가고 있다. 그리고 배심원과 법정이 결정한 것이 군중의 결정인 것처럼 사실화되는 등 이런 일이 있을 수 있다는 것도, 결국 대학교수와 목사들이 인간의 명예를 짓밟기 때문이다. (중략) 이 대담하고 교묘하고 유능한 한 무리의 적들이 풍부한 자재를 가지고 파괴적인 사상을 사람의 마음 속에 주입하고 있는 것을 나는 발견했다.

여자대학에서는 넓은 범위에 걸쳐 바야흐로 엄숙한 결혼과 신성한 가정관계에 대하여 공격을 하고 있으며, 그 공격은 성공을 거두고 있다. (중략) 나는 이런 대학의 총장들과 교수들이 대개 바브린 포스터 위원회 또는 이와 밀접한 관계에 있는 조직의 구성원이라는 것을 발견했다."*

(ⅱ) 관계망상(결국 자기에게로 돌아오는 것)

"누구나 다 그것을 알고 있다. 나는 나의 집 대문을 들어선다. 이웃사람들이 왔다가도 즉시 돌아간다. 나는 아내에게 키스를 한다. 아내는 세 번 기침을 한다——싫다라는 뜻이다. 나는 저녁 신문을 든다. 표제에 〈베이커는 도망갈 것이다〉라는 것이 있다. 그 뜻은 나는 도망하는 편이 좋다는 말이다. 나는 잠깐 산보를 나간다. 사람들은 나를 유심히 보며, 소곤소곤하고는 나를 돌아다본다. 영화관에

---

*이것은 L—키와니스 클럽에서 1927년 6월 30일에 행한 연설을 매사추세츠 주 사회질서동맹이 인쇄해서 돌린 것이 1927년 6월 30일의 《보스턴 트러블러》 신문에 실린 것에서 인용한 것이다.

가면 그 자들은 내가 오는 것을 알고 있었는지, 나에게 불쾌한 듯이 자막으로 보여준다. 그 중에는 "이제는 머지 않으리"라는 것도 있고, 또 "그는 그녀가 아는지 모르는지 궁금해 하고 있다"라는 것도 있었다. 좌우간 그 자들은, 나를 못살게 할 무슨 증기를 잡은 모양이다——그것은 틀림없다. 그리고 그 자들은 나에게로 다가오고 있다. 다만 나는 그것이 무슨 일인지 모를 뿐이다."

(ⅲ) 질투망상

"그 여자는 이미 나를 사랑하지 않는다. 나는 알고 있다. 만나도 전처럼 웃지도 않고 또 전처럼 정열적인 키스도 안 한다. 그 여자는 냉정하고 무관심하다——내가 찾아가도 집에 있을 때가 없다. 더구나 변명한 적도 없다——그 까닭은 내가 양해할 만한 변명이 없다는 의미인데, 아무튼 다른 남자가 있는 모양이다. 물론 나는 증거는 안 가지고 있지만——그러나 당신 스스로 생각해 보시오. 아무리 여러 번 전화를 걸어도 언제나 '통화중'이며, 내가 갑자기 집에 돌아오면 깜짝 놀라서 얼굴이 빨개진다. 내가 2,3일 여행을 떠난다고 말하면, 그 여자는 은근히 좋아서 웃는다.

그뿐만이 아니다. 그 여자는 항상 버스를 타고 시내에 드나든다. 자동차를 타는 편보다 경제적이라고 아내는 말하지만, 이유가 되지 못한다. 그 여자가 타는 것은 언제나 똑같은 버스다——같은 운전사가 운전하는. 나는 다 알고 있다. 그들은 특별한 신호를 갖고 있다——나는 묘한 경적 소리를 들은 적이 있다. 세 번 길게, 두 번 짧게 소리낸다. 그때 그 여자가 창가로 뛰어가서 밖을 내다보는 것을 보았다——내가 보고 있는 줄을 모르고 내가 수상하다고 말하면 물론 그 여자는 웃으면서 내가 도리어 이상하다고 말한다. 그러나 나도 한두 가지 아는 것이 있다. 그 여자의 도색유희에 심한 질투가 생기는 것이다. 놈을 죽일까? 물론, 나는 한다. 그러나 연놈들도 지금, 어떻게 해서 나를 없애버릴까 하고 흉계를 꾸미고 있지 않을까? 당신은 저 홀 밀스 사건을 신문에서 읽어 보셨습니까?
그러나 나는 바보가 아닙니다. 내가 먼저 쏘아버릴 것입니다.”

⑷ 망상의 기구

이상 말한 여러 가지 증상의 뒤에 숨은 기계장치를 조직적으로 연
구하는 일은 다음 장의 주제이긴 하지만 지금 여기서, 왜 이런 망상
이 생기는가에 관하여 간단한 설명을 하는 것은 그 이해를 촉진시키
는 데 좋으리라고 생각한다.

물론 망상은 분리된 단편 또는 체계로 생각해야 할 것이며, 이런
것들에 대하여 의식은 그 존재를 알면서도 그것을 그대로 인식치 못
하고 오해하며, 그릇된 해석을 하여 잘못된 이름을 붙이고 있다.

(ⅰ) 어떤 때는 이 단편들은, 그것이 실현성이 없는 관념이기 때
문에 분리해 버린다. 현실의 냉정한 세계——그것에 의식은 어쩔
수 없이 직면해야 한다. 그러나 이런 사람에게 있어서 중요한 공상
은, 그것을 어느 정도 분리시킬 수 있기만 하면 견뎌 나갈 수 있다.
이 종류의 형은, 죽은 남편은 죽지 않고 다만 잠자고 있는 줄 믿는
부인과 자기는 엄청난 부자인 줄 믿고 있는 남자들에 의해 대표
된다. 바꿔 말하면, 마호메트가 산으로 가지 않고 산을 움직여 마호
메트에게로 오게 한다는 말과 마찬가지다. 이 기계장치를 ‘섭취작
용’이라고 한다. 뒤에 다시 상세히 논하겠다.

(ⅱ) 다른 경우에 있어서는, 갈라져 떨어져 나가버린 판단은 의식
에 있어서는 참을 수 없는 실책 또는 소원이다. 그것을 그대로 가지
고 있으면 자기를 괴롭혀야 하므로 분리가 생긴다. 이 경우에는 자
기의 마음에 들지 않는 단편——즉 소원이나 콤플렉스——은 어
떤 다른 것에 투영하는 형으로 분리가 행해진다. 이 투영을 받는 상
대편은 투영을 주는 사람의 마음이 풀릴 때까지 고트(goat ：속죄양)
역할을 한다. 이것은 자기의 과실은 제쳐 놓고 남의 허물만 책망

한다는 종류의 우화에 잘 나온다.

박해망상의 경우의 분리한 단편이란, 보통 어떤 은밀한 소원으로, 그것은 자기 자신도 의식하지 못하는 것이지만 무의식적으로 무슨 나쁜 것 또는 가치없는 것으로서 인정되고 있는 것들이다. 노처녀의 생각에 어떤 남자가 자기 뒤를 따른다는 망상은 이 경우의 좋은 예가 된다. 이 기계장치를 '투영'이라고 한다. 이것도 역시 뒤에 다시 자세히 설명하겠다.

(ⅲ) 죄가 많다, 병이다, 가난하다는 종류의 망상들은 투영과 섭취작용이 합친 것이다. 한 사람이 자기는 파산한 것으로 믿었다고 하자 —— 실제로는 파산하지 않았지만 그렇게 믿어버린다. 이런 사람이 그렇게 믿는 데는 여러 가지 이유가 있다. 첫째, 그는 그런 소원을 가질지도 모른다. 그러나 그것은 자기가 파산했다는 것이 아니라 자기가 사랑하는 —— 자기가 그렇게 생각하고 있는 —— 사람에 대하여, 그 사람이 파산했으면 좋겠다고 원했을지도 모른다.

그런데 자기가 의식하고 있는 애정은 의식하고 증오 위에 포개진다. 그리고 이 증오심은 발산시켜 버릴 기회가 없다. 왜냐하면, 그런 증오는 의식하고 있는 애정과 양립되지 않기 때문이다. 그러므로 이 사람은 자기가 이런 파괴적인 소원을 낸 —— 아마 무의식 중에 —— 상대자와 자기를 동일화시키는 것같이 보인다. 그렇게 되면 망상이 공격의 환상과, 그런 환상을 그린 것에 대한 자책의 환상을 동시에 실현시켜 준다. 따라서 이런 것들이야말로 증오의 망상이라고 말할 수 있다.

(ⅳ) '편집병양상태'는 사랑 —— 그것도 왜곡되고, 잘못 해석되고, 그리고 모순투성이인 사랑 —— 의 환상인 것같이 생각된다. 그 참뜻은 이렇다.

"나는 그 사람을 사랑하고 있다. 또는 전에 사랑했다. 나도 그 사람에게 사랑을 받고 싶다. 그렇지만 그는 모른 체한다. 그러므로 나는 그를 미워한다. 내가 그를 미워하는 데는 정당한 이유가 있다.

적어도 그를 무서워할 이유가 있다. 왜냐하면, 그가 나를 미워하는 것이 분명하기 때문이다. ”

이 '나는 그를 사랑한다'로부터 '나는 그를 미워한다'에 이르는 변화의 과정은 과학세계에서도 문학세계에서도 세세히 연구되어 있다. 전자의 경우에는 슈레벨의 증례에 관하여 프로이트가 참으로 철저하게 연구한 바 있다.*

(Ⅴ) 그러면 마지막으로 인생을 더욱 참아가기 쉽게 하기 위한 망상——및 착각과 건망증 등——이 있다. 쇼펜하우어나 그밖의 사람들은 사람이 어떤 일에 열중해서 뛰어 돌아다니는 것은, 우리 인생이 얼마나 참담한 것인가, 그리고 죽는다는 일이 확실하다는 것을 잊기 위해서라고 해석하고 있다. 아마 허무적인 망상을 가진 우울증의 사람들은 인생은 참으로 흥미없는 것이라고 생각할지도 모른다. 그러나 우리의 대부분은, 인생은 살 보람이 있는 것이라고 늘 생각하고 싶은 것이다.

"왜냐하면, 인간의 기억과 인간의 낙관주의는 평계하기에 익숙해 있으며, 또 그 평계란 것은 아무나 붙잡고 언제까지나 싫증내지 않고 되풀이해서 말하고 있기 때문이다. 실제로 이들이 소설을 창작해 내는 것인데, 이 소설을 각자가 각각 영원히 끝없는 광상극으로 꾸며서, 이것이야말로 자기의 일생——과거와 미래——을 정확하

---

* 《프로이트 전집》(영역판)의 〈파라오니아 환자의 수기에 관한 정신분석적인 노트〉와, 문학에서는 아더 슈니즐러의 《어둠으로의 비약 : Flight into Darkness》이 여기 말한 기구를 잘 설명하고 있다.
특히 로버트 나이트 박사의 《선천적 동성애의 편집병양상태 망상증 기구에 대한 관계 : The Relationship of Latest Homosexuality to the Mechanism of Paranoid Delusions》를 부디 참조하길 바란다. 이것은 1908년 3월호의 《메닝거 클리닉 블루틴》에 실려 있는데, 거기에는 프로이트 박사 자신이 처음에 쓴 것에 정정을 가했으며, 그것은 프로이트의 본능에 관한 신학설——프로이트 자신이 정정한 것——의 노선을 따라서 설명되어 있다.

게 요약한 것이라고 자신에게 들려주고 있다. 그리고 이 지구가 돌고 있는 표면의 어디를 가더라도, 글자도 되지 않은 소설이 헝겊과 잡화로 제본되어 '순회도서관'으로 돌아다니고 있다.

이 소설들의 건전한 효과는 의심할 여지가 없다. 우리들의 대부분이 회색의 단조로운 복도를 지나 '죽음'으로 점점 가까이 가는 것을 누구나 반드시 주의할 필요가 없다는 것도, 결국은 이 싫증을 모르는 로맨스 작가에게 용기를 얻고, 기억이 애매하며, 또 영원히 계속되는 낙관주의의 덕분이다. 그리고 사람들은 인생행로에서 여기저기에 색채가 풍요한 휴식처를 발견해, 도취와 정욕의 열쇠로 그 문을 연다. 혹은 더욱더 자기의 기운을 왕성케 해주는 것 같은 군중행동이란 정신착란에 몸을 맡김으로써 이 휴식처의 문을 연다. 혹은 또 새로운 댄스의 스텝이나 장기, 화투놀이 등에 정신을 쏟음으로써 그 문을 연다.

사람들은 참으로 가지각색의 이 종류의 휴식처로 굴러들어간다. 그리고 일단 들어서면, 튼튼하고 도망갈 수 없는 단 하나밖에 없는 문이 일시적으로 닫혀 버린다. 인생의 여행은 그 단조로운 대로가 연달아 끝없이 이어지는 대수롭지 않은 사건에 정신이 혼동되어 때로는 그것에 열중하여 시간을 낭비하며, 경범죄에 걸려서 걷고 있으므로, 인생 그 자체도 단순한 이성인이 생각하는 바와는 퍽 다른 것이 되고 만다. 게다가 우리가 앞으로 나감에 따라 가까워지는 '문'의 저편에 있는 것과 장의사의 작은 검은 자루 등에 대해, 여러 가지 재미있는 얘기가 교환된다." (제임스 브랜치 케성벨, 《밀짚과 성서 : Straws and Prayer Books》에서)

3 정서의 왜곡

정서의 왜곡에는 네 가지 모양이 있다.

(1) 현실외계 무시적 반응(괴리성 체질형)

비프스테이크를 굽는 냄새만 맡아도 기분이 나빠진다거나 공포를 느끼는 일은 상상도 못할 만큼 부자연스런 일로 생각될 것이다. 즐거운 기대를 일으켜야 할 자극에 화를 내거나 공포를 느끼는 정서는 전혀 합당치 않은 것으로 생각된다.

그런데 대양을 항해하는 사람들은, 배멀미가 나면 이런 냄새를 맡기만 해도 불쾌해지는 것을 경험한다. 또 어떤 종류의 신앙을 가진 엄격한 채식주의자들도 그와 같은 경험을 한다. 뉴로틱한 환자는 공포반응을 보일지도 모른다. 이런 비뚤어진, 또는 부적당한 정서반응은 정서왜곡의 한 형이 된다(즉 괴리성 체질형 : Schizothymia).

이런 경향은, 정도 차이는 있어도 우리 주변의 지식인, 친구들 사이에 일반적으로 볼 수 있다. 장미꽃을 보고 우리들은 곱다고 느끼지만, 브라운 양은 화를 낸다. 클라크 부인은 음악을 들으면 진저리를 친다. 애견이나 고양이가 다정하게 다가오면 덜레이 씨는 화를 낸다. 어윈 씨는 우리가 한 번 보기만 해도 싫은 벌레의 표본에 특별한 흥미를 가진다. 결국 이상의 병적인 정서반응의 경우에도 그 정도가 높을 뿐, 이 종류의 일반적인 형으로부터 완전히 떨어져 있지는 않다.

예를 들면, 나에게 오는 어떤 환자가 어떤 반응을 보일는지 아무도 모른다. 혹은 누가 "안녕하십니까"라고 물으면, 이 부인은 큰소리로 비명을 지를지도 모른다. 또 한 시간 후에, 그녀는 같은 인사에 대하여 유쾌하게 웃을지도 모른다. 남편이 가지고 온 과자상자를 창 밖으로 던져 버리는가 하면, 간호부와 다른 환자들에게 공손히 나눠 주거나 그대로 설합 속에 넣고 자물쇠를 채워 버린다. 누가 그녀를 향해 미소를 지으면, 그녀도 기분좋게 생긋 웃는 경우가 있고 모르는 체하기도 한다. 또 때로는 사람을 향해 갖은 욕설과 모욕을 퍼붓기도 한다. 이와 같이 그녀의 정서반응은 거의 언제나 부적당한 것이었다.

이 괴리성 체질형은 정신병학상 매우 중요한 것이다. 왜냐하면, 그것은 분열증 성격의 내면적인 부조화를 계량하는 하나의 표준으로 삼고 있기 때문이다. 달리 말하면 분열증인 사람의 말이 점점 조리가 맞지 않게 되고, 쇠퇴하고 '미쳐'갈 때, 이 분열증의 표현에 의해 그 사람의 정신손상 정도를 대략 가늠할 수 있기 때문이다. 앞서 말한 환자는 머리 속이 몹시 '손상되어 있는' 경우의 표본이라고 할 수 있다.

캘리포니아의 살인마 에드워드 힉맨에 관한 신문의 기사에 의하면, 그가 범한 범죄, 재판, 자기 어머니의 탄식, 자기의 사형선고 등에 대하여 웃기도 하고 농담도 하였다는 것이다. 그것이 사실이었다면, 그의 머리의 병은 그의 무참하고 괴상한 것보다도 더 심한 것이었을 것이다.

(2) 공포증(병적 공포)

공포증이란 이름으로 알려진 정서반응은 앞서 말한 것과는 전혀 다른 것이다. 공포증이나 병적인 공포라는 것은, 때로는 막연한 것이며 —— 특수한 것이 아니라는 뜻에서 —— 일반적인 것이다〔심상신경질(尋常神經質 : Panophobia)〕.

"나는 공연히 늘 걱정을 하고 번민합니다"라든가, "무슨 무서운 일이 생길 것만 같습니다"라든가, "아무렇지 않다가도, 언젠가는 한번 천벌이 내릴 것이라는 생각이 떠오르면 못 견디겠습니다"라든가, "언제나 공연히 불안합니다. 갑자기 무슨 소리만 나도 깜짝 놀랍니다. 마치 젊은 여자가 밤중에 고대광실에 혼자 앉아 있는 것 같습니다"라고 말하는 따위가 이 예에 속하게 된다.

위에 말한 바와 같이 아무 근거도 없는, 공중에 떠 있는 불안한 생각이 어떤 구체적인 목적물이나 사정에 엉키면 그것이 특수한 공

포나 공포증으로 된다. 이렇게 하여 결합되는 구체적인 목적물과
사정은 보통 그 사람이 억압한—— 잊어버리고 인식하지도 않고,
전혀 모르는—— 소원들이다. 노처녀 남성 공포증에 걸린 경우의
이야기가 곧잘 만화의 소재로 사용되는데, 그것이 이 사정을 잘 대
변하고 있다. 그런 노처녀에게, 아무도 —— 남자가—— 당신의 뒤
를 따르지 않는다고 말해 보아도 그것은 조금도 그 여자를 즐겁게
하거나 위안을 주지는 못한다. 또한 그런 공포가 마음 속에 내재된
소원의 표현이라고 일러 주어도, 그것 역시 그 여자에게는 조금도
유쾌한 사실이 못 된다. 그러나 이것은 누가 보더라도 틀림없는 사
실이고, 모르는 것은 당사자뿐이다.

대개의 증례의 경우, 이 숨어 있는 것을 대리하고 있는 것을 조사
해 보아도, 그것이 무엇을 대리하고 있는지를 알기란 그리 쉽지
않다. 왜냐하면 '상징화(symbolization)'가 되어 있기 때문이다. 따라
서 개를 무서워하는 사람의 경우에는 이 사람에게 개는 무엇을 뜻하
는가. 즉 개는 무엇을 상징하고 있는가를 밝혀내지 않고서는 이 사
람의 병의 근원을 확실히 알 수 없을 것이다.

세상에는 병적인 공포가 참으로 각양각색으로 많다. 높은 곳에
올라가면 무섭다, 얕은 곳으로 내려가기가 무섭다, 널따란 장소가
무섭다, 좁은 장소에 갇혀 있기가 무섭다, 천둥·번개·피·쓰레
기·어둠·밝은 것·군중·죽음·사람 등 여러 가지를 무서워하거
나 싫어하기도 한다.

미국의 대학생을 통계적으로 조사해 보았더니, 약 20퍼센트가 과
거 또는 현재 공포증에 시달렸거나 시달리고 있다는 결과를 보이고
있다. 그러나 대개의 경우에 이런 종류의 공포는 모르는 사이에 없
어져 버리게 마련이다. 그렇다고 해서 시일이 경과한다고 반드시
없어진다고는 할 수 없다.

조지 해리스는 12,3세 되었을 때에, 사람들 앞에 나가기가 병적으

로 무서웠던 것을 기억하고 있다. 교회에서 여러 사람들 틈에 있기가 견딜 수 없어서, 갑자기 도망을 치는 바람에 설교를 방해한 적이 있었다. 그러나 그의 공포는 사라져 버렸다. 그런데 대학을 졸업할 무렵의 어느 날, 축구경기를 보러 가서 수만 명이 넘는 많은 구경꾼들 틈에 있는 동안 갑자기 이 공포가 되살아났다. 그 후 그는 복잡한 상가가 밀집해 있는 혼잡한 도시에는 도저히 갈 수 없었다. 그는 또 큰 건물 안에 천차만별의 사람들이 가득 있는 곳에는 들어가기도, 거기에 앉기도 두렵게 되었다. 그는 대중식당에서 식사를 하거나, 대낮에 기차를 탈 수도 없었다. 심한 공황과 공포가 밀물처럼 밀려오기 때문이었다.

공포증은 몹시 심해지고 그 범위도 넓어지는 수가 있는데, 그것이 어느 정도까지 발작하는가에 대해서 셀라스 부인의 병례에서 추측할 수 있다.

그녀는 37세 때에 불결공포증 —— 또는 병균감염공포증 —— 에 걸렸다. 처음에는 단지 유리의 파편을 보고도 가슴이 두근거리고, 걱정이 되고, 공포를 느꼈다. 그 후부터 그녀는 무슨 티끌만한 쓰레기라도 그것이 어떤 종류의 것이든 무서워졌다. 그녀는 온 집안을 기어다니면서 솔로 싹싹 문지르기를 수없이 했다. 그녀는 남에게 자기의 식기를 닦거나, 음식물에 손대는 일을 절대로 시키지 않았다. 그것은 악의는 없더라도, 혹 어쩌다가 병균을 옮길지도 모른다고 생각했기 때문이었다. 그녀는 또 문 손잡이에서도 몹쓸 병균이라도 옮지 않을까 두려워하게 되었고, 하루에도 여러 번 손잡이를 닦았다. 그녀의 공포증은 점점 악화되어, 드디어는 자기의 공포증을 치료해 보려고 많은 애를 썼다.

공포의 동태에 대해서는 다음 장에서 자세히 말하겠지만, 그 성질을 좀더 잘 이해시키기 위하여 공포증의 근본원인으로 소급해서

388

탐색하는 증례를 들어 보겠다.

"부모가 모두 훌륭한 혈통을 가진 어떤 젊은 여자가, 어렸을 때에 흐르는 물에 대하여 큰 공포증을 가지게 되었다. 이 병은 7세에 시작하여 20세가 되어도 여전히 계속되어, 조금도 나아지는 것 같지가 않았다. 그리고 그녀는 왜 그런 병에 걸렸는지 전혀 설명을 못하였다. 이 장애의 일반적인 성질은 쉽사리 보일 수 있는 것이었다.

그녀의 공포반응은 특히 물장구치는 소리를 들었을 때에 더욱 심하였다. 가령 그녀가 목욕을 하기 위해 욕조에 물을 부을 경우, 그녀는 집안에서 제일 먼 곳에 가 있지 않으면 안 되었다. 그리고 초기에는 가족 3명이 그녀를 강제로 목욕탕에 집어넣는 형편이었고, 그때마다 심하게 몸부림치며 반항했다.

언젠가는 학교의 교실 가까운 곳에 물마시는 곳을 만들었다. 물소리가 나면 그녀는 까닭없이 무서워하며, 기절한 적도 있었다. 기차로 여행할 경우에는, 기차가 강을 건너는 것이 보이지 않게 창에 커튼을 내려야만 했다.

그녀가 20세 때에 큰어머니께서 찾아왔다. 큰어머니는 13년 동안이나 이 조카딸을 보지 못했는데, 어머니가 역까지 마중나가서 얘기 끝에 딸의 상태를 말하였다. 집에 도착하여 큰어머니가 조카딸을 만났을 때 한 첫마디는 "나는 아무에게도 말하지 않았다"라는 것이었다. 이 말을 듣고 그 젊은 여인은 다음의 에피소드가 생각났다.

어머니와 큰어머니와 이 어린 소녀 —— 이 소녀는 그 당시 7세였다 —— 는 어느 날 소풍을 갔다. 오후 늦게서야 어머니는 집으로 돌아가자고 했지만, 이 소녀는 큰어머니와 좀더 남아 있겠다고 고집을 부렸다. 그리하여 뒤에 처진 두 사람은 천천히 걸어서 숲 속으로 들어갔다. 그런데 이 소녀는 큰어머니의 말을 듣지 않고 혼자서 달아나 버렸다. 큰어머니가 뒤를 쫓아가서 찾아보니, 이 소녀는 계곡의 조그만 바위 틈에 끼어 넘어져 있었으며, 물이 머리 위로 쏟아지고 있었다. 이 소녀는 무서운 나머지 울부짖고 있었다.

그들은 근처의 농가로 가서 옷을 말렸다. 이 소녀는 큰어머니의 말을 듣지 않은 일이 어머니에게 알려지면 큰일이라고 몹시 걱정했으므로, 큰어머니는 이 소녀를 위로하면서 "내 아무에게도 말하지 않으마"라고 약속했다. 그리고서 그들은 집으로 돌아왔고, 다음날 아침에 큰어머니는 이 소녀를 다시 만나지 않고 돌아가 버렸다. 그리하여 이 소녀는 아무에게도 그 일을 말하지 못하고, 걱정하며 한동안을 지내왔다. 그리고 이 사건이 있은 지 얼마 후 공포증이 생겼던 것이다.

소녀시절의 이 사건을 생각해 낸 후, 이 젊은 여인은 아무 공포도 없이 흐르는 물에 가까이 갈 수 있게 되었다. 그리고 그녀의 공포증의 대책으로 행하던 여러 가지 특별한 고려도 차례로 해소해 버렸다. (잉글리시 백비, 《포비아의 어원 : The Etiology of Phobias》)

위에 말한 병례는 널리 인용되는 것인데, 그것은 장기간에 걸쳐 계속된 특수한 공포증을, 그 사람이 쓰라린 정서경험을 가지며, 따라서 그것을 억압해 버린 일에 관련시켜서 해설하는 것처럼 보인다. 이것은 조건반사로 알려져 있는 심적 기구의 실례다. 이 조건반사라는 것은, 사람이 어떤 자극에 대하여 한 번 어떤 특별한 반응을 하면, 그 사람은 그러한 반응을 하기가 이미 적당치 않게 된 후에도 같은 형식의 반응을 언제까지나 계속해 보이는 것을 말한다. 정신분석학의 입장에서 말하면, 위의 설명은 치유적인 효과가 있었다고 보고되고 있지만 아직은 완전하지 못한 것이다.

여기에 들은 증례의 경우, 병의 원인이 되는 것이 분명한 상처를 남길 것 같은 에피소드의 뒤에 실은 더 중대한 것이 숨어 있으며, 그것에 대하여 위에 말한 에피소드가 휘장의 구실을 다하고 있다. 이 에피소드는 그 사건이 일어났을 때보다도 훨씬 전에 일어났다.

그리고 훨씬 고통스런 에피소드이며, 이것이 너무 오랜 과거의 사건이며, 또 너무 괴로우므로, 그리 쉽사리 생각해 낼 수가 없는 것을 숨기고 있다. 정신분석자들은 누구든지 날마다 그런 것을 경험하고 있는 실정인데, 정신분석을 받는 사람은 우선 최근에 본 꿈 이야기를 하고, 그 꿈과 비슷한 실제의 경험을 현재의 생활 가운데서 꺼내서 얘기할 수가 있다. 그러는 동안에 5년 전에 이와 비슷한 사건이 있었다든가, 자기가 만족한 적이 있었다든가, 그리고 더욱 소급해서 12년 전에는 어떠했으며 30년 전에는 이러이러한 일이 있었다고 말하게 된다. 이런 사실의 성질이란 것은, 맨 처음의 에피소드는 생각해 낼 수 없더라도 그것이 어떤 것이었던가를 확실하게 추리할 수가 있으며, 또 경우에 따라서는 정확히 생각해 낼 수도 있다.

백비의 증례에서 읽은 사건은 어쩐지 이 환자가 출생할 때 곤란했던 기억을 숨기고 있는 것같이 생각된다——머리가 바위 틈에 끼어 있고, 그 위로 물이 흘러내리는 등. 이런 경험은 아이로서는 생각해 낼 수 없으며, 또 치료라는 문제에 관한 한 거기까지 가지 않더라도, 이 '숨어 있는 기억(screen memory)'에 이처럼 가까운 에피소드——이 에피소드 속에서 이 소녀는 출생할 때의 경험을 다시 한번 경험한 셈이다——를 생각해 내는 것만으로도 이미 충분하다.

또 이 가운데서 아마 중요한 요소가 되는 것으로, 어머니를 속이기 위해 큰어머니와 둘이서 거짓말을 한 것에서 오는 정서적인 알력이 들어 있을지도 모른다. 이 거짓이란 숨어 있는 적의이다.

공포증의 목적은 그 당사자가 '죄악이다'라고 생각하는 그런 장면에 자기가 끼어들지 않도록 하거나 그런 행위를 못하게 한다는 점에 있다는 것이 광범한 정신분석의 연구 결과로 알게 되었다. 그런데 이 '죄'라는 것은 그것을 행하면 당사자는 몹시 만족하지만, 거기에는 강한 죄의식이 따른다는 종류의 것이다. 이 공포증과 인위적인 공포는, 실제의 공포에 관련되어 있는 불안으로부터 당사자를 보호한다.

가령 어떤 부인이 성적인 유혹을 강렬히 느끼고 있던 차에 우연히 어떤 거리에서 매춘부를 보았다고 한다면, 이런 이유에서 그 거리와 자기가 느끼고 있는 성적 유혹을 서로 관련시킬지도 모른다. 그 경우, 이 거리를 걷는 것은, 자기가 스트리트 워킹(매춘행위)을 하는 것이라고 느낀다. 즉 자기를 괴롭히는 유혹에 지고 마는 것같이 생각한다.

만약 실제로 그런 유혹에 진다면 큰일이라는 걱정과 공포가 생겨서 그 후부터는 그 거리를 다니지 않음으로써 자기를 보호하려고 한다. 그러는 동안에, 공포증이 점점 확대 발전하여 다른 거리로도 다니기 싫어지며 결국에는 어느 거리나 모두 다니기 싫게 된다. 이런 증상의 사람은 누군가가 보호해 줄 사람이 없으면, 집에서 아예 한 발자국도 밖에 나가지 못하게 된다. *

＊우리가 처음으로 공포증, 강박관념과 비슷한 것의 증상에 관해서 분명한 이해를 하게 된 것은 프로이트가 1909년에 5세의 소년을 연구한 결과에서였다. 프로이트는 이 소년을 자신이 직접 만나지는 않았다. 그러나 이 소년의 부모에게 여러 가지 주의를 주어서, 이 소년을 관찰하고 치료하게 했다. 이 소년을 다루는 데 있어서 많은 실패를 거듭했으나, 그것을 감추지 않고 그대로 보고했다. 부모의 실패와 이 소년이 세상에 대하여 품고 있는 오해와 그릇된 생각을 비교연구하여 보니 이 소년이 말(馬)에 대하여 이상한 공포증을 가지고 있다는 점을 알았다. 이 소년은 말을 몹시 무서워하였고, 물지도 모르겠다 하여 한동안 그는 밖에 나가지 않게 되었다.

이처럼 말을 무서워하면서도 이 소년은 집안에서는 말놀이를 하며 자기가 말이 되어 놀기도 했다. 이 병을 실로 참을성있게 연구한 결과, 이 소년 한스는 말을 상징으로 사용하여, 자기가 부모에게 대하여 가지고 있는 공포와 소원, 특히 부모의 성생활과 새 누이동생이 태어난 것 등에 관련한 것을 실연하고 있음을 알게 되었다. 이 소년 및 그 부모, 그리고 프로이트——그는 먼 곳에서 이 사건을 관찰한 것이지만——는 이 소년은 맨처음에 도무지 참지 못하겠다고 생각한 원래 생각을 생각해 내지 않게 하

미신은 공포증과 매우 비슷하지만 일반사회에 널리 퍼져 있으므로, 그것은 상투적이며 습관적으로 되어 있다. 대학생들까지도 미신을 가지고 있다.

E. S. 콘클린은 16세부터 25세까지의 대학생들 중에서 남자 260명, 여자 290명에 대하여 조사한 결과, 남학생의 40퍼센트와 여학생의 66퍼센트까지가 미신을 가지며 실제로 행하고 있는 사실을 알게 되었다. 현재는 아무 미신도 갖지 않고 있지만, 전에는 가지고 있었거나 실제로 행동한 사람이 61퍼센트였다. 남자가 여자에 비해서 미신에서 벗어나기가 좀 수월한 것 같다. 그들 중에 반수의 사람들은 12세에서 16세 사이에 미신을 가지게 되었다고 대답하고 있다.

한사람 한사람에 대해서 보면, 여자 편이 남자보다는 미신적인 경향이 좀 많다. 여자의 미신은 주로 가정적인 것과 관련되어 있다. 그리고 미신적으로 되는 원인은 비단 미신적인 사람과 함께 있었다는 데에만 있지 않다는 점도 밝혀졌다. 교육이 진보하고 이성이 발달했어도, 미신은 여전히 뿌리를 박고 널리 퍼지며, 형의 변화성을 가진다. 대수롭지 않은 우연한 사건이 다시 새 미신을 낳고, 미신을 믿는 사람들은 여러 가지 우연한 사건들을 좋은 증거로 삼으며 기묘한 감각과 정서는 이성을 누르고 미신을 증진시킨다——이런 현상은 모든 인간이 일상에서 일어나는 사건을 신비하게 해석하며, 그것을 믿기에 도움이 될 만한 소질을 가졌다는 것을 보이고 있다.〔에드먼드 S. 콘클린,〈대학생들 사이의 미신과 그 실행 : Superstitious Belief and Practice among College Students〉《American Journal of Psychology》, 1919, Vol. XXX〕

기 위하여, 이 상징 —— 말 —— 을 엄호물로 사용해서, 한 공포증을 만들어내었던 것이다. 이 문제에 홍미를 갖는 독자는《프로이트 전집》영어판, 런던 호가스 프레스 판 제3권을 참조하길 바란다.

(3) 불안

우리의 안전이 위협을 받거나 우리의 이상과 계획이 방해를 받게 되면, 우리가 그것에 대해 걱정을 했다 하더라도 그것은 조금도 이상(abnormal)이 아니다. 인류가 오늘날과 같은 발전을 이룩하게 된 까닭은 우리가 장래에 대해 앞을 내다보며, 장차 닥쳐올 위험을 알아차리고, 그것을 피하기 위한 노력 덕분인 것이다. 이런 뜻에서 걱정한다는 것은 문명의 특질의 하나라고도 하겠다.

그러나 지나치게 심한 불안과 걱정——자극에 대해 균형이 맞지 않는 반응——은 흔히 말하는 정서과잉으로서, 그것은 전혀 걱정할 일도 아닌 일을 걱정하거나, 우리가 무엇이라고 이름을 붙일 수 없으며 이해가 안 되는 것에 대해 정신적으로 고민하는 것과 밀접한 관계가 있다. 이것은 병적인 불안이며 일반적으로 만성이 되어 나타나는데, 만성적인 지나친 걱정이라는 점은 누구든지 알 수 있다. 정신병리학에 대해서는 전혀 문외한일지라도, 이들의 지나친 걱정이 대체 무엇에 대한 것인지조차 모르고 있는 경우가 있다는 것을 알고 있다.

이런 것은 불안신경증(anxiety neuroses)——근대 정신분석 용어로는 불안히스테리증(anxiety hysteria)이라 한다——으로 알려져 있는 신경질인 사람들의 경우에는 더욱 뚜렷이 나타나 있다. 이런 괴로운 근심이나, 걱정스런 예감이나, 불안·공포·비관·무시로 일어나는 공포나, 공포상태 및 그것에 따라 일어나는 심한 놀람의 생리적인 표현 등은 모두 눈에 보이지 않는 자극에서 비롯하는 것인데, 이런 것들은 틀림없이 바르고 정당한 것이지만 겉으로 나타나는 반응은 과장되어 있는 것을 알 수 있다. 따라서 왜곡된 정서반응으로 인정된다. 가장 간단한 예는 stage fright(무대에서 연극, 연설, 노래 등을 하려고 할 때에 일어나는 공포)이다. 이 경우에 스테이지 프라이트에 걸리는 가련한 사람들은 마치 자기의 생명이 없어지는 것처럼 느낀다. 그런데 다음 얘기는 좀더 복잡한 사례이다.

시카고의 경찰서에 근무하는, 몸이 크고 건장하게 생긴 드레드 노트 경관이 나에게 치료를 받으러 온 적이 있었다. 그는 권총이나 엽총알에 맞을 뻔한 적이 한두 번이 아니었고, 여러 명의 주류밀매 업자들을 다락에서 잡아 입건한 적도 있었고, 법정에서 갱들에 대해 불리한 발언을 한 적도 있었다는, 온갖 소름끼치는 위험을 많이 겪어 온 불사신의 사나이다. 사실, 그는 이런 피끓는 생활에 흥미를 가졌고, 또 한번도 무섭다고 생각한 적이 없다고 말했다.

그럼에도 불구하고 간이식당에서 점심을 먹을 때나, 수수한 영화를 감상할 때나, 때로는 거리를 산보할 때에 갑자기 공황상태에 싸였다. 그러면 그는 나의 진찰실로 달려온다. 그는 헐떡거리고 땀을 흘리면서 새파랗게 질린 얼굴로 숨도 제대로 못 쉬는가 하면, 다리는 부들부들 떨고, 떨리는 목소리로 부르면서 뛰어 들어온다. 그는 당장 좀 보아 달라고 요구하면서 의자에 푹 쓰러지는데, 그 모양이, 하느님이시여! 겨우 때맞추어 이 진찰실에 왔습니다라는 표정이었다.

그러면서도 질문을 하면, 그는 대관절 무엇이 그렇게 무서웠는지 도무지 알 수 없었다는 것이다. 대체 무슨 일이 일어날 것이라고 생각했는지, 무엇에 그렇게 놀랐는지 그는 전혀 몰랐다. 또 어떻게 해서 그 공포가 사라졌는지도 모른다. 때로 그는 내 진찰실까지 오지 못하고 전화를 걸어 오는 경우도 있다.

그런데 2,3분 얘기를 하는 동안 그는 전 상태로 회복된다. 나의 목소리를 듣거나, 내가 그 현장에 있기만 하면 그의 공포는 슬며시 없어지므로, 나의 이 요술 같은 힘은 대체 무엇일까 하고, 그는 참으로 이상하게 생각했던 모양이다. 그는 또 이처럼 설명할 수 없이 갑자기 일어나는 이 공포의 원인이 무엇일까에 대하여서도 어지간 하게 이상히 생각했던 모양이다. 이 정경을 보면, 나는 언제나 코끼리가 쥐를 보고 벌벌 떠는 그림을 연상했다. 이 남자에게 이 쥐가 무엇인지를 알게 된 것은 오랫동안 끊임없이 깊은 탐구로 얻어진 결과였다.

이 증례에 나오는 '쥐'란 것은 대체 무엇인가? 여기에서 말하는 '쥐'는 여러 가지 것을 합친 것이었다. 즉 이렇게 힘세고, 싸움을 좋아하는 남자가 그 체격에 어울리지도 않게 항상 비겁한 마음에 지배되고 있었다. 그것을 감추기 위하여, 이것을 부정하기 위하여, 그리고 이것을 위장시켜서 그들 자신으로서도 알 수 없게 하기 위해, 그들은 적을 향하여 전혀 아무 공포도 없는 듯이 돌격해 간다. 하기야 그 자체는 그다지 현명한 일은 못 되지만⋯⋯.

조지 버나드 쇼는 《무기와 인간》이란 희곡 속에 이와 똑같은 기구가 전쟁중에 상당히 빈번히 유행했던 것을 보이고, 겉으로는 몹시 용감성을 보이며 돌격하는 사람들이 사실은 가장 겁많은 사람들이라고 말하고 있다. 그러나 이 남자——시카고의 경관——의 경우에는, 자기의 겁을 두려워할 뿐 아니라 자기의 전투정신도 두려워하고 있었다. 이것에는 어느 정도 모순이 있는 것같이 보일지도 모르지만 호전적이란, 자기가 공격하는 상대자와 자기의 양심으로부터 반격받을 위험이 있다는 것을 우리는 잘 알고 있다. 이런 이유에서, 내부적으로 대담한 요소를 다분히 가지며, 남을 가끔 공격하고 싶어하는 사람은 자기의 공격적인 경향을 두려워하는 마음이 흔히 있는 법이다.

이런 실례가 형사, 경관, 형사문제의 변호인, 그밖의 사람들 사이에 종종 있음을 본다. 이런 이들은 범인의 뒤를 밟아 실로 맹렬한 추적을 하지만, 그것은 무의식적으로 그들 자신의 범죄적인 경향이 사람의 형으로 변형되어 나타난 것을 추적하며 잡으려는 노력에 불과하다.

끝으로, 이 시카고의 경관은 그의 심리의 가장 깊은 곳에 또 하나의 다른 형의 공포를 가지고 있었다. 이 사실은 그가 범인을 추구하는 것이 실은 그의 성생활과 관련되어 있다는 것을 발견했을 때에 깨달았다. 그것은 사실 그가 억압하고 있었던 동성애의 형식인데, 이것은 때때로 의식의 표면에 나오려고 했다. 그리고 그 힘은 몹시 세고, 한편 이 승화의 형식은 형편없이 허약한 것이었다.

⑷ 애정과 흥미의 도착증

무엇을 시켜 보아도 할 수 있는 만능의 천재들에게 있어서는, 인간이나 그 주위에 있는 것들은 모두 흥미의 대상이 되지 않는 것이 없고, 또 무엇에나 관심을 기울일 수가 있다. 그러나 대개의 사람들이 흥미를 느끼는 일이란 비교적 그 종류가 적다. 전문가란 언제나 다소 색다른 존재처럼 인정하고 있다——그는 더욱 좁은 범위에서 더욱 많이 안다. 정신병 전문의   이들도 건전한 두뇌의 소유자인 외과의나 산부인과 의사들로부터 그렇게 인정되고 있다. 어떤 사람들이 말하기를 우리 정신의들은, 튜바(나팔처럼 생긴 큰 악기)나 더블베이스(바이올린 형으로 생긴 큰 악기) 같은 것을 연주하는 사람은 아무리 건전한 판단력을 가졌다 하더라도 그것을 의심할 것이라고 한다. 또 대학시절의 어떤 친구들은, 응원단장이라는 직책은 어느 정도 정신이 이상한 사람이 아니고서는 못할 것이라고 말하기도 했다.

이런 것들은 모두 참아 나갈 수 있는 정도의 것이다. 그러나 정신병 전문의는 일반사회의 사람들이 잘 모르며, 또 도저히 참을 수 없는 일에 몰두하는 사람들과도 교섭을 가진다.

약간 괴짜로 보이는——어떤 것은 보잘것없는 것이지만——내 친구 중에 한 구두쇠가 있었는데, 이 친구는 새끼, 철사 등을 닥치는 대로 모아 정성스럽게 감아서 번호를 써 붙인 궤짝에 담아 다락에 넣어두었다. 그는 상인으로서 성공하고, 사회적으로도 알려져 있었다(그 자신으로서는 의식하지 않고 있지만). 이것은 '항문성감 (anal eroticism)' —— 항문에 관한 색정적 경향 —— 의 표현이다. 더 심각한 것도 있다.

70세의 노인이 10세의 소녀와 로맨틱한 연애를 한다. 그는 그 소녀에게 선물을 주고 찾아가고, 또 그 소녀가 드나드는 것이 잘 보이는 곳에 앉는다. 그리고 그 소녀를 틈틈이 그리운 모습과 사모하는 시선으로 바라보고 좋아한다(Peodophilia).

대학에 다니는 여학생이 같은 방 친구를 사모하였다. 두 사람 사이에는 로맨틱한 애정이 생겼고, 그로 인하여 다른 무슨 일에 대해서도, 어떤 사람에 대해서도 흥미를 잃게 되었다. 그들은 마치 애인 사이처럼 서로 아껴 주었다. 그들은 심한 말다툼을 하고, 강짜를 부리고, 그 후에는 다시 기쁨에 넘치는 화해를 했다(동성애).

어떤 남자가 여인들의 손수건을 모았다. 그는 그것을 자랑삼아 몇 명의 친구들에게 보였다. 때로는, 그는 그것을 자못 불쾌한 듯이 본다. 그런가 하면, 그 하나하나를 다정하게 쓰다듬는다. 그리고 정열적인 정복을 연상시키는 교활한 암시를 준다. 그 중에도 특히 좋아하는 손수건에 키스를 한다. 그 광경은 마치 그 손수건을 가지고 있던 그녀에게 키스하는 듯한 태도였다(Fetishism).

어느 서부 도시의 한정된 구역 안에서 수차례 화재가 발생하여 방화의 용의가 농후하게 되었다. 그런데 한 청년이 큰 사무실용 건물에 불을 지르다가 현장에서 붙들렸다. 그는 부유한 집의 아들로서 최근 예쁜 아내를 맞아들였다. 그는 타오르는 불길을 바라보고 싶은 참을 수 없는 유혹을 느끼는 것이었다(방화광).

한 젊은 토목기사는 무슨 운동경기라도 할 만한 체격을 가졌고, 사내다운 용모를 갖추었으면서도 레이스가 달린 속옷, 비단 잠옷, 새틴 실내복을 사 가지고 돌아와서, 밤에 집에 있을 때에는 그 옷들을 자기가 입었다. 아내는 기가 막혀서 말도 안 나왔다. 그는 아내의 태도에 부담을 느꼈지만 고집을 꺾지 않고 하고 싶은 대로 하였다. 그는 언제나 여자의 옷이 좋아서, 늘 아담한 속옷을 입어 보기를 소원하였다고 말하였다(도착증).

가학성 성욕도착증(sadism)과 피학성 변태성욕(masochism)의 예는 다음 장으로 미룬다.

도착증의 한 예로서 Black Mass (악마의 미사)를 들 수가 있다. 내가 들은 바에는 이 제전은 파리, 뉴욕, 기타의 대도시에서 행해지는데, 이 의식은 관계자 이외에는 절대로 비밀로 되어 있다는 것이다. 세이타니즘(satanism) —— 악마숭배 —— 즉 신 대신에 사탄 또는 악마들을 숭배하는 것은 오랜 옛날부터 있으며, 악마교라고도 할 이 종교는 불교나 라마교와 함께 존재해 왔다. 이 블랙 매스는 예수교와 함께 내려온 일종의 악마교로서, 그리스도교에서 하는 제전을 본뜬 의식으로 되어 있다. 보통 하는 것으로는 제단에 나체의 산 여자를 제물로 바친다. 사회자는 목사로 일하다가 이탈한 사람이 되는데, 이 사람이 입는 의식용 망토에는 십자가 대신 산양이 그려져 있다.

의식은 로마 구교나 영국교회에서 하는 그대로 하는데, 도처에서 되도록 불손한 말로 신을 모독한다. 이 의식에 참가하는 사람들은 처음부터 끝까지 의식을 행하는 동안 누구나 나체로 있으며, 식이 끝나면 그들은 성행위를 하게 되는데 그것은 보통 방식으로도 하고, 별난 방식으로도 한다. 간혹 살해된 아이의 피와 그 태운 재가 이 의식에 사용된다는 말이 있다.

휴스만의 소설 《La-bass》 속에는 이 블랙 매스의 얘기가 상당히
자세히 나온다. 조세프 헬게스하이멜의 《고요한 도시들》이라는 소
설에 찰스턴 시의 묘사가 있는데, 이 가운데 악마교의 얘기가 나
온다. 하기야 이것은 다른 종류의 것이지만. 위체스 사바드(마녀의
안식일)라는 말이 문학에 종종 나오며, 그것은 로버트 번즈의 《Tam
O'Shanter》에 특히 재미있게 씌어 있는데, 이것은 악마교의 의식
으로 성립되어 있다.

　기묘한 도착증이 가끔 많은 군중에 의하여 공공연히 행해지는 경
우가 있는데, 그것은 특히 폭동의 형식으로 행해진다. 그것도 보통
은 사회에 용납되지 못할 것이라 하여, 남들이 눈살을 찌푸리고 비
난받을 만한 소요를 일으키는 경우가 있다. 전시의 조직적인 대량
학살 등이 그 예다. 그리고 이보다도 더 확실한 것은 폭도의 가학적
인 난음난무다. [*]
　범죄자가 감옥에서 받는 대우는 사회적으로 인정된 사디슴이며,
그것은 때로는 《나는 체인, 갱으로부터 온 피난민이다》라든가, 《안
비커즈》라든가, 《조지아의 흑인》과 같은 책들처럼 세상의 주의를
끌어 세상 사람들을 불쾌하게 만들지만, 실제로는 미국의 감옥에서
는 여러 곳에서 암암리에 실행되고 있는 현상이다. 미성년자들의
노동을 착취하는 잔혹성이나, 아메리카 인디언에 대한 정부의 비도
덕적인 행위나, 그들을 굶겨 죽이는 일도 이 실례가 된다.
　집단 매저키즘이라는 것도 있다. 중세기의 십자군이나 금욕주의
는 현대에는 자발적인 금욕의 형식으로 바뀌어져 있지만, 후자는
중세기의 난잡한 놀이만큼은 문란하지는 않다 하더라도 근본적으로
같은 무의식적인 원인에서 나온 것이다.

---

[*]뷔논 C. 서원의 〈스뷔니어〉, 1933년 3월 3일자 《아메리칸 스펙테이터》지
　를 참조.

4 의지력의 왜곡

모든 눈에 거슬리는 행동, 모든 부당한 것들, 모든 목적도 없고 아무 소용도 없는, 반사회적인 법률의 보호를 받지 못할 성질의 것들—— 모든 나쁜 행동(bad behaviour)—— 은 이론적으로 이 의지력의 왜곡이란 형에 속한다. 해서는 안 될 어떤 일을 범하면 "그는 왜 그런 짓을 안 하고는 못 견딜까?"라고 말한다. 그것은 경련이 일어날 경우, 어떤 과학적 조사를 하면 그 해결방법이 발견되는 것으로 믿는 것과 같은 태도로 말한다. 그리고 이 양쪽이 다 에너지가 그릇된 방향으로 유도된 결과에서 생긴다.

의지력의 왜곡에 관하여 매우 복잡한 일련의 행위—— 범죄와 비행 등—— 는 제6장에 자세히 논하는 편이 가장 좋지만 에너지를 그릇된 방향으로 유도하거나 그릇된 방법으로 발산시킴으로써 생기는 얼마간의 행위가 있으므로, 그것만은 여기서 간단히 말하기로 한다. 이것에 속하는 것으로는 다음과 같은 것이 있다.

(1) 틱스(tices)와 그밖의 나쁜 습관

틱스는 달리 설명할 도리가 없다. 그렇지만 누구라도 그것을 보면 "아 그것이로군"이라고 알게 된다. 사람에 따라서 줄곧 눈을 깜빡거리거나, 얼굴의 한쪽만을 찡그리거나, 입을 삐죽 내밀거나, 어깨를 움츠리는 등 여러 가지 버릇이 있다. 이것은 흔히 아이들이 하는데, 사람에 따라서는 그것이 일평생 그 사람의 특징처럼 되기도 한다.

지금 여기 말한 것들은 '습관성 경련'이란 적절한 말로 불리우고 있는데, 이런 것은 어떤 정신적인 또는 생리적인 긴장을—— 대개는 무의식적으로 일어나는 것이지만—— 좀더 편안한 방법으로 풀어 버릴 수가 없어서, 좀더 쉽게 배울 수 있고 쉽게 되풀이할 수 있는 형태로 긴장을 해소하고 있음을 의미하고 있다. 이것은 자다가 오줌을 싼다든가, 손톱을 물어뜯는다든가 등 그런 따위의 나쁜 습관──그런 나쁜 습관은 어린아이들만이 아니라, 때로는 대학생이나 그 정도 나이의 젊은 남녀들 사이에서도 볼 수 있다──의 경우를 보면 이해하기 쉽다. 이런 증상의 치료법으로는 그런 행위를 일으키는 긴장이 생기지 않도록 막으며, 동시에 기성습관으로 되어 있는 것을 되풀이하지 않도록 하는 두 가지 방법을 병용한다.

(2) 강박행위

강박행위는 한층 더 복잡한 현상인데, 거기에는 위에서 말한 틱스의 경우보다도 많은 양으로 의식적인 것이 작용한다. 이것은 강박관념과 밀접한 관계가 있다. 그것은 어떤 관념이 끊임없이 되풀이하여 머리에 떠오르는──강박관념──것이 아니라 어떤 행위가 연달아 되풀이되는 것이다. 그리고 그것은 놀랍게도 일반적으로 되어 있다. 내가 가르치는 대학생들이 어떤 기회에 자기들 각자의 습관을 보고한 것을 다음에 든다.

기둥을 만진다.
길을 걸을 때 콘크리트 보판이나 벽돌을 헤아린다.
손가락으로 낱말이나 글자의 획수를 짝수가 될 때까지 헤아린다.
성냥을 계속해서 켠다.
어떤 것에 불을 붙인다.
혀끝을 놀려서 입천장을 생긴 대로 더듬어 보거나, 혀끝으로 거기에 글자를 쓴다.
길에 갈라진 곳이 있으면 그 위를 밟거나 넘어가거나 벽돌을 하나씩 건너서 걷는다.

나무 그림자를 밟지 않고 피해서 간다.

나무, 전신주, 우체통, 수도꼭지, 간판 등의 수효를 헤아린다. 길의 맨 한가운데로 걷는다.

전등으로 그린 광고 등의 전구의 숫자를 헤아린다.

시계의 째깍째깍하는 소리에 걸음을 맞추어서 걷는다.

갈 때에 걷던 길이나 거리를 지나서 돌아온다.

서거나 앉거나 할 때 융단의 도안을 발끝으로 더듬어 그린다.

좀 높은 곳에 올라가면 내려올 때 껑충 뛰어내린다.

사람들이 깜짝 놀랄 짓을 한다.

잡지 등을 넘기고 있을 때, 일부러 뒤로부터 앞쪽으로 넘겨서, 별로 재미도 없는 데를 들여다본다——맨 처음에 보았을 때 확실히 보았나를 확인하기 위하여.

남의 얘기나 강의를 들을 때, 무슨 도안이나 그림을 아무 목적도 없이 낙서한다.

그 중에는 더 중증인 경우가 있다.

고등학교 학생이 몇 권의 헌 책을 손에 넣었다. 그는 이 책에 담긴 내용에 대해 의심을 갖게 되었다. 이 책들은 새 책이 아니므로 거기에 수록된 내용이 시대에 뒤떨어진 것이 아닐까, 따라서 자기가 읽는 것이 이미 진실이 아니지나 않을까 하고 생각했기 때문이다. 그리고 나서 얼마 후부터 이 학생은 책이 새롭고, 그 저자가 자기를 만족시켜 줄 만한 훌륭한 권위자가 아닌 책은 읽지 않게 되었다.

그러나 그렇게 하면서도 그는 의심을 하는 것이었다. 자기가 읽는 것은 이해했는지 못했는지를 의문했기 때문이다. 가령, 뜻이 애매한 어떤 낱말이 나오면 사전을 찾아보고서야 앞으로 나간다. 그런데 그 낱말의 해설 속에 또 모르는 낱말이 나오는 경우가 많다.

그러면 이번에는 또 그 낱말을 사전으로 찾아보지 않고서는 시원치
않다. 그리하여 겨우 한 페이지를 읽기에 30분이나 1시간이 걸리게
되는데, 그러고도 그는 정확한 진실을 배운 것인지 의문스러웠다.
(H. W. 프링크, 《병적 공포와 강박행위》에서)

　나의 형제는 아홉 살 난 흑인 소녀의 재미있는 병을 연구하였다.
감기를 몹시 앓고 난 후에 이 소녀는 아침마다 잠을 깨면 집안사람
들에게 죽은 사람들을 만났던 얘기를 했다. 거기에는 그 소녀의 할
머니와 여러 사람들이 나왔다. 이 일은 언제나 새벽에 일어났다. 대
낮에는 그런 환영을 보는 때가 전혀 없었다. 그러나 그 소녀는 더러
자기가 죽든 다른 사람들이 죽든 그런 것은 상관할 것 없이, 자기의
발을 어떤 특수한 방법으로 움직이지 않으면 안 되었다. 그렇게 안
하면 사람이 죽는다, 또는 시곗줄을 제 손목에 열 번 감지 않으면 안
된다, 그렇게 안 하면 사람이 죽는다는 말을 하는 것이었다.
　지금까지의 경력을 알아보았더니, 4세에서 7세까지의 사이에 이
소녀는 다섯 번 장례식에 갔었는데, 그때마다 시체를 보았다. 그 중
에는 자기 할머니의 장례식도 들어 있었다. 할머니의 임종 때에는
그 소녀는 가족들과 함께 마지막 몇 분간을 그 자리에 있었고, 그
후 시체와 함께 3일간 한 집에 있으면서 여러 번 그 시체를 본 것이
었다. 이런 경험과 그 소녀의 호흡기 계통의 병, 그 결과로 생긴 환
각과 강박행위 등 사이에 밀접한 관계가 있었던 모양이다.

　정신분석이 나오기 전에도 강박행위는 상당히 자세히 기술되고
분류되었다. 특히 프랑스의 정신병학자들 사이에 이런 경향이 강
했다. 그러나 그들은 무엇 하나도 이해하지 못했다. 강박행위는 전
형적인 —— 신경증적인 —— 증상이다. 그것은 어떤 행위 또는 관념
인데, 그것은 당사자로서는 그것이 불충분한 것, 불합리한 것으로
인식하면서 도무지 그로부터 벗어나질 못하는 종류의 것이다. 참된

이유를 당사자는 모른다. 그것은 무의식적이다. 이제까지 여러 가지로 연구를 거듭한 결과, 강박행위는 공포증의 경우와 마찬가지로 어떤 불안을 미리 막거나 중화시키는 수단으로서, 이 불안은 강박행위와 공포증과 어떤 구체적인 연결이 있는 것인데, 다만 그 관계가 퍽 멀리 우회의 방법을 취하고 있을 뿐이다.

(3) 경련

경련이란 증상은 알려진 지가 상당히 오래되었다. 옛날에는 이 증상에 대해 평하기를, 나빠지기는 해도 결코 낫는 일은 없다는 그릇된 해석이 내려져 있었다. 근대적 지식으로 본다면, 이것은 사실과 어긋난다. 경련은 참으로 가지각색의 병의 증상으로 발작되는 것이어서, 그 중의 더러는 여러 가지 실험을 통해서 무엇이 원인인지 알 수 있다. '간질'이란 말은 원인을 알 수 없는 경련에 대하여 널리 사용되고 있는데, 이 말은 잘못됐을 뿐 아니라 듣는 사람의 마음을 우울하게 만드는 뜻이 들어 있으므로 대개의 신경병학자와 정신병학자들은 이 말을 쓰지 않고 있다. 이런 종류의 우울증의 경련은 원인이 밝혀진 병에서 비롯하는 것과 조금도 다른 점이 없다는 사실을 기억하지 않으면 안 된다.

불규칙적으로 발작하는 것으로서, 다소 비슷한 데가 있는 의지의 중단——이것은 대개의 경우, 경련이 따른다는 경향은 오늘날에는 특히 민감하여 자극받기 쉬운 뇌와, 이런 뇌에 대하여 특히 자극을 주는 요소가 합칠 때 생기는 것으로 믿어지고 있다.* 이 학설은 우

---

*이런 종류의 경향이 있는 사람들에게 경련의 발작이 일어나는 경우의 중요한 원인으로서, 다음과 같은 것이 들어 있다.

① 뇌에 산소의 공급이 부족한 경우, ② 혈액 가운데에 화학적인 변화가 생겼을 때(수화작용, 탈수, 알카로시스), ③ 수종, 종양, 뇌수, 선천적인 뇌결함 등의 기구적인 뇌장애, ④ 어떤 종류의 약품과 감염, ⑤ 정서적인

리에게 합리적인 치료를 시행하기 위한 기초를 준다.

경련의 상태를 설명할 필요는 별로 없을 것이다. 누구든지 한 번 본 사람은 일평생 잊지 않을 것이기 때문이다. 그런데 실제로는 어떻게 해서 일어나느냐 하면, 뇌에서 나오는 모든 자극이 보통 경우에는 신경을 통하여 몸의 근육으로 질서있고 통제된 방법으로 전해지게 마련이지만, 경련은 별안간 그런 자극이 몸의 근육 모든 것에 영향을 끼치는 방법으로 나타난다. 그리하여 몸은 우선 뻣뻣하게 뒤틀리고 다음에 갑자기 발작적으로 움직이기 시작한다.

이밖에도 매우 일반적인 발작의 증상이 있는데, 이것은 별로 알려져 있지 않다. 그것은 단시간이기는 하나, 갑자기 우뚝서며 마치 실신한 것같이 보인다. 때로는 자기가 한 동작을 계속하는 경우도 있지만 그 동안 자기가 무엇을 했는지 까맣게 모른다. 이 종류의 발작은 불과 수초 동안 계속될 뿐이다. 이런 발작은 하루에도 몇 번씩 일어나는 경우가 있고 또 몇 달에 한 번 일어나기도 한다. 이런 종류의 것은 '간질'과 마찬가지로 '경련'의 특징이 되는 것인데, 치료의 견지에서 말한다면 한층 악성이라는 것이 일반적인 견해다.

또 한 가지 달리 나타나는 방법이 있다. 이것은 일반적으로 잘 모르는 것인데, 이 경우에는 어느 정도의 의식장애를 가진 대리증상 (equivalent)이 발작적으로 일어난다. 그 당사자는 이상한, 대개는 아무 목적도 없는 때로는 격렬한 행동―― 가령 뛰어 돌아다니든가, 물건을 뒤엎어 놓는다든가, 남을 때린다든가, 세간 등을 밀어 쓰러뜨리는 짓을 한다. 간혹 이런 상태에 있을 때 어떤 범죄―― 살인 등――를 범하는 경우가 있다.

근년에 와서 뇌에서 방사하는 전파의 모양과 주파수를 계산하는 방법이 발견되었으므로 경련현상의 연구가 많이 촉진되었다―― 뇌

요소.
스탠레이 콥이 쓴《간질의 원인 : Cause of Epilepsy 》Vol . XXVII (1932년 5월)을 참조.

수전기묘사법, 몸의 근육이 일종의 율동을 하여 미세한 전기를 일으킨다는 사실은 오래 전부터 알려져 있었는데, 1874년에는 뇌도 전기를 일으킨다는 사실이 발견되었다. 그러나 이 전류를 실용적 방법으로 기록하는 기계장치가 완성된 것은 그리 오래된 일이 아니다. 경련적인 경향이 있거나 어떤 국소적인 병——뇌종, 뇌양, 출혈 등——이 있으면 그 사람의 뇌파의 모양과 주파수에 이상상태가 뚜렷이 나타난다.

경련현상이 발작에 미치는 심리학적인 요소의 연구는 의학계에서 퍽 등한시 다루어 왔다. 이 요소들이 얼마나 강한 것이며 또 얼마나 빈번히 그 원인이 되는가를 우리가 알게 된 것은 최근의 일이다. 더러 간질의 소질이 있는 사람이 참기 어려운 외계의 사정이 원인이 되어 발작이 일어난 것이 분명한 경우가 있다. 그는 어떤 과격한 행동을 하는 대신에 경련을 일으키는 것이다. 이 사실은 다만 몇 사람의 증례를 설명하는 것에 지나지 않는다. 이 사람들은 말수가 적은 온건한 사람들이기 때문이다. 그리고 이런 사람들에는 대개 압력이 더욱 큰 경우가 많다. 왜냐하면 그 투쟁이 숨어 있기 때문이다.

이런 사람들로서 그런 압력을 누를 수도 없게 되고 또 감히 밖으로 표현할 수도 없을 경우에 경련이 일어나며 그것이 구원이 되게 마련인데, 구원치고는 무서운 것이다. 그리고 불행하게도 이 구원은 일시적인 것에 불과하다. 정신의 긴장이 쌓이고 쌓이면 다시 폭발이 일어난다. 그리고 곧 습관적인 형이 이루어지며, 일단 그런 습관이 되어 버리면 아무리 장기간에 걸쳐 치료를 받아도 완치되기가 어려울 뿐만 아니라 때로는 고질이 된다.

수세기에 걸쳐 경련을 치료하는 것은 무슨 신비스러움, 미신적인 것, 엉터리 의사들이 하는 일로 생각되었다. 경련의 치료만큼 엉터리 의사들이나 엉터리 약장사나 남의 슬픔과 희망을 농락하여 배를 불리는 자들의 미끼가 된 병은 없다. 경련의 심리적인 요소를 생각해 보면, 치료법이란 이름이 붙은 것이면 어떤 것을 해 보아도 일시적으로는 좋은 결과를 얻을 수가 있다.

그리하여 어떤 엉터리 치료와 엉터리 약으로 일시적으로는 효과를 보고 좋아하는 환자는 증명서를 쓰거나, 남이 묻는 것에 대하여 열심히 얘기해 준다. 그 효험이 없어지고 증상이 전보다도 오히려 악화됐을 때는 자기가 앞서 쓴 증명서를 정정해 본댔자 이미 늦고, 다른 사람들은 벌써 같은 미끼에 걸려들어 있는 것이다.

경련은 증상이지 병이 아니므로 이렇다 할 치료법이 없다. 경우에 따라서는 숨어 있는 그 원인을 찾아내서 그것을 제거해 버릴 수는 있다. 원인을 발견할 수 없는 경우에는 이 증상에 대하여 직접적인 치료를 하여 성공하는 경우도 많다. 그 치료법이란 것은 뇌가 자극받는 것을 감소시키는 것으로서, 이것에는 특수한 진정제, 음식물, 탈수 등의 수단을 쓴다.

모든 경우에 있어서──내부 장기의 장애에서 생긴 것이 분명한 경우에라도──정신요법, 생활습관의 조정 등은 이 증상에 훌륭한 영향을 준다.

어떤 특정한 병례에 대하여 매우 효과가 있는 치료법은 그 사람에게 장기간에 걸쳐 시행하여, 전에는 경련을 일으키던 그런 자극을 만나더라도 경련이 일어나지 않고 정상적인 반응을 보이게 될 때까지 그것을 계속해야 할 것이다. 가장 효과적인 것은 경련이 습관이 되기 전에 치료하는 일이다. 또 치료를 하여도 어떤 이유로 인하여 치료가 효과를 못 보는 경우에는, 그런 사람들은 입원을 해야 한다. 경련의 경향이 있는 사람들을 전문으로 치료하기 위한 특별한 설비를 갖춘 병원의 규칙적인 통제가 좋은 영향을 주는 경우가 종종 있다.

항상 기억해 두어야 할 것은, 이런 증상을 가진 사람들 중에도 훌륭히 성공을 한 사람이 많으며 위대한 일을 이룩한 사람이 적지 않다는 사실이다. 그런 이들 중에는 줄리어스 시저, 도스토예프스키, 모리엘, 플로베르, 헨델, 페트라르카, 찰스 5세 및 표트르 대제가 있다.*

《2권에 계속》

---

*내가 경영하던 요양소에서는 프레시 프르남 박사의 계몽적인, 그리고 읽는 이에게 안심을 줄 수 있는 역작《경련의 발작과 그 요법 : Convulsive Seizures How to Deal with Team》을 읽도록 권하는 것이 관례로 되어 있다.

역자의 말

자기를 살피는 길로

인간에게 있어서 정신의 건강이라는 것은 세상사에 효율적으로 즐겁게 대처해 갈 수 있는 힘이라고 할 수 있다. 그러나 그것은 능률만을 뜻하지도 않고 만족만을 뜻하지도, 혹은 페어 플레이만을 뜻하지도 않는다. 그 모든 것이 하나로 조화된 것을 뜻하는 것이다.

언제나 즐거운 마음으로, 조심스러운 자세로, 그리고 아량있는 사회인으로 즐거운 개인 생활을 꾸려갈 수 있는 힘이 바로 건강한 정신이다.

K. A. 메닝거

현실적으로 인간은 언제나 환경과 싸움을 계속하고 있다. 그것은 즐거운 일일 수도 있고 고단한 일일 수도 있다.

그 싸움에서 이겼을 때 그것은 분명히 즐거운 일이 되지만, 좌절하고 말았을 때 모든 것이 어려운 일이 된다.

그 현실적인 여건 속에서 인간은——인간의 마음은 어떤 틀을 이루게 된다. 즉 생존하기 위한 생활을 꾸려가는 데에는 그 생활을 효율적으로 즐겁게 꾸려가기 위한 가장 기본적인 틀이 요구되는데 퍼스낼리티가 바로 그것이다.

건강한 퍼스낼리티는 건강한 생활의 틀이 된다.

그 퍼스낼리티에 이상이 있을 때 우리는 생활의 모든 것을 잃게 된다. 생활의 틀을 상실하기 때문이다.

그러한 일을 막기 위하여 우리는 일상의 건강 —— 정신의 건강을 도모해야 한다. 그러나 대인관계나 세상사에 적응해야 하는 우리의 정신활동의 메커니즘은 참으로 오묘한 것이기 때문에, 우리 자신의 정신세계나 정신활동에 대한 지식이 없이는 우리 자신의 정신활동 이나 정신건강에 어떤 통제력을 발휘할 수 없다.

오묘한 정신세계에 대한 지식은 바로 자기 자신을 살피는 힘이다. 건강한 정신생활을 도모할 수 있는 힘이다.

이 책은 바로 우리로 하여금 우리의 정신세계에 대한 재인식을 시 작하게 하는 책이다. 우리의 정신적인 —— 건강한 정신세계가 어떻게 유지되는 것이며, 그것이 어떻게 되어서 깨어지는가, 그리고 그 것을 어떻게 극복해 갈 것인가를 진지하게 설명해 주고 전문적인 지 침까지 제시해 준다.

칼 A. 메닝거 박사는 프로이트 학설을 계승 발전시키며 인간의 정신세계를 뜨거운 정열로 연구해 오고 있는 정신의학계의 대가이 다.

하버드 의과대학 출신으로 시세에 편승하여 쉬운 의사의 길을 갈 수 있었음에도 메닝거 박사는 고향(캔자스, 토피카 시)으로 낙향하여 개업의로서 진료활동을 하고 있던 선친과 동생과 더불어 지역사회 의료에 기여하면서 아직 불모지나 다름없는 풍토 속에서 정신의학 의 세계를 개척해 갔다.

그 당시 정신의학적 개념으로 환자를 대하는 의사는 극소수에 불과했다.

정신의학 자체가 아직 전문 임상분야로서 독립하지 못한 상황이었다.

그러한 여건 속에서 메닝거 박사는 한결 어렵게 불모지에 정신의학의 꽃을 피워 나갔다.

실로 오늘날 세계 의학계에 군림하는 미국 정신의학계의 눈부신 발전은 메닝거 박사의 정신의학에 대한 뜨거운 열정을 그 발전의 원동력으로 해온 것이다.

오늘날 '토피카 정신의학연구소'는 미국뿐만 아니라 세계적으로 명망높은 정신의학연구소인데, 메닝거 박사의 정열과 학문적 수준을 잘 나타내고 있다고 하겠다.

메닝거 박사는 90대의 고령에도 불구하고 임상활동과 후진양성의 일선에서 활동하고 있다. 그는 프로이트 이론을 계승 발전하고 있는 미국 정신의학계의 명실상부한 대부이다.

메닝거 박사의 임상이론을 충실히 반영하고 있는 이 책은 일반 교양인에서부터 학생에 이르기까지 누구나 쉽게 이해하고 참고할 수 있는 책이다.

일상생활을 통하여 자신의 정신세계를 가늠할 수 있다는 것은 매우 중요한 일이다. 이 책은 우리로 하여금 일상생활 속에서 확실한 자의식을 세울 수 있도록 이끌어 주면서, 인간의 정신세계에 대하여 새로이 개안할 수 있도록 이끌어 주고 있다. 아무쪼록 보다 건강한 정신생활을 기할 수 있는 계기를 이루어 갈 수 있길 빌며, 이 책을 의의롭게 권하는 바이다.

1986년 봄
옮긴이 드림

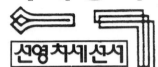

처세정복 ←《《 처세의 비결을 묻는 이들에게
성공의 치름길을 알고자 하는 이들에게
청상청복의 꿈을 키우는 이들에게
권하는 인간처세 성공의 필독서 !

신영 처세신서

1 카네기 인생론 : 데일 카네기 지음

삶에 대한 모든 물음은 우리 스스로 체득해 갈 수밖에 없을 것이다. 삶에 대한 어떠한 설명도 우리 자신의 삶의 지침이 되기에는 어렵기 때문이다. 이 책에는 인생을 살아나가는 귀중한 방법들이 안내되어 있다.

2 카네기 출세론 : 도로시 카네기 지음

이 세상을 살면서 주어진 삶에 충실한다는 것은 모든 이들의 소망이다. 그리고 가능한 모든 일을 훌륭하게 이루어낸다는 것은 유능한 사람들의 의무이다. 이 책은 유능한 사람들이 나아가야 할 바를 제시해 주고 있다.

3 카네기 지도론 : 데일 카네기 지음

참다운 지도는 함께 나아가는 것이다. 무엇을 제시하거나 지시하기 전에 피지도자가 무엇을 하고자 하는가, 무엇을 할 수 있는가를 알아서 그것을 이끌어 주고, 또 이루어지도록 함께 노력하는 것이다.

4 카네기 대화술 : 데일 카네기 지음

언어란 의사소통 도구이다. 올바른 언어선택은 의사소통을 보다 원활하게 한다. 훌륭한 대화는 인간과 인간이 삶을 확산하는 계기가 된다. 훌륭한 대화는 인간 행위의 가장 승화된 형태라고 할 것이다.

5 카네기 처세론 : 데일 카네기 지음

최고의 처세라는 것은 우선 최선의 목표를 정하고 그 성취에 이르는 길을 닦는 것이다. 거기에서 자기를 세우고 삶을 키워내고 세상을 이끌어 갈 수 있는 힘을 닦는 것이다.

6 카네기 자서전 : 앤드류 카네기 지음

커다란 불꽃은 온누리를 비춘다. 그러나 멀리 있는 불빛보다 우리 앞을 비추고 있는 작은 불빛이 우리의 일상을 잘 비추는 법이다. 앤드류 카네기의 삶은 바로 우리의 일상을 비춰주는 커다란 불빛이다.

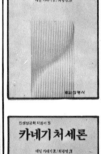

사회는 인간의 집단이다.
사람과 접촉하지 않고는 단 하루도 이 사회에서 살 수가 없다. 그러므로 사회인에게 있어서 인간관계의 조정만큼 중요한 것은 달리 없다 해도 과언이 아니다.
그렇다면 과연 어떻게 해야 성공할 수 있는가?
대인관계에서의 가장 기본적인 대화의 테크닉에서부터 처세술에 이르기까지, 그리고 참다운 지도자가 되기 위한 길을 단계별로 안내해 주는 인생 성공학지침서. ✒

신념의 마력

선영헤세전집
헤르만 헤세 지음 / 김기태 옮김
A5신 / 320면 내외 / 각권 값 3300~3800원

1. 싯달타	인간이 신이 되려면 비약과 모순의 비밀이 수반되지 않으면 안된다는 체험에의 고백을 파계 행각과도 같은 일생의 방황을 통하여 깊이 전해주는 작품.
2. 크눌프	〈향수〉〈대리석 공장〉이 함께 실려있는 이 작품은 영원한 유랑자 크눌프의 생애에 얽힌 세가지 이야기를 통해 생의 비애와 고뇌를 다루고 있다.
3. 수레바퀴 아래서	총명지만 감수성이 예민한 내성적인 한 소년이 주위의 선망과 기대에도 불구하고 점차 퇴보의 나락에 빠져 급기야 죽음에 이른다는 작품.
4. 청춘은 아름다워라	아름다운 헬레네에 대한 사랑때문에 번민하는 주인공의 정신적 고뇌의 과정이 풋풋하고 향기로운 사랑내음을 전해주는 작품
5. 데미안	심약하고 내성적인 성격의 주인공과 신비로운 인물 데미안과의 숙명적인 만남을 그린 소설. 주인공은 그 만남을 통해 심오한 정신의 성숙을 이룬다.
6. 지와 사랑	神에 종사하는 나르지스와 美에 열중하는 골드문트, 두 인물의 일생을 통하여 개성적이면서도 합치되는 영혼의 영역을 보여주는 헤세의 역작.
7. 황야의 이리	하리 할라라는 괴이한 인물의 수기를 통하여 인류의 자폭적 전쟁행각과 물질만능주의에 대한 비판을 가한 관념적인 사상의 소설.
8. 유리알 유희	1946년 노벨문학상 수상작인 이 작품은 정신적 유희의 명인 요제프 크네히트의 삶을 통해 정신적 권위회복의 필요성을 시사해주고 있다.
9. 창문너머 밤이라는 나라	헤르만 헤세의 우정과 사랑, 인생, 고독과 방황이 담긴 서간문과 수필을 모아 엮은 책. 그의 주옥같은 언어는 우리를 순수의 원천으로 끌어당기고 있다.

선영교양선서

지성인은
함부로 말하지 않습니다.
무조건 침묵하지만도 않습니다.
다만 행동으로 보여줄 뿐입니다.
그 행동의 멋을 선영교양선서에서 찾으십시오.

설영환

옮긴이 설영환은 1950년 서울 출생.
정신의학 칼럼니스트.
주요 역서로는 J. 울프 《행동치료》, K. A. 메닝거 《자기 배반의 심리》
C. G. 융 外 《존재와 상징》, S. 프로이드 外 《프로이트 심리학 해설》
C. G. 융 《무의식 분석》, R. 메닝거 《희망의 선물》
C. G. 융 《의식의 뿌리에 관하여》 外 다수

판 권
본 사
소 유

인간의 마음 무엇이 문제인가? (I)

1986년 6월 10일 1판 1쇄 인쇄
1986년 6월 20일 1판 1쇄 발행
2014년 1월 20일 3판 2쇄 발행
2020년 1월 20일 3판 3쇄 발행
2024년 1월 20일 3판 4쇄 발행

지은이 / K. A. 메닝거
옮긴이 / 설영환
펴낸이 / 김영길
펴낸곳 / 도서출판 선영사
주소 / 서울시 마포구 서교동 485-14 영진빌딩 1층
전화 / (02)338-8231~2
팩스 / (02)338-8233
E-mail sunyoungsa@hanmail.net
Web site www.sunyoung.co.kr
등록 1983년 6월 29일 (제02-01-51호)

ISBN 89—7558—270—7 03180